Das große Buch der Verführung

Herausgegeben von René Masson

BASTEI
LÜBBE

BASTEI LÜBBE TASCHENBUCH
Band 14 799

1. Auflage: Oktober 2002

Vollständige Taschenbuchausgabe

Dieser Band erschien bereits unter der Nr. 11 923

Bastei Lübbe Taschenbücher ist ein Imprint
der Verlagsgruppe Lübbe

Produktion: AVA – Autoren- und Verlags-Agentur
Wir danken den Verlagen und Inhabern der Originalrechte für
die freundlicherweise erteilten Abdruckgenehmigungen und die
damit gewährte kollegiale Unterstützung.
Copyright der Anthologieauswahl:
© 1993/2002 by René Masson und Verlagsgruppe
Lübbe GmbH & Co. KG, Bergisch Gladbach
Copyright der Einzelrechte:
siehe Quellennachweis am Ende des Bandes
Umschlaggestaltung: Tanja Østlingen
Satz: Heinrich Fanslau, Communication/EDV, Düsseldorf
Druck und Verarbeitung:
Brodard & Taupin, La Flèche, Frankreich
Printed in France
ISBN 3-404-14799-5

Sie finden uns im Internet unter
http://www.luebbe.de

Der Preis dieses Bandes versteht sich einschließlich
der gesetzlichen Mehrwertsteuer.

Inhalt

Vorwort des Herausgebers 7

Daniel Defoe
Mars und Venus* 13

Giacomo Casanova
Ehrwürdige Mutter M. M.* 27

E. T. A. Hoffmann
Louise und der Oberst 87

Gustave Flaubert
Madame Bovarys Verführung*. 101

Charles W. Fenton
Der erste Tribut* 117

Leopold Ritter v. Sacher-Masoch
Zarin der Lust 135

Charles Devereux
Eine Mem Sahib* 165

Fritz Thurn
Die Hetäre*. 189

Anaïs Nin
Safran 223

Vladimir Nabakov
Der verderbliche Zauber der Nymphchen*. . . . 231

Claude des Olbes
Das Dreieck* 253

Alberto Moravia
Analysiert! 281

Pauline Reage
Sir Stephen 323

Lanh Ba
Einladung zur Liebe* 345

Hubert Selby
Harry und Alberta* 361

Jacqueline Susann
Das Wochenende in West Hampton* 377

Vlas Tenin
Russische Nächte* 425

Jackie Collins
Eine scharfe Waffe* 461

Irving Wallace
Verbrennen in verzehrenden Flammen* 473

Harold Robbins
Flitterwochen* 493

Anne-Marie Villefranche
Madame Nimmersatt* 517

Almudena Grandes
Unter den Laternen der Castellana* 533

Julie Burchill
Journaille* 555

Quellenhinweis 585

* Titelformulierung vom Herausgeber

Vorwort des Herausgebers

Wenn von »erotischer« Lektüre die Rede ist, kommt die Sprache zwangsläufig auch auf die berühmtberüchtigten »Stellen«. Nicht selten hatten Bücher solchen »Stellen« sogar ihre Bestsellerauflage zu verdanken, selbst wenn sie ansonsten keineswegs als »Erotica« einzustufen waren. Als illustrierendes Beispiel sei auf die vielzitierte »Stelle« in Günter Grass' BLECHTROMMEL verwiesen: die »Brausepulver-Passage«. Sie löste beim Erscheinen des Werkes (1959) fast einen Skandal aus – zumindest sorgte sie dafür, dass das dickleibige Buch von vielen gekauft wurde, die den Roman dann nicht von der ersten bis zur letzten Seite lasen.

Die »Brausepulver-Passage« ist in der vorliegenden Anthologie, für die erotische Szenen der Literatur der letzten beiden Jahrhunderte ausgewählt wurden, nicht enthalten. Bewusst nicht, denn der Herausgeber sah es als seine Aufgabe an, nicht nur auf die stets kolportierten Werke zurückzugreifen, sondern auch Autoren und Bücher in Erinnerung zu bringen, die zwar nicht so durchschlagenden Erfolg hatten, die aber das charakteristische Bild des Lebens-, Liebes- und Verführungsgefühls ihrer Epoche vermitteln.

So werden die belesenen Kenner sicher Auszüge aus »Die Memoiren einer Sängerin«, aus »Tolldreiste Geschichten«, der »Josefine Mutzenbacher« aus »Lady Chatterleys Liebhaber«, »Nana«, »Justine«, der »Gräfin Gamiani« und, um in die Gegenwart zu springen, wohl auch aus dem »Opus Pistorum« vermissen. Aber dafür sind »Stellen« aus Werken enthalten, die üblicherweise nicht zur erotischen Literatur gerechnet werden, jedoch typische Produkte ihrer Zeit sind. Dazu zählen u. a. Fentons »Perlen der Lust« (ein Zeugnis aus dem Untergrund des prüden viktorianischen England), Vlas Tenins (ein nie gelüftetes Pseudonym) »Moskauer Nächte« (wohl das erste erotische Buch, das aus der ehemaligen Sowjetunion zu uns kam und das außerdem gesellschaftspolitische Kritik enthielt), Lanh Bas »Hallelujababy« (das man getrost als eines der enthüllenden Dokumente über die Nebenschauplätze des Vietnam-Krieges bezeichnen darf) und ganz gewiss Hubert Selbys schockierend-obszöner ›Klagegesang vom Menschenmüll‹ »Letzte Ausfahrt Brooklyn«.

Da die Abfolge der »Verführungsszenen« den chronologischen Erscheinungsdaten der zugehörigen Bücher entspricht (die allerdings nicht in allen Fällen auf das Jahr genau zu ermitteln sind), wird dem Leser bei der fortschreitenden Lektüre zusätzlich die Beurteilung ermöglicht, wie sich die für die Darstellung der Vorgänge gebrauchte Sprache und die Intimität und Detailgetreuheit, mit der diese geschildert werden, im Verlauf der zwei Jahrhunderte gewandelt hat. Man vergleiche nur einmal Flauberts einfühlsame Zeichnung der Gefühle Madame Bovarys mit den zupackenden und damit fast brutal wirkenden Schilderungen Julie Burchills.

Übrigens: »Madame Bovary«, heute unbestreitbar einer der großen Romane der Weltliteratur, sollte nach seinem Erscheinen in Deutschland (1892) verboten werden, weil sich in dem Buch unter anderem der Satz fand: »Sie gab sich ihm hin«.

Blickt man in der Geschichte zurück, so fällt auf, dass im antiken Griechenland kaum Tabus existierten; es durfte fast alles ge- und beschrieben werden. Selbst bekannte italienische Staatsmänner brauchten einstmals keine Hemmungen zu haben, pornografische Schriften zu verfassen; das tat ihrem Ansehen auch keinen Abbruch. Grimmelshausens »Simplicius Simplicissimus« und »Landstörtzerin Courache«, die Dramen von Hofmannswaldau und die Schöpfung der »grobianischen Dichtung« beweisen, dass noch im 17. Jahrhundert die freizügigsten Beschreibungen geschlechtlicher Vorgänge anstandslos (welch ein Wort in diesem Zusammenhang!) hingenommen wurden.

Erst ab dem 18. Jahrhundert ist die restriktive Entwicklung festzustellen, die sich zunächst aber in politisch motivierten Verboten dokumentierte.

Doch dann – etwa ab 1840, in Deutschland sogar erst ab 1860 begannen die Zensoren die Befürchtung zu hegen, Bücher mit erotischen Szenen – entsprechendes gilt übrigens auch für die schönen Künste – würden die Leute bei der Lektüre sinnlich erregen. Na, und wenn schon … kann man hier nur kommentieren.

Meist gingen die Zensurbestrebungen von den Kirchen aus bzw. wurden von ihnen veranlasst oder durchgesetzt. Die katholische Kirche hat sich auf diesem Gebiet besonders hervorgetan. Sie vergaß im Eifer des Gefechtes offensichtlich, dass es früher nicht wenige kirchliche Würdenträger – in der obersten Hierarchie – gab, die »sinnlich machende« Lektüre nicht nur mit Vergnügen konsumierten, sondern sie – unter Pseudonym – auch verfassten. Und außerdem: Noch im Mittelalter – damals wurden Obszönitäten noch nicht als Delikte angesehen – waren den Hetären und Kurtisanen vergleichbare Damen im Vatikan gern gesehene Gäste.

Übrigens: Würde sich diese Auswahl nicht auf das

19. und 20. Jahrhundert beschränken (schon für diese Zeitspanne sind 580 Buchseiten zu wenig), hätte den Anfang der Anthologie ohne weiteres eine geeignete »Stelle« – deren sind ja dort mehrere zu finden – aus dem Alten Testament bilden können.

Aber es steht in der keineswegs so »heiligen« Schrift natürlich auch eine sehr direkte und passende Verbindung zu dieser Anthologie. Sie erinnern sich doch hoffentlich noch an Adam und Eva und den Apfel...

Schon im Paradies gab es also Verführung. Und diese ist, über die Jahrtausende hinweg, ein ewiges Thema in der Beziehung der Geschlechter geblieben. Sie war der Anfang von Glück, Seligkeit, himmelhochjauchzend und zu Tode betrübt. Sie hinterließ Sieger und Besiegte, Wonnetrunkenheit und Verzweiflung; wurde zum Grundstein einer innigen Verbindung oder schuf nur momentane Befriedigung. Sie schien manchmal von den Göttern, manchmal von Luzifer erfunden worden zu sein.

Aus der Verführung an sich wurde die »Kunst der Verführung« – was nicht zwingend nach sich zog, dass sich die Methoden verfeinerten. Der Variationen waren und sind viele; auch das mag diese Anthologie aufzeigen. Manche Ausschnitte werden Sie mit Interesse, manche mit innerer Zustimmung, einige mit Missbehagen oder gar mit Ablehnung aufnehmen.

»Lust« ist nicht immer lustvoll; die Sexualforscher und Soziologen behaupten, das sei darauf zurückzuführen, dass man der unschuldigen, schieren Lust Gewalt angetan hat. Womit wir erneut bei den Verboten und den Zensoren wären.

Vergessen wir nunmehr die wissenschaftlichen Erörterungen, gewähren wir dafür der Fantasie ihren freien Lauf; so wie es die Autoren getan haben, die in diesem Buch zu Wort kommen.

Lassen Sie mich an das Ende des Vorworts und an den Anfang des Buches, so wie sich das für ein literarisches Werk gehört, das Wort eines Dichters stellen, dem es an einschlägiger Erfahrung, wie man so weiß, nicht gemangelt hat: Johann Wolfgang von Goethe.

In einem seiner Gedichte finden wir das Resümee: »Denn von oben kommt Verführung, wenn's den Göttern so beliebt.«

Avignon, im Januar 1993   René Masson

Daniel Defoe

Mars und Venus *

Mein trauriges Schicksal machte bald die Runde bei den großen Damen der Gesellschaft, die sich die Sensation nicht entgehen ließen, die traurige ›Witwe‹ ihres Juweliers näher kennen zu lernen. Es verging bald kein Tag, an dem nicht die Karosse dieser oder jener hoch gestellten Dame vor meinem Haus hielt.

Schließlich schickte mir Seine Hoheit, der Prinz Condé, einen seiner Hofleute, einen sehr eleganten, von Juwelen nur so blitzenden Kavalier, mit einem handgesiegelten Beileidsschreiben zu dem unerwarteten Verlust. Er versicherte in vielen höflichen Worten, Seine Hoheit würde sich gefreut haben, mir persönlich seine Aufwartung zu machen, sei aber aus diesen und diesen Gründen – die ich kaum mitbekam – daran verhindert.

Bei dem Zuspruch hoher Herrschaften, den ich durch mein trauriges Schicksal hatte, konnte es nicht ausbleiben, dass ich in der großen Gesellschaft mehr und mehr bekannt wurde. Weil ich trotz der schweren, unkleidsamen Witwentracht, die ich angelegt hatte, unbestritten eine Schönheit war – jedenfalls hielten mich die meisten meiner Bewunderer für eine solche –, erhielt ich bald den Beinamen »die schöne Witwe von Poitou«.

Einige Tage nach dem Besuch jenes Kavaliers erschien dieser übrigens wieder und teilte mir mit, dass sein Herr sich die Ehre geben würde, mich zu besuchen. Das erstaunte mich nicht wenig. Auch fühlte ich mich in Verlegenheit, wie ich mich benehmen sollte. Schließlich war ich niemals bei Hofe vorgestellt worden. Er aber ließ mir überhaupt keine Zeit, darüber nachzudenken, denn er erschien wenig später in einer prunkvollen Karosse und ließ sich mir durch seinen

Chevalier vorstellen. Ich begrüßte ihn so liebenswürdig, wie ich nur konnte, und bat ihn in meinen Salon, wo er anfing, auf die freundlichste Weise von meinem ›Gatten‹ zu sprechen, den er als einen wahren Kenner auf dem Gebiet der Juwelen bezeichnete. »Ich habe mir erlaubt, Madame, Ihnen ein kleines Präsent als Zeichen meiner besonderen Wertschätzung mitzubringen«, sagte er, nachdem ich Champagner und Gebäck hatte servieren lassen.

Er gab seinem Chevalier, der, seiner Befehle harrend, hinter seinem Stuhl stand, einen Wink, und dieser zog ein schmales Etui hervor, in dem sich ein wunderschönes Armband von weißen Saphiren befand.

»Dies ist eines der letzten Schmuckstücke, die Ihr Gatte mir geliefert hat«, erklärte mir der Prinz. »Erlauben Sie mir, dass ich dieses wunderschöne Handgelenk damit schmücke!«

Ehe ich noch ein Wort der Erwiderung finden konnte, hatte er schon meine Hand ergriffen und mir dieses wahrhaft exquisite Schmuckstück angelegt.

Seine Hoheit sagte, wie sehr er den Tod meines Gatten bedaure, ja, er ging sogar soweit, zuzugeben, dass er sich daran nicht ganz unschuldig fühle. Denn immerhin sei er es gewesen der darauf bestanden habe, dass mein Gatte an diesem Tag nach Versailles aufgebrochen sei. Der Ruf meines Gatten, meinte er, sei entschieden dazu angetan gewesen, Räuber anzulocken, umso mehr, als alle Welt wusste, dass er des öfteren einen Kasten mit wertvollen Juwelen bei sich geführt habe.

Ich war von dem Geschenk dieses bedeutenden Mannes ganz gerührt und wollte schließlich niederknien, um seine Hand zu küssen. Aber er fing mich in seinen Armen auf und begann, sich recht familiär zu benehmen.

Seine Hoheit kam schließlich dahin, mir Komplimente zu machen, die mir nur zu bald bewiesen, dass das Mitgefühl mit meiner Lage nicht der einzige Grund seines Besuches war. So versicherte er mir, indem er mir galant die Hand küsste, dass ich tatsächlich meinen Beinamen, »die schöne Witwe von Poitou«, verdiene.

Ich erklärte seufzend, dass dieser Name für mich eine schwere Last bedeute, dass ich aber vermutlich nichts anderes tun könne, als zu meiner (imaginären) Verwandtschaft nach eben dieser Stadt zurückzukehren und dort ein zurückgezogenes Leben zu führen, wie es einer Witwe geziemt.

Als ich dies sagte, wurde er lebhaft, fasste nach meiner Hand, führte mich vor den Spiegel und rief: »Sehen Sie nur, Madame, glauben Sie wirklich, dass dieses Gesicht dafür gemacht ist, in einer Provinzstadt zu verkümmern? Nein, bleiben Sie hier, meine Teure, und machen Sie einen Mann von Rang glücklich, der sich nach Ihnen verzehrt.«

Damit schloss er mich erneut in die Arme und versicherte mir, wie glücklich er sein würde, mich demnächst unter erfreulicheren Umständen wiederzusehen.

Ich konnte keinen Zweifel daran haben, dass der Prinz ein Auge auf mich geworfen hatte. Am nächsten Tag schickte er ebenfalls seinen Chevalier, der mir eine Rentenbescheinigung über 2000 Livres jährlich für die Dauer meines Aufenthalts in Paris überreichte.

Es war also nicht weiter verwunderlich, dass ich im Stillen beschloss, dem Prinzen Avancen zu machen, wenn er mich haben wollte. Da ich mich schon einmal dafür entschieden hatte, vom Pfad der Tugend abzuweichen, konnte ich gleich auch das Beste daraus machen. Und dieser Prinz war entschieden ein Mann nach meinem Geschmack. Kenner sagen, dass er viel von seinem Vetter, dem König Louis, an sich habe, und tatsächlich war seine Wirkung auf Frauen kaum viel geringer als die des Königs selbst, der sich vermutlich auch dann seiner Verehrerinnen nicht hätte erwehren können, wenn er nicht gerade der König von Frankreich gewesen wäre.

Es hieß, dass Seine Majestät ungeheuer potent und sinnlich sei, sehr im Gegensatz zu seinem Bruder, der die unglückliche Prinzessin Henriette mit seinen homophilen Liebschaften langweilte. Nun, soweit es die Potenz betraf, muss ich gestehen, dass der Prinz von Condé nicht minder leistungsfähig war, und dazu noch äußerst scharmant. Aber ich eile meiner Geschichte schon wieder voraus. Er kam, und ich empfing ihn mit allen Anzeichen meiner Ehrerbietung. Ich hatte zu diesem Anlass mein schönstes Deshabillié angezogen, das durch den dünnen Schleierstoff ihm den Anblick meiner vollen Brüste auf das reizvollste gewährte. Mein Haar fiel, nur von einem grünen Seidenband gehalten, in schweren Locken auf meine Schultern nieder, und ein pikantes Schönheitspflästerchen am Ansatz meines linken Brusthügels betonte die weiße Klarheit meiner nach einem exotischen Parfüm duftenden Haut.

Er umschlang mich sogleich mit den Armen, als ich vor ihm niederknien wollte, und gab mir stattdessen einen sehr begehrlichen Kuss.

»Wirklich, meine Teure«, versicherte er mir, »ich habe mein Leben bis jetzt vergeudet, da ich die schönste Frau von ganz Frankreich nicht kannte!«

»Sie schmeicheln, mein Herr«, wies ich ihn sanft zurecht. »Wie könnte eine arme Witwe wie ich Anspruch darauf erheben, einem Mann von Ihrem Rang zu gefallen?«

Er fasste mich um die Mitte und zog mich zu einem der brokatbezogenen Stühle. Ohne Weiteres drückte er mich auf seinen Schoß nieder. Dann enthüllte er sehr zart meine linke Brust und begann an der prallen Knospe zu saugen.

»Lassen wir den Rang beiseite«, sagte er gut gelaunt, »heute sind wir nichts weiter als Mars und Venus, ein Paar, das die Liebe zu ihrem Glück verbunden hat.« Seine Bartspitzen kitzelten ein wenig auf meiner Haut, und ich spürte, wie mir seine Liebkosungen durch und durch gingen. Da ich eng an ihn geschmiegt saß, konnte ich deutlich spüren, wie hart und angriffslustig sein kleiner Herr geworden war. Am liebsten hätte ich ihn sogleich aus seinem engen Gefängnis befreit, aber ich zog es vor, ihn selbst den ersten Schritt in dieser Richtung tun zu lassen.

»Ah, meine Liebe, wie köstlich Ihre Brüste sind«, versicherte mir der Prinz. »Zwei wahre Hügel der Lust. Aber komm, meine Schöne, erst wollen wir zusammen etwas essen und trinken.«

Ich hatte ein köstliches Mahl vorbereiten lassen, und der Tisch war mit meinem feinsten Damast bedeckt und mit dem feinsten Silber und Kristall aus den Vorräten meines verstorbenen ›Gatten‹ geschmückt. Ein Arrangement von kostbaren Yucatan-lilien verbreitete seinen zarten Duft. Die Blütenkelche schimmerten in dem warmen Kerzenlicht wie durchsichtiges Porzellan.

Ich wollte mich auf den Platz ihm gegenüber setzen, aber er ließ es nicht zu, und so blieb ich auf seinen Knien sitzen, während Amy, die desgleichen in einem sehr offenherzigen Deshabillié erschienen war, mit großer Aufmerksamkeit die Speisen auftrug und dem Prinzen vorlegte. Auch füllte sie zwei geschliffene Kristallkelche mit schwerem Bordeauxwein.

Der Prinz machte ihr, während seine Hand ganz ungeniert mit meinen Brüsten spielte, einige Komplimente, und sie nahm seine Aufmerksamkeit knicksend und dankend entgegen. Der Prinz rief schließlich seinen Chevalier, der ein kleines geschnitztes Elfenbeintischchen hereintrug, auf dem sich eine goldene Schüssel mit einer köstlichen Pastete befand, sowie zwei getriebene Silberpokale, die reichlich mit Edelsteinen geschmückt waren.

Ich bemerkte bei dieser Gelegenheit wohl, dass sich meine wackere Amy mit dem Chevalier auf eine recht kokette Art verständigte, und vermutete – wie sich herausstellte, nicht zu Unrecht, – dass sie sich im Verlauf der nächsten Stunden auf eine ganz ähnliche Weise vergnügen würde wie ich.

Der Prinz winkte den beiden, nachdem sie alles aufgetragen hatten, sich zu entfernen, und als wir miteinander allein waren, begann er mich regelrecht zu füttern, als ob ich ein kleines Mädchen sei.

Ich saß auf seinem Schoß, und während er mit der einen Hand unter meine Röcke fuhr, führte er mit der andern den Becher an meine Lippen und gab mir köstliche kleine Bissen seiner Pastete zu kosten.

»Ich sehe wohl, Madame, dass Sie ein ebenso heißes Temperament haben wie ich auch«, meinte er liebenswürdig. »Wir werden also in dieser Hinsicht hervorragend zusammenpassen. Wenn Sie mir eine Gunst erweisen wollen, so entlassen Sie diesen kleinen Gefangenen, der sich nach Ihrem Anblick sehnt, endlich aus dem Gefängnis, in das ihn die unglückseligen Gepflogenheiten unserer Zivilisation verbannt haben!«

Ich begriff sofort und tat lachend, was er mich geheißen hatte. Der Gefangene sprang auch flugs in meine Hand und begann sich darin voller Dankbarkeit auszudehnen. Ich beugte mich einem plötzlichen Einfall folgend zu ihm hinunter und gab ihm einen kleinen Kuss auf seine prall gespannte samtige Schnauze. Dies schien seinem Besitzer ausnehmend gut zu gefallen, denn er sagte in seinem schmeichelndsten Tonfall: »Ich sehe schon, meine Schöne, dass wir beide uns vollkommen verstehen werden. Ah, wie liebe ich es, wenn eine Frau das richtige Maß an Temperament besitzt! Und ich versichere Ihnen, dass Sie für die Aufmerksamkeiten, die Sie mir entgegenbringen, im reichen Maß belohnt werden.«

Mit diesen Worten küsste er mich abermals mit seinen weinfeuchten Lippen, und auch unsere Zungen stießen zusammen und liebkosten einander.

»Dies ist nicht ein Nachtmahl schlechthin, meine Teure, sondern wir wollen es zu etwas ganz Besonderem machen«, sagte er auf eine höchst verführerische Weise. »Komm, setz dich so auf meinen Schoß, dass dir dieser angriffslustige Krieger da seine volle Aufmerksamkeit zuwenden kann, während wir essen!«

Ich dachte bei mir, dass dies eine äußerst ausschweifende Sache sei, aber nachdem ich schon einmal eingewilligt hatte, die Mätresse des Prinzen zu werden, mochte es immerhin nach seinem Willen gehen. Also raffte ich meine Röcke und setzte mich mit ihm zugewandtem Gesicht so auf seinen Schoß, dass es nur einiger weniger Bewegungen bedurfte, um seinen Pfahl zu empfangen. Ich richtete mich so weit auf, dass die Spitze seines Speers genau in das Zentrum meines Fötzchens zielte, und ließ mich dann langsam darauf niedergleiten. Ah, all meine Nerven waren zum Zerreißen gespannt, als ich spürte, wie dieses Stück warmen straffen Männerfleisches Zoll um Zoll in mich eindrang. Ich stieß einen wohligen Seufzer aus, und dann verhielten wir uns etliche

Sekunden ganz ruhig, ehe ich mich auf ihm zu bewegen begann.

Es wurde ein langer Ritt, den wir auf diese Weise zurücklegten, und ich muss gestehen, dass ich ihn mit allen Sinnen genossen habe. Zwischendurch machten wir immer wieder kleine Pausen, während der mich mein Kavalier mit winzigen Bissen von gebratenem Kapaun und gefüllten Lammkoteletten, mit Marzipankonfekt und Fruchtsalat fütterte; auch flößte er mir schluckweise – und zwar diesmal direkt von seinen prinzlichen Lippen – Wein und Champagner ein. Mein Prinz war voll des Lobes über meine kleine Mausefalle und sagte anerkennend: »Wirklich, ich glaube, nie zuvor hat mir eine Pussi soviel Freude gemacht wie die deine. Das ist das durchtrainierteste Fötzchen, das ich in meinem ganzen Leben kennen gelernt habe.«

Es stimmte im gewissen Sinne, mein Mäuschen hat eine Eigenschaft, welche viele andere Frauen vermissen lassen. Es kann nämlich durch ein ganz bestimmtes Muskelspiel einen willkommenen Eindringling so in sich hineinmassieren, dass es ist, als schlucke und sauge es ihn selbsttätig in sich hinein. Dies ist übrigens eine Fähigkeit, die ich meiner in allen Hurenkünsten recht erfahrenen Freundin Amy verdanke und die mir bei den Männern, mit denen ich zu tun hatte, schon große Anerkennung eingebracht hat.

Schließlich, als unsere Begierde den Höhepunkt erreicht hatte, schob der Prinz den Tisch etwas zurück, und ohne dass wir unsere Verbindung miteinander verloren hätten, hob er mich in seinen Armen auf. Ich umschlang seinen Nacken, und so trug er mich, ohne dass sein Schaft aus meinem Mäuschen geglitten wäre, in mein Boudoir, wo wir miteinander auf das seidenbezogene Bett niedersanken. Dort tat er so heftig und nachdrücklich, was er zuvor mehr spielerisch getan hatte, dass es nur wenige Augenblicke dauerte, bis die Fluten der Lust in voller Vehemenz bei uns beiden zu strömen begannen.

Danach ruhten wir eine Weile einer im Arm des andern. Ich genoss das Glück einer Befriedigung, an die ich mich im Laufe meines turbulenten Lebens nur allzu sehr gewöhnt hatte, in vollen Zügen. Der Prinz hatte seinen Kopf in der Mulde zwischen meinen Brüsten verborgen, und atmete heftig. Als er seinen Kopf hob, bemerkte ich, dass sein Gesicht noch immer gerötet war. In seinen Augen blitzte ein lebhafter Funke, als er sagte: »Komm, meine Liebe, lass mich dich völlig ausziehen, denn ich habe dich noch nicht nackt gesehen!«

Es stimmte, wir hatten über der Sättigung unseres ersten Appetits aneinander unsere Kleider noch anbehalten. Ich versicherte ihm mit einem koketten Seitenblick, dass ich mich für ihn gern entblößen würde, vorausgesetzt, dass er mir vergönne, dasselbe mit ihm zu tun, und er nickte lächelnd. Es dauerte nicht lange, so hatten wir uns gegenseitig all unserer Hüllen beraubt, und ich muss gestehen, dass der Prinz wirklich viel Ähnlichkeit mit einem Gemälde des Kriegsgottes hatte, das ich einmal gesehen hatte. Er war etwa 36 Jahre alt, von großem Wuchs und festem, elastischem Fleisch. Unter seiner glattgespannten Haut konnte man das Spiel seiner Muskeln sehen. Das Zeichen seiner Männlichkeit ragte, schon wieder steif wie ein Fahnenmast, aus einem Busch dichten dunklen Haares hervor. Auch wenn ihn nicht seine gesellschaftliche Position begehrenswert gemacht haben würde, wäre er ohne Zweifel ein Mann gewesen, der die Begierden jeder Frau mit gesunden Sinnen zu erwecken im Stande war.

Nachdem wir uns eine Weile gegenseitig bewundert und liebkost hatten, fragte mich mein Prinz, wie ich ihn im Stillen schon nannte, sehr liebenswürdig: »Werden Sie mir und diesem kleinen Ungeheuer da für heute Nachtquartier gewähren, Madame?«

Ich versicherte ihm, dass ich keinen größeren Wunsch habe, als mich selber und alles, was ich zur Verfügung hätte, in seine Dienste zu stellen. Darauf bat er mich, ich möge mich wieder zu Bett legen, und er legte sich selbst seitlich hinter mich, dass sein Leib sich gegen meine Hinterbacken presste. Er hieß mich meinen einen Schenkel anheben, und er beförderte seinen Speer mit einer einzigen kräftigen Bewegung in das heiße Innere meines Fötzchens. Während er meine Brüste umfasste und sie heftig presste und molk, beglückte er mich zum zweiten Mal mit seinen kräftigen Stößen, und als er seinen Geysir zum zweiten Mal in mich versprüht hatte, ließ er sein Instrument, das nicht im mindesten kleiner zu werden schien, gleich dort, wo es war und sagte: »Nun werden wir ein gutes Stündchen miteinander schlafen.« Zu meinem nicht geringen Erstaunen zog er die Klingelschnur, und alsbald erschien sein Chevalier, der nebenan gewartet haben musste und breitete – ohne ein Wort zu sagen – die seidene Bettdecke über uns.

Ich spürte, wie mir bei dieser merkwürdigen Zeremonie das Blut ins Gesicht schoss, aber mein Prinz beruhigte mich und versicherte, dass es so sei, als habe der Chevalier nicht das mindeste gesehen, denn dieser Mann sei treu wie Gold.

»Er hat übrigens«, fügte er hinzu, »ein Auge auf deine Freundin Amy geworfen, und ich bin überzeugt, die beiden verbringen den Rest der Nacht auf ganz ähnliche Weise wie wir.«

Davon war ich, bei Amys gesundem Appetit auf

das, was sie schlichtweg als Schwanz bezeichnete, allerdings überzeugt.

Die Nacht wurde uns viel zu kurz und ich muss gestehen, ich habe selten weniger geschlafen als bei jenem Mal, da ich mich dem Prinzen von Condé ausgeliefert hatte.

Trotzdem fühlte ich mich, als er am andern Morgen nach Schokolade und warmen Toasts klingelte, nicht im mindesten müde. Wenn es stimmt, dass es für eine Frau keinen besseren Jungbrunnen gibt als den Liebestau, den sie in den Armen eines starken und ausdauernden Mannes vergießt, so hatte ich mich in dieser Nacht mindestens um fünf Jahre verjüngt. Amy, die uns, sehr sorgfältig frisiert und geschminkt, unsere Schokolade servierte, schien sich desgleichen in einer recht erfreulichen Verfassung zu befinden. Vermutlich hatte sich der Chevalier nicht minder ausdauernd und aufmerksam gezeigt.

Der Prinz fasste sie scherzhaft an den Busen und erkundigte sich, ob der Chevalier sich an diesen beiden schönen vollen Äpfeln denn habe ersättigen können, und sie warf ihm einen koketten Blick zu.

Der Prinz sagte, während er seine Schokolade schlürfte, zu mir: »Wer weiß, vielleicht entleihe ich dieses hübsche Geschöpf einmal von dir, denn sie scheint mir recht begabt in den Künsten der Liebe«, und ich gab zur Antwort, dass ich gewiss keine Einwendungen erheben werde, falls Seine Hoheit wünsche, sich mit Amy zu vergnügen.

Ich sagte dies so förmlich, dass er daraus schließen musste, dass ich gekränkt war. Also nahm er mich in die Arme und bat mich um Vergebung. Es sei, versicherte er, nur eine Laune gewesen, die ihn eine solche Äußerung habe tun lassen. Ich erklärte meinerseits, dass solche Entschuldigungen nicht nötig seien, da er mich ohne Zweifel für ein loses Frauenzimmer halten müsse, der Freizügigkeit zufolge, mit der ich seiner Werbung entsprochen habe.

Aber er meinte daraufhin ganz ernsthaft, dass er nichts anderes erwartet habe. Bei Hof gäbe es keine Dame, die gezögert haben würde, eine derartige Auszeichnung abzuweisen, erklärte er mir. Hochmütig fügte er hinzu: »Männer meines Ranges lieben es nicht, eine weibliche Festung länger als notwendig zu belagern.«

Diese Antwort gefiel mir ganz und gar nicht, und ich fragte halb ernst-, halb scherzhaft, wie sich Seine Hoheit verhalten haben würde, wenn ich mich geweigert hätte, mit ihm ins Bett zu gehen.

Er lachte und zupfte mich an meinen Brustspitzen. »Dass du diese Absicht nicht hattest, mein Herz, habe ich beim ersten Mal schon bemerkt, als ich bei dir zu Gast war«, versicherte er übermütig. »Mein armes Kind, man sah dir den Hunger nach einem kräftigen Männerschwanz nur zu deutlich an. Und was wäre da wohl schicklicher gewesen als dich eben mit meinem Instrument zu trösten, meine schöne Witwe?«

Er erklärte des Weiteren ziemlich unumwunden, dass er im übrigen von Anfang an gewusst habe, dass ich nicht die wirkliche Ehefrau des ehrenwerten Monsieurs Rochas sei. Aber das habe ihn in seiner Hoffnung, mich für sich zu gewinnen, nur noch mehr bestärkt.

Ich versicherte ihm, dass ich meinerseits nicht erwogen haben würde, mich neuerdings einem Mann zur sinnlichen Liebe zu ergeben, wenn mir die Person und die Argumente Seiner Hoheit nicht völlig unwiderstehlich erschienen wären. Und dann erzählte ich ihm die ganze Geschichte meines Lebens, die er in der Tat sehr rührend fand. Ich war schließlich verblendet und töricht genug, dass mich sogar ein gewisser Stolz überkam bei dem Gedanken, was für einem bedeutenden Mann ich mich hingegeben hatte.

Ich war mit all den Zukunftsplänen, die er für den Fortbestand unserer Liebschaft machte, völlig einverstanden. Er bestand darauf, dass ich nach außen hin weiter den Anschein einer betrübten Witwe beibehalten und so zurückgezogen wie möglich leben solle. Dafür versprach er, mir ein hübsches Schlösschen in der Nähe von Versailles zu schenken, wo ich die Sommermonate mit ihm und einem engen Kreis von Auserwählten verbringen würde. Auch versprach er, mir einige verlässliche Leute als Dienerschaft zu geben, und ich versicherte ihm meinerseits, dass ich mit all seinen Anordnungen höchst zufrieden sei und nichts anderes wünsche, als ihm zu Gefallen zu sein.

Giacomo Casanova

Ehrwürdige
Mutter M. M.*

Ich brauchte eine Geliebte, und da ich keine hatte, suchte ich immer häufiger die Spieltische von Venedig auf, an denen ich zumeist gewann. Dessen ungeachtet langweilte ich mich so sehr, dass ich ein Kasino mietete und eine Pharaobank in Compagnie mit einem Matador eröffnete, der eine Garantie dafür bot, dass gewisse Aristokraten mich nicht betrügen konnten.

Aber ich besuchte weiterhin die Kirche in Murano, und als ich Allerheiligen 1753 nach Anhören der Messe meine Gondel besteigen wollte, um nach Venedig zurückzukehren, kreuzte plötzlich eine Frau meinen Weg, die mich durchdringend ansah und dabei einen Brief fallen ließ, den ich natürlich sofort aufhob und las. Er lautete:

»Eine Nonne, die Sie an allen Festtagen in der Kirche sieht, wünscht Sie kennen zu lernen. Da sie aber möchte, dass Sie sie zumindest einmal gesehen haben, bevor Sie mit ihr sprechen, wird sie Ihnen eine Dame bezeichnen, welche das Kloster des öfteren aufsucht und die Sie zwanglos bis an das Sprachgitter des Besucherraumes begleiten kann. Die Dame kennt Sie nicht, und Sie sind nicht verpflichtet, sich ihr vorzustellen, wenn Sie Ihren Namen nicht preisgeben wollen. Bitte, übergeben Sie Ihre Antwort morgen der Frau, die diesen Brief fallen ließ. Sie finden sie eine Stunde vor Mittag rechts in der Kirche des heiligen Cancian.«

Ich war überaus verwundert, schrieb aber sogleich: »Wenn Sie mich für würdig halten, Ihre Bekanntschaft zu machen, so bin ich verpflichtet, Ihnen zu gehorchen. Ich werde daher jene Dame begleiten, die mich nicht kennt und der ich mich folglich auch nicht vorstellen kann. Haben Sie Verständnis dafür, dass ich meinen Namen nicht nenne, und empfangen Sie das Versprechen, dass ich Ihren Namen, falls ich ihn erfahre, nur benutzen werde, um Ihnen meine Huldigungen darzubringen.«

Zwei Tage nachdem ich diese Zeilen dem weiblichen Merkur übergeben hatte, empfing ich folgenden Brief: »Ich sehe, dass ich mich in Ihnen nicht getäuscht habe. Lesen Sie beiliegendes Schreiben und senden Sie es der Gräfin S., falls Sie es wollen. Sie können dann jederzeit zu ihr gehen, und sie wird Sie hierherbegleiten, ohne die geringste Frage an Sie zu richten. Sie brauchen sich auch nicht vorzustellen. Ich habe der Magd befohlen, Ihre Antwort abzuwarten, da die Möglichkeit besteht, dass Sie die Gräfin nicht aufsuchen möchten, weil Sie ihr zufällig bekannt sind. Wenn mein Vorschlag Ihnen gefällt, so sagen Sie dem Mädchen, Sie hätten keine Antwort für mich.«

Da mir die Gräfin S. nicht bekannt war, bat ich die Botin, ihrer Gebieterin mitzuteilen, dass ich keine Antwort zu geben hätte.

Ich sandte der Gräfin das Schreiben durch einen Boten, der mir später mitteilte, dass man mich am nächsten Tage erwarten würde.

Überaus gespannt begab ich mich maskiert zur Gräfin, die mich schon erwartete. Wir bestiegen eine Gondel und gelangten zum Kloster, ohne von etwas anderem als dem Wetter gesprochen zu haben. Im Besucherraum angekommen, bat die Gräfin um eine Unterredung mit der Nonne M. M. Der Name überraschte mich, da M. M. eine berühmte Persönlichkeit war. Man führte uns in ein kleines Sprechzimmer, und einige Minuten darauf sah ich eine Nonne eintreten, die geradenwegs auf das Gitter zuging und es so weit öffnete, dass sich die beiden Freundinnen ohne Zwang umarmen konnten. Gleich darauf schloss sie das Gitter wieder. Die Gräfin setzte sich ihr gegenüber, und ich nahm seitwärts Platz, doch so, dass ich die bildhübsche Nonne ungehindert betrachten konnte. Ihre Schönheit raubte mir den Atem, und ich bildete mir mit einem Male ein, die Nonne vor mir zu haben, von der meine teure C. C. mir oftmals geschrieben hatte. Ich war entzückt, meine schöne Nonne aber dachte nicht daran, das Wort an mich zu richten. Sie würdigte mich nicht einmal eines einzigen Blickes.

Plötzlich senkten die Freundinnen ihre Stimmen, und der Anstand gebot mir, mich zurückzuziehen. Ich war ärgerlich darüber, dass die verwirrend schöne Nonne auch jetzt keinen Blick auf mich richtete.

Während der Rückkehr nach Venedig sagte mir die Gräfin lächelnd: »M. M. ist wirklich schön und geistreich.«

»Das eine sah ich, das andere glaube ich.«

»Ich möchte wissen, warum sie kein Wort an Sie richtete.«

»Mir ist das verständlich«, entgegnete ich. »Da ich nicht vorgestellt sein wollte, bestrafte sie mich durch Missachtung.«

Die Gräfin erwiderte nichts, und wir erreichten ihr Haus, ohne ein weiteres Wort gewechselt zu haben. Ich verließ sie bereits an ihrer Tür, da mir ihre Worte: »Adieu, mein Herr«, genügend sagten.

★

Ich war auf dem besten Wege, meiner teuren C. C. untreu zu werden, allein ich fühlte, wie ich offen gestehe, keine Gewissensbisse. Um etwas über die schöne M. M. zu erfahren, entschloss ich mich, meine Aufwartung der Gräfin Coronini zu machen, die sich in das Kloster St. Justine zurückgezogen hatte. Sie musste die schöne Nonne kennen und mir etwas von ihr erzählen können.

Die Gräfin empfing mich wie immer, und nachdem wir über unbedeutende Dinge gesprochen hatten, brachte ich das Gespräch auf die Klöster Venedigs und ihre Insassen, wobei ich behauptete, dass man das Leben mancher Nonne als galant schildere.

Die Gräfin nickte. »Es ist etwas Wahres daran. Wenn ich nur an M. M. denke ... Ich werde nie begreifen, warum sie den Schleier nahm. Sie ist schön und reich, voll Geist und sehr gebildet. Es war wohl nur eine Laune von ihr, in das Kloster einzutreten.«

Nach diesem Gespräch maskierte ich mich, fuhr nach Murano und verlangte pochenden Herzens, im Auftrage der Gräfin S. die Nonne M. M. zu sprechen. Da das Sprechzimmer geschlossen war, zeigte mir die Pförtnerin einen kleinen Raum, in den ich eintrat. Dann nahm ich meine Maske ab, setzte mich und wartete.

Mein Herz schlug gewaltig, da ich den Augenblick des Zusammentreffens fürchtete. Nach einer Stunde vergeblichen Wartens aber wurde ich unruhig. Ich schellte und fragte die Pförtnerin, ob sie mich nicht richtig verstanden und Schwester M. M. benachrichtigt habe. Sie antwortete: »Ja!«, und ich nahm wieder Platz.

Erneut verstrich eine endlose Zeit, bis endlich eine zahnlose Alte in den Raum eintrat und mir sagte: »Ich habe Ihnen auszurichten, dass Mutter M. M. für den heutigen Tag beschäftigt ist.«

Ich fühlte mich erniedrigt, beherrschte mich jedoch und sann auf Rache, die mir nur möglich schien, wenn ich den Gleichgültigen spielte. Als erstes schrieb ich C. C., dass wichtige Gründe mich bedauerlicherweise nötigten, nicht mehr in die Klosterkirche zu gehen. Dann setzte ich einen Brief an meine Nonne auf, den ich jedoch wieder zerriss, da mir einfiel, dass die

Unbesonnene in beständiger Angst leben musste, weil sich ihre beiden Briefe, die ihren Ruf vernichten konnten, in meinen Händen befanden. Ich entschloss mich daher, ihr die Schreiben mit folgendem Billett zurückzuschicken:

»Ich bitte mir zu glauben, dass ich Ihnen nur aus Vergesslichkeit die anliegenden Briefe noch nicht zurückschickte. Gestatten Sie mir jedoch, Ihnen den Rat zu erteilen, einem anderen gegenüber nicht so leichtsinnig zu handeln, denn Sie könnten Unannehmlichkeiten erleiden, wenn derjenige, wie ich, Ihren Namen kennt. Doch Sie brauchen sich nicht zu beunruhigen; ich bin verschwiegen. Verschmähen Sie aber diese kleine Lehre nicht, nur weil ich gutmütig die Lehre hingenommen habe, die Sie glaubten, mir geben zu müssen. Ich werde für den Rest meines Lebens Nutzen aus ihr zu ziehen wissen.«

Diesen Brief übergab ich einem Boten, der mich nicht kennen konnte, und ich versprach ihm eine zusätzliche Zechine, wenn er mir die Nachricht bringen würde, dass er den Brief pünktlich im Kloster zu Murano abgegeben habe.

Ich hatte die Angelegenheit bereits vergessen, als ich den Boten einige Tage später beim Verlassen der Oper plötzlich vor mir stehen sah. »Gott sei gelobt, dass ich Sie treffe«, rief er. »Ich habe Ihnen wichtige Dinge zu sagen. Einen Tag nachdem ich Ihren Brief im Kloster abgegeben hatte, suchte mich einer meiner Kameraden auf, der mich gesehen hatte, als ich Ihren Brief übergab. Er sagte mir, ich solle sofort nach Murano gehen, wo mich die Pförtnerin des Klosters dringend zu sprechen wünsche. Ich ging also hin, und nachdem ich einige Zeit gewartet hatte, führte mich die Pförtnerin in ein Sprechzimmer, wo eine schöne Nonne wohl hundert Fragen an mich richtete, die alle darauf hinausliefen, zu erfahren, wer Sie wären. Da ich ihr nichts Befriedigendes sagen konnte, befahl sie mir zu warten, und eine Stunde darauf erschien sie mit einem Brief, den ich Ihnen übergeben soll. ›Wenn Ihnen das gelingt und Sie mir eine Antwort überbringen, so werden Sie zwei Zechinen erhalten‹, sagte sie mir.«

»Und wo ist der Brief?«, fragte ich hastig.

»Bei mir zu Hause.«

Ich eilte sogleich mit ihm in seine Wohnung und nahm den Brief in Empfang. Als ich ihn öffnete, sah ich als erstes die beiden Briefe, die ich meiner Nonne zurückgeschickt hatte, um sie über die Folgen ihrer Unbesonnenheit zu beruhigen; ein sicheres Zeichen meiner Niederlage. Des Weiteren enthielt der Umschlag ein mit »S.« unterzeichnetes und an M. M. adressiertes Billett folgenden Inhaltes:

»Der Mann, der mich begleitete, hätte seinen Mund auf dem Rückweg nach Hause wahrscheinlich überhaupt nicht geöffnet, wenn es mir nicht eingefallen wäre, von deiner Schönheit und deinem Geist zu sprechen.«

Nachdem ich die der Wahrheit entsprechenden Zeilen gelesen hatte, klopfte mein Herz weniger, und ich las den an mich gerichteten Brief. Er lautete:

»Beiliegendes Billett erhielt ich eine halbe Stunde nach Ihrem Fortgang. Wenn ich es besessen hätte, als Sie mich zu sprechen wünschten, würde ich Sie empfangen haben. Nun hat mich Ihr Brief ganz unglücklich gemacht. Kommen Sie. Ich bin überzeugt, dass Sie kommen werden, wenn es dem Menschen, dem ich diesen Brief übergebe, gelingt, Sie aufzufinden. Leben Sie wohl! Ich erwarte Sie.«

Ich schrieb ihr sofort: »Ich bin schuldig, und ich würde untröstlich sein, hätte ich nicht die süße Hoffnung, Ihre Verzeihung zu erlangen. Alles ist in Ordnung. Schon morgen um elf Uhr werden Sie mich zu Ihren Füßen sehen, zärtlich, unterwürfig und reuevoll.«

Als ich den Brief beendet hatte, gab ich dem Boten eine Zechine und nahm ihm das Versprechen ab, sogleich nach Murano zu eilen.

Der Leser wird erraten, dass ich am nächsten Tage pünktlich zur Stelle war. Man ließ mich in das Sprechzimmer eintreten, und die schöne M. M. kam schon nach wenigen Minuten. Ihr Gesicht stand in Flammen. Sie setzte sich, und ich nahm ihr gegenüber Platz, wobei ich sie mit zärtlicher Stimme fragte, ob ich Verzeihung erhoffen dürfe.

Sie reichte mir ihre schöne Hand durch das Gitter und sagte: »Unsere Bekanntschaft hat mit einem heftigen Sturm begonnen; hoffen wir, dass es auf die Dauer ruhig werden wird, damit unsere Verbindung ebenso zärtlich wie aufrichtig sein kann.«

»Wann werde ich das Glück haben, Sie in Freiheit von meinen Gefühlen zu überzeugen?«

»Wir können in einem mir zur Verfügung stehenden Kasino zu Abend essen oder uns auch in Venedig zum Souper treffen, wenn Ihnen das nicht unangenehm ist.«

»Das würde mein Glück nur vergrößern«, erwiderte ich. »Im Übrigen glaube ich Ihnen sagen zu müssen, dass ich mich in guten Verhältnissen befinde.«

»Diese Mitteilung ist mir sehr angenehm, da ich vermögend bin und meinem Geliebten nichts verweigern könnte.«

»Sie haben bereits einen?«

»Er ist es, der mich reich machte und über mich gebietet. Ich habe keine Geheimnisse vor ihm. Übermorgen, wenn ich mit Ihnen zusammen bin, werde ich Ihnen mehr darüber erzählen.«

»Ich hoffe, dass Ihr Geliebter nicht...«

»... dort sein wird?«, unterbrach sie mich. »Sie können dessen versichert sein. Haben Sie eine Geliebte?«

»Ich hatte eine, die man mir leider gewaltsam entrissen hat.«

»Wenn Sie glücklich waren, beklage ich Sie aufrichtig. Aber ich habe richtig vermutet: Sie fliehen die Welt, um Ihren Schmerz zu nähren. Doch wenn ich mich des Platzes bemächtige, den Ihre Geliebte in Ihrem Herzen einnimmt, dann wird mich niemand von demselben entfernen können, mein süßer Freund.«

»Und was wird Ihr Liebhaber dazu sagen?«

»Er wird entzückt sein, mich glücklich zu sehen. Das liegt in seinem Charakter begründet.«

»Ein bewunderungswürdiger Charakter!«

»Es ist Zeit, dass wir Abschied voneinander nehmen. Kommen Sie morgen zur selben Stunde, damit ich Ihnen die nötigen Unterweisungen geben kann.«

»Darf ich es wagen, Sie um ein Pfand zu bitten?«

»Welches begehren Sie?«

»Öffnen Sie das kleine Fenster und gestatten Sie mir, die Gräfin S. zu vertreten.«

Mit dem anmutigsten Lächeln öffnete sie das Gitter, und nach einem innigen Kuss verabschiedete sie mich.

M. M. stand in meinen Augen höher als eine Königin. Wenn mein Verstand in diesem Augenblick nicht unter dem Joch der Leidenschaft gestanden hätte, würde ich vielleicht gespürt haben, dass M. M. anders geschaffen war als alle Frauen, die ich seither geliebt hatte.

★

Gegen zehn Uhr morgens begab ich mich erneut in das Sprechzimmer des Klosters, und sobald ich gemeldet war, erschien meine göttliche Nonne.

»Ich habe Appetit und Schlaf verloren«, sagte ich ihr. »Und wenn mein Glück verzögert werden sollte, stehe ich nicht für mein Leben ein.«

»Welche Ungeduld!«, erwiderte sie lachend. »Hier ist der Schlüssel des Kasinos, in das Sie sich begeben werden. Ich erwarte Sie dort maskiert zwei Stunden nach Sonnenuntergang. Benutzen Sie die Treppe, welche der Straßentür gegenüberliegt. Am Ende der Treppe stoßen Sie auf eine grüne Tür, durch die Sie in ein beleuchtetes Zimmer gelangen. Wenn ich noch nicht dort sein sollte, so warten Sie auf mich. Sie dürfen auf meine Pünktlichkeit rechnen.«

Ich küsste die Hand, die mir den Schlüssel zu diesem geheimnisvollen Tempel übergab, und fragte: »Werde ich Sie als Nonne antreffen?«

»Nein«, erwiderte sie. »Ich gehe zwar als Nonne aus, habe aber eine vollständige Garderobe bei mir, um mich verwandeln und maskieren zu können.«

»Sehr schön«, entgegnete ich. »Eine Frage habe ich aber noch: Ist Ihr Geliebter sehr alt?«

»O nein! Er ist noch keine vierzig Jahre und besitzt alles, was man sich wünschen kann: Schönheit, Geist, Geld, einen sanften Charakter und ein edles Benehmen.«

»Und er verzeiht Ihnen Ihre Launen?«

»Was nennen Sie Launen? Vor ihm kannte ich noch keinen Mann, und Sie sind der erste, der Wünsche in mir erregte. Als ich es ihm sagte, war er zunächst verwundert, dann aber lachte er und hielt mir eine Predigt über mögliche Gefahren, denen ich mich aussetze, wenn ich mich einem unzuverlässigen Menschen hingeben würde.«

»Wann haben Sie sich ihm anvertraut?«

»Vorgestern. Ich zeigte ihm unsere Briefe, und er ist neugierig, zu erfahren, wer Sie sind: Doch fürchten Sie nichts. Ich werde nicht einmal versuchen, dies selbst zu erfahren.«

Zur festgesetzten Stunde begab ich mich in das von ihr bezeichnete Kasino. Ich gelangte in einen Salon, in dem ich M. M. elegant gekleidet vorfand. Da der Salon von Girandolen beleuchtet wurde, erschien mir ihre Schönheit in einem völlig veränderten Licht. Ihr Haar war prachtvoll frisiert, und ich küsste ihre schöne Hand in Erwartung eines nahen Liebeskampfes. Allein M. M. setzte mir Widerstand entgegen, und ich dachte: Wie reizend sind die Weigerungen einer verliebten Frau, die den Augenblick des Glückes nur verzögern, um später umso mehr genießen zu können!

Ehrerbietig, aber kühn und unternehmend, mischte ich Feuerblicke mit Zartgefühl. Dann raubte ich glühende Küsse und verlebte so zwei Stunden in vorbereitendem Kampf, bei dessen Ende wir uns gegenseitig dazu Glück wünschten, unsere Ungeduld gemäßigt zu haben.

»Mein Freund«, sagte sie schließlich, »nun habe ich einen Appetit, der dem Souper alle Ehre machen wird.«

»Mir ergeht es ebenso«, erwiderte ich mit Freude.

Eine Frau von mittleren Jahren deckte einen Tisch, und nachdem sie alles gebracht hatte, was nötig war, um auf eine Bedienung verzichten zu können, aßen wir ein köstliches und reichliches Mahl, das erst gegen Mitternacht endete. Wir nahmen vor einem Feuer Platz, und ich hielt die Zeit für gekommen, mich dem reizenden Weib unmissverständlich zu nähern. Sie aber drängte mich zurück.

»Grausame Freundin!«, sagte ich ihr. »Wenn Sie der Liebe nicht nachgeben wollen, so weichen Sie wenigstens der Natur, die verlangt, dass man sich nach einem üppigen Mahle niederlegt.«

»Mir scheint, Sie sind müde.«

»Das bin ich nicht! Aber zu dieser Zeit pflegt man zu Bett zu gehen. Gestatten Sie mir deshalb, Sie zur Ruhe zu bringen. Ich werde dann an Ihrem Lager sitzen bleiben oder mich zurückziehen; ganz wie Sie es wünschen.«

Sie stand auf und zog aus einem Sofa eine Lade, der sie Kissen, Betttücher und eine Decke entnahm, und wenige Minuten später hatte sie ein breites und bequemes Bett bereitet. Dann wickelte sie mir ein Tuch um den Kopf, doch noch während sie damit beschäftigt war, stieß sie mich jäh so geschickt zur Seite, dass ich der Länge nach auf das Sofa fiel. Nun zögerte ich nicht mehr. Ich entledigte mich meiner Kleider und warf mich auf M. M., die jedoch so kräftig war, dass ich nichts Wesentliches erlangte. Dafür brannte ich umso mehr. Ich bezwang jedoch meine Ungeduld, weil ich glaubte, noch nicht anspruchsvoll sein zu dürfen. Die Folge: sie bot mir ihren herrlichen Busen, den ich nun mit heißen Küssen bedeckte. Mein Feuer steigerte sich, doch vergeblich verdoppelte ich meine Anstrengungen, um M. M. niederzuringen. Ich war schließlich so abgekämpft, dass ich einschlief und erst wieder wach wurde, als ein lebhaftes Schellen ertönte.

»Was gibt es?«, rief ich verwirrt.

»Wir müssen aufstehen«, antwortete meine reizende Nachbarin. »Es ist für mich Zeit, in das Kloster zurückzukehren.«

»Wie gut, dass Sie als Jungfrau von mir scheiden«, sagte ich sarkastisch.

»Sei für diesmal zufrieden, mein süßer Freund«, entgegnete sie. »Ich erwarte dich übermorgen und hoffe, dir dann die Nacht bezeichnen zu können, in der wir ganz glücklich sein werden.«

Wir legten unsere Masken an, umarmten uns noch einmal und verließen das Haus auf getrennten Wegen.

Daheim fand ich einen Brief meiner teuren C. C., die mir schrieb: »Mit diesen Zeilen, mein zärtlicher Freund, will ich dir eine Probe meiner Denkungsart geben, welche dir zeigen wird, dass ich ein Geheimnis bewahren kann. Als ich gestern unseren Gang säuberte, musste ich einen Sessel beiseite schieben, der eine Spalte in einer Scheidewand verdeckt. Schon neugierig geworden wie alle Nonnen, blickte ich durch diese Spalte. Und was sah ich? Dich, mein süßer Freund! Du unterhieltest dich gerade lebhaft mit meiner reizenden Freundin, der Mutter M. M., und du wirst dir kaum vorstellen können, wie überrascht und freudig erregt ich war. Dann aber befürchtete ich, bemerkt zu werden. Ich schob den Sessel deshalb schnell wieder an seine Stelle und arbeitete weiter. Und nun flehe ich dich an, mein süßer Freund, mir die volle Wahrheit zu sagen. Du wirst mich dadurch glücklich machen. Mutter M. M. ist ein ausgezeichnetes Weib, und ich bin überzeugt, dass sie dich liebt. Und du wirst sie ebenfalls lieben. Merkwürdigerweise aber bin ich nicht eifersüchtig. Ich sterbe nur vor Verlangen, dich zu sehen. Lebewohl!«

Trotz der Achtung, die ich für C. C. empfand, machte mir dieser Brief einige Sorge. Ich antwortete ihr darum sogleich, ihre Freundschaft mit M. M. verpflichte sie, diese davon in Kenntnis zu setzen, dass sie einen maskierten Kavalier bei ihr im Sprechzimmer gesehen habe. Im übrigen schrieb ich ihr: »Veranlasst durch verschiedene Gerüchte, hatte ich plötzlich das Verlangen, deine Freundin kennen zu lernen. Ich bediente mich dabei eines falschen Namens, und ich rate dir gut, M. M. nicht zu sagen, wer ich bin. Du kannst ihr aber erzählen, dass deiner Meinung nach der Mann mit der Maske identisch ist mit dem vielfachen Kirchenbesucher.«

Am nächsten Tage besuchte ich meine schöne Nonne, um zu erfahren, wann sie mit mir in Venedig soupieren würde. Sie berichtete mir sogleich die Geschichte von dem verräterischen Spalt, fügte jedoch hinzu, dass dieser bereits verstopft und somit nichts mehr zu befürchten sei.

»Und nun, mein Engel, sage mir, wann wir uns treffen können«, flehte ich sie an.

»Morgen Abend, zwei Stunden nach Sonnenuntergang!«

»Wieder in deinem Kasino?«

»Das ist leider nicht möglich, weil mein Geliebter mich nach Venedig fahren wird.«

»Er selbst?«

»Ja.«

»Dann werde ich dich auf dem Platz des heiligen Paulus erwarten.«

»Ich werde pünktlich sein.«

Da ich kein eigenes Kasino besaß, machte ich mich sogleich auf den Weg, um ein hübsches zu mieten, und ich fand ein exquisites, das früher Eigentum des englischen Gesandten gewesen war, der es seinem Koch schenkte, als er Venedig verließ. Ich mietete es zunächst einmal für vier Monate unter der Bedingung, dass der Koch die Diners und Soupers selbst zubereite, und nachdem ich so alles auf das Beste vorbereitet hatte, kaufte ich eine Nachthaube von Alençoner Spitzen und die schönsten Pantoffeln, die ich finden konnte.

Als ich zur festgelegten Stunde am Platz des heiligen Paulus ankam, sah ich eine Barke anlegen, der ein maskierter Herr entstieg. Ich wollte mich schon umwenden, da winkte mir die Maske freundlich zu.

Es war mein Engel, der hell über meine Überraschung lachte und mich wie ein Freund einhakte, um lebhaft sprechend mit mir in mein Kasino zu gehen.

Dort angekommen, entledigte ich mich schnell meines Maskenanzuges, während M. M. Gefallen daran fand, zunächst alle Winkel des neuen Aufenthaltsortes zu besichtigen. Ihr vielfaches Abbild, das raffiniert angeordnete Spiegel im Schein zahlloser Kerzen zurückwarfen, bot ihr ein Schauspiel, von dem sie sich nicht abwenden konnte. Mit Entzücken betrachtete sie sich von allen Seiten.

»Du bist zauberhaft!«, sagte ich ihr.

Sie lächelte mich an. »Wie magst du mich finden, wenn ich mich erst ... Bitte, gestatte mir, mich allein zu demaskieren.«

»Sei Herrin deines Willens.«

Eine Viertelstunde darauf kehrte sie zurück, frisiert als Mann und mit Locken, die über ihre Wangen hingen. Ihr Körper war der eines Antonius, allein ihr französischer Anzug ließ die Illusion nicht vollständig sein. Aber ich war bezaubert, und mein Glück erschien mir unbegreiflich.

»Du bist nicht für einen Sterblichen geschaffen!«, sagte ich ihr. »Wenn ich dich so sehe, möchte ich glauben, dass du nie mein eigen werden wirst.«

Sie schüttelte den Kopf. »Ich bin dein, sobald du willst.«

Ich konnte mich vor Ungeduld nicht mehr halten und löste hastig die Brillantagraffe ihres Jabots. Meine Lippen suchten ihren bezaubernden Busen und bedeckten ihn mit Küssen, doch ein lästiger Schnürleib gestattete mir nicht, ihn in seiner ganzen Vollkommenheit zu bewundern. Ich verlor die Beherrschung und warf mich über sie. Weiter aber kam ich nicht, da M. M. mir plötzlich unmissverständlich sagte: »Damit warten wir bis nach dem Souper.«

Ich klingelte.

»Bist du wahnsinnig?«, rief sie erschrocken.

Ich beruhigte sie und erklärte ihr, dass das Essen durch eine Drehwand gereicht werden würde. »Du kannst deinem Geliebten also versichern, dass niemand dich gesehen hat«, fügte ich hinzu.

»Er wird deine Aufmerksamkeit bewundern und erraten, dass du kein Neuling bist. Darf ich fragen, wie oft du diesen köstlichen Aufenthaltsort schon mit einer Frau teiltest?«

»Du bist das erste Weib, das ich hier sehe, wenngleich du nicht meine erste Leidenschaft bist. Aber du wirst meine letzte sein.«

»Ich preise mich glücklich, wenn du beständig bist. Mein Liebhaber ist es. Er ist sanft, gut und liebenswürdig, doch mein Herz bleibt bei ihm stets ohne Regung. Ich habe ihm noch nie angehört.«

»Wie, du hast noch keine Nacht mit deinem Geliebten verbracht?«

»Oh, gewiss, aber nur Gefälligkeiten und Dankbarkeit bestritten die Kosten.«

»Wird er dich über diese Nacht befragen?«

»Ich nehme es an und werde ihm alles sagen, was ihn nicht demütigen kann.«

Nach dem Souper wollte sie uns einen Punsch bereiten, doch ich hielt sie davon ab, indem ich ihr sagte: »Bedenke, dass wir töricht wären, wenn wir die vor uns liegenden Stunden trinkend zubringen wollten.«

Sie lachte. »Deine Beredsamkeit überzeugt mich. Komm!«

Ich führte sie in ein elegantes Ankleidekabinett, wo ich ihr die für sie gekaufte Nachthaube schenkte. Sie nahm sie mit Freuden entgegen und bat mich, im Salon auf sie zu warten.

Meine Geduld wurde auf keine lange Probe gestellt. Sie rief mich, sobald sie im Bett lag, und ich sank ihr trunken vor Glück in die Arme. Sieben Stunden lang gab ich ihr die überzeugendsten Beweise meiner Glut, und sie lehrte mich, wie sehr sich eine gefühlvolle Seele in den süßesten Augenblicken entwickeln kann. Auf die verschiedenste Weise machten wir den Genuss mannigfaltig, bis wir unseren Verzückungen schließlich ein Ende bereiten mussten.

Ich besuchte M. M. am zweitnächsten Tage, doch sobald sie mich sah, sagte sie mir, ihr Geliebter habe sich melden lassen und könne jeden Augenblick eintreten. Sie bat mich, am folgenden Tage wiederzukommen, was ich ihr versprach. Ich eilte davon und begegnete einer schlecht maskierten Maske, die eben einer Gondel mit dem Zeichen des französischen Gesandten entstieg. Das ist er, sagte ich mir. Und ich hatte Recht, denn der maskierte Herr trat in das Kloster ein. Entzückt über diese Entdeckung, beschloss ich, meiner Geliebten nichts zu sagen.

Am nächsten Tag suchte ich sie pünktlich auf, und es entwickelte sich ein Gespräch, das meine Geliebte mit den Worten einleitete: »Gestern besuchte mich mein Freund, um sich von mir bis zum Weihnachtsfest zu verabschieden. Er muss nach Padua reisen, hat aber veranlasst, dass wir zu jeder Zeit in seinem Kasino soupieren können.«

»Weshalb sollen wir das? Ich habe doch mein eigenes Kasino.«

»Gewiss, aber er hat mich gebeten, dein Kasino während seiner Abwesenheit nicht aufzusuchen. Du verstehst schon, warum. Er möchte Redereien vermeiden, und ich habe es ihm deshalb nicht abgeschlagen.«

»Nun gut, dann werden wir eben in Murano miteinander soupieren. Aber wann?«

»Sonntag, wenn du willst.«

»Ich will stets und werde mich also am Sonntag mit der Abenddämmerung dort einfinden. Hast du deinem Freund übrigens erzählt, wie wir in meinem Palast die Nacht verbrachten?«

»Ja, mein Herz.«

»Und was sagte er?«

»Er ist beunruhigt wegen eines möglicherweise eintretenden verhängnisvollen Umfanges.«

Ich nickte. »In der Hinsicht müssen wir in Zukunft vorsichtiger sein.«

Am Sonntag begab ich mich in den Tempel der Liebe, und da meine Angebetete noch nicht anwesend war, nahm ich die kleine Bibliothek des Boudoirs in Augenschein, die zwar nicht sehr groß, aber gut gewählt und des Ortes würdig war. Man fand alles, was wollüstige Federn über gewisse Vergnügungen geschrieben hatten; verführerische Bücher, deren Inhalt den Leser zwingt, die Wirklichkeit auf schnellstem Wege zu suchen.

Die Lektüre hatte mich in eine maßlose Aufregung versetzt, und als ich meine schöne Geliebte in Nonnenkleidern eintreten sah, rief ich ihr entgegen: »Du kommst im günstigsten Augenblick. Die Bücher hier haben mich mit einem Feuer überflutet, das du auf der Stelle löschen musst.«

»Lass mich erst andere Kleidung anlegen«, bat M. M. »In fünf Minuten bin ich dein.«

»In fünf Minuten kann viel geschehen«, entgegnete ich. »Außerdem möchte ich, dass du die Huldigungen meiner Liebe einmal in dem Gewand annimmst, welches du trugst, als du sie erregtest.«

»Dein Wille geschehe!«, seufzte sie und ließ sich auf ein Sofa niedergleiten. Wir vergaßen die ganze Welt...

Später entkleidete und verwandelte sie sich vermittels eines einfachen Musselinkleides in eine entzückende Nymphe.

Nach einem köstlichen Abendessen forderte sie mich auf, die Nacht weidlich zu nützen, da sie mich voraussichtlich vor dem Weihnachtsfest nicht nochmals sehen könne.

In den folgenden zehn Tagen lebte ich sehr allein. Ich las viel und schrieb auch an C. C., an die ich, offen gestanden, nur noch dachte, wenn ich einen Brief von ihr erhielt. Dabei interessierte mich in ihren Briefen am meisten das, was sie mir über ihre Freundin M. M. schrieb.

Einen Tag vor Weihnachten teilte M. M. mir mit, ihr Geliebter würde zurückkehren und am Sankt-Stephans-Tage die Nacht mit ihr verbringen. »Deshalb erwarte ich dich erst am letzten Tage des Jahres«, fügte sie hinzu. »Vorher aber lese beiliegenden Brief in einer ruhigen Stunde.«

Ich entsprach ihrer Bitte und las: »Um zu vermeiden, dass du eines Tages denken könntest, ich sei nicht immer ganz aufrichtig zu dir gewesen, habe ich mich entschlossen, dir ein Geheimnis zu offenbaren, das meinen Freund betrifft. Ich tue es, obgleich ich weiß, dass er auf meine unbedingte Verschwiegenheit rechnet.

Als ich das Verlangen fühlte, dich kennen zu lernen, vertraute ich mich meinem Freund an. Er zeigte großes Verständnis, bat mich jedoch, unserem ersten Rendezvous beiwohnen zu dürfen, und zwar in einem kleinen, versteckt gelegenen Kabinett, von dem aus man alles sehen und hören kann, was im Salon geschieht und gesagt wird. Du hast dieses Kabinett nicht bemerkt, doch du sollst es bei unserem nächsten Treffen kennen lernen. Zuvor aber sage mir, ob ich dem Manne, der sich mir so gefällig zeigte, jene sonderbare Befriedigung verweigern konnte. Du weißt jetzt, dass mein Freund Zeuge all dessen war, was wir in der ersten Nacht taten und sagten. Wenn dir das unangenehm sein sollte, so nimm zur Kenntnis, dass du ihm sehr gefallen hast. So, und nun bin ich froh, meinen Verrat gebeichtet zu haben; als verständiger Liebhaber wirst du mir sicherlich Verzeihung gewähren.

Und jetzt etwas anderes: Mein Freund wird am letzten Tag des Jahres im Kasino sein. Wir werden ihn nicht sehen, er aber uns, und da er glaubt, dass du von seiner Anwesenheit nichts weißt, musst du dich so natürlich wie möglich geben, da er sonst Argwohn hegen und annehmen könnte, ich hätte sein Geheimnis verraten. Ich frage dich deshalb: Bist du bereit, dich einem Manne in den Augenblicken zu zeigen, da du dich der süßesten Wollust deiner Sinne hingibst? Bitte beantworte diese Frage mit einem offenen Ja oder Nein!«

M. M.s Brief überraschte mich, doch nach einigen Überlegungen fand ich, dass meine Rolle schöner als die ihres eigenartigen Freundes sei, über den ich nur den Kopf schütteln konnte. Indes muss ich gestehen, dass ich das nicht getan haben würde, wenn ich seinen Charakter schon gekannt hätte.

Meiner Freundin schrieb ich auf der Stelle: »Ja, ich werde die letzte Nacht des Jahres mit dir verbringen und mich bemühen, deinem Freund ein großartiges Schauspiel zu geben. Wenn Schamhaftigkeit dich nicht abhält, ihn sehen zu lassen, wie verliebt und glühend du bei mir bist, wie könnte ich mich dann schämen? Im übrigen ersehe ich aus allem, was du mir über deinen Freund mitteiltest, dass er unser Vergnügen teilen wird. Die Glut unseres Feuers wird ihn entzünden und ... Lebewohl, mein Engel, und bereite dich auf einen athletischen Kampf vor.«

Die nächsten Tage verbrachte ich in der Redoute, wo ich spielte und beständig verlor. Doch der Verlust von fünftausend Zechinen, die meinen ganzen Reichtum dargestellt hatten, konnte meine Liebe nicht schwächen.

Zur verabredeten Zeit begab ich mich am letzten Tage des Jahres in das Kasino meiner Angebeteten, die mir elegant gekleidet entgegenkam.

»Fein, dass du schon da bist«, sagte sie mir. »Unser Freund ist nämlich noch nicht auf seinem Posten. Sobald er kommt, werde ich dir verstohlen ein Zeichen geben.«

»Und wo ist sein geheimnisvolles Kabinett?«

»Hinter dem Rücken dieses Sofas.«

Etwas ratlos sagte ich: »Ich möchte bloß wissen, was er macht, wenn er dich in Ekstase sieht und verzichten muss!«

»Das ist seine Sache«, entgegnete M. M. »Wenn er sich langweilt, kann er ja gehen. Aber er wird sich nicht langweilen, wenn du deine Rolle natürlich spielst.«

»Ich werde sehr höflich sein.«

»Hast du jemals Liebende gesehen, die sich der Glut ihrer Liebe hingeben und dabei die Gesetze der Höflichkeit beachten?«

»Nein, mein Herz. Ich werde also nicht höflich sein, sondern Zartgefühl zeigen.«

»Das kann nicht schaden«, erwiderte sie und trat an einen Spiegel, um sich zu schminken.

Da ich wusste, dass sie dies ihrem Freund zuliebe tat, sagte ich: »An dieser Neigung erkenne ich den Franzosen.«

»Psst...!«, zischte sie im gleichen Augenblick und gab mir damit zu verstehen, dass der Freund seinen Posten bezog und die Komödie beginnen konnte.

Ich leitete sie mit den Worten ein: »Je mehr ich dich betrachte, mein Engel, um so sehnsüchtiger werde ich. Die ganze Nacht hindurch sollst du mein Feuer fühlen.«

»Du wirst mich begeistert finden.«

»Ich würde augenblicklich beginnen, wenn ich nicht überzeugt wäre, dass unsere Sehnsucht sich während eines Soupers noch weiterhin steigert. Essen wir also zunächst.«

Wir setzten uns zu Tisch, und unser vortrefflicher Appetit wurde durch die ausgesuchten Speisen nicht nur gestillt, sondern auch immer wieder aufs neue gereizt. Nach dem Essen brauten wir uns einen Punsch, und dann aßen wir Austern auf die wollüstigste Weise: Wir schlürften sie uns wechselweise von der Zunge.

»Und nun wollen wir an andere Genüsse denken«, sagte ich schließlich.

Sie nickte lebhaft. »Zuvor aber will ich mich umkleiden. Warte einen Augenblick, gleich bin ich ganz dein.«

Als sie gegangen war, zog ich gelangweilt ein Fach ihres Schreibtisches auf und entdeckte ein Kästchen mit gewissen Schutzmitteln, die ich heimlich schmunzelnd an mich nahm.

Meine Freundin kehrte in einer Robe von indischem Musselin zurück, die mit goldenen Lilien bestickt war. Sie sah wie eine Königin aus, und ich warf mich ihr zu Füßen und flehte sie an, mein Glück nicht länger zu verzögern.

»Du musst dein Feuer noch für einen Moment mäßigen«, erwiderte sie, wobei sie auf ihren Sekretär zuging. »Ich möchte dir nämlich zeigen, wie weit die Sorgfalt meines Freundes geht.« Damit zog sie eine Lade heraus, stutzte aber, als sie das Fehlen des Kästchens bemerkte, das sie mir hatte geben wollen.

Ich umarmte sie und gab ihr lachend zurück, was ich entwendet hatte. »Bösewicht!«, rief sie und warf sich auf das Sofa. »Präpariere dich, denn nun fordere ich dich zu einem Kampf, wie du ihn noch nicht erlebt haben dürftest.«

Wie von Sinnen stürzten wir aufeinander. Wollte ich die wechselvollen Bilder malen, die wir in dieser wollüstigen Nacht zur Schau stellten, müsste ich alle Farben der Palette Aretins erschöpfen. Ich war gewiss sehr glühend und äußerst tatkräftig, M. M. aber schlug mich in jeder Hinsicht. Ja, in ihrem letzten Kampf erschöpfte sie mich so sehr, dass ich kaum noch Luft bekommen konnte. Sie beschwor mich deshalb, keinesfalls aufzustehen und sie alleine gehen zu lassen, ein Wunsch, den ich gerne erfüllte.

M. M. hatte den Wunsch geäußert, ein Miniaturporträt von mir zu besitzen, das in ein Medaillon eingelassen und durch einen Geheimverschluss mit dem Bild irgendeiner Heiligen verdeckt sein sollte. Um ihren Wunsch zu erfüllen, begab ich mich zu einem hervorragenden Maler, der das Miniaturbild in drei Sitzungen fertig stellte.

Am Neujahrstag des Jahres 1755 wollte ich M. M. mein Porträt überreichen, doch noch bevor ich mich in das Kasino ihres Freundes begab, erhielt ich folgenden Brief: »Ich schreibe dir aus dem Bett, denn ich fühle mich wie gerädert und kann mich kaum auf den Beinen halten. Gleichwohl bin ich nicht krank, und ich freue mich schon heute darauf, dich am Dreikönigstage wieder zu treffen. Mein Freund hegt übrigens den glühenden Wunsch, dich kennen zu lernen. Er sagte mir, er hätte es für unmöglich gehalten, dass ein Mann zu leisten vermöchte, was du unter seinen Augen vollbrachtest. Aber er bat mich, dich darauf aufmerksam zu machen, dass du schwer erkranken könntest, wenn du die Liebe des öfteren auf solche Weise herausforderst. Ansonsten hat er, wie er mir sagte, eine köstliche Nacht verbracht. Er fand, dass ich mich selbst übertroffen und meine Kräfte auf eine ebenso grandiose wie süße Weise erprobt hätte. Ach, geliebtes Herz, es war ja auch so süß. Ich brenne vor Verlangen, dein göttliches Bild zu besitzen, und hoffe, das meine wird dir ebenso teuer sein. Öffne mit beiliegendem Schlüssel meinen Sekretär; du findest darin ein mit den Worten ›Für meinen Engel‹ beschriftetes kleines Geschenk, das ich dir im Auftrage meines Freundes mache. Adieu.«

Ich begab mich sofort in das Kasino ihres Freundes und fand das bezeichnete Päckchen, welches ein Maroquin-Etui und folgenden Brief enthielt: Beiliegendes Kästchen enthält zwei Bilder von mir. Öffnest du die Tabatière der Länge nach, so siehst du mich als Nonne. Drückst du aber auf eine in einer Ecke geheim angebrachte Feder, so öffnet sich ein anderer Deckel, der mich deinem Blick im natürlichen Zustand zeigt.

Die Tabatière war aus Gold gefertigt, und als ich den Angaben des Briefes folgend den zweiten Deckel öffnete, erblickte ich M. M. in der Lage der Magdalena von Correggio auf einem schwarzen Atlaskissen ruhend. Das Bild war fantastisch, und ich brannte nun darauf, nicht zurückzustehen und ihr das Medaillon mit meinem Porträt zu schenken. Aber ich musste damit bis zum Dreikönigstag warten.

Pünktlich zur verabredeten Zeit sah ich meine Geliebte aus der Gondel steigen. Da sie sich als Dame gekleidet und sehr gut maskiert hatte, gingen wir zunächst in die Oper Sankt Samuel und dann in den Spielsaal, wo wir am Tisch des Signor Mocenigo stehen blieben, der in jener Zeit als der eleganteste aller Spieler galt.

M. M. fragte mich: »Möchtest du spielen?«

Ich schüttelte den Kopf.

»Dann mache ich dich zu meinem Mitspieler«, sagte sie und zog aus ihrer Börse eine Rolle Gold, die sie auf eine Karte setzte.

Der Bankier mischte und zog ab. Meine Freundin gewann und setzte Paroli. Der Bankier bezahlte und nahm neue Karten, wobei er sich mit einer Dame unterhielt und die vierhundert Zechinen nicht beachtete, die meine Schöne bereits gesetzt hatte.

»Unser Spiel scheint dem Herrn nicht hoch genug zu sein«, sagte M. M. in gutem Französisch und zog ihre Karte zurück.

Ich steckte das Gold in die Tasche und führte sie zur Bank des Signor Pietro Marcello, wo meine Geliebte hintereinander fünf Rollen Gold verlor. Dann forderte sie von mir alles Geld, das ich eingesteckt hatte, und es dauerte nicht lange, da lag die Bank in den letzten Zügen. Jeder von uns hatte tausend Zechinen gewonnen, und wir hatten somit guten Grund, exzellent zu

Abend zu essen. Und dann schien mir der Zeitpunkt gekommen, ihr mein Medaillon zu schenken, das ich ihr zärtlich um den Hals hing. Sie war überglücklich und freute sich wie ein Kind, als es ihr zum ersten Male gelang, mein Bild vermittels der Geheimfeder freizulegen.

»Nun müssen wir uns aber den Mysterien der Liebe widmen«, sagte ich nach einem Blick auf die Uhr. »Wir haben nur noch drei Stunden.«

»Dann wird es wirklich Zeit«, erwiderte sie. »Sei aber nicht zu unbeherrscht. Mein Freund fürchtet immer, du könntest mich zur Mutter machen.«

»Ich wäre in Verzweiflung, wenn ich dich ...«

»Unsinn!«, unterbrach sie mich. »Wenn es passiert, werde ich mich euch beiden anvertrauen. Ich bin überzeugt, dass ihr mich niemals im Kloster niederkommen lassen würdet.«

»Ganz gewiss nicht. Was mich anbelangt, ich würde dich entführen und heiraten.«

»Einfacher wäre es, einen Arzt zu bestechen, der mir irgendeine Krankheit beilegt und Mineralbäder vorschreibt, die mir der Bischof schlecht verwehren könnte. Im Bad würde ich dann genesen. Mein Freund hat mir übrigens gesagt, er würde sich voll meines Kindes annehmen, wenn es ein Sohn sein sollte.«

»Bestünde die Möglichkeit, dass er der Vater wäre?«

»Dessen könnt ihr beide euch schmeicheln. Indessen dürfte irgendeine Ähnlichkeit den wahren Urheber sicherlich bezeichnen.«

»Das glaube ich auch. Doch lass uns jetzt zu Bett gehen. Ich fand in deinem Boudoir ein Buch, in dem die Stellungen Aretins dargestellt sind. Sollen wir einige derselben nachahmen?«

»Gerne. Aber ich muss dir gleich sagen, dass unausführbare und alberne darunter sind.«

»Möglich. Ich denke jedoch, vier sehr interessante gewählt zu haben.«

Unter köstlichen Arbeiten verbrachten wir den Rest der Nacht bis zum Morgengrauen. Dann brachte ich meine anbetungswürdige Nonne zu ihrer Gondel und legte mich nochmals ins Bett, um gründlich auszuschlafen. Am Nachmittag bezahlte ich einige Schulden, und am Abend hatte ich so großes Glück im Spiel, dass ich ein weiteres Dutzend Goldrollen in den Sekretär meiner Geliebten legen konnte.

Wenige Tage darauf erhielt ich fast zur gleichen Zeit einen Brief von M. M. und von C. C. Meine neue Geliebte schrieb mir unter anderem: »Erkundige dich doch bei dem Goldschmied, der mein Medaillon arbeitete, ob er nicht kurz zuvor einen Ring mit dem Bild der heiligen Katharina gefasst habe, unter dem sich meines Erachtens ein Porträt verbirgt. Der Ring gehört meiner Freundin, und ich möchte das Geheimnis, das ihr selbst offensichtlich unbekannt ist, aufdecken.«

Und was schrieb meine kleine C. C.? »Wie glücklich bin ich, dass du Mutter M. M. liebst. Ich weiß es, weil sie ein Medaillon trägt, das sie nur von dir empfangen haben kann. Ich habe sogleich den Pinsel des Malers erkannt, und außerdem sagte mir meine teure Freundin, sie sei überzeugt, das Bild der heiligen Katharina diene nur dazu, ein Porträt meines Geliebten zu verbergen. In meiner Ratlosigkeit behauptete ich, nichts davon zu wissen, und da ich nicht befürchtete, dass sie das Geheimnis entdecken würde, gab ich ihr den Ring mit der Bitte, ihn genau zu untersuchen. Sie tat es, natürlich erfolglos. Du darfst versichert sein, dass ich ihr niemals sagen werde, wer du bist und wie sehr ich dich liebe. Aber ich bin auch glücklich darüber, dass ihr euch liebt. Wie gerne möchte ich dir meinen Platz abtreten! Lebewohl.«

M. M. schrieb ich, dass ich mich beim Juwelier erkundigen würde, und C. C. teilte ich mit, das Medaillon ihrer Freundin sei tatsächlich ein Geschenk von mir, allein sie dürfe dieses Geheimnis nicht preisgeben und könne überzeugt sein, dass meine Freundschaft für M. M. niemals die Gefühle mindern würde, die ich für sie empfinde.

Ich heuchelte und war nicht mehr aufrichtig, und aus diesem Grunde hatte ich nicht den Mut, den Karnevalsball im Kloster unmaskiert zu besuchen. Aber ich wollte meine beiden Freundinnen einmal zusammen sehen, und zwar in einer Weise, dass es unmöglich war, mich zu erkennen. Ich kleidete mich deshalb als Pierrot, eine Maske, die Form und Wesen eines Menschen am besten verbirgt.

In Nonnenklöstern sind Karnevalsbälle unschuldige Vergnügen. Das Publikum tanzt im Sprechzimmer, während die Nonnen als Zuschauer hinter den Gittern stehen.

Als ich das Kloster in Murano erreichte, war das Sprechzimmer bereits fast überfüllt. Mühsam näherte ich mich den Gittern, hinter denen die Nonnen und Pensionärinnen standen, und es dauerte nicht lange, bis ich meine beiden Freundinnen entdeckt hatte.

Um ihnen zu gefallen, spielte ich meinem Kostüm entsprechend den Possenreißer, indem ich eine hübsche Kolombine mit einer linkischen Handbewegung zum Tanz eines Menuettes aufforderte. Man lachte über mich und machte uns Platz. Meine Partnerin spielte ihre Rolle glänzend und tanzte ausgezeichnet, während ich die ganze Gesellschaft zum Lachen brachte. Nach dem Menuett aber musste ich noch zwölf Forlanen tanzen, die mich so außer Atem brachten, dass ich mich ermattet auf einen Sessel sinken lassen musste. Später gelang es mir, mich unauffällig zu entfernen, doch ich war in Schweiß gebadet. Um mich nicht zu erkälten, stieg ich hastig in eine geschlossene Gondel, die mich zur Redoute brachte, wo ich zwei Stunden lang mit viel Glück spielte. Dann begab ich mich nach Murano in das Kasino meiner teuren M. M.

Meine Taschen waren gefüllt mit Gold und Silber, als ich, immer noch im Pierrot-Kostüm, in das Heiligtum eintrat und meine Gottheit vor dem Kamin stehen sah. Sie trug Nonnenkleidung, und da sie mein Kommen nicht gehört hatte, schlich ich von hinten an sie heran, um sie plötzlich zu umarmen. Der Überfall gelang mir auch, allein ich war im nächsten Moment wie versteinert. Nicht M. M., sondern C. C. hielt ich im Arm! Was war geschehen? Wohin war ich geraten?

C. C. rührte sich nicht vom Fleck. Kein Seufzer, keine Silbe kam über ihre Lippen. Sie starrte mich nur an.

Wie betäubt ließ ich mich in einen Armsessel sinken. Ein unentwirrbares Labyrinth tat sich vor mir auf. M. M. spielt mir diesen Streich, dachte ich. Aber wie hat sie erfahren, dass ich der Geliebte von C. C. bin? Hat diese mein Geheimnis verraten? Ich fühlte mich verspottet, betrogen und verachtet.

Mürrisch betrachtete ich C. C., die immer noch nichts sagte. Offensichtlich war sie verwirrt, da sie nicht wusste, in wessen Gesellschaft sie sich befand. Sie konnte mich allenfalls für den Pierrot halten, den sie auf dem Klosterball gesehen hatte. Doch was sollte ich tun? Ich war verliebt in M. M. und nicht geneigt, C. C. zu liebkosen, die ich freilich nach wie vor sehr schätzte. Aber ich hatte kein Verlangen nach ihr, und es würde die Achtung vor mir selbst verletzt haben, wenn ich sie jetzt umarmt hätte. Außerdem vermutete ich M. M. irgendwo im Kabinett; vielleicht sogar mit ihrem Freund.

Dieser Gedanke zwang mich plötzlich, meine Maske abzunehmen. C. C. stieß einen kleinen Schrei aus und rief: »Ich ahnte es! Nur du konntest es sein! Aber du schienst mir überrascht zu sein, als du mich sahst. Wusstest du denn nicht, dass ich dich erwartete?«

»Nein, das war mir unbekannt.«

»Verdrießt es dich? Ich bin unschuldig.«

»Anbetungswürdige Freundin!«, rief ich. »Warum sollte ich ... Im Gegenteil, ich bin entzückt, dich zu sehen! Nur bitte ich dich, mir Aufklärung zu geben. Wie kannst du hier sein? Hast du mein Geheimnis verraten?«

»Eher hätte ich sterben wollen.«

»Hat deine gute Freundin es selber entdeckt?«

»Ich weiß es nicht.«

»Aber sie muss es doch gewesen sein, die dich zu diesem Maskenspiel überredete. Wie kannst du das Kloster überhaupt verlassen? Und warum hast du mir von dieser Möglichkeit nie etwas gesagt?«

»Weil ich das Kloster vor zwei Stunden das erste Mal verlassen habe. Und nichts kann einfacher und natürlicher sein, was mich zu diesem Schritt bewog.«

»Erzähle mir alles. Ich platze vor Neugier.«

»Du weißt, wie sehr M. M. und ich uns lieben, ich habe dir darüber geschrieben. Vor zwei Tagen nun bat meine Freundin die Äbtissin, mich an der Stelle ihrer Laienschwester, die stark erkältet ist, bei ihr schlafen zu lassen. Die Erlaubnis wurde erteilt, und du wirst ahnen, mit welchem Vergnügen wir zum ersten Male miteinander schliefen. Als du nun heute aus dem Sprechzimmer gingst – wir wussten natürlich nicht, dass du der reizende Pierrot warst –, nahm M. M. mich zur Seite und bat mich, ihr einen Dienst zu erweisen, von dem ihr Glück abhinge. Ich erklärte mich bereit, woraufhin sie mich zu meinem Erstaunen so kleidete, wie ich jetzt vor dir stehe. Dann sagte sie mir: ›An sich wollte ich zu dieser Stunde das Kloster verlassen und erst morgen früh zurückkehren. Allein nun musst du für mich gehen. Du hast nichts zu befürchten und bedarfst keiner besonderen Unterweisung. In einer Stunde wird eine Laienschwester kommen, die dich zu einer Gondel führt. Dem Gondoliere sagst du nur: ›Zum Kasino‹, zu dem er dich dann binnen fünf Minuten bringen wird. Dort steigst du aus und begibst dich in ein kleines Zimmer, in dem ein gutes Feuer brennt.‹

›Und was soll ich dort?‹, fragte ich.

›Mehr brauchst du nicht zu wissen‹, antwortete sie mir. ›Aber du darfst überzeugt sein, dass dir nichts Unangenehmes begegnen wird.‹

Das ist alles, was ich dir sagen kann. Ich tat, wie mir geheißen, und nachdem ich mich hier fast eine Stunde gelangweilt hatte, umarmte Pierrot mich plötzlich. Mein Herz sagte mir sofort, dass du es seiest, als ich dich aber jäh erschrecken sah, da wurde ich unsicher. Doch nun empfange meine Glückwünsche zu diesem Kasino. M. M. ist nach mir das einzige Weib, das deine Zärtlichkeit verdient. In letzter Zeit habe ich dich oft beklagt. Jetzt tue ich es nicht mehr, denn in deinem Glück liegt auch das meinige. Bitte, küsse mich.«

Es wäre zu grausam gewesen, wenn ich den gütigen Engel jetzt nicht voller Zärtlichkeit an mein Herz gedrückt hätte. Dann sagte ich ihr, dass ich das Vorgehen ihrer Freundin höchst zweideutig fände, denn zweifellos habe sie ihr und mir einen schlechten Streich gespielt.

»Da bin ich anderer Meinung«, ereiferte sich C. C. »Meine teure M. M. wird auf irgendeine Weise erfahren haben, dass du mein Liebhaber warst, ehe sie dich kennen lernte, und nun wird sie glauben, dass sie uns keinen größeren Beweis ihrer Liebe geben kann, als uns ohne vorangegangene Benachrichtigung zusammenzuführen.«

»Nein«, widersprach ich energisch. »M. M. weiß, dass ich mich in sie verliebte, nachdem man uns mit Gewalt getrennt hatte. Wenn sie uns jetzt zusammenführt, dann tut sie es nur, um mir ihre Geringschätzung zu zeigen.«

»Niemals, mein teurer Freund. Ebenso wie ich nicht bös darüber bin, dass du M. M. liebst, ist sie nicht traurig darüber, dass wir uns lieben. Im Gegenteil, diese Tatsache wird sie entzückt haben, und nun bemüht sie sich, uns zu beweisen, dass sie mit allem einverstanden ist.«

Ich schüttelte den Kopf. »Deine Seele ist zu rein, um die Wirklichkeit zu erkennen. Ich weiß jetzt, dass M. M. mich nur aus einer Laune heraus geliebt hat, aber sie weiß auch, dass ich nicht albern genug bin...«

Endlos wurde unser Gerede. Bis Mitternacht fuhren wir pausenlos fort, unsere Zeit in dümmster Weise zu vergeuden. Dann war wenigstens die Schließerin so vernünftig, uns eine vortreffliche Abendmahlzeit zu bringen. Doch ich rührte nichts an. Mein Herz war zu schwer. Meine liebe kleine C. C. hingegen aß mit gutem Appetit.

Bei Tagesanbruch fragte sie mich, was sie ihrer Freundin erzählen solle.

»Die Wahrheit«, erwiderte ich. »Verbirg kein Wort unserer Unterhaltung und sage ihr, dass sie mich unglücklich gemacht hat.«

»Damit würde ich ihr nur Schmerzen bereiten«, entgegnete C. C. »Sie liebt dich zärtlich, und das Medaillon mit deinem Bild ist ihr teuer.«

»Du täuschst dich gewaltig in M. M. Wie ich sie kenne, wird sie dir beispielsweise nicht glauben, dass wir die ganze Nacht unschuldig miteinander zugebracht haben.«

»Ich kann ja das Gegenteil behaupten, obwohl du mir nicht den geringsten Beweis deiner Liebe gegeben hast.«

»Glaube mir, süße Freundin, ich liebe dich von ganzer Seele, aber ich bin krank vor Traurigkeit. In meiner Lage...«

»Du weinst?«, rief sie erschrocken. »Oh, ich hatte nicht die Absicht, dir Schmerz zu bereiten.«

Ich umarmte C. C. und übergab ihr den Schlüssel des Kasinos mit der Bitte, ihn M. M. in meinem Namen zurückzugeben. Dann maskierte ich mich und geleitete meine Freundin zur Gondel.

Es war ein abscheuliches Wetter, und nachdem ich C. C. zu ihrer Gondel gebracht hatte, suchte ich vergeblich nach einer Barke für mich. Ich war verzweifelt, da ich nur leicht bekleidet war und bei dem Wetter unmöglich im Freien bleiben konnte. Hätte ich den Schlüssel nicht C. C. gegeben, wäre ich ins Kasino zurückgekehrt, so aber zauste der Wind in meinen Haaren. Zu allem Übel fing es auch noch an zu regnen. In meiner Not wandte ich mich schließlich Hilfe suchend an einen einfachen Mann, der mir dann auch

gegen Zahlung eines Filippos eine Gondel herbei-
schaffte, die von zwei kräftigen Barkarolen gerudert
wurde.

Am nächsten Morgen erschien Laura. Sie brachte
mir einen dicken Brief von C. C., doch ich sagte ihr,
ich sei so entkräftet, dass ich weder lesen noch schreiben könne und sie deshalb bitten müsse, am nächsten
Tage wiederzukommen.

Gegen Abend fühlte ich mich etwas wohler und öffnete den Brief von C. C. Das erste, was mir entgegen-
fiel, war der Schlüssel zum Kasino. Dabei lag ein Brief
von M. M., die mir schrieb. »Ich habe alles gesehen
und gehört, und ich weiß, Sie würden den Schlüssel
niemals abgegeben haben, wenn ich nicht unglücklicherweise eine Stunde vor Ihrem Fortgang eingeschlafen wäre. Nehmen Sie den Schlüssel also zurück.
Ich erwarte Sie morgen Abend im Kasino.«

Und C. C. schrieb mir: »Bitte, sende diesen Schlüssel
nicht wieder zurück; du würdest damit nur zwei
Mädchen quälen, die dich glühend lieben. Im übrigen
wage ich es, mich der Überzeugung hinzugeben, dass
du morgen ins Kasino gehen und dich mit M. M. aus-
söhnen wirst.«

Ich betete plötzlich beide an, und da ich wusste,
dass Laura am nächsten Morgen kommen würde,
konnte ich mich enthalten, an C. C. und an M. M.
zu schreiben. C. C. erklärte ich, sie dürfe überzeugt
sein, dass ich mein Unrecht einsehen und M. M.
um Verzeihung bitten würde, sobald ich in der Lage
sei, ihr Kasino aufzusuchen. Und meiner anbetungs-
würdigen Nonne schrieb ich: »Ich gab den Schlüssel zurück, weil ich mich verhöhnt und verachtet
glaubte. In diesem Irrtum handelte ich, und ich
danke dir nun tausendmal dafür, dass du mir ver-
zeihst. Nichts soll mich jemals wieder bewegen, an

deiner Zärtlichkeit zu zweifeln. Aber, anbetungswürdige Freundin, ich kann zur Zeit nicht in dein Kasino kommen, da ich mit einer Erkältung im Bett liege. Ich melde mich, sobald es mir besser geht. Was sagst du zur Haltung von C. C.? Ist sie nicht ein wahrer Engel? Ich fühle, dass ich mein Leben für sie wie für dich hingeben würde.«

Sechs Tage darauf begab ich mich ins Kasino von Murano, wo mir die Aufseherin einen Brief von M. M. übergab, die mir schrieb, dass sie die Stunden zähle, bis sie mich wieder umarmen könne. Ich antwortete ihr sogleich, wir würden uns am nächsten Tage treffen können.

Ich brannte vor Verlangen, sie wiederzusehen, und mein Herz klopfte mächtig, als ich sie am 4. Februar 1756 als Nonne gekleidet in das Kasino eintreten sah. Da wir uns beide für schuldig hielten, umarmten wir uns gleichzeitig, um dann mit einem tiefen Seufzer auf das nahe Sofa niederzusinken.

Beinahe zu stürmisch brannten wir das Feuer der Versöhnung ab, und wir brachen in ein herzhaftes Gelächter aus, als wir bemerkten, dass ich noch meinen Hut auf dem Kopf hatte.

»Hat unser Aussöhnungsakt eigentlich mit oder ohne Zeugen stattgefunden?«, fragte ich noch immer lachend.

M. M. nahm eine Kerze und sagte: »Komm!« Damit führte sie mich in einen Raum, in dem ein großer Schrank stand. Sie öffnete ihn und schob ein Brett zur Seite, das eine Tür verdeckte, durch die wir in ein hübsches Kabinett eintraten. Neben einem Sofa erblickte ich in der Wand an die zwanzig verdeckbare Löcher, die es einem Zuschauer gestatteten, auch den letzten Winkel des hinter der Wand gelegenen Zimmers zu beobachten.

»Du siehst, dass wir heute keine Zeugen hatten«, sagte M. M.

Ich nickte und erwiderte: »Dann habe ich nur noch einen Wunsch: Lass uns schnellstens etwas essen.«

Während des üppigen Essens, das die Wirtschafterin servierte, schwelgten wir in Erinnerungen, die M. M. dazu benutzte, mir zu sagen: »Als ich an jenem Tag erfuhr, dass du kein Patrizier bist, war ich glücklich.«

Ich wusste sehr gut, warum, spielte aber den Unwissenden. »Das begreife ich nicht«, sagte ich nachdenklich.

»Mein teurer Freund«, erwiderte sie merkwürdig betont. »Ich kann nur offen mit dir sprechen, wenn du mir dein Wort gibst, das zu tun, was ich von dir verlangen werde.«

»Wenn ich dir ein Vergnügen damit mache.«

»Ja, das tust du. Ich erbitte von dir für meinen Freund ein Abendessen in deinem Kasino. Er stirbt vor Verlangen, mit dir bekannt zu werden.«

»Und nach dem Souper wirst du mit ihm fortgehen?«

»Du weißt, dass der Anstand dies erfordert.«

»Und dein Freund weiß ohne Zweifel, wer ich bin?«

»Ich musste es ihm sagen, weil er es sonst nicht gewagt haben würde, sich mit mir wegen eines Soupers bei dir zu unterhalten.«

»Ist dein Freund ein Gesandter?«

»Ja.«

»Und darf ich hoffen, dass er mir die Ehre erweisen wird, sein Inkognito nicht zu bewahren?«

»Das versteht sich von selbst. Ich werde ihn dir unter allen üblichen Formen vorstellen. Unser Freund ist der französische Gesandte, Herr von Bernis. Vergiss übrigens nicht, dass dir nicht unbekannt sein darf, dass er mein Geliebter ist, was unserer Zärtlichkeit selbstverständlich nicht hinderlich sein wird.«

»Ich hoffe, du wirst mit mir zufrieden sein. An welchem Tage soll das Souper stattfinden?«

»Wäre es dir in vier Tagen recht?«

»Sehr.«

»Wir werden die Oper nach dem zweiten Ballett verlassen und gleich zu dir kommen.«

Nach diesem Gespräch verlangte unsere Liebe ein neues Opfer, das wir so gründlich darbrachten, dass wir nicht nur erschöpft einschliefen, sondern am nächsten Morgen auch noch in derselben Stellung erwachten: Mund an Mund. Obgleich die Zeit drängte, konnten wir uns nicht entschließen, auf ein weiteres Opfer zu verzichten.

An dem so heiß ersehnten Tag begab ich mich in mein Kasino, wo ich zur verabredeten Stunde M. M. mit ihrem Freund erscheinen sah, den sie mir in aller Form vorstellte. Er sah mich dabei plötzlich forschend an und fragte: »Sind wir uns nicht schon einmal begegnet?«

Ich antwortete geschmeichelt: »Ja, mein Herr, ich hatte die Ehre, mit Ihnen bei Herrn von Mocenigo zu dinieren.«

»Jetzt erinnere ich mich«, rief er begeistert. »Von heute an werden wir einander jedoch nicht mehr vergessen, da die Geheimnisse, die uns vereinigen, eine tiefe und dauernde Vertrautheit begründen.«

Wir setzten uns zu Tisch, und während des Soupers brachte die liebenswürdige M. M. die Unterhaltung geschickt auf den romanhaft anmutenden Beginn unserer Bekanntschaft. Dabei sprach sie auch von meiner ursprünglichen Leidenschaft für C. C., deren Liebreiz sie so anschaulich schilderte, dass der Gesandte ihr wie gebannt zuhörte und schließlich sagte, M. M. würde ihm das größte Vergnügen bereitet haben, wenn sie ihre Freundin mitgebracht hätte.

»Dann hätte ich zu vielen Gefahren trotzen müssen«, erwiderte sie und fügte an mich gewandt hinzu: »Sollte es Ihnen jedoch ein großes Vergnügen bereiten, so werde ich sie zum nächsten Souper mitbringen.«

Ich hatte alle Mühe, meine Überraschung zu verbergen, und erwiderte: »Ich gestehe, dass mich das sehr freuen würde.«

»Nun wohl, so will ich es überlegen.«

Daraufhin räusperte sich der Gesandte und sagte: »Wenn ich mit von der Partie sein soll, so würde es sicherlich gut sein, Ihre Freundin C. C. davon in Kenntnis zu setzen.«

»Das ist nicht nötig«, entgegnete ich. »Ich werde ihr einfach schreiben, dass sie tun soll, was Madame ihr sagt.«

Gleich am nächsten Morgen schrieb ich an C. C., dass eine vierte Person mit von der Partie sein werde, und nachdem ich meinen Brief an Laura übergeben hatte, begab ich mich ins Kasino von Murano.

Viele Gedanken gingen mir durch den Kopf. Mir wurde klar, dass der Gesandte in C. C. verliebt war und mit M. M. darüber gesprochen hatte, die sich außer Stande sah, sich seinem Wunsche zu widersetzen. Und auch mir blieb nichts anderes übrig, als gute Miene zum bösen Spiel zu machen, da ich mich schlecht undankbar gegen einen Mann zeigen konnte, der mir selbst unerhörte Rechte bewilligt hatte.

Am nächsten Tage traf ich den Gesandten im Kasino. Wir führten ein belangloses Gespräch, in dessen Verlauf ich ihn fragte, ob es ihm in Venedig gefalle. Er antwortete mir: »Nirgendwo kann man sich alle Annehmlichkeiten des Lebens so gut verschaffen wie hier. Es bedrückt mich deshalb sehr, dass ich meinen hiesigen Posten voraussichtlich schon bald verlassen muss. Sagen Sie aber M. M. nichts davon; ich möchte sie nicht betrüben.«

In diesem Augenblick sahen wir M. M. und C. C. eintreten. Letztere machte eine Bewegung der Überraschung, als sie mich mit einem anderen Manne erblickte; allein ich ermutigte sie durch zärtliche Worte, und sie beruhigte sich vollkommen, als mein Begleiter ihr Komplimente über ihre guten französischen Sprachkenntnisse machte.

Von Schmeicheleien überschüttet, erblickte C. C. in Herrn von Bernis plötzlich einen Halbgott, und – sonderbarer Widerspruch – ich freute mich dessen, obwohl ich zugleich darum bangte, dass er sich in sie verlieben könnte.

Während des Soupers überschüttete der Gesandte C. C. mit allen möglichen Aufmerksamkeiten. Geist und Heiterkeit dominierten, und ein zufälliger Beobachter hätte nicht sagen können, wo die Liebe an unserem Tisch saß: Zwischen M. M. und mir oder zwischen dem Gesandten und C. C.

Es wurde ein reizender Abend, und als wir uns nach fünf Stunden trennten, schien der Gesandte der Zufriedenste von uns zu sein. Er erklärte, das angenehmste Souper seines Lebens genossen zu haben, und er verpflichtete uns, am nächsten Tage seine Gäste zu sein.

Natürlich konnte ich ohne Mühe voraussehen, wie das nächste Essen enden würde. Der Gesandte besaß in höchstem Grade die Kunst, die Liebe wachzurütteln, und da er wollüstig und leidenschaftlich in

C. C. verliebt war, durfte ich nicht annehmen, dass er sich mit der Betrachtung ihrer schönen Augen begnügen würde. Ich sah voraus, dass meine arme C. C. das Opfer eines Taschenspielertricks werden würde, konnte mich aber weder entschließen, freiwillig einzuwilligen, noch irgendwelche Hindernisse aufzurichten. Mich überkam vielmehr eine Art von Fieber, und dann trieb die Neugier mich an, das Ende zu beschleunigen. So ging ich denn zur verabredeten Stunde zum Kasino, wo ich meine schönen Freundinnen vor dem Kaminfeuer sitzend antraf. »Nanu«, rief ich ihnen entgegen. »Wo ist denn unser liebenswürdiger Franzose?«

»Er ist noch nicht gekommen«, antwortete mir M. M. »Aber er wird bestimmt noch erscheinen.«

Ich demaskierte mich und setzte mich zwischen meine Göttinnen, denen ich tausend Küsse gab, ohne einer von ihnen den Vorzug zu geben, wie ich mich überhaupt sehr zurückhaltend verhielt. Wohl eine Stunde verging unter solch galanten Spielereien, bis die Haushälterin erschien und ein Billett von Herrn von Bernis überbrachte, der uns schrieb:

»Ein vor zwei Stunden angelangter Kurier zwingt mich, Depeschen zu beantworten, statt glücklich zu sein. Ich hoffe, dass Sie mich beklagen und mir am Freitag das Vergnügen bereiten werden, dessen das Unglück mich heute beraubt.«

»Es ist nicht seine Schuld«, sagte M. M., und dann an mich gewandt: »Werden Sie am Freitag kommen?«

»Mit Vergnügen«, erwiderte ich und beugte mich zu C. C. hinüber. »Was hast du, meine Teure? Du siehst ganz traurig aus?«

»Ist das ein Wunder?«, antwortete sie. »Ich habe nie zuvor einen so artigen und gefälligen Mann wie Herrn von Bernis gesehen.«

»Ich bin entzückt, dass er Gefühle in dir erweckt hat.«

»Kann man ihm gegenüber gefühllos sein?«

»Liebst du ihn womöglich?«

»Selbst wenn es so wäre, dann würde ich es noch lange nicht sagen«, entgegnete sie und erhob sich, um sich auf den Schoß von M. M. zu setzen, die sie nun zärtlich ihre süße Frau nannte.

M. M. erwiderte ihre Liebkosungen und schob mir ein Heft mit Kupferstichen zu, welches die üppigsten Stellungen enthielt. Dabei warf sie mir einen bedeutungsvollen Blick zu und fragte: »Willst du, dass ich im Alkoven Feuer machen lassen soll?«

Ihre Gedanken erratend, nickte ich. »Du wirst mir dadurch ein Vergnügen machen, und da das Bett breit ist, können wir bequem alle drei darin liegen.«

Zuvor aber aßen wir mit vortrefflichem Appetit, und als M. M. nach Tisch ihre Freundin in der Zubereitung eines guten Punsches unterwies, betrachtete ich mit Genuss die körperliche Entwicklung, die C. C. in den letzten Monaten gemacht hatte.

»Dein Busen hat sich fast schon zur höchsten Vollkommenheit ausgebildet«, sagte ich ihr.

»Er gleicht schon dem meinigen«, warf M. M. ein. »Willst du dich davon überzeugen? Schau her«, fuhr sie fort und traf Anstalten, ihre Freundin zu entschnüren. C. C. leistete keinen Widerstand, sondern öffnete das Mieder von M. M., und binnen weniger Sekunden boten sie mir vier herrliche Rundungen dar, die es selbst Paris schwer gemacht haben würden, den Preis ohne Ungerechtigkeit zuzuerkennen.

Muss ich noch das Feuer beschreiben, das jäh durch meine Adern rollte? Ich legte auf der Stelle das Heft mit den Kupferstichen auf den Tisch und wies auf eine Stellung.

Mein Verlangen begreifend, fragte M. M. ihre Freundin: »Wollen wir versuchen, diese Gruppe in natura darzustellen?«

C. C. nickte, obwohl sie noch nicht so kriegsgewohnt wie ihre Lehrerin war, und während ich vor Vergnügen aufjauchzte, trafen meine Schönen die notwendigen Vorbereitungen. Ich selbst ebenfalls, und so erblickten wir uns bald darauf alle drei im Naturzustand auf dem Bett.

Anfangs war ich der Zuschauer eines unfruchtbaren Kampfes, den meine Bacchantinnen sich lieferten. Aber ich genoss ihre Anstrengungen und den Kontrast ihrer Farben; denn die eine war blond, die andere brünett. Dann jedoch überkam mich eine unbeschreibliche Wollust; die Folgen wird man sich denken können.

Erschöpft forderte ich meine Freundinnen auf, sich der Ruhe hinzugeben, und nachdem wir eine Weile geschlafen hatten, blieben uns bis zur Trennung noch zwei Stunden, die wir bis zur letzten Sekunde ausnutzten, sodass wir bei Tagesanbruch reichlich erschöpft voneinander Abschied nahmen, jedoch in höchstem Maße zufrieden und erfüllt von dem Wunsch, die durchlebten Freuden bald wieder zu erneuern.

Am nächsten Tag dachte ich lange über die vielleicht allzu lebhafte Nacht nach. Mich quälte Reue, da ich nicht im geringsten daran zweifelte, dass das Nichterscheinen des Gesandten mit M. M. verabredet worden war. So hatte Herr von Bernis mir eine köstliche Nacht verschafft; ich konnte ihm jetzt unmöglich eine ähnliche verweigern. Und was C. C. anbelangte, so waren M. M. und der Gesandte fraglos davon überzeugt, sie besiegen zu können, sobald sie nicht durch meine Anwesenheit in Verlegenheit kam. M. M.

beherrschte ja ihren Geist, und ich sah voraus, dass ich sie eines Tages alle beide auf dem Hals haben würde. Diese Aussicht war keine glänzende, und im Widerstreit der Gefühle hatte ich das Bedürfnis, mich auf etwas Zuverlässigeres zu stützen als auf Wahrscheinlichkeiten. Ich maskierte mich deshalb und ging schnurstracks zur Wohnung des Gesandten, wo ich den Schweizer bat, einen Brief nach Versailles jenem Kurier zu übergeben, der gestern von dort die Depeschen gebracht habe.

»Sie müssen sich täuschen«, sagte mir der Schweizer. »Seit zwei Monaten haben wir hier keinen Kurier empfangen.«

Ich hatte also richtig geraten und brauchte nicht mehr zu zweifeln. So wie die Dinge lagen, konnte ich mich nur zurückhalten. C. C. hatte ja die Möglichkeit, Widerstand zu leisten, wenn die Partie nicht ihren Beifall fand. Gewalt tat man ihr sicher nicht an.

Gegen Abend begab ich mich ins Kasino von Murano und schrieb M. M. ein Billett, in welchem ich ihr mitteilte, eine wichtige Angelegenheit des Herrn von Bragadin verhindere mich, die Nacht mit ihr und unseren Freunden zuzubringen. Ich bat sie, beide von mir zu grüßen und mich bei ihnen zu entschuldigen. Nach dieser schönen Tat kehrte ich in fürchterlicher Laune nach Venedig zurück, wo ich mich dem Spiel ergab und die ganze Nacht hindurch verlor.

Am zweitnächsten Tage erhielt ich ein Päckchen, in welchem ich je einen – Brief von M. M. und von C. C. fand. Zwischen ihnen war offensichtlich alles gemeinschaftlich geworden. C. C. schrieb mir: »Wir waren sehr betrübt, als wir erfuhren, dass wir nicht das Glück haben würden, dich zu sehen. Der Freund meiner teuren M. M. zeigte sich ebenfalls sehr unzufrieden, allein seine hübschen Scherze erheiterten uns, und du kannst dir kaum denken, wie ausgelassen wir wurden, als er uns Champagner zu trinken gab. Er wurde schließlich ebenso toll wie wir, und wir verbrachten die Nacht in sehr heiteren und wenig anstrengenden Trios. Er ist wirklich ein sehr liebenswürdiger Mensch, ganz dazu geschaffen, geliebt zu werden. Doch sei überzeugt, dass du stets der Herr meines Herzens bleiben wirst.«

Über diesen Brief musste ich hellauf lachen, aber der von M. M. war noch sonderbarer. Sie schrieb mir: »Ich bin überzeugt, dass du aus bloßer Gefälligkeit gelogen hast, allein du errietest, dass ich dies erwartete. Es war ein herrliches Geschenk, das du unserem Freunde zum Dank dafür machtest, dass er sich nicht widersetzte, als ich dir mein Herz schenkte. Du besitzt es ganz und wirst es immer besitzen; aber es ist süß, die Freuden der Liebe durch neue Reize erhöhen zu können.

C. C. ist jetzt ebenso frei wie wir, und du musst mir dankbar dafür sein, dass ich sie ausbildete und ganz deiner würdig machte. Wärest du doch im Kabinett verborgen gewesen; ich bin überzeugt, du hättest dort köstliche Stunden verbracht.

Mittwoch werde ich zur gewöhnlichen Stunde in deinem Kasino erscheinen. Lass mich wissen, ob auch du dort sein wirst. Wenn du nicht kommen kannst, so nenne irgendeinen anderen dir zusagenden Tag.«

Ich beantwortete beide Briefe sogleich, und ungeachtet der Bitterkeit, die in mir aufstieg, hatte ich den Mut und die Schamlosigkeit, C. C. zu beglückwünschen und sie zu ermutigen, M. M. in allem nachzuahmen, da ich mir kein besseres Vorbild denken könne. Und M. M. schrieb ich, sie würde mich im Kasino antreffen. Im übrigen brachte ich zum Ausdruck, dass ich die vortreffliche Erziehung bewundere, welche sie C. C. gegeben habe, mir aber dennoch Glück dazu wünschte, nicht der Tortur des Zuschauens unterworfen gewesen zu sein.

Am Mittwoch kam mir M. M. in männlicher Kleidung entgegen. Völlig unbeschwert sagte sie mir: »Da heute Abend kein Theater ist, schlage ich vor, in die Redoute zu gehen, um dort unser Geld zu verlieren oder es zu verdoppeln.«

Sie hatte sechshundert Zechinen, ich hundert, doch binnen weniger als einer Stunde besaßen wir keinen Sou mehr.

M. M. lachte. »Gut so! Jetzt, wo wir keine Räuber mehr zu fürchten haben, wollen wir in Ruhe soupieren.«

Dieses Weib, Nonne, Freigeist, üppig und ausgelassen, war bewundernswert. Sie hatte Zwölftausend Franc verloren, gab sich aber, als habe sie einen bedeutenden Gewinn gemacht. Und in der Hoffnung, mich dadurch munterer zu stimmen, begann sie, mir die Geschichte der Nacht zu schildern, die sie mit C. C. und ihrem Freund lustvoll durchlebt hatte.

Ich stand auf Dornen und versuchte diesem Kapitel zu entgehen, indem ich das Gespräch auf ein anderes Thema brachte. Vergebens. Sie erzählte mir die wollüstigen Einzelheiten, die mir missfielen, weil sie mich erbitterten. Mein Unwille ließ meine Sinne erkalten, und ich fürchtete schon, bei den uns bevorstehenden Kämpfen eine traurige Figur zu spielen. Doch als wir uns im Alkoven niederlegten, reizte mich die Schönheit ihres Körpers so sehr, dass meine üble Laune schnell dahinschwand.

Zwei Stunden verbrachten wir im süßesten Unterhaltungsspiel, das die Natur erfunden hat, und als wir uns befriedigt und verliebt trennten, machte es mir M. M. zur Pflicht, am Nachmittag all ihr Geld aus ihrem Kasino zu holen und als ihr Kompagnon damit zu spielen. Ich tat es, nahm alles Gold, das ich fand, spielte Martingale und gewann jeden Tag, wobei ich zeitweilig bis zu zweitausend Zechinen setzte.

Ich wünschte mir Glück dazu, den Schatz meiner Geliebten nicht unerheblich vergrößert zu haben. Sie schrieb mir begeistert und fügte hinzu: »Die Artigkeit verlangt, dass wir am Fastnachtsmontag zu vieren soupieren.«

Es wurde das letzte Souper, das ich mit C. C. einnahm. Sie hatte an diesem Abend nur Augen für ihren neuen Liebhaber, und da unschwer zu erkennen war, dass wir uns sehr bald im Wege stehen würden, bat ich M. M., die Sache so zu ordnen, dass wir im entscheidenden Moment getrennt seien. Sie tat es vortrefflich.

Nach dem Souper schlug der Gesandte eine Partie Pharao vor, das unsere Schönen nicht kannten, da in den Redouten nur Basette gespielt wurde. Er legte hundert Doppellouisdor auf den Tisch, zog ab und sorgte dafür, dass C. C. die ganze Summe gewann. Es war das Nadelgeld, das er ihr schuldig zu sein glaubte.

Als die Partie beendigt war, sagte M. M., sie habe Kopfschmerzen und würde sich gerne schlafen legen, wenn ich mich bereit erkläre, sie einzuschläfern. Das tat ich natürlich, und so ließen wir die neuen Liebenden allein, die sicherlich froh waren, sich ungestört unterhalten zu können. Ich persönlich verbrachte eine verliebte und ruhige Nacht, sehr zufrieden mit M. M. und ohne einen einzigen Augenblick an C. C. zu denken.

★

Am Tage nach Fastnacht erhielt ich von M. M. einen Brief, der mir schlimme Neuigkeiten mitteilte. Die eine war, dass C. C.s gute Mutter starb; die andere, dass ihre Freundin sich ausgerechnet in dem Augenblick, da sie des Trostes bedurfte, gezwungen sah, die gemeinsame Zelle aufzugeben, die sie nun mit einer anderen Nonne teilte, wodurch sie des Vergnügens beraubt war, mit dem Gesandten zu soupieren. Am Schluss dieses traurigen Briefes lud M. M. mich ein, am nächsten Montag in das Kasino ihres Freundes zu kommen. Ich ging hin und fand M. M. und den Gesandten sehr traurig. Wir sprachen lange über C. C., und als uns Herr von Bernis gegen Mitternacht verließ, sagte mir meine göttliche Freundin, der Gesandte würde dankbar dafür sein, wenn ich in Zukunft immer erst zwei Stunden später ins Kasino kommen würde. Ich begriff, dass dieser liebenswürdige Wüstling sich nur dann Zärtlichkeiten überlassen wollte, wenn er die Gewissheit hatte, allein zu sein.

Wochen vergingen in ziemlichem Gleichmaß dahin, bis ich das Paar am Karfreitag in tiefe Traurigkeit versunken im Kasino antraf. Der Anstand verbot mir die geringste Frage, doch als M. M. uns für einen Moment allein ließ, sagte mir Herr von Bernis, sie sei betrübt, weil er gezwungen wäre, vierzehn Tage nach Ostern nach Wien zu reisen. »Ich darf Ihnen anvertrauen«, fügte er gedämpft hinzu, »dass es für mich unter Umständen nicht leicht sein wird, nach Venedig zurückzukehren. Allein wir dürfen dies M. M. nicht sagen, da sie darüber in Verzweiflung geraten würde.«

Als M. M. zu uns zurückkehrte, konnte man leicht sehen, dass sie geweint hatte. Herr von Bernis sagte ihr: »Betrüben Sie sich nicht, meine teure Freundin. So unerlässlich meine Abreise ist, so sicher ist auch meine

Rückkehr. Das Kasino bleibt Ihnen, wenngleich meine Freundschaft mich verpflichtet, Ihnen den Rat zu erteilen, es während meiner Abwesenheit nicht aufzusuchen. Ich habe triftige Gründe zu vermuten, dass unser Umgang den Staatsinquisitoren bekannt ist; sie blickten jedoch aus politischen Gründen darüber hinweg. Ich bin aber sicher, dass unsere Geschichte sofort enthüllt wird, wenn ich nicht mehr hier bin und gewisse Stellen erfahren, dass Sie das Kloster nicht mehr meinetwegen verlassen. Die einzigen Personen, für die ich einstehen kann, sind der Aufseher dieses Kasinos und dessen Frau. Ich werde ihnen befehlen, unseren Freund als mein zweites Ich zu betrachten. Falls Sie sich klug benehmen, wird bis zu meiner Rückkehr alles gut gehen. Und nun muss ich fort, meine zärtliche Freundin! Mein Herz bleibt jedoch bei Ihnen, und ich lasse Sie bis zu meiner Rückkehr in den Händen eines Freundes, der Sie liebt und dafür Sorge tragen wird, dass Sie keine falschen Schritte tun.«

Diese Worte ergriffen M. M. so sehr, dass sie uns bat, uns verlassen zu dürfen, und als sie gegangen war, sagte mir der Gesandte: »In Wien werde ich mit dem österreichischen Kabinett an einem Vertrag arbeiten, über den ganz Europa sprechen wird. Sie können mir schreiben, wann immer Sie wollen, ich flehe Sie aber an, Sorge für die Ehre unserer gemeinschaftlichen Freundin zu tragen. Enthalten Sie sich vor allen Dingen des Vergnügens, hier mit ihr zusammenzutreffen. Die Gewissheit, dass sie nicht schwanger ist, vermindert um vieles meine Sorgen, allein Sie werden mir zugeben müssen, dass Sie oftmals sehr unbesonnen waren! Seien Sie in Zukunft also vernünftiger!«

Wir kehrten miteinander nach Venedig zurück, wo ich den übrigen Teil der Nacht in großer Aufregung verbrachte. Am nächsten Tag schrieb ich einen Brief an M. M., der sie beruhigen und ihr die Notwendigkeit begreiflich machen sollte, uns der Klugheit zu unterwerfen und alle Schritte zu vermeiden, die uns unglücklich machen könnten.

Tags darauf aßen wir zu dritt, doch obgleich die Mahlzeit köstlich und reichlich war, erwiesen wir ihr keine Ehre.

Nach dem Essen rief Herr von Bernis seinen Aufseher zu sich, um mir in dessen Gegenwart ein Dokument auszustellen, das mir sämtliche Rechte auf alles übertrug, was sich im Kasino befand. Dann befahl er ihm, mich in jeder Beziehung als seinen Stellvertreter zu betrachten.

Zwei Tage darauf wollten wir uns zum Abschiedssouper treffen, doch als ich zur verabredeten Zeit eintraf, fand ich M. M. allein. Sie war totenbleich und glich einer Statue von carrarischem Marmor, als sie mir tonlos sagte: »Er ist fort und empfiehlt mich dir: Vielleicht werde ich ihn nie wiedersehen.«

Die ganze Nacht hindurch bemühte ich mich, ihren Schmerz zu lindern. Vergebens. Sie ging schließlich und nannte mir die Stunde, zu welcher ich am nächsten Tage am Sprechgitter des Klosters erscheinen sollte. Ich war dann auch pünktlich zur Stelle und entzückt, sie minder traurig und viel gefasster als am Vortage anzutreffen. Sie zeigte mir einen kleinen Brief, den Herr von Bernis ihr aus Treviso geschrieben hatte, und zum Abschluss bat sie mich, sie zweimal wöchentlich zu besuchen.

So verbrachten wir vierzehn Tage. M. M. gewann ihre heitere Laune zurück, und damit erwachten verliebte Neigungen, die uns zwangen, einen Ausweg zu suchen.

»Der Treue meiner Gärtnerin, die mir immer geholfen hat, bin ich gewiss«, sagte mir M. M. »Ich kann, ohne gesehen zu werden, ausgehen und zurückkehren, wir brauchen nur eine Gondel, und es muss doch möglich sein, für Geld einen zuverlässigen Barkarolen zu finden.«

»Ich selbst werde der Bootsführer sein«, antwortete ich couragiert und kaufte mir noch am gleichen Tage ein kleines Boot, mit dem ich die Insel während der Nacht ganz allein umschiffte, um die Mauern des Klosters auf der Seite der Lagunen zu erforschen.

Am festgesetzten Tage begab ich mich dann eine Stunde vor Sonnenuntergang nach Sankt Franziskus, wo ich die Kleidung eines Barkarolen anlegte und geradenwegs auf eine kleine Tür zuruderte, die M. M. mir beschrieben hatte. Im Augenblick meiner Ankunft wurde diese Tür geöffnet, und in einen weiten Mantel gehüllt stieg M. M. in mein gebrechliches Fahrzeug, das uns in schneller Fahrt zum Kasino brachte, wo M. M. hastig ausstieg, während ich zurückblieb, um mein Boot mit einer Kette und einem Schloss anzulegen.

Ich war in Schweiß gebadet, als ich endlich in das Kasino eintrat. Das hinderte indes meine anbetungswürdige Geliebte nicht, mir sogleich um den Hals zu fallen. Die Dankbarkeit schien ihre Liebe herauszufordern; sie entkleidete mich und trocknete mich mit der innigsten Zärtlichkeit ab.

Soupieren konnten wir erst, nachdem wir der Liebe ein erstes Opfer dargebracht hatten; zu lange waren wir des Genusses unseres Umganges beraubt gewesen. Dann brachten wir geschlagene zwei Stunden in der süßesten Trunkenheit zu, die unsere Genüsse noch lebhafter als zuvor werden ließ. Doch ungeachtet meines Feuers und der Glut meiner Geliebten, war ich stets Herr meiner selbst, da das Bild, welches unser Freund mir entworfen hatte, mir noch zu frisch vor Augen stand.

Drei Monate lang fuhren wir fort, uns auf dieselbe Weise wöchentlich zweimal zu sehen, stets verliebt und nie durch den kleinsten Unfall gestört. Der Gesandte, dem M. M. von allem, was uns begegnete, Bericht erstattete, wünschte uns in seinem Antwortschreiben Glück zu unseren Eskapaden, sagte uns gleichzeitig aber auch unvermeidliche Unglücksfälle voraus, wenn wir nicht die Klugheit besäßen, sofort einzuhalten.

Wir dachten nicht daran. Unsere Zusammenkünfte konnten nicht entdeckt werden, da ich unser eigener Bootsmann geworden war. Und da das Glück mich ebenfalls im Spiel begünstigte, führte ich ein recht lustiges Leben. Allein ich sah voraus, dass Herr von Bernis seine Leute eines Tages zu sich berufen und wir dann kein Kasino mehr haben würden. Ich wusste überdies, dass es mir mit Eintritt der stürmischen Jahreszeit unmöglich sein würde, unsere Fahrten allein fortzusetzen.

Um ebendiese Zeit machte ich die Bekanntschaft des Patriziers Marc Antonio Zorzi, eines Mannes von Geist, der hervorragende Couplets in der venezianischen Sprache dichtete. Erfüllt vom Ehrgeiz, Thalia Ehre zu machen, schrieb Zorzi eines Tages eine Komödie, die vom Publikum jedoch ausgepfiffen wurde. Das war ihm unverständlich, und er setzte es sich in den Kopf, dass sein Stück nicht wegen seiner schlechten Qualität, sondern nur auf Grund von Kabalen des Abbé Chiari durchgefallen sei, jenes Theaterdichters von Sankt Angelo, zu dessen Verfolger und Verächter er sich erklärte.

Es war leicht für mich, Mitglied der Gesellschaft des Herrn Zorzi zu werden. Er wusste, dass ich Chiari als Autor nicht schätzte, und ihm zuliebe verspottete ich die Stücke des Abbés in so genannten Hammerversen, die damals sehr in Mode waren und von Zorzi sofort verbreitet wurden. Dadurch schuf ich mir einen mächtigen Feind in Herrn Condulmer, der mir ohnehin zürnte, weil ich in der Gunst der Madame Zorzi stand, der er vor meinem Erscheinen eifrig die Cour gemacht hatte.

Dieser Herr Condulmer war mit seinen sechzig Jahren noch sehr rüstig. Er liebte die Frauen, das Spiel und das Geld, war bekannt als Wucherer, besaß aber das Geheimnis, für einen kleinen Heiligen zu gelten: Er ging jeden Morgen in die Messe und verfehlte nie, vor dem Kruzifix zu weinen. Man ernannte ihn zum Rat der Stadt Venedig, und in dieser Eigenschaft war er als Staatsinquisitor tätig, sodass es ihm unschwer gelang, seinen Kollegen begreiflich zu machen, dass man mich als Störer der öffentlichen Ruhe in die Bleikammern bringen müsse.

Aber ich will nicht vorgreifen. Zunächst erfuhr man Anfang März die überraschende Neuigkeit vom Allianzvertrag zwischen Frankreich und Österreich, der, wie es hieß, das politische System Europas vollständig verändern werde. Und kurz nach dieser Mitteilung trat ein, was vorauszusehen war: Herr von Bernis zeigte M. M. seine Rückberufung an und gab mir etliche Weisungen. Er wünschte, dass alles, was sich im Kasino befand, verkauft und der Ertrag an M. M. übergeben werden solle.

So kam es, dass wir ab Mitte Januar 1757 kein Kasino mehr hatten. M. M. erhielt zweitausend Zechinen und viele Edelsteine, die sie später gegen eine Leibrente zu verkaufen beabsichtigte. Mir überließ sie die Spielkasse mit dreitausend Zechinen, und von nun an konnten wir uns nur noch am Sprachgitter des Klosters sehen. Von Kummer verzehrt, wurde sie bald gefährlich krank, und als ich sie im

Februar besuchte, erkannte ich in ihren Zügen deutliche Symptome eines nahenden Todes. Sie übergab mir ihren Schmuck, all ihr Geld und die anstößigen Bücher, die sie besaß, und sagte mir: »Wenn ich nicht sterbe, gib mir alles zurück. Sollte ich aber an meiner Krankheit erliegen, so gehört alles dir.«

Ich weinte heiße Tränen und versprach ihr, in Murano zu wohnen, bis sie wieder gesund sei.

All ihre Sachen brachte ich zum Palast Bragadin, dann kehrte ich nach Murano zurück, wo ich Laura aufforderte, mir ein möbliertes Zimmer zu besorgen.

Sie sagte mir: »Ich kenne eine hübsche Wohnung mit einer Küche, die Sie billig haben können, wenn Sie die Miete im Voraus zahlen wollen. Sie brauchen nicht einmal zu sagen, wer Sie sind.«

Ich ging auf der Stelle zu der mir bezeichneten Adresse, und da ich alles passend fand, zahlte ich, und die Sache war abgemacht. Dann kehrte ich zu Laura zurück und bat sie, mir eine Magd zu besorgen, die mir mein Essen holen und mein Zimmer in Ordnung halten könne. Sie versprach mir eine solche für den nächsten Tag.

Als ich mich am darauf folgenden Morgen in meine neue Wohnung begab, war ich sehr überrascht, Tonina, die fünfzehnjährige und hübsche Tochter Lauras, anzutreffen. Sie sagte mir errötend, sie würde mich mit großem Eifer bedienen und in jeder Hinsicht zufriedenstellen.

»Das glaube ich dir gern«, antwortete ich. »Aber ich muss jetzt allein sein und den ganzen Tag schreiben. Ich werde erst am Abend etwas zu mir nehmen.«

Sie reichte mir daraufhin einen Brief und bat um Verzeihung, ihn nicht früher übergeben zu haben.

Der Brief war von C. C., die mir mitteilte, ihre Freundin läge im Bett und der Arzt habe erklärt, sie leide an einem heftigen Fieber. Sofort verwendete ich den Rest des Tages darauf, meiner leidenden Freundin zu schreiben.

Gegen Abend brachte Tonina mir mein Abendessen.

Da ich sah, dass sie nur ein Gedeck aufgelegt hatte, bat ich sie, noch ein zweites zu holen und mir Gesellschaft zu leisten. Aber ich hatte keinen Appetit und aß nur wenig, wenngleich ich alles gut fand, ausgenommen den Wein. Tonina versprach mir, für den nächsten Tag besseren zu besorgen, dann ging sie schlafen.

Am nächsten Tag übergab ich ihr gleich in der Frühe den Brief an M. M. und sagte ihr, sie solle ihn ihrer Mutter überbringen und dann sogleich zurückkehren, um mir meinen Kaffee zu bereiten.

Sie ging, doch im selben Moment, da sie die Wohnung verließ, fühlte ich mich traurig und verwirrt, weil ich erkannte, dass dieses junge Mädchen alles besaß, was mir fehlte. Ich brauchte Trost, aber mein Schmerz war mir teuer, und so entschloss ich mich, sie von mir zu entfernen. Morgen, sagte ich mir, werde ich mit Laura sprechen. Sie muss mir ein minder verführerisches Frauenzimmer besorgen.

Vierzehn Tage lang war M. M. so krank, dass ich jeden Augenblick erwartete, die Nachricht ihres Todes zu empfangen. Am Fastnachtsdienstag schrieb mir C. C., ihre Freundin habe die Letzte Ölung empfangen und nicht die Kraft gehabt, meinen Brief zu lesen. Diese Nachricht traf mich so schwer, dass ich nicht aufstehen konnte. Tonina pflegte mich und verließ mich erst um Mitternacht; es war mir unmöglich, ein Auge zu schließen.

Am Aschermittwoch konnte ich meinen Schmerz nur dadurch mildern, dass ich von morgens bis abends schrieb. Ich gab C. C. die Versicherung, wenn unsere Freundin stürbe, würde ich sie nicht überleben. Ich ersuchte sie, M. M. zu erklären, dass ich sie, falls sie gesunden sollte, sofort entführen würde.

C. C. schrieb mir daraufhin, meine Geliebte sei nach Kenntnisnahme meines Briefes in eine Art Delirium verfallen und rede schon seit Stunden in französischer Sprache so irre, dass alle anwesenden Nonnen vor Schreck geflohen seien.

Drei Tage dauerte dieser scheußliche Zustand, dann erholte sich M. M. und beauftragte ihre junge Freundin, mir zu schreiben, sie würde gewiss genesen, wenn sie bestimmt wisse, dass ich mein Versprechen halten und sie entführen werde, sobald ihre Gesundheit dies gestatte. Ich antwortete ihr sogleich, sie dürfe sich auf mich verlassen, da auch mein eigenes Leben von der Ausführung dieses Planes abhinge.

So uns guten Glaubens gegenseitig täuschend, genasen wir, und in dem Grade, in dem mein Gemüt wieder ruhig wurde, stellte sich auch mein Appetit ein. Meine Gesundheit verbesserte sich, und bald fand ich großes Vergnügen, mich mit Tonina zu unterhalten, die mir immer besser gefiel.

Ende März schrieb mir M. M., sie glaube außer Gefahr zu sein und hoffe, nach Ostern ihr Zimmer verlassen zu können. Ich antwortete ihr, ich würde Murano erst verlassen, nachdem ich das Glück gehabt hätte, mit ihr am Sprachgitter des Klosters die Ausführung unseres Fluchtplanes genauestens zu erörtern. Dann begab ich mich zu Herrn von Bragadin, der mich sieben Wochen lang nicht gesehen hatte und meinetwegen besorgt sein musste. Ich erreichte seinen Palast in dem Augenblick, da man die Suppe auftrug.

Herr von Bragadin und seine beiden alten Freunde empfingen mich mit dem Ausruf der Freude und baten mich, sogleich an der Tafel Platz zu nehmen.

Nach dem Abendessen, das sehr heiter verlief, nahm ich eine Überfahrtsgondel und kehrte nach Murano zurück. Da es regnete, war ich bald ganz durchnässt, doch das Unglück war nicht groß, weil meine kleine Wohnung in der Nähe der Anlegestelle lag. Ich klopfte an die Tür des Vorzimmers, in dem sich Tonina, die mich nicht mehr erwartete, bereits zu Bett gelegt hatte.

Sie öffnete mir ohne Licht, weshalb ich ihr befahl, das Feuerzeug zu holen. Sie tat dies sogleich, machte mich aber mit sanfter Stimme darauf aufmerksam, dass sie nicht angekleidet sei und lediglich ein Hemd trage.

»Wenn du nur bedeckt bist, so ist alles in Ordnung«, antwortete ich ihr, und bald war eine Kerze angezündet. Als sie mich jedoch völlig durchnässt vor sich stehen sah, konnte sie sich des Lachens nicht enthalten.

»Mein liebes Kind«, sagte ich ihr, »mir ist nicht zum Lachen zu Mute. Hole Puder und beeile dich, mir die Haare zu trocknen.«

Tonina rannte davon, und Sekunden später begann sie ihr Geschäft. Aber ihr Hemd war unten zu kurz und oben zu weit. Mein Blut geriet in Wallung. Ich fühlte, dass ich verloren war, und unterdrückte einen Lustschrei, als ich unmittelbar vor meinen Augen zwei sprossende Halbkugeln entdeckte, die verführerischer waren als die Äpfel der Hesperiden. Was sollte ich beginnen? Fortschauen? Die Augen schließen?

O nein, ich weidete meine Blicke mit einer Begier, die Tonina bemerkte und erröten ließ.

»Nimm den Saum deines Hemdes zwischen die Zähne, dann sehe ich nichts mehr«, sagte ich.

Sie tat es, doch das war schlimmer als zuvor, da der Schleier zu kurz war und ich mehr erblickte, als mir verborgen werden sollte. Ich hatte Öl in das Feuer gegossen und fühlte mich von Wollust erfasst.

Tonina zitterte plötzlich und fragte verwirrt: »Soll ich mich ankleiden?«

»Nein«, seufzte ich. »Verbinde mir lieber die Augen.«

Sie gehorchte, doch mit einem Male konnte ich mich nicht länger halten. Ich schloss sie in meine Arme, bedeckte sie mit Küssen und schwur ihr, sie immer zu lieben. Da jauchzte sie und wurde mein.

Am nächsten Morgen war ich in Tonina verliebt, als hätte ich vor ihr noch kein anderes Weib in den Armen gehalten. Ohne mich zu wecken, war sie bereits aufgestanden, um mir ein Frühstück zu bereiten, doch sobald sie mich hörte, eilte sie herbei, gab mir zärtliche Küsse und einen Brief von M. M., den ich aber beiseite legte. Ich konnte einfach nicht widerstehen, sie ins Bett zu ziehen.

»Welch ein Wunder!«, rief Tonina. »Du hast keine Eile, diesen Brief zu lesen?«

»Nein«, erwiderte ich lachend.

»Oh, hätte ich dich doch schon vor Wochen geheilt. Wie glücklich ich bin! Bitte, liebe mich, wie du die Frau liebst, die dir täglich schreibt.«

»Weißt du, wer sie ist?«

»Ja, sie ist eine Pensionärin und schön wie ein Engel. Aber sie ist eingesperrt, und ich bin frei und bei dir!«

Natürlich schwor ich ihr, sie immer zu lieben, und

ich muss gestehen, dass Tonina mich in Erstaunen versetzte. Sie war nicht mehr das schüchterne Mädchen der vergangenen Tage, sondern zeigte jenes triumphierende Wesen, das Befriedigung und glückliche Liebe allein zu schenken vermögen. Ich begriff es nicht, dass ich ihren Reizen nicht gleich bei unserer ersten Begegnung meine Huldigung dargebracht hatte.

Den Brief von M. M. las ich erst Stunden später. Ich fand ihn zärtlich, aber minder interessant als andere zuvor. Dennoch antwortete ich ihr sogleich, und ich war froh, dass meine kurze Reise nach Venedig mir Stoff zu einem vier Seiten langen Geschwätz bot.

Mittags bereitete mir meine reizende Tonina eine köstliche Mahlzeit. Ich betrachtete sie als meine Frau, Geliebte und Haushälterin, und ich genoss das Vergnügen, mich um einen so geringen Preis glücklich zu sehen. Den ganzen Tag über sprachen wir von unserer Liebe, die wir uns gegenseitig durch tausend kleine Zuvorkommenheiten zu beweisen suchten.

Tonina besaß einen natürlichen Verstand, konnte aber weder lesen noch schreiben. Sie war entzückt darüber, reich geworden zu sein, und ich fand es wunderbar, dass niemand in Murano das geringste gegen ihre Ehre sagen konnte. Zweiundzwanzig Tage verbrachte ich mit diesem reizenden Mädchen, zweiundzwanzig Tage, die ich zu den glücklichsten meines Lebens zähle.

Gegen Ende April sah ich M. M. das erste Mal wieder. Sie war abgemagert und sehr verändert, doch außer jeder Gefahr. Glücklicherweise gelang es mir bei dieser Zusammenkunft, mich so zu benehmen, dass sie das Feuer meiner neuen Liebe nicht bemerken konnte. Auch ließ ich nicht die Befürchtung aufkommen, dass ich unseren Fluchtplan aufgegeben hätte. Ich sprach vielmehr davon, dass sie sich zunächst gründlich erholen müsse, und besuchte sie von nun an wöchentlich zweimal, was mich keine Anstrengung kostete, da ich an diesen Tagen in Murano schlief, um mit meiner süßen Tonina vereint sein zu können.

E. T. A. Hoffmann

Louise und der Oberst

Louise von Willau, so hieß meine Mutter, ehe der Oberst diesen Namen gegen den seinigen einlöste, Louise v. Willau, hieß es in der ganzen Stadt Troppau, unter dem Pöbel und Adel der *haute parage* – ist ein herrliches Mädchen voll Witz, voll Verstand, voll gesunder Säfte, und ihr voller Busen und ihr biskuitzarter Steiß mehr wert als die ganze Geschichte von Troppau, die Akten ad acta auf dem stillen Rathause mit eingeschlossen.

Die Freundinnen Louises gingen in ihren Vergleichungen schon weiter.

Friederika von Bühlau, Lenchen von Glanzow, Franziska von Tellheim, Juliane von Lindorack und Emilie von Rosenau – diese fünf hatten einmal bei einer gemeinschaftlichen Badereise nach Eger die Reize Louises so von allen Seiten betrachtet, dass ihr bis jetzt keine unter ihnen den Preis streitig machen wollte. Doch ich schweife zu weit aus, wollte ich alles erzählen, was die gute Mutter mir zur Lehre, Nachahmung und Warnung mitteilte, ich würde von einem Skapulierfest bis zum anderen zu erzählen haben!

Aber die Szene, in welcher eigentlich meine Mutter den Oberst von Halden fing, die muss ich euch ausmalen.

Es war ein kleiner freundschaftlicher Damenzirkel bei ihr, und es hätte wie bei den Mysterien der *Bona Dea* keine Mannsperson Zugang haben sollen, da indessen jede unter den sechs Vereinigten einen Clodius hatte, den sie gern einzuspinnen wünschte in ihre vielbegehrende Weiblichkeit, so hatte man sich gleichsam stillschweigend das Wort gegeben, so viel Hosen einzulassen als Unterröcke ihre sechspfündigen – eigentlich sagten sie: sechs vernünftigen – Reize verhüllten.

Eine ganze Stunde hatten sie sich schon solo mit

dem edlen L'Hombre beschäftigt, als Louise eine Karte fiel; Franziska, das ganze Spiel hindurch von einem ihr gerade gegenüberhängenden Gemälde, Apollo und Clytia im höchsten Genuss vorstellend, entzündet, gab wenig acht auf ihre Karte; jetzt aber, da Louise eine Karte unter den Tisch fiel, wollte sie den Zufall benützen und der Unterhaltung eine ihr anständige Wendung geben. Sie bückte sich also rasch, hob die Karte auf und versteckte sie unter Louises Kleidung, und da diese eben mit geöffneten Lenden das Spiel leitete, so kam das witzige Dissipations-Diplom auf eine Stelle zu liegen, die wir alle kennen, und an dessen offenen Türen ich neun Monate auf das Licht der Welt warten musste.

Louise schrie laut auf, und Franziska lachte.

»Du Sau!«, schmollte Louise, deckte sich bis an den Nabel auf – und alle sahen das Blatt da liegen, wo eigentlich der Leichtsinn männlicher Tugend seit Joseph, seligen Andenkens, zu liegen kommen sollte, wenn es noch irgendeine Art von männlicher Tugend gäbe, die nicht bezweifelt zu werden verdiente.

»Ach, Louise, wie bist du so schön«, schrien jetzt alle zugleich, und Franziska hatte die Bosheit, ihr das herabgefallene Hemd wieder aufzuheben.

»Franziska, lass mich gehen!«, rief jetzt ängstlich Louise, aber Franziska küsste sie schnell auf den Mund und fuhr ihr mit heißen Fingern an die Herzkammer der Liebe.

»O du bist auch gar zu unverschämt«, zürnte jetzt meine Mutter und presste ihre Lenden fest aufeinander.

Aber Franziska kannte Louise besser und fuhr fort, mit fleißigen Händen ihre Gefühle zu wenden, während diese dem Erwachen der Lust keinen besseren Einhalt zu tun wusste, als dass sie aufsprang.

Aber nun hatte sie das Übel ärger gemacht. Lenchen, die auf der anderen Seite saß, hob ihr schnell die wenigen leichten Röcke und das wie von Zephiren herumgeschleuderte Hemd von hinten über den schneeweißen Hintern hinauf und griff ihre sämtlichen Reize mit lasziver Berührung so heftig an, dass Louise auf einmal still ward und unter den Händen der beiden geilen Mädchen alle Gewalt verlor, die sonst die Schamhaftigkeit noch in ihrer Macht hat, wenn man sie nicht im Zentrum aufsucht.

Zum Unglück für Louise rissen jetzt Juliane und Friederika sie über den Tisch, dass die Kartenblätter bis in das Futteral des beliebten und allerliebsten Cottaischen Spielalmanachs hineinfuhren, streiften ihr das zarte Hemd vollends über das heilige Kreuz hinauf und fingen an, ihr den herrlichen Steiß zu klatschen.

Louise riss die Geduld, mit Löwenstärke zog sie ihr Unterteil hin und her und entwickelte den herrlichen Bau ihrer Muskeln und das wollüstige Spiel ihrer Lenden mit so grazienähnlicher Furie, dass alle zugleich »Ah ah! wie schön! *allegro non troppo, piu presto – prestissimo!*« ausriefen.

Aber Louise währte der Spaß zu lange; ehe sich die unverschämten Mädchen versahen, hatte sie sich mit Gewalt ihnen entrissen, und – dort lagen sie alle vier, teils auf dem Boden, teils unter dem Tisch, der mit seinem ganzen Inhalt von chinesischem Porzellan, englischem Steingut und übrig gelassenem Yemens-Nektar jetzt die Mutwilligen ärger drückte und verunzierte als der Alp auf nächtlichem Lager eine keuchende Unschuld.

»Nun, das ist doch zu arg!«, fing Louise an und schüttelte ihre Kleidung, wie Wetzels Madame Arend, über das Verborgene ihrer Reize. »Ich helfe euch jetzt nicht! Ihr bringt mir das alles wieder in Ordnung, macht mir das Zerbrochene wieder ganz, ersetzt mir das Vergossene, oder ich lasse euch durch meine zwei Stallknechte so lange mit Ruten peitschen, bis das von selbst geschieht.«

Alle lachten, aber Louise ging zornig zum Zimmer hinaus und verschloss hinter sich.

Die Gefangenen fingen an aufzuräumen, allein es ging ihnen mit der wiederherzustellenden Ordnung, besonders dem *Restitutio in integris* wie den ägyptischen Zauberern mit den Läusen Jehovas – sie konnten das zerbrochene Porzellan und das Steingut nicht wieder ganz machen und schrien laut: »Da sind die Engländer und die Chinesen dran schuld!«

Louise sah dem Geschäfte, das einer Meditations-Akte ähnelte, keinem himmlischen Gerichte, lächelnd durch das Schlüsselloch zu, und die drinnen fingen an, sich aufs Bitten zu legen.

Aber Louise war unerbittlich!

»Jetzt gehe ich«, rief sie durchs Schlüsselloch, »und rufe den Jeremias und den Anton, lasse euch die Kleider aufheben und auf die bloßen Hintern solange peitschen, bis eure Untugenden euch aus der Haut herausfahren.«

Die Mädchen fingen nun gar an zu weinen, versprachen den Schaden zu vergüten und sich überdies noch jeder Züchtigung zu unterwerfen, die sie nur selbst an ihnen zu vollziehen im Sinne haben möchte; aber den Jeremias und den Anton müsste sie weglassen, sonst würden sie ihr in diesem Leben nicht mehr gut, im Gegenteil aber ihre ärgsten Feindinnen werden und bleiben.

»Gut«, versetzte meine Mutter, »wollt ihr den Schaden ersetzen und euch einer wohlverdienten Züchtigung unterziehen, so sollen Jeremias und Anton im

Stall bleiben, und ich werde sogleich mit einem Paar Ruten erscheinen und euch wie Gideon das Fleisch zerhauen.«

Lenchen lief ans Schloss inwendig und blies meiner Mutter entgegen: »Mach auf, Beste, wir unterwerfen uns der Strafe, aber Jeremias und Anton bleiben bei den Pferden.«

»Wartet, ihr jungen Fohlen, ich will euch striegeln«, rief Louise, lief in den Garten, brach und schnitt ein Dutzend Rosenzweige samt ihren ersten Knöspchen ohne Barmherzigkeit ab und eilte wie eine Erinnye aus der Unter- in die Oberwelt, um ihre zerbrochenen Opfergefäße zu rächen.

Den Busen entblößt, die Haare in wilder Bacchantinnen-Mode um die Schultern fliegend, öffnete Louise die Tür des Gefängnisses, und alle kamen ihr trotzend mit schallendem Gelächter entgegen.

Louise schwang den Thyrsusstab ihrer Rosenknöspchen drohend gegen die mutwilligen Nymphen, deklamierte in pythischer Wut:

> *Silence! imposture outrageante!*
> *Déchirez-vous, voiles affreux;*
> *Patrie auguste et florissante,*
> *Connais-tu des temps plus heureux?*

Und sie verlangte gebieterisch, dass Lenchen, Franziska und Juliane sich aufdecken sollten; aber Franziska trat vor die Mädchen hin und entgegnete:

> *Favorite du Dieu de la guerre,*
> *Heroine! dont l'éclat nous surprend*
> *Pour tous les vainqueurs du parterre,*
> *La plus modeste et la plus grande.*
> *Voltaire.*

»Was du glaubst, Fränzchen«, versetzte lachend Louise und legte die Rosenzweige aufs Sofa, »will ich jetzt prüfen, komm her, hierher zum Apollo und zur Clytia: und nun büße, was du getan hast.«

Ehe noch Franziska sich zu besinnen vermochte, stand sie schon mit nackendem Unterteil vor dem weiblichen Areopag, der, entzückt über die Schönheit ihres Hintern, mit einem dreimaligen Händeklatschen sein Lob aussprach.

Louise legte ihr Röcke und Hemd über das glühende Gesicht und befahl Emilie, es ihr auf dem Busen festzustecken. Franziska hielt die zarten jungfräulichen Lenden fest aneinander; wie ihr aber Emilie das Hemd unter den Gewändern vom schön gerundeten Bäuchlein zog und die ganze entzückende Gegend vom noch buschlosen Ida bis zum Wendezirkel hinauf enthüllte, da wurde auch jener reizende Tempel von Amathunt sichtbar, den wir uns so gern in der Nachbarschaft des olympischen Gottes denken, wenn er, gereizt von seiner Schönheit, den eigenen verlässt und auf Cytherens Altären opfert.

Louise, beinahe neidisch über den Anblick so vieler Schönheit, ergriff jetzt Juliane und Lenchen, stellte sie zu Franziska in ein Dreieck, ließ sie von Emilie und Friederika ebenso aufschürzen, band sie alle drei mit ihrem Busentuch um die Mitte des Leibes fest zusammen, ergriff die Rosenzweige, nannte Fränzchen Aglaja, Lenchen Thalia, Juliane Euphrosine und peitschte so grausam auf die sechs schuldlosen Hinterbacken los, dass die Grazien ihre schöne Stellung nach Wieland in größter Unanständigkeit für eine wilde Jagd der Artemis erklärten, in heftigen Bewegungen die angelegten Fesseln zerrissen, mit Gewalt nach wenigen Minuten sich frei machten und wie Mänaden, nicht wie Wielands Grazien, herumsprangen.

Louise hatte nun ihre Rache abgekühlt, aber die drei gestraften Grazien verlangten jetzt, dass ihre Mitgehilfen, die Schwestern der ewig spröden Psyche, gleichfalls gezüchtigt, und Psyche selbst sich ihrem Urteil und Gericht unterwerfen sollte.

Schnell ergriffen die Bestraften die Mitschuldigen, legten eine nach der anderen über den Stuhl, auf dem vorhin Psyche Louise ihre ätherischen Reize preisgeben musste, deckten ihr den Hintern auf, und Louise musste den niedlichen Erhöhungen die nämliche Strafe widerfahren lassen, die sie vor wenigen Minuten außer sich selbst gesetzt hatte.

Kaum war dieses geschehen, kaum hatte Friederika, als die letzte, ihre demütige Stellung verlassen, so hörten die wieder versöhnten Freundinnen Sporengeklirr und sahen den Oberst von Halden und den Leutnant Söller in der offen gelassenen Saaltür stehen und überrascht hereinblicken.

Louise ging ihnen mit der größten Unbefangenheit entgegen, hieß sie willkommen und fragte, welcher launige Zufall den bekannten Weiberhasser und den noch bekannteren Bacchus-Bruder so auf einmal in die untere Geister-Sphäre von sechs unverschanzten Weiberseelen hineingetrieben habe?

Der Oberst war gewissermaßen ein Siegfried von Lindenberg und sein Achates ein Herr von Waldheim, beide aber besaßen mehr Kultur als Politur und waren, ihre vorhin angegebenen Fehler abgerechnet, ein paar Leute, aus denen man alles machen konnte, was unser Herrgott aus ihnen gemacht hatte.

Die Mädchen nun, wie man sagt, noch blutjung, meine Mutter damals erst achtzehn Jahre alt, umringten die beiden Martissöhne mit aller der Freiheit ihres jugendlichen Privilegiums, die ihnen ihr lustiger Sinn gewährte.

Ihre Schmerzen an den verhüllten Teilen waren schon zur Hälfte vergangen, und die andere Hälfte sollte jetzt vergehen.

Louise hatte sich des Obersten bemächtigt und spielte an seinem Degengehänge, zog ihn aus einer Ecke in die andere und bat ihn, ihr doch zu sagen, wie der erste König von Kreta geheißen habe, und ob dies Kreta wirklich zu des Apostels Paulus Zeiten faule Bräuche gehabt hatte?

Der Oberst, notgedrungen und ärgerlich, dass so eine halbbartlose Dirne ihm ums Kinn herumkrabbelte, beantwortete ihre unverschämten Fragen gar nicht, sondern sagte bloß: »Fräulein, befreien Sie mich nicht auf der Stelle aus Ihren Krallen und Klauen, so sollen Sie sehen und fühlen, was ich mit Ihnen anzufangen im Stande bin.«

Meine Mutter lachte der Drohung und befahl ihm, sich für diesen Abend entweder gutwillig in ihre Launen zu fügen oder als Gefangener der Gewalt ihrer Reize auf einmal zu widerstehen.

Bei diesem verfänglichen Reden griff der Oberst an seinen Degen, aber Louise lief ihm mit Blitzesschnelle unter den schon aufgehobenen Arm, der das Mordinstrument gefasst hatte, hielt jenen und wollte dieses ihm entreißen. Allein der Oberst verstand keinen Spaß, hob die Verwegene wie eine Feder in die Höhe, warf sie aufs Sofa, entblößte ihr den Hintern, zog seinen Degen und schlug sie unter gellendem Geschrei zu einer Ritterin d'Egon.

Der Oberst musste den reizenden Anblick von Louises bloßem Hintern mit seiner Freiheit bezahlen. Die unvergessliche Schönheit dieser Teile, die zitternden Höhen und die von hinten zu preisgegebene Nachbarschaft aller männlichen Lüsternheit entwaffneten seinen Arm, und in seinen von Mutter Natur erhaltenen, von Kultur noch unverfälschten Sinnen regte sich ein Etwas, das den Frieden seiner Sinne so deutlich aussprach, dass auch nicht ein Jota davon für sein Herz verloren ging.

Der Mann von Grundsätzen und Charakter ist in sinnlichen Erscheinungen und Genüssen gewiss jedes Mal der Antipode von dem charakterlosen, brutalen und rohsinnlichen Menschen. Jener fühlt schon seine Leidenschaften durch den Anblick heimlicher weiblicher Reize gedämpft und befriedigt; dieser aber, dessen rohe Kraft kein Maximum des sinnlichen Gefühls statuiert, tobt unaufhaltsam fort bis zur Übersättigung. Dieses ist nun hauptsächlich auch ein Übel des heiligen Ehestandes, und eines seiner schlechten Geheimnisse, dass diejenige, welche die ersten Grade des sinnlichen Lebens besitzt, sich beizeiten ans Fasten gewöhnen muss, wenn sie ihren erschöpften Eheherrn nach einigen Monaten noch zu lieben die Absicht haben sollte. Deswegen wählte ich hauptsächlich das Kloster, und ich will lieber mit allen zehn Fingern und anderen Tröstern siebenmal in der Woche vergessen, dass es ein männliches Geschlecht gibt, als mich über seine selbst verschuldete Impotenz zu beklagen haben. Die Folgen bei einer solchen Charakterverschiedenheit unter dem männlichen Geschlecht sind auffallend verschieden. Der erste hält und veredelt sich durch das einmal angenommene System sinnlicher Genüsse, der andere aber zerstört, wie das Feuer, sich selbst und das, was ihn ernährt.

Ein anderer als der Oberst, würde sich mit Wut über die während der Degenflagellation entblößten sinnlichen Reize meiner Mutter geworfen und in ihren Besitzungen seinen Triumph gesucht haben. Aber von Halden, der die Weiber zwar hasste, im Grund aber wie Blumen behandelte, die man nie bricht, sondern in sich selbst verwelken lässt, auf ihrem eigenen Boden, hielt das Brechen derselben für einen Raub an dem ganzen schönen Sommer des Lebens, den ja ohnehin ein langer kalter Winter so wünschenswert mache.

Die entblößten hinteren Reizungen meiner Mutter, die Schönheit und Reinlichkeit gewisser Teile, die zurückgeworfenen Kleidungsstücke nahmen auf einmal dem Oberst seinen Hass und gaben ihm dafür eine so herzliche innige Liebe für diese weibliche Schutzlosigkeit, dass er ihr seine vorgefassten Grundsätze, das ganze weibliche Geschlecht zu hassen, und dem vor ihm liegenden Wert dieses Geschlechtes willig seine Freiheit aufopferte.

Doch er hatte etwas gewagt, das, obgleich nicht im Sinne eines unverschämten geilen Scherzes zu nehmen, doch vor allem eine Aussöhnung mit dem Beleidigten verlangte.

Ohne also auch nur mit einer einzigen Akklamation zu verraten, wie weit der entblößte Hintern meiner Mutter seinen Weiberhass verscheucht habe, küsste er dreimal die beleidigten Teile, legte hierauf mit unbefangener Gleichgültigkeit erst ihr Hemd, dann ihre Röcke in die ihnen angewiesene natürliche Lage und hob sie vom Stuhle auf.

Jetzt aber war, wie der Oberst meinte, noch das Schwerste zu tun; er wollte nämlich den Zuschauerinnen einen ähnlichen Denkzettel schreiben, damit keine von ihnen sich irgendeines besonderen Vorrechtes zum Nachteil der anderen zu bedienen hätte.

Indessen war diese Vorsicht unnötig. Franziska hatte sich auf den Schoß des Leutnants Söller gesetzt, und dieser wühlte mit verwegenen Händen in den geheimsten Reizen der Frechen.

Lenchen saß auf einem Stuhle, hatte ihr Röckchen bis an die Schenkel zurückgeschlagen und band ihr

Strumpfband; Juliane hatte die Hand im Schlitz, und Friederika sah nach des Leutnants offenen Beinkleidern, die eben Franziska aufgeknöpft hatte und im Begriff war, ein männliches Glied frei zu machen, das bisher, außer Louise, noch keine von der Größe gesehen hatte.

Jetzt, als der Oberst Louise aufgehoben hatte und eben dem Leutnant sein Siegel der Verschwiegenheit und die heutige Parole bekannt machen wollte, fing Friederika an:

»Louise, das hast du nun an uns verdient!«

»Ja, das ist auch wahr!«, schrie lallend Franziska hinein und hob des Leutnants Hemd in die Höhe, dass sein Amor dastand unter dem dichten Myrthengebüsch, wie ein Priap im Belvédère. »Das ist auch wahr ...«, und nun rieb sie Söllers Meisterglied und erzählte, was ich euch schon erzählt habe, nämlich wie Louise sie behandelt hätte.

»Oh«, versetzte der Oberst, als jetzt Franziska auserzählt hatte und sich, von des Leutnants Fingern exaltiert, zuckend auf seinem Schoß hin und her bewegte, »wenn dem so ist, so habe ich hier weiter nichts zu tun, was meine Unverschämtheit wieder gutmachen könnte, als dass ich Louise für meine Gemahlin erkläre und dir, Söller, Franziska mit Haut und Haar als dein Eigentum übergebe.«

Die Mädchen jubelten.

Hierauf nahm der Oberst Louise in seine Arme, küsste sie auf die bloßen Brüste und trug sie ins Kabinett.

Söller legte sein Mädchen auf das Sofa, machte die Tür auf und bat die Gespielinnen höflich, ihrer im Garten zu warten, was sich denn auch diese nicht zweimal sagen ließen, da ihre Schamhaftigkeit immer noch größer war als ihre Lüsternheit.

Kaum waren sie fort, so deckte Söller Franziska bis an den Nabel auf, zog ihr die schneeweißen Lenden voneinander und drängte sich mit Manneskraft in ihren Schoß.

Meine Mutter wurde von dem Oberst, dieser von ihr bis aufs Hemd entkleidet, dann zogen sie beide auch noch die letzten Hüllen verborgener Geheimnisse ab und sanken berauscht und in der wonnigsten Tätigkeit auf das weiche Lager.

Acht Tage nach dieser Szene war die Hochzeit meiner Mutter und die von Franziska.

Gustave Flaubert

Madame Bovarys Verführung*

Sechs Wochen waren verstrichen. Rudolf hatte sich die ganze Zeit über nicht sehen lassen. Endlich kam er wieder zum Vorschein.

Am Tage nach dem Ackerbaufeste hatte er zu sich selbst gesagt:

»Ich darf mich nicht zu bald dort sehen lassen; es wäre dies ein gewaltiger Missgriff.«

Am Ende jener Woche war er auf die Jagd gegangen. Nach der Jagd war es zum Besuche nicht mehr an der Zeit, und später stellte er folgendes Raisonnement an:

»Wenn sie mich vom ersten Tage an geliebt hat, so wird sie aus Sehnsucht, mich wiederzusehen, mich noch mehr lieben. Das System muss daher fortgesetzt werden.«

Als er Emma bei seinem Eintritte blass werden sah, wusste er, dass seine Berechnung richtig gewesen war.

Sie war ganz allein. Es war bereits spät am Tage. Die kleinen Musselinvorhänge an den Fenstern machten das Dämmerlicht noch schwächer.

Rudolf blieb stehen; Emma hatte seine ersten, nur Höflichkeitsausdrücke enthaltenden Reden kaum beantwortet.

»Ich habe Geschäfte gehabt«, sagte er, »auch bin ich krank gewesen.«

»Bedeutend krank?«, rief sie aus.

»Aufrichtig gestanden, nein«, versetzte Rudolf, indem er sich neben sie auf einen Schemel setzte, »ich habe eigentlich gar nicht wieder kommen wollen.«

»Warum denn nicht?«

»Sie können den Grund leicht erraten.«

Er betrachtete sie noch einmal, diesmal aber in einer Weise, die ihr das Blut in die Wange trieb und sie unwiderstehlich zwang, die Augen zu Boden zu schlagen. Er fuhr fort:

»Emma...!«

»Mein Herr!«

Sie hatte sich ein wenig von ihm entfernt.

»Da sehen Sie nun selbst«, ließ er sich in melancholischem Tone vernehmen, »dass ich Recht hatte, als ich nicht wieder kommen wollte, da Sie mir das Aussprechen des Namens, der meine ganze Seele erfüllt und mir unwillkürlich entschlüpft ist, so streng verbieten! Also Madame Bovary! – Ach, so werden Sie ja von aller Welt genannt! Auch ist es nicht Ihr Name, es ist der Name eines anderen!«

Er wiederholte mit ganz besonderem Nachdrucke: »Eines anderen!«

Dann verhüllte er sein Gesicht mit beiden Händen.

Nach einer Pause fuhr er fort:

»Ja, ich denke beständig an Sie! – Die Erinnerung an Sie bringt mich zur Verzweiflung! – Ach, verzeihen Sie mir. – Ich verlasse Sie ... Leben Sie wohl ... ich werde weit von hier gehen ... so weit, dass Sie nicht mehr von mir reden hören sollen. – Und doch ... heute eine mir unbegreifliche und völlig unwiderstehliche Gewalt hat mich hierhergetrieben ... zu Ihnen getrieben. – Man kann nicht gegen den Himmel ankämpfen, kann dem Lächeln eines Engels nicht widerstehen! Man lässt sich von allem, was schön, was reizend, was anbetungswürdig ist, widerstandslos hinreißen!«

Nie zuvor waren Emma derlei Dinge gesagt worden; gleich einem Menschen, der sich in einem warmen Bade recht behaglich fühlt und die Glieder reckt und streckt, dehnte sich auch ihr Stolz aus und blähte sich wohlgefällig aus, als diese Töne an ihr Ohr schlugen.

»Wenn ich aber nicht gekommen bin«, sprach er weiter, »wenn ich Ihren Anblick vermieden habe, so habe ich doch wenigstens alles betrachtet, was Sie umgibt. In der Nacht, in jeder Nacht, habe ich mein Lager verlassen, um hierher zu eilen; ich betrachtete Ihr Haus, das im Mondschein glänzende Dach desselben, die Bäume im Garten, deren Zweige sich vor Ihren Fenstern hin und her wiegten, und die kleine Lampe, deren Schimmer im Dunkel der Nacht durch die Scheiben erglänzte. Ach, Sie hatten keine Ahnung davon, dass so nah und doch so fern von Ihnen ein armer Elender...«

Sie schluchzte und wendete sich zu ihm.

»Oh, Sie sind zu gut!«, sagte sie.

»Nein, ich liebe Sie bloß, und das ist alles. Sie ahnten es nicht! Gestehen Sie es nur, dass Sie es nicht geahnt haben! Ein Wort, nur ein einziges Wort!«

Rudolf war bei diesen Worten unmerklich von seinem Schemel auf den Boden herabgeglitten; man hörte jedoch ein Geräusch wie von klappernden Holzschuhen aus der Küche her; die Tür des Salons, in dem sie sich befanden, war nicht geschlossen, wie er erst jetzt bemerkte.

Er erhob sich vom Boden und sagte:

»Ach, ich hätte einen Wunsch, und es wäre gar so schön von Ihnen, wenn Sie ihn erfüllen wollten!«

Er wollte ihr Haus besichtigen; er wünschte es in allen seinen Details kennen zu lernen; Madame Bovary hatte nichts dagegen einzuwenden; sie standen beide von ihren Sitzen auf, als Charles ins Zimmer trat.

»Guten Tag, Doktor«, sagte Rudolf zu ihm.

Der Arzt, dem der so unerwartet beigelegte Titel schmeichelte, erging sich in Ergebenheitsversicherungen, was der andere benutzte, um sich ein wenig zu fassen.

»Madame«, sagte er, »hat mit mir von Ihrem Befinden gesprochen.«

Charles unterbrach ihn und bemerkte, dass er in tausend Besorgnissen sei; seine Frau leide immer an Kongestionen. Rudolf fragte, ob ihr vielleicht Reiten zuträglich sein würde.

»Gewiss, das wäre ganz vortrefflich und ausgezeichnet! Eine prächtige Idee! Du solltest sie befolgen, Emma.«

Als sie bemerkte, dass sie kein Pferd habe, beeilte sich Rudolf, ihr eines zur Verfügung zu stellen; sie schlug jedoch sein Anerbieten aus; er drang nicht weiter in sie; um einen Beweggrund für seinen Besuch anzugeben, erzählte er, dass sein Knecht, den Charles vor einiger Zeit zur Ader gelassen hatte, noch immer an Schwindel leide.

»Ich werde einmal nachschauen«, sagte Bovary.

»Nein, nein, ich werde den Menschen hierherschicken; wir werden zusammen hierher kommen; das wird für Sie bequemer sein.«

»Auch gut. Ich danke Ihnen.«

Als Gatte und Gattin wieder allein waren, sagte Charles: »Warum hast du denn das Anerbieten des Herrn Boulanger ausgeschlagen? Er meint es ja recht gut.«

Sie machte ein Schmollgesichtchen, brachte eine Unzahl Ausflüchte vor und erklärte endlich, es würde seltsam aussehen.

»Ach, was kümmert mich, was die Welt sagen wird!«, rief Charles, indem er sich auf einem Absatz herumdrehte. »Gesundheit geht über alles! Du hast Unrecht!«

»Wie soll ich denn reiten? Du weißt ja, dass ich kein Reitkleid habe?«

»Bestell dir eines.«

Dieses Wort wirkte entscheidend auf sie.

Als der Anzug fertig war, schrieb Charles an Herrn

Boulanger, dass seine Frau ihm zur Verfügung stehe und auf seine Gefälligkeit rechne. Am nächsten Tage erschien Rudolf um Mittag vor Charles' Haustür mit zwei Reitpferden; das eine, welches einen Damensattel auf dem Rücken hatte, war am Kopfzeug mit roten Bändern geschmückt.

Er hatte hohe Reitstiefel angezogen und dabei gedacht, dass Emma wohl noch nie eine solche Ausrüstung zu Gesicht gekommen sei; Emma war in der Tat ganz entzückt von seinem Aussehen, und in dem Samtrock und dem eng anliegenden Beinkleid gefiel er ihr ausnehmend gut. Sie war bereit und hatte schon auf ihn gewartet.

Gleich am Beginn des Rittes fing Emmas Pferd zu galoppieren an. Rudolf galoppierte neben ihr. Von Zeit zu Zeit wechselten sie einzelne Worte. Emma hielt den Oberleib etwas vorgebeugt, ließ dem Pferd die Zügel schießen und gab sich ganz der taktmäßigen Bewegung hin, mit der das Pferd sie im Sattel schaukelte.

Nachdem sie eine Weile so fortgesprengt und auf dem Gipfel einer kleinen Anhöhe angekommen waren, hielten sie die Pferde an, um sie verschnaufen zu lassen; Emmas großer blauer Schleier war vom Wind zurückgeschlagen worden.

Man befand sich eben in den ersten Tagen des Oktobers; auf der Landschaft lag ein leichter Nebel; am Horizont und zwischen den Hügeln stiegen Dünste auf, die eine Zeit lang einen dichten Vorhang bildeten, der dann stellenweise auseinander riss. Wenn die Sonne gerade durch die Lücken schien, konnte man in der Ferne die Dächer von Yonville, die Gärten am Flussufer, die Höfe, Mauern und den Turm der Kirche erblicken. Emma strengte sich an, um ihr Haus aus den übrigen Gebäuden herauszufinden; das Dörfchen, in dem sie lebte, war ihr zuvor nie so klein erschienen. Von der Höhe herab, auf der sie sich jetzt befanden, erschien ihnen das ganze Tal wie ein ungeheurer, in einem Verdunstungsprozesse begriffener See. Die vereinzelten Baumgruppen tauchten gleich schwarzen Felsen empor; die aus dem Nebel emporragenden Wipfel der hohen Pappeln konnten Dünen vorstellen, deren bewegliche Sandhügel dem Impulse des Windes nachgaben.

Emma und Rudolf ritten längs des Saumes einer dichten Waldung. Sie wendete sich von Zeit zu Zeit ab, um nicht immer seinem Blicke begegnen zu müssen; dann sah sie nichts als eine unabsehbare Reihe von Stämmen, deren Unzahl ihr Auge ermüdete. Die Pferde schnaubten, das Leder der Sättel knisterte und krachte.

In dem Augenblicke, in welchem sie in den Forst einritten, kam die Sonne zum Vorschein.

»Der Himmel ist uns günstig!«, sagte Rudolf.

»Meinen Sie wirklich?«

»Vorwärts, vorwärts!«

Am Rande des Weges wuchs langes Riedgras, das sich in Emmas Steigbügel verfing. Rudolf bückte sich im Reiten hinab, um diese Hindernisse zu beseitigen. Ein andermal musste er wieder überhängende Zweige zur Seite beugen; er drängte dann sein Pferd an das ihrige, sie fühlte, wie sein Knie an ihrem Bein streifte. Der Himmel war ganz blau geworden; der Wind hatte sich gelegt; es rührte sich kein Blättchen mehr. Die Farnkräuter standen auf weiten Räumen in üppiger Blüte; buntfarbige Teppiche streckten sich zwischen den Bäumen hin, deren Laubwerk grün, rot oder gelb war. Zwischen den Sträuchern hörte man bisweilen den Flügelschlag oder auch den rauen oder heiseren Ruf der Raben, die dann aufflogen und zwischen den Eichen sichtbar wurden.

Jetzt stiegen sie von den Pferden, deren Zügel Rudolf an einen Baumast anknüpfte, während sie auf dem mit Moos bedeckten Boden voranging.

Die Schleppe des Reitkleides war ihr im Gehen hinderlich, obwohl sie sie über den Arm geschlagen hatte; Rudolf, der hinter ihr einherschritt, hatte öfter Gelegenheit, zwischen dem schwarzen Kleide und den schwarzen Stiefelchen die eleganten Formen der wohlgeformten Beine zu betrachten.

Sie blieb endlich stehen.

»Ich bin müde«, sagte sie.

»Nur noch ein Stückchen Weges!«, versetzte er. »Mut, versuchen Sie es, es wird schon gehen!«

Hundert Schritte weiter blieb sie neuerdings stehen; durch den blauen, von ihrem Hute bis auf die Hüften lang und in reichen Falten herabwallenden Schleier erschien ihr Angesicht wie von blauem Ätherduft umgeben.

»Wohin gehen wir denn?«, fragte sie ihn.

Er antwortete nicht. Ihr Atem war beinahe keuchend geworden. Rudolf blickte nach allen Richtungen umher und klemmte die Unterlippe zwischen die Zähne.

Sie gelangten an eine ziemlich weite Lichtung des Waldes, wo Reisig und Hölzer gefällt worden waren. Dort setzten sie sich auf den Stamm eines umgestürzten Baumes; Rudolf sprach neuerdings von seiner Liebe.

Er nahm sich in Acht, sie durch allzu viele Komplimente zu erschrecken, und gab sich Mühe, ruhig, ernst, selbst melancholisch zu erscheinen.

Emma hörte ihm zu und blickte dabei auf den Boden vor sich hin, während sie mit der Fußspitze in den dort aufgehäuften Holzspänen wühlte.

Als er aber sagte: »Soll denn unser Geschick nicht fortan ein gemeinsames sein?«, antwortete sie:

»Nein, o nein. Sie wissen recht gut, dass dies unmöglich ist.«

Sie stand auf, um sich zu den Pferden zurückzubegeben. Er fasste ihre Hand, und sie blieb wieder stehen. Dann betrachtete er sie einige Augenblicke mit feuchten Augen und mit dem Ausdrucke inniger Liebe, und sagte endlich mit großer Lebhaftigkeit: »Ich bitte Sie, lassen Sie uns nicht mehr davon sprechen. – Wo sind denn die Pferde? Es ist wohl schon Zeit zur Heimkehr.«

Er machte eine Gebärde des Zornes und Verdrusses; sie wiederholte:

»Die Pferde? Wo sind die Pferde?«

Mit einem seltsamen Lächeln, stierem Blicke und mit zusammengebissenen Zähnen schritt er mit offenen Armen auf sie zu. Sie trat zitternd einige Schritte zurück und stammelte:

»Ich fürchte mich vor Ihnen; Sie tun mir weh. Lassen Sie uns aufbrechen.«

»Es sei, wenn es überhaupt sein muss«, versetzte er mit ganz verändertem Tone und Ausdrucke.

Sofort wurde er auch, wie er früher gewesen, ehrerbietig, schüchtern, einschmeichelnd. Er reichte ihr seinen Arm. Sie kehrten zurück; er sagte: »Was war Ihnen denn zuvor? Ich habe Sie nicht begriffen. Sie haben sich sicherlich geirrt. Meine Seele ist ein Tempel, in welchem Sie wie eine Göttin, rein, makellos und angebetet, auf einem Piédestal thronen. Ich aber bedarf Ihrer Gegenwart, um leben zu können. Ich bedarf des Anblickes Ihrer Augen, ich muss Ihre Stimme hören und Ihre Gedanken wissen. Seien Sie mir eine Freundin, eine Schwester, ein Schutzengel!«

Er schlang seinen Arm um ihren Leib. Sie strebte sich loszumachen, setzte ihm aber keinen ernstlichen Widerstand entgegen. Er hielt sie dergestalt im Gehen an sich gedrückt.

Nun hörten sie, wie die beiden Pferde an den Blättern knusperten.

»Oh, lassen Sie uns noch nicht zurückkehren«, flehte Rudolf, »bleiben wir noch.«

Er führte sie an eine mehr verborgene Stelle, an den Rand eines kleinen Teiches, wo Wassergewächse tiefe Schatten über den Spiegel der kleinen Flut warfen. Zwischen den Binsen wuchsen Schwertlilien mit weiten Kelchen. Beim Geräusch ihrer Schritte im Grase sprangen Frösche auf und suchten Sicherheit im Teiche.

»Ich habe Unrecht, ich habe Unrecht«, sagte sie. »Es ist Wahnsinn, dass ich Sie noch länger anhöre.«

»Warum denn? Emma . . . süße Emma!«

»O Rudolf!«, entgegnete das junge Weib und stützte ihr Haupt auf seine Schulter.

Das Tuch ihres Reitkleides blieb an dem Samt seines Jagdrockes hängen. Seufzend bog sie den weißen Hals zurück; ihrer selbst kaum mehr bewusst, an allen Gliedern bebend, das Angesicht mit beiden Händen verhüllend, vergaß sie sich und gab sich ganz hin.

Die Bäume warfen längere Schatten; die am Horizont stehende Sonne schickte ihre Strahlen durch die Bäume; sie war wie geblendet. An einzelnen Stellen ringsumher, auf den Blättern und am Boden zitterten leuchtende Flecken, als wenn Kolibris hier im Fluge ihre glänzenden Federn hätten fallen lassen. Überall herrschte tiefe Stille; Emma fühlte sich glücklich wie nie zuvor; sie glaubte mehr zu schweben als zu gehen; sanft wie Milch schien ihr Blut durch die Adern zu rinnen. Außerhalb des Waldes und von den Bergen her wurden Stimmen gehört, denen sie wie einer Musik horchte, deren Töne mit ihren Nerven vibrierten. Rudolf stand etwas seitwärts, hatte die Zigarre im Munde und besserte mit dem Federmesser etwas an einem der beiden Pferdezäume aus.

Sie kehrten nach Yonville auf demselben Wege zurück, auf dem sie gekommen waren. Sie konnten die Spuren beobachten, die von ihren Pferden in den Boden eingedrückt worden waren; sie kamen an denselben Gebüschen, an denselben Kieseln vorüber. Ringsumher hatte sich nichts geändert, und doch war in Beziehung auf sie selbst Bedeutenderes vorgegangen, als wenn Berge vom Platze gerückt worden wären. Rudolf bückte sich von Zeit zu Zeit, um ihre Hand zu fassen und an seine Lippen zu drücken.

Sie sah auch ganz allerliebst zu Pferde aus, mit der schlanken Taille, dem runden Knie, das an die Mähne des Pferdes gedrückt war, die Wangen von der frischen Luft und der Bewegung gerötet.

Als sie in Yonville einritten, ließ sie ihr Pferd auf dem Pflaster karakolieren. Aus allen Fenstern ragten Köpfe, alle Welt wollte nach ihr schauen.

Bei Tische fand ihr Mann, dass sie sehr gut aussah; sie tat jedoch, als wenn sie ihn nicht gehört hätte, als er nach den Einzelheiten ihrer Promenade fragte; sie hatte den Ellbogen auf den Tisch gestützt, den Kopf in die Hand gelegt und starrte zwischen den Lichtern vor sich hin.

»Emma«, sagte er.

»Was willst du?«

»Ich bin heute Nachmittag bei dem alten Alexander gewesen; er hat eine Stute, die noch recht hübsch und nur ein bisschen dämpfig ist; ich bin überzeugt, dass er sie für ein paar hundert Franc hergeben wird ...«

Sie schwieg; er fuhr fort:

»Ich dachte, es könnte dir angenehm sein ... ich habe mich darum in einen Handel mit ihm eingelassen ... und habe das Pferd gekauft. – Habe ich nicht Recht gehabt? – So rede doch!«

Sie nickte zustimmend mit dem Kopfe; nach einer langen Pause fragte sie: »Gehst du heute noch aus?«

»Ja, warum fragst du?«

»Oh, bloß um etwas zu sagen, ich habe gar keinen besonderen Grund gehabt.«

Als sie seiner los war, ging sie in ihr Zimmer hinauf und sperrte sich dort ein. Zuerst wurde ihr ganz schwindelig zu Mute; sie glaubte jetzt noch die Bäume, Wege und Gräben und Rudolf vor sich zu sehen und meinte noch die Umschlingung seiner Arme zu fühlen, während der Wind in den Blättern rauschte und die langen Binsen niederdrückte.

Als sie sich im Spiegel erblickte, war sie über ihr Aussehen im höchsten Grade erstaunt. Nie zuvor waren ihre Augen so groß und schwarz, nie ihr Blick so tief gewesen. Sie kam sich schöner, größer, imponierender vor.

Sie wurde nicht müde, zu sich selbst zu sagen:

»Ich habe einen Geliebten! Ich habe einen Geliebten!«

Der Gedanke ergötzte sie mehr, als dies je zuvor gewesen. Sie war überzeugt, dass ihr nun alle jene Liebesfreuden, jene fieberhaften Genüsse zuteil werden würden, an denen sie bisher gezweifelt hatte. Sie vermeinte an der Schwelle einer neuen wunderbaren Existenz zu stehen, in welcher Leidenschaft, Ekstase, glühende Wonnen nie ein Ende nehmen würden; ihr geistiger Horizont erweiterte sich; sie schwebte auf schwindelnden Höhen, von denen aus ihre gewöhn-

liche Existenz ihr nur wie im weiten Schatten in un-
absehbarer Ferne zu verschwimmen schien.

Sie rief sich die Heldinnen der Romane zurück, in
denen sie die ganze Zeit über gelesen hatte; die lyrische
Legion dieser ehebrecherischen Weiber erschien ihr wie
im Schwesternbund. Sie kam sich selbst wie ein ver-
körpertes Traumgebilde vor, wie das Traumbild ihrer
Jugend, wie der Typus jener Liebenden, die sie so lange
vergeblich beneidet hatte. Außerdem empfand Emma
auch noch das Gefühl befriedigter Rache. Hatte sie denn
nicht genug gelitten? Jetzt triumphierte sie; ihre so lange
im Zaume gehaltene Liebessehnsucht machte sich nun
im fröhlichen Aufbrausen Luft. Sie genoss diese Befriedigung, ohne noch Gewissensbisse, ja ohne Angst
und Besorgnis vor Entdeckung zu empfinden.

Der nächstfolgende Tag brachte neue Freuden. Sie
schwuren einander unvergängliche Liebe zu. Sie erzählte ihm ihre frühere Trauer. Rudolf unterbrach
ihre Erzählung mit seinen Küssen; mit halb geschlossenen Augen bat sie ihn, sie wieder beim Namen zu
nennen und ihr die Versicherung seiner Liebe zu wiederholen.

Wie gestern waren sie auch heute wieder im Walde
zusammengekommen, in einer Hütte, die einem Holz-
schuharbeiter gehörte. Die Wände waren aus Flecht-
werk, die Decke so niedrig, dass man nicht aufrecht
stehen konnte. Sie saßen auf einem Haufen dürrer
Blätter, eng aneinander geschmiegt.

Von dieser Zeit an schrieben sie einander regelmäßig jeden Abend.

Emma trug ihren Brief bis an das Ende des Haus-
gartens, wo sie ihn in der Nähe des Flusses in eine
Spalte der Terrassenmauer steckte. Rudolf holte ihn
dort und legte einen anderen an dessen Stelle, den
Emma immer zu kurz fand.

Als Charles einmal vor Tagesanbruch das Haus verlassen hatte, fühlte sie sich von einem unwiderstehlichen Verlangen erfasst, Rudolf sogleich zu sehen. Sie konnte nach La Houchette eilen, dort eine Stunde zubringen und wieder nach Yonville zurückgekehrt sein, ehe die Leute dort aus dem Schlafe erwachten. Sie konnte dem Gelüste nicht widerstehen und war bald mitten in der Wiese, auf der sie raschen Schrittes forteilte, ohne sich auch nur ein einziges Mal umzusehen.

Der Tag begann zu grauen. Emma erkannte von weitem das Haus ihres Geliebten; die schwarzen Wetterfähnchen auf dem Dache schnitten sich scharf gegen den blauen Himmel ab.

Hinter dem Hofraume, der zu den Wirtschaftsgebäuden gehörte, war ein größerer Bau, der das Schloss sein musste. Sie betrat es, und ihr war zu Mute, als wenn die Mauern bei ihrer Annäherung wie von selbst auseinander gewichen wären. Eine breite Treppe führte zu einem Korridor. Emma öffnete eine Tür und erblickte an der Rückwand des Zimmers ein Bett, in dem ein Mann schlief. Der Mann war Rudolf. Sie stieß einen Schrei aus.

»Du, du bist hier?«, fragte er. »Wie bist du hierher gekommen? Dein Kleid ist durchnässt.«

»Ich liebe dich!«, antwortete sie, indem sie den Arm um seinen Hals schlang.

Nachdem ihr der verwegene Streich einmal gelungen war, versuchte sie ihn öfter. Charles ging jetzt immer am frühen Morgen aus; gleich darauf kleidete sich Emma rasch an und huschte die Treppe hinab, die bis an den Rand des Wassers führte.

Bisweilen war aber der Steg, auf welchem man über dasselbe gelangte, beschädigt oder auch ganz weggenommen; dann musste sie den Mauern entlang-

gehen, die sich längs des Flusses erhoben. Die Ufer-
böschung war abschüssig und schlüpfrig; um nicht zu
fallen, musste sie sich mit einer Hand an überhängenden Zweigen festhalten. Dann führte sie der Weg über
frisch beackerte Felder, auf denen sie mit den feinen
Stiefelchen bis über die Knöchel einsank. Die Zipfel
des um den Kopf gewundenen Foulards wehten im
Winde; sie fürchtete sich vor den Rindern und fing zu
laufen an; sie kam dann ganz außer Atem an; ihre
Wangen waren wie mit Purpur übergossen; aus ihrem
ganzen Körper duftete das Aroma der freien Luft, der
reichen, vollsaftigen Vegetation. Rudolf pflegte um
diese Stunde immer noch zu schlafen. Mit ihr schien
der Frühling in sein Zimmer zu treten.

Durch die gelben, an den Fenstern herabhängenden
Vorhänge drang das Licht in sanften, gemäßigten
Strahlen ein. Emma suchte tastend ihren Weg, zwin-
kerte dabei mit den Augen, während die an den Haaren und Gesicht hängenden Tautropfen wie Edelsteine
glänzten. Rudolf zog sie lachend zu sich und drückte
sie an seine Brust.

Sie betrachtete dann alles, was sich im Zimmer
befand, öffnete die Schubfächer aller Möbel, kämmte
sich mit seinem Kamme und betrachtete sich in seinem Rasierspiegel. Bisweilen nahm sie sogar das
Mundstück einer großen Pfeife zwischen ihre Zähne,
die auf dem Nachtkästchen zwischen Zitronen und
Zuckerstücken bei einer Wasserflasche lag.

Der Abschied dauerte immer eine gute Viertelstunde. Emma weinte immer; sie versicherte, sich von
Rudolf nicht trennen zu können. Den Impuls, der sie
zu ihm trieb, vermochte sie nicht zu bewältigen; als
sie eines Tages wieder ganz unerwartet zu ihm kam,
runzelte er die Stirn, als wenn ihn irgendetwas unangenehm berührt hätte.

»Was hast du denn?« fragte sie. »Bist du leidend? So rede doch.«

Er erklärte ihr mit sehr ernster Miene, dass diese Besuche sehr unbesonnen seien und dass sie sich kompromittiere.

Charles W. Fenton

*Der erste Tribut**

Wir waren drei – meine Kusinen Mary und Elisa, die bei uns lebten, und ich selbst. Mama behandelte uns alle immer noch wie Kinder und hatte keine Augen für die Tatsache, dass ich nicht mehr der war, der ich gewesen. Obschon für mein Alter weder groß noch von besonders männlichem Äußeren, spürte ich in mir doch deutlich das Erwachen leidenschaftlicher Regungen. Und das unverkennbare Merkmal meines Geschlechts, schon im Normalzustand von prachtvoller Beschaffenheit, nahm – unter der Einwirkung weiblicher Reize – in seinen Ausmaßen noch beträchtlich zu.

Dennoch besaß ich bis dahin nicht die geringste Kenntnis über den Gebrauch der verschiedenartigen Geschlechtsorgane. Da wir wenig Platz hatten, schliefen meine Kusinen und ich immer noch im selben Zimmer, wie als Kinder; sie zusammen in dem einen Bett, ich allein in dem anderen. Waren wir unter uns, so erforschten wir nicht selten wechselseitig die unterschiedlichen Formen unserer Geschlechtsteile.

Dabei war uns nicht entgangen, dass gegenseitiges Befingern recht angenehme Gefühle hervorrief, und kürzlich erst hatte meine ältere Kusine Mary entdeckt, dass das Hin- und Herschieben des Käppchens an meinem Nuppi (so nannte sie es) das Glied sofort anschwellen und steif werden ließ, so hart wie ein Stück Holz. Betastete ich meinerseits ihren kleinen rosa Schlitz, so empfand sie das als angenehm, doch beim leisesten Versuch, einen Finger einzuführen, wurde der Schmerz zu groß. Derart geringfügig waren unsere Fortschritte bei diesen Berührungen, dass wir nicht einmal ahnten, was sich in dieser Richtung alles tun ließ.

Vater hatte uns, finanziell gesehen, nur mäßige Mittel hinterlassen, und Mama, die ein komfortables Leben liebte, zog es vor, mir und meinen elternlosen und ebenfalls armen Kusinen persönlich Unterricht zu erteilen, statt uns auf eine teure Schule zu schicken; doch dann verschlechterte sich ihr Gesundheitszustand, und sie gab in der *Times* eine Annonce nach einer Gouvernante auf. Unter der großen Anzahl von Bewerberinnen fiel ihre Wahl auf eine junge Lady namens Evelyn. Zehn Tage später traf sie bei uns ein und gehörte schon bald zur Familie.

Am ersten Abend sahen wir kaum etwas von ihr, aber nach dem Frühstück am folgenden Morgen führte Mutter sie in unseren so genannten Unterrichtsraum und sagte: »Nun, meine Lieben, ich überlasse euch Miss Evelyns Obhut, der ihr in allen Dingen zu gehorchen habt. Sie wird euch von nun an Unterricht erteilen, da ich dazu nicht länger im Stande bin.« Sich der neuen Gouvernante zuwendend, fuhr sie fort: »Ich fürchte, Sie werden Ihre Schüler ebenso verhätschelt wie disziplinlos finden; doch können Sie die Gören gegebenenfalls ja gehörig überlegen, und Susan wird Ihnen auf Wunsch gern ausgezeichnete Birkenruten verfügbar machen.« Sie schloss: »Sollten Sie ihre Hinterteile schonen, sofern sie eine Tracht verdienen, so empfände ich das meinerseits als ernsthafte Pflichtverletzung.«

Während Mama dies sagte, beobachtete ich, wie sich die Augen von Miss Evelyn zu weiten schienen, in einer Art Freude; und ich hatte das sichere Gefühl, dass – so gründlich Mama uns auch oft gestraft hatte – von jetzt an, wenn wir eine Tracht verdienten, das von Seiten der Miss Evelyn zweifellos noch weitaus gründlicher erfolgen würde. Was sie persönlich betraf, so wirkte sie gewiss sehr freundlich. Auch war sie geradezu eine Schönheit, sowohl was ihr Gesicht als auch ihre Figur betraf. Zweiundzwanzig war sie, von fülliger und dennoch feiner Gestalt, überdies stets mit betontem Geschmack gekleidet. Man konnte sie in der Tat ein höchst verführerisches Wesen nennen. Sofort machte sie mir einen ungeheuer sinnlichen Eindruck. Dennoch fand sich bei ihr auch ein gewisser Ausdruck der Strenge, überdies eine Würde in der Haltung, welche uns sofort veranlasste, sie zu fürchten und zu respektieren. Natürlich lief zunächst alles sehr glatt, und da Mama uns alle noch wie Kinder behandelte, konnte es kaum wundernehmen, dass Miss Evelyn auch mich als unerfahren betrachtete. Sie entdeckte umgehend, dass sie im selben Raum schlafen musste wie meine Kusinen und ich. Vermutlich fand Miss Evelyn dies, zumindest in der ersten Nacht, nicht sehr akzeptabel. Nach und nach gewöhnte sie sich offenbar jedoch daran und fand augenscheinlich nichts weiter dabei.

Zur Schlafenszeit küssten wir alle Mama und zogen uns – früh schon, wie gewöhnlich – zurück. Etliche Stunden später folgte Miss Evelyn. Sorgfältig schloss sie die Tür hinter sich und blickte dann zu mir, um zu sehen, ob ich bereits schlief. Instinktiv spielte ich den Schlafenden, und zwar mit Erfolg, obschon sie dicht vor meinem Gesicht die brennende Kerze hin und her schwenkte. Sofort begann sie, sich zu ent-kleiden. Als sie mir den Rücken zukehrte, öffnete ich die Augen und verfolgte gierig, wie sie nach und nach die Reize ihres nackten Körpers enthüllte. Sie drehte sich herum, und schon lag ich scheinbar tief und fest im Schlaf.

Ich habe gesagt, dass ich in mir bereits deutlich das Erwachen leidenschaftlicher Regungen gespürt hatte; allerdings begriff ich bislang kaum, in welche Richtung sie zielten, noch welche Kraft sie besaßen. Um so deutlicher erinnere ich mich an diesen ersten Abend, als eine schöngewachsene, reife Frau nur wenige Armlängen von mir Stück für Stück ihre Kleidung ablegte – die Wirkung war unbeschreiblich. Nichts ließ ich mir entgehen, nichts. Und mein Glied schwoll und schwoll, wurde geradezu schmerzhaft steif, während ich immer mehr wahrnahm, vom schönen, prachtvollen Busen bis zu den kleinen Füßen, schlanken Fesseln und wohlgeformten Beinen, als sie Schuhe und Strümpfe auszog. Und dann wurde sie nur noch vom Hemd verhüllt. Sie bückte sich nach den Unterröcken, welche sie hatte zu Boden gleiten lassen, und während sie diese hochhob, hob sie gleichzeitig auch das Hemd und entblößte dabei ein wahrhaft glorioses Hinterteil – von blendendem Weiß, mit einem Glanz wie Satin. Voll fiel das Licht darauf, und da sie noch in gebückter Stellung stand, konnte ich unterhalb ihres Schlitzes die dichte, dunkle Behaarung erkennen. Nun drehte sie sich herum, um die Unterröcke auf einen Stuhl zu legen und nach dem Nachtgewand zu greifen; fast gleichzeitig ließ sie das Hemd herabgleiten, über den Arm auf den Boden, und während sie das Nachthemd hochhob über den Kopf, gewährte sie mir, wenn auch nur für Sekunden, freien Blick auf ihren wunderschönen Unterleib mit dem von dunklem Kräuselhaar dicht bedeckten Venushügel. So wollüstig war der Anblick und so ungeheuer meine Erregung, dass ich nur mit Mühe das Beben in meinem Körper unterdrücken konnte. Nun setzte sie sich auf den Rand des Betts, und ihre Füße, ihre Fesseln, ihre Waden und Schenkel, endlich von Schuhen und Strümpfen befreit, oh, wie schön waren sie doch!

Ich bin jetzt wahrhaftig kein blutjunger Mensch mehr und habe seither so manche reizvolle und wohlgestaltete Frau besessen, doch Glieder von solch wollüstiger Form, ich sah sie niemals wieder.

Ich vernahm, wie dieses reizende (oder aufreizende) Wesen ins Bett stieg und bald darauf tief und fest atmete. Was mich betraf, ich konnte nicht schlafen. Für den größten Teil der Nacht lag ich wach, wagte kaum, mich zu rühren. Denn keinesfalls wollte ich, dass Miss Evelyn wach wurde und aus meiner Unruhe womöglich folgerte, dass ich sie beim Entkleiden beobachtet hatte. Als ich schließlich einschlummerte, träumte ich von all jenen Reizen, die mir zu Augen gekommen waren.

In dieser Art verging etwa ein Monat. Und mit jedem Abend schien sich Miss Evelyn beim Ent-kleiden entspannter zu fühlen, von meiner Unschuld offenbar völlig überzeugt. Immer häufiger und aus-giebiger gab sie mir Gelegenheit, eingehende Blicke auf ihre so außergewöhnlich entwickelten körperli-chen Reize zu werfen.

Aus welchem Grund Mama auf den Gedanken kam, mich nicht mehr mit Miss Evelyn im selben Raum schlafen zu lassen, ich weiß es nicht; jedenfalls ließ sie mein Bett in ihr eigenes Schlafzimmer schaf-fen. Allerdings wurde ich von allen im Haus in einem solchen Maße als nichts denn als Knabe behandelt, dass Miss Evelyn meine Geschlechtszugehörigkeit zu vergessen schien; überdies sprach aus ihrem Verhalten soviel Freiheit, ja, Freizügigkeit, dass sie sich durch die Anwesenheit eines pubertären männlichen Jugendli-chen gewiss nicht übermäßig beengt gefühlt haben würde.

Bei kaltem Wetter pflegte ich auf einem niedrigen Hocker am Feuer zu sitzen – Miss Evelyn saß davor. Ich hielt mein Lehrbuch auf den Knien, während sie ihre Füße auf den hohen Kaminrost legte, auf dem Schoß ihr Lehrmaterial. Während sie meine Kusinen abhörte, war sie sich, oft bis zu einer halben Stunde, offenbar überhaupt nicht der Tatsache bewusst, dass sie ihre schönen Waden und Schenkel meinen glühenden Blicken preisgab; denn da ich tiefer saß als sie, konnten meine Blicke recht mühelos unter ihre Röcke schlüpfen. Die strammsitzenden weißen Strümpfe ließen ihre Beine herrlich zur Geltung kommen – um so herrlicher, als sie, zumindest während unserer morgendlichen Lektionen, nicht einmal den Hauch von »Unaussprechlichen« trug. Anders ausgedrückt: Wenn sie so saß, die Knie höher als die Füße und die Beine leicht gespreizt, damit ihr die Lehrbücher nicht vom Schoß rutschen konnten, bot sie meinen spähenden Blicken die prachtvolle Unterseite ihrer Schenkel, den Ansatz zu den Schwellungen der Hinterbacken und – vor allem – den deutlich sichtbaren rosa Schlitz inmitten üppiger dunkler Locken. Und der Widerschein des Feuers vom Kamin ließ alles in einer solchen Glut erstrahlen, dass in mir eine wahrhaft irrsinnige Brunst wach wurde, bis mir so schwindelte, dass ich fast ohnmächtig wurde. Ich hätte unter ihre Röcke tauchen und jene köstliche Öffnung küssen und liebkosen mögen. Oh, wie wenig war sie eingedenk der Leidenschaft, welche sie auslöste. Oh! teure Miss Evelyn, wie liebte ich dich, von der Sohle bis zum – genauer gesagt: von den winzigen Pantöffelchen über die so strammen, glänzenden Seidenstrümpfe bis hinauf zu den prachtvollen Schwellungen jener wunderherrlichen Brüste, welche mir nahezu Abend für Abend enthüllt wurden, sowie die lieblichen Lippen von eben jenem, was ich so liebend gern in engster Berührung kennen gelernt hätte.

Ja, auf diese Weise verging Tag nach Tag, und Miss Evelyn wurde für mich zu einer Göttin: zu einem Geschöpf, welches ich im tiefsten Herzen ganz buchstäblich anbetete.

Eines Tages war ich hinaufgegangen zum Schlafzimmer meiner Kusinen, wo ja auch die Gouvernante
ihr Bett hatte: um mich auf eben dieses Bett zu werfen
und in der Fantasie ihren wunderschönen Körper zu
umarmen. Plötzlich hörte ich, dass sich jemand
näherte. Da ich in diesem Raum ja nichts verloren
hatte, kroch ich hastig unters Bett. Gleich darauf trat
Miss Evelyn ein und verschloss hinter sich die Tür. Es
war etwa eine Stunde vor dem Abendessen. Sie zog
ihr Kleid aus, hängte es in den Schrank und zog dann
ein Möbelstück herbei, das für sie gekauft worden
war, ohne dass ich je begriffen hätte, welchem Zweck
es dienen mochte. Nun hob sie den Deckel hoch, goss
Wasser in eine Art Becken und platzierte unmittelbar
daneben einen Schwamm. Dann schälte sie sich zum
Teil aus dem Rest ihrer Kleidung. Genauer gesagt:
Sie hob die Unterröcke bis zu den Hüften hoch, befestigte sie dort irgendwie und ließ sich im Reitersitz
über besagtem Möbel nieder.

Auf diese Weise hatte ich Gelegenheit, mich an all
ihren berauschenden Reizen zu entzücken; denn
während sie ihre Kleidung hochraffte, stand sie vor
dem Spiegel und präsentierte meinem verzehrenden Blick ihr glorioses weißes Hinterteil in all seiner
üppigen Fülle; zeigte sodann, während sie sich zum
Bidet herumdrehte, ihren Unterleib mit jenem prachtvoll bewaldeten Hügel, samt allen Reichtümern und
Bodenschätzen. O ja, während sie sich rittlings be-
reitmachte zum Sitz auf dem Bidet, gewährte sie
mir erstaunlich tiefen Einblick in die rosafarbenen
Geheimnisse ihrer Möse, indes meine Augen vor Entzücken geradezu schwammen. Nie, nein, niemals
werde ich die wilde Erregung dieses Augenblicks vergessen – es war fast zu viel für meine aufgewühlten
Sinne.

Oh, Miss Evelyn, teure, entzückende Miss Evelyn, wie wohl wäre dir zu Mute gewesen, hättest du gewusst, mit welch begierigen Blicken ich deine engelhaften Reize in mich aufnahm, und dass meine unersättlichen Augen in – oder zwischen – jene üppigen Schmolllippen zu dringen suchten, welche so aufreizend im üppigen dunklen Haarkranz versteckt waren. Gott, o Gott, wie liebend gern hätte ich sie doch geküsst; denn was man ansonsten mit ihnen tun konnte, wusste ich zu dieser Zeit noch nicht; von einem physischen Eindringen ganz zu schweigen.

Seit der Ankunft von Miss Evelyn waren inzwischen etwa sechs Wochen vergangen. Die Leidenschaft, welche sie in mir entfacht hatte, gehorchte – bis jetzt – jedem ihrer leisen Befehle oder auch nur Wünsche. Es sei denn, Umstände bereits geschilderter Art standen dem entgegen. Ansonsten folgte ich überaus aufmerksam ihrem Unterricht, womit ich selbst für meine Kusinen so etwas wie ein Vorbild war, zeitweise; denn in der Tat, dauernd konnte sie nicht währen, diese Beispielhaftigkeit, das wäre gegen die Natur gewesen. Solange alles seinen üblichen Lauf nahm, schien Miss Evelyn die verkörperte Freundlichkeit zu sein. Wir begannen, uns einzubilden, wir könnten tun, was immer uns gefiel, und so benahmen wir uns auch entsprechend sorgloser.

Miss Evelyn zeigte sich reservierter. Zunächst mahnte und warnte sie uns, dann drohte sie uns mit der Rute. Doch wir mochten einfach nicht glauben, sie werde sie auch wirklich benutzen. Mary zeigte sich frech, ja unverschämt, und eines Nachmittags beim Unterricht brachte sie unsere Lehrerin völlig außer

Fassung. Zornig befahl ihr Miss Evelyn, sich von ihrem Sitz zu erheben. Mary gehorchte, mit höhnischem Blick. Miss Evelyn packte sie beim Arm und zerrte das widerstrebende Mädchen zum »Bock«. Mary war kräftig und wehrte sich mit Händen und Füßen, doch das half ihr alles nichts. Der Zorn der Gouvernante war jetzt voll entfacht, sie hob Mary mit beiden Armen hoch, trug sie zum Bock, platzierte sie darauf, hielt sie mit der einen Hand fest, während sie mit der anderen die Schlinge um sie schlang; diese hielt, zusammengezogen, Marys Körper an Ort und Stelle. Aber da waren noch weitere Schlingen. Sie dienten dazu, die Beine des Opfers auseinanderzuziehen zu günstiger Position: so, dass das Hinterteil völlig freilag und auch, wie sich jetzt bei Mary zeigte, die Geschlechtsteile.

Miss Evelyn verschwand, um sich von Mama die Rute zu holen. Wenige Minuten später war sie wieder da. Mit hochrotem Gesicht begann sie, Marys Unterröcke hochzustreifen, über die Hüften. Nackt lag der Hintern und auch der rosa und noch unbehaarte Schlitz meiner Kusine vor meinen Augen.

Miss Evelyn entfernte als erstes den Schal, welcher ihre runden, elfenbeinfarbenen Schultern bedeckte (im übrigen auch den oberen Teil ihrer hervorquellenden Brüste, welche vor Zorn und Erregung auf und ab hüpften). Sie entblößte ihren schöngeformten rechten Arm, packte die Rute, trat zurück; und dann hob sie den Arm, wobei ihre Augen in eigentümlicher Weise glitzerten – o Gott, ja, sie bot einen wahrhaft wundervollen Anblick.

Nie werde ich sie vergessen, diese Sekunde – denn mehr als dies, das Blinken eines Auges, war es wohl nicht. Die Rute pfiff durch die Luft und klatschte, eine grausame Schwiele hinterlassend, auf das runde Hinterteil Marys nieder. Wieder zitterte das Fleisch, und Mary, die sich fest vorgenommen hatte, nicht zu weinen, lief im Gesicht rot an und biss in die Tuchhülle des Bocks.

Wieder und wieder hob sich der Arm der Erzieherin, und mit scharfem Pfeifen sauste die Rute auf den zitternden Hintern. Trotzig hielt Mary stand, und obschon wir sahen, wie sie bei jedem Hieb zusammenzuckte, drang doch nicht der leiseste Laut über ihre Lippen. Miss Evelyn trat einen Schritt zurück, hob wieder Arm und Hand, und diesmal zielte die Rute nicht mehr auf die Hinterbacken, sondern direkt dazwischen, auf Marys intimste Teile, auf jene Lippen dort. Und der Schmerz war offenbar so gewaltig, dass sie sofort wie besessen aufschrie. Und abermals klatschte die Rute auf genau dieselbe Stelle.

»Oh! Oh! Oh! Liebe, liebe Miss Evelyn. Nie, nein, niemals werde ich so etwas wieder tun.«

Doch ihre Schreie, ihre Beteuerungen, nützten nichts. Hieb folgte Hieb, Schrei folgte Schrei – bis die Rute nur noch ein unbrauchbarer Rest war und Marys Hintern eine einzige geschwollene Masse aus roten Striemen und scheinbar rohem Fleisch. Ein furchtbarer Anblick bot sich den Augen, und doch – so ist unsere, die menschliche Natur nun einmal beschaffen – besaß dies gleichzeitig etwas überaus Erregendes. Ich konnte ganz einfach meinen Blick nicht abwenden von den schwellenden Lippen, der vorquellenden Möse, welche unter der grausamen Härte der Schläge geradezu zu erblühen schien; nicht nur dass sie dicker wurde, sondern sie öffnete und schloss sich buchstäblich und pochte offensichtlich vor Schmerzen. All dies wirkte auf mich, den Augenzeugen, ungeheuer erregend.

★

Eines Morgens gab sich Miss Evelyn geradezu übellaunig, und wiederholt rügte sie mich wegen meiner Unaufmerksamkeit. Schließlich rief sie mich zu sich, und als sich zeigte, dass ich kaum irgendetwas getan hatte, sagte sie: »Nun, Charles, ich gebe dir noch zehn Minuten, um mit dieser Rechenaufgabe fertig zu werden. Solltest du es innerhalb der gesetzten Frist nicht schaffen, so werde ich dir eine Tracht verabfolgen, als Strafe für deine Faulheit. Ich begreife einfach nicht, was das in dir ist, aber falls sich das nicht ändert, muss eine solche Haltung ganz einfach geahndet werden.«

Die Vorstellung, die wunderschöne Miss Evelyn werde womöglich mein nacktes Hinterteil mit der Rute behandeln, trug nicht gerade dazu bei, meine Erregung zu besänftigen, ganz im Gegenteil: Eben hierdurch wurden meine lüsternen Gedanken auf die Schönheiten ihrer Person gelenkt, welche ich so oft verstohlen beäugt hatte.

Als die vorgegebene Frist verstrichen war, war ich mit meiner Aufgabe keinen halben Schritt vorangelangt – und Miss Evelyn musterte mich überaus streng.

»Mary und Elisa, ihr mögt hinausgehen. Charles indes wird hier bleiben.«

Meine Kusinen liefen hinaus in den Garten. Für sie stand fest, dass ich zurückbleiben musste, um meine Aufgabe zu beenden. Miss Evelyn sperrte hinter ihnen die Tür ab, öffnete sodann einen Schrank und holte daraus eine Birkenrute hervor, welche fein säuberlich mit einem blauen Band umwickelt war. Deutlich spürte ich, wie mein Blut heftiger durch die Adern zu pulsieren begann; und meine Finger zitterten jetzt so sehr, dass sie kaum noch einen Bleistift zu halten vermochten.

»Leg deine Tafel aus der Hand, Charles, und komm zu mir.«

Ich gehorchte; stand dann vor der schönen Erzieherin; und empfand eine eigentümliche Mischung aus Furcht und Begierde.

»Lockere die Träger, ziehe deine Hosen hinunter.«

Ich tat es, wenn auch überaus langsam. Zornig griff sie ein, half mit ihren feinen Fingern nach; beschleunigte, um das Werk zu vollenden. Meine Hosen fielen zu meinen Füßen.

»Lege dich über meine Knie.«

Zitternd und mit unverändert gemischten Gefühlen gehorchte ich. Um ihr Seidenkleid nicht zu verknittern, hatte sie es hochgezogen, sodass mein nacktes Fleisch auf ihren schneeweißen Unterröcken ruhte. Ein zarter Duft von Veilchen und Eisenkraut drang an meine Geruchsnerven. Und als ich fühlte, wie ihre sanften und zarten Finger mein Hemd hochzogen und über mein nacktes Hinterteil glitten, während unter mir die Wärme ihres weichen Fleisches in mich eindrang, schwoll mein Schwanz zu geradezu schmerzhaften Ausmaßen. Doch nur wenig Zeit blieb mir, um all dies zu registrieren; denn schon begann, in rascher Folge und mit vernichtender Wirkung, die Rute auf meinen nackten Hintern zu klatschen.

»Oh, liebe, liebste, allerliebste – oh, allerliebste Miss Evelyn, ich werde die Aufgabe beenden, wenn Sie mir nur verzeihen wollen. Oh, oh, oh, oh.«

Mich mit ihrem linken Arm fest an Ort und Stelle haltend, verstand es Miss Evelyn, die Rute gnadenlos einzusetzen. Zuerst waren die Schmerzen vernichtend, und ich brüllte buchstäblich wie am Spieß; doch allmählich ließ die allerschärfste Pein nach, und ihr folgte ein wunderbar köstliches Prickelgefühl. Wild hatte ich mich anfänglich gewehrt – und dabei Miss

Evelyns Unterröcke völlig in Unordnung gebracht; bis diese sich schließlich hoch und höher schoben, bis sich meinen entzückten Blicken viele Köstlichkeiten enthüllten, die wunderschön geformten seidenumkleideten Beine, von den Knien bis zu den Fesseln und sogar – welche Wonne! – ein oder zwei Zoll der nackten Oberschenkel.

Vieles wirkte zusammen: der Anblick dieser Pracht, die aufreizende Wirkung der Rute auf mein Hinterteil und – nicht zuletzt – das Scheuern meines steifen Schwanzes unmittelbar gegen die so entzückende Person der Miss Evelyn – meine Erregung jedenfalls stieg und stieg. Allerdings schien die Rute irgendwann ganz buchstäblich zerfleddert. Jedenfalls schob mich Miss Evelyn von ihren so ungeheuer aufreizenden Knien. Als ich dann vor ihr stand, mit tränenüberströmten Wangen, buchtete mein Hemd dort unten ganz unübersehbar aus, und gleichzeitig pulsierte mein Schwanz – darunter – in geradezu wilden Zuckungen, welche ich in keiner Weise zu beherrschen vermochte.

Mit unverkennbarer Verblüffung starrte Miss Evelyn auf die Erhebung, und ihre weit aufgerissenen Augen hefteten sich darauf, während ich heulend dastand und mir das Hinterteil rieb, ohne dass ich irgendwelche Anstalten machte, mir die Hosen hochzuziehen und zuzuknöpfen. Ein oder zwei Minuten lang starrte sie auf den sie so faszinierenden Gegenstand, während eine Art Scharlachrot über ihre Stirn glitt; doch dann schien sie sich plötzlich zu fassen, holte tief Luft und verließ geradezu überstürzt das Zimmer. Erst als meine Kusinen aus dem Garten kamen, kehrte auch sie zurück – und schien noch immer verwirrt; mied zumindest jeden Blick auf mich.

Zwei Tage später waren alle unangenehmen Spuren dieser Züchtigung verschwunden. Am Tag danach wurden wir für den Nachmittag zum Besuch auf der *Grange*, einer Art Farm- oder Gutshof, eingeladen, einem wunderschönen Plätzchen, rund drei Kilometer von uns entfernt. Es war ein prachtvoller, warmer Nachmittag, und wir brachen zu Fuß dorthin auf. Gegen vier Uhr trafen wir ein. Mr und Mrs Robinson erwarteten uns im Salon, doch forderten sie uns umgehend dazu auf, in den Garten zu gehen und uns mit ihren drei Töchtern zu vergnügen, welche wir dort finden würden. Sofort eilten wir hinaus, und ein entzückender Nachmittag und Abend verging, bis es dann, gegen acht Uhr, zu regnen begann. Es wollte einfach nicht aufhören, vielmehr wurde der Regen immer stärker. Mrs Robinson beorderte eine geschlossene Kutsche herbei, welche uns heimbringen sollte. Es handelte sich um ein Brougham mit Sitzen für nur zwei Personen. Mary nahm Elisa auf ihre Knie, Miss Evelyn nahm mich auf ihren Schoß.

Wie es geschah, weiß ich nicht; doch ihr reizender Arm umschlang mich, wie um mich vor einem Sturz zu bewahren, und ihre Hand berührte – offenbar rein zufällig – genau jene Stelle, wo sich mein Schwanz befand. Es war eine geradezu elektrisierende Berührung. In Sekundenschnelle stand mein Glied stramm und steif unter ihrer Hand. Dennoch nahm Miss Evelyn, welcher dieses Sichrühren ja keinesfalls entgangen sein konnte, ihre Hand nicht fort; eher schon hatte es den Anschein, als übe sie mit ihren Fingern einen gewissen Druck darauf aus. Doch in meiner Unwissenheit bildete ich mir ein, sie wisse überhaupt nicht, was da vor sich ging. Das Ruckeln und Schuckeln der Kutsche auf der unebenen Straße schien zu bewirken, dass ihre Hand an meinem steifen und pulsierenden Glied auf und ab rieb. Ich war fast von Sinnen, und um meinen Zustand zu tarnen, stellte ich mich schlafend. Ich ließ meinen Kopf auf Miss Evelyns Schulter und Hals sinken – und sie gestattete es.

Glaubte sie wirklich, ich sei eingeschlafen? Jedenfalls spürte ich deutlich den Druck ihrer Finger auf meinem geschwollenen und pulsierenden Glied, und irgendwie wollte mir scheinen, sie erkunde seine Größe.

Schließlich hatte sie es über alle Maßen gut im Griff, und das übrige besorgte das ständige Rütteln und Schütteln der Kutsche. Immer stärker wurde meine Erregung, bis zwei oder drei besonders heftige Stöße mich in einen Zustand versetzten, welcher einer süßen Ohnmacht gleichkam. Nie zuvor hatte ich je etwas so Köstliches empfunden, und es dauerte geraume Zeit, bevor ich wieder richtig zu mir kam. Erst als das Gefährt zum Stehen kam und Miss Evelyn mich rüttelte (wir waren inzwischen daheim angelangt), wurde mir meine Umgebung so recht bewusst. Noch immer leicht benommen – und ein wenig schwankend – erhob ich mich, doch vermeinte ich wahrzunehmen, dass in Miss Evelyns Augen ein Glanz war, wie ich ihn dort zuvor noch nie gesehen hatte. Ein Gleiches galt für die schier hektische Röte auf ihren Wangen. Den Salon zu betreten, weigerte sie sich. Kopfweh vorschützend, eilte sie zu ihrem Bett.

Als ich mich zum Schlafen zurückzog und mich meines Hemds entledigte, entdeckte ich, dass es vorn ganz feucht und klebrig war.

Auf diese Weise also zollte ich Venus meinen ersten Tribut. Und lange dachte ich nach über diesen unverkennbaren Annäherungsversuch von Seiten Miss Evelyns. Als ich dann einschlief, erfüllte mich die Hoffnung, es werde zwischen uns bald schon zu einer intimeren Begegnung kommen; wobei ich fest darauf baute, dass ihre offensichtliche Leidenschaftlichkeit mich einführen würde in jene Lustbarkeiten, welche ihr schöner Körper zweifellos zu gewähren vermochte.

Leopold Ritter von Sacher-Masoch

Zarin der Lust

Die Zarin gab Audienz im Sommerpalast. Zwei Weltteile hatten die seltsamsten Typen in ihrem Vorsaal zusammengeworfen. Neben dem runden Kaufmann von Nowgorod mit vollem Bart, dicken goldenen Ringen in den fleischigen Ohren, stand ernst der magere Tatar mit bronzenen Zügen, langem, schwarzem Schnurrbart. Über den gelben, kahlen, geschlitzten Kopf des Kalmücken blickte das edle Antlitz, das kühne Auge des Kosaken. Leibeigene Bauern, mächtige Große, Soldaten, Popen, Juden, Lipowaner, Jesuiten. Eine wunderliche Antichambre.

Mittendrin stand ein junger Offizier, schlank, wohlgebaut, mit dem bleichen, träumerischen Gesicht, den großen, ruhigen Märtyreraugen eines Fanatikers.

»Leutnant Mirowitsch vom Regiment Smolensk«, rief der Dienst tuende Kammerherr. Wenige Augenblicke danach stand der junge Offizier vor seiner Kaiserin.

Sie trug über dem schwarzen Kleid, das sich knisternd über dem weiten Reifrock bauschte, ein breites blaues Ordensband, in dem hohen weißen Toupet einen kleinen Reichsapfel aus einem einzigen großen Diamanten mit dem griechischen Kreuz, als die einzigen Attribute der Herrschaft.

Der junge Offizier sah aber nur den weißen Busen, der das blaue Band hob, die üppigen Locken, welche von dem gekrönten Haupt hinabfielen, er sah zum ersten Mal das schönste Weib seines Reiches, das ihn vom Kopf bis zum Fuß wohlgefällig musterte und gnädig wie einen Sklaven. Er kniete nieder und überreichte seine Bittschrift.

»Steht auf.«

»Ich huldige der schönen Frau«, sprach bescheiden der Offizier, »von der Monarchin verlange ich mein Recht.« Damit erhob er sich und sah Katharina II.

furchtlos in die Augen, über denen sich die stolzen Brauen etwas zusammenzogen.

»Wie ist Ihr Name?«

»Mirowitsch.«

»Leutnant?«

»Im Regiment Smolensk.«

»Sie bitten um eine Gnade?«

»Um mein Recht.«

Wieder zogen sich die stolzen Brauen zusammen.

»Nun, was wollen Sie?«

»Ich bin ein Ukrainer, Majestät, der Sohn eines stolzen, freien Volkes, der Enkel jenes Mirowitsch, der mit Mazeppa focht, dessen Name in den Liedern der Kosaken lebt. Er büßte, wie viele seines Volkes, den Abfall vom Zar mit dem Verlust seiner Güter. Hier steh ich als sein Enkel, Majestät, mit einem großen, edlen Namen, arm und dürftig, und bitte um mein Recht. Vergebens habe ich dies Recht bei allen Ämtern, allen Gerichtshöfen dieses Reiches gesucht. Da dachte ich, das größte Herz in diesem Reich müsste auch das beste sein und das gerechteste, und nun steh ich vor Eurer Majestät und bitte jenen Spruch der Willkür aufzuheben, mich in das Besitztum meiner Väter wieder einzusetzen.«

Die Kaiserin lächelte. »Sie haben viel zu viel Romane gelesen, Mirowitsch«, sagte sie mit der Gutmütigkeit der Löwin, »Ihr Recht soll geprüft werden, so sehr ich mir auch erlaube, an demselben zu zweifeln. Vertrauen Sie aber auf meine Gnade und – lesen Sie gute Bücher.«

Die großen Augen des armen Ukrainers fieberten der Kaiserin entgegen, er verneigte sich und machte eine Bewegung nach der Tür.

»Küssen Sie mir die Hand, Mirowitsch.«

Der junge Offizier warf sich der Zarin zu Füßen, und zwei Tränen fielen auf ihre Hand.

»Sie sind ein Kind, Leutnant«, rief Katharina II. überrascht, »lesen Sie Voltaire und – warten Sie hier meine Entscheidung ab. Verstehen Sie, Mirowitsch?«

Verwirrt presste dieser die kleine warme Hand der Kaiserin noch einmal an seine Lippen und noch einmal. Dann erhob er sich und stürzte aus dem Kabinett.

Katharina II. blickte einen Augenblick lächelnd zu Boden, dann klingelte sie und berief den Polizeiminister.

»Notieren Sie –«

Die Exzellenz zog ihr Portefeuille.

»Mirowitsch, Leutnant im Regiment Smolensk.«

»Alter?«

»Sie sollen ja keinen Paß schreiben.«

»Also, dieser Mirowitsch – ?«

»Jung, schön, mutig, ehrgeizig. Legen Sie mir so schnell als möglich seine Konduite vor.«

Der Polizeiminister verneigte sich.

»Apropos, ich will auch wissen, ob er Liaisons gehabt hat und mit wem und – ob er in diesem Augenblick eine Geliebte hat. Verstehen Sie?«

»Ich verstehe. Eine Geliebte.«

★

Mehr als eine Woche war seit der Audienz des jungen Offiziers verflossen, er wartete noch immer auf eine Erledigung seiner Bittschrift.

Da fand er eines Abends, als er von einem Spaziergang zurückkehrte, ein elegantes Billett auf dem Boden seiner Stube liegen, es war durch das offene Fenster hereingeworfen worden. Die Adresse war an ihn gerichtet. Eine unbekannte Schrift, die kleinen, unruhigen Züge einer Frau.

Der Inhalt lautete:

›*Mein Freund! Sie erwarten eine Entscheidung der Kaiserin über Ihr Schicksal. Sie können lange warten. Die Kaiserin ist gütig, aber – vergesslich. Um an diesem Hofe etwas zu erreichen, brauchen Sie Protektion, die Protektion einer Frau, denn die Frauen regieren in Petersburg. Ich will Ihre Protektorin sein. Wenn Sie Mut haben, so finden Sie sich heute Nacht, wenn die Uhr elf schlägt, vor der Kirche von Kasan ein. Sie werden dort einen Wagen treffen. Man wird Ihnen die Augen verbinden, Hände und Füße schließen. Lassen Sie alles mit sich geschehen. Fragen Sie nicht. Ein süßer Lohn erwartet Sie.*

Eine Freundin.‹

Mirowitsch ging mit sich zurate, er fasste und verwarf ein Dutzend Entschlüsse.

Der Zeiger der Uhr gab zuletzt den Ausschlag. Er nahm seinen Mantel, drückte den Hut tief in die Stirn und verließ das Haus. Die Nacht war sternenlos finster.

Dichte Nebel wallten um die Kirche von Kasan.

Als Mirowitsch dem Portal nahte, trat der dunkle Wagen beinahe gespenstisch hervor, die schwarzen Pferde scharrten ungeduldig den Boden. Zwei Vermummte empfingen ihn, legten ihm schweigend leichte Hand- und Fußschellen an und verbanden ihm die Augen mit einem weißen Tuch.

Derlei Abenteuer waren in Petersburg zur Zeit des Frauenregiments unter drei Zarinnen – Anna – Elisabeth – Katharina – so gewöhnlich, dass kaum ein Vorübergehender über die geheimnisvolle Prozedur erstaunt gewesen wäre.

Es ging aber niemand vorüber. Mirowitsch wurde in den Wagen gehoben, der Schlag geschlossen, und fort ging es im rasenden Lauf.

Als das unheimliche Fuhrwerk hielt und Mirowitsch wieder festen Boden unter den Füßen fühlte, wehte eine scharfe, schneidende Luft um ihn, er war offenbar im Freien.

Man führte ihn breite Steintreppen empor, durch einen Korridor, eine Reihe von Zimmern. Jetzt war er allein. Ein Lichtschimmer drang durch das Tuch.

Noch einen Augenblick, dann sprach eine angenehme weibliche Stimme: »Besorgen Sie nichts, Mirowitsch, Sie sind in guten Händen.« Ein Frauengewand rauschte, zwei zarte Hände bemühten sich, den Knoten des Tuches zu lösen, die Binde fiel. Er sah sich in einem kleinen, mit orientalischem Luxus eingerichteten Gemach, und wie er den Kopf wendete, erblickte er eine kleine zarte Frau in einem dunklen Überrock, eine schwarze Samtlarve vor dem Gesicht.

»Geduld, ich muss Sie vorerst von Ihren Fesseln befreien.« Sie nahm ihm die Handschellen ab. »Nun lösen Sie selbst den Rest Ihrer Ketten.« Mirowitsch gehorchte.

Eine kleine, zitternde Hand fasste die seine und zog ihn auf eine Ottomane nieder.

»Verzeihen Sie meine Seltsamkeit«, sprach die Dame mit der Maske, »aber ein Kavalier darf sich von seiner Dame schon etwas gefallen lassen. Ich habe wichtige Gründe, mich mit Geheimnissen zu umgeben, aber nichts soll mich hindern, Ihnen zu nahen, Sie zu lieben, Sie mein zu nennen. Ich liebe Sie, Mirowitsch!« Sie lehnte sich an seine Schulter und schlang den Arm um seinen Hals. Mirowitsch fühlte sein Herz stärker schlagen, er fasste die Hand der geheimnisvollen Freundin, führte sie an die Lippen und sprach beinahe verschämt: »Vergeben Sie, dass ich Ihnen nicht von Liebe spreche, Madame, dass ich Sie bitte, mich sofort zu entlassen. Sie haben meinen Mut herausgefordert und mich so gezwungen, vor Ihnen zu erscheinen, aber ich kann Sie nicht lieben. Mein Geständnis kann Sie nicht verletzen, noch kenne ich Sie nicht, noch habe ich Ihre Züge nicht gesehen.«

»Sie sollen sie sehen.«

»Um Gottes willen – nein!«

Die Dame antwortete mit einem mutwilligen Lachen und nahm die Maske herab. Es war ein fremdes, aber reizendes Gesichtchen, zwei große dunkle Augen schmachteten Mirowitsch entgegen, zwei rote Lippen boten sich den seinen zum Kusse.

»Nun, gefalle ich Ihnen nicht?«

Mirowitsch warf sich der reizenden Frau zu Füßen.

»Lachen Sie über mich, Madame, Sie verdienen dass man Sie anbetet, dass man sich töten lässt, aber mein Herz verbietet es mir, Sie zu lieben, meine Ehre – Sie zu täuschen.«

»Sie lieben!«, rief die Schöne überrascht.

»Ja, Madame«, entgegnete Mirowitsch, indem er sich erhob.

»Eine andere?«

»Ja – eine andere.«

»Und man sagte mir doch –«, murmelte die Dame.

»Was, Madame?«

»Dass Sie keine Liaison haben, noch keine Liaison gehabt haben.«

»Man sagte Ihnen die Wahrheit.«

»Wie versteh ich das?«

»O Madame, Sie sind schön, Sie sind vornehm, wenn Sie lieben, lieben Sie glücklich. Können Sie eine Liebe verstehen, wie die meine, eine Liebe ohne Glück, ohne Hoffnung, eine Liebe, die vor sich selbst erschrickt?«

»Ich verstehe Sie, Sie lieben eine Frau, die Ihnen unerreichbar scheint. Törichtes Kind, wer sagt Ihnen, dass für die Liebe etwas unerreichbar ist? Es wäre denn die Mutter Gottes von Kasan.«

»Es kommt beinahe auf dasselbe hinaus, Madame.«

»Sie lieben – ?«, rief die Dame heiter.

»Meine Kaiserin! Der Untertan seine Monarchin, der Sklave seine Herrin!«

In diesem Augenblick bewegte sich der Vorhang, welcher das Fenster des Gemaches von oben bis unten schloss.

»Das ist freilich schlimm«, sprach die Dame, »aber ich habe ein gutes Herz, ich will Ihnen helfen, so gut ich kann. Ich habe eine Freundin, Mirowitsch, welche die Gestalt der Kaiserin –«

»Nein, Madame, Sie verstehen mich nicht. Ich beschwöre Sie, entlassen Sie mich«, rief Mirowitsch.

»So sehen Sie sie doch nur an – es ist ganz Ihr Geschmack. Da ist sie.«

Der Vorhang teilte sich, und eine hohe, üppige Frau in einem schweren blauen Seidenkleid, das vorne nach der Mode viereckig ausgeschnitten ihre herrliche Brust unverhüllt zeigte, eine schwarze Samtlarve vor dem Gesicht, näherte sich dem überraschten Offizier. Ein Wink von ihr entfernte ihre Freundin, sie machte zugleich eine Bewegung nach dem Diwan und lud Mirowitsch mit der Hand ein, sich zu ihr zu setzen.

Dem jungen Offizier stand das Herz still. Diese Frau hatte etwas Wollüstiges in ihrer Erscheinung, das ihn berauschte, etwas Herrisches in ihrem Wesen, das ihn vollständig unterwarf. Nachdem sie, die Arme auf der Brust gekreuzt, ihn eine Weile angesehen hatte, lachte sie und fragte mit einer Stimme, bei der ihn ein tiefer, wollüstiger Schauer überkam:

»Wirst du mich lieben können, Mirowitsch?«

»Nein.«

Sie lachte wieder. »Du liebst also deine Kaiserin?«

»Ich liebe sie und so leidenschaftlich, so wahnsinnig, dass eine Dame Ihres Standes dies nicht verstehen kann«, rief Mirowitsch.

»Warum nicht?«

Mirowitsch sprang auf und ging im Gemach auf und ab.

»Beruhigen Sie sich. Man sagt, dass die Kaiserin sehr verliebt ist und galante Abenteuer liebt. Vielleicht finden Sie Gnade vor ihren Augen.«

Mirowitsch blieb stehen und sah die üppige Schöne beinahe erschreckt an.

»Ich glaube, Sie würden sich vor Ihrem Glück furchten?«

Mirowitsch trat einen Schritt zurück, er war bis in die Lippen bleich geworden und bebte am ganzen Leib. Jetzt kannte er diese wollüstige Stimme, er sank in die Knie und mit dem Antlitz zur Erde.

»Hast du den Mut, deine Kaiserin zu lieben?«, rief sie und riss die Maske herab. Vor ihm stand Katharina II. gebieterisch in hinreißender Schönheit.

»Komm!« Sie hob ihn auf – »du bist mein. Ich liebe dich.« Die üppigen Arme der Despotin schlangen sich um ihn und zogen ihn an ihre leidenschaftlich wogende Brust. Mirowitsch fieberte.

Katharina II. stampfte mit dem Fuß.

»Mut, Mirowitsch, du sollst mich lieben, ich will es. Du bist mein Sklave, *sans phrase.* Es gibt Stunden, wo ich ein Kind bin und ein Spielzeug brauche. Komm, ich will mit dir spielen.«

Das war zu viel.

Mirowitsch riss seinen Degen aus der Koppel und warf ihn zu Boden, dann riss er die Zarin leidenschaftlich in seine Arme. Sie lag an seiner Brust, ihre Lippen sogen ihm die Seele aus, seine Hände wühlten in ihren Locken, dass der Puder wie ein leichter Reif auf seine Schultern fiel.

»Ich liebe dich«, flüsterte die Kaiserin, »ich will dich glücklich machen, wenn du Mut hast, wenn du ein Geheimnis bewahren kannst. Niemand darf ahnen, dass ich dir gehöre. Hier im Schloss von Gatschina, im Pavillon der Fürstin Daschkow sollst du mich fortan an jedem Abend sehen. Aber es wird eine Zeit kommen, wo meine Liebe dich erhöhen wird vor allen anderen. Dein Schicksal ist in deiner Hand. Sei kühn, sei vorsichtig und liebe mich. Es tut mir wohl, geliebt zu werden.«

Im Pavillon von Gatschina saßen Katharina II. und die Fürstin Daschkow im vertraulichen Gespräch. Die Zarin war zu Pferd gekommen, sie trug hohe Männerstiefel von Saffian, wie sie von russischen Bäuerinnen und Kaufmannsfrauen im vollen Staate getragen werden, einen dunklen Männerüberrock, wie ihn die Modedamen damals trugen, einen kleinen dreispitzigen Hut mit wallender weißer Feder. Voll Ungeduld klopfte sie den Absatz ihres Stiefels mit der Reitpeitsche, stand von Zeit zu Zeit auf und warf sich wieder unmutig in die Polster der Ottomane.

Die Daschkow betrachtete sie mit großer Neugier, und plötzlich spielte ein feines Lächeln um ihre Lippen.

»Du lachst über mich, Katinka«, sprach die Zarin, »was lachst du?«

»Du bist sehr verliebt.«

»Weiß Gott, sehr verliebt, in wahrhaft unkaiserlicher Weise.«

»Seit einem Monat siehst du Mirowitsch bei mir Abend für Abend, und er ist dein, wie ein Sklave, und doch hat sich dein Vergnügen an ihm noch nicht abgenützt. Ich bewundere dich. Und heute, nachdem er mehr als einen Monat dir gehört, bist du sogar die erste bei dem Rendezvous und kannst deine Ungeduld, ihn zu sehen, kaum bemeistern. Du bist wahrhaftig verliebt.«

»Wahrhaftig«, nickte die Kaiserin und legte nachlässig ihr rechtes Bein über das linke. »Ich bin verliebt, das ist es aber nicht allein. Mirowitsch liebt mich. Man wird nicht zu oft geliebt und niemals so mit ganzem Herzen, mit ganzen Sinnen, dass kein Gedanke, keine Regung bleibt für eine andere. Er ist mein mit Leib und Seele. Ich ergötze mich an ihm und seiner Liebe, wie ein Gourmand an einem seltenen Gericht.«

Die beiden Frauen schwiegen eine Weile. Die Kaiserin horchte auf. »War das nicht der Hufschlag eines Pferdes?«

»Nein.«

»Mir schlägt das Herz«, sprach Katharina II. und legte die Hand gegen die Brust.

»Du große kleine Frau«, rief die Daschkow, »und was willst du mit ihm anfangen?«

»Ich weiß es nicht«, entgegnete die Kaiserin und trat an das Fenster, um ihre Verlegenheit zu verbergen.

»Du weißt es nicht?«

»Das eine weiß ich nur«, begann die schöne Despotin ernst, »gemein darf er nicht enden.«

»Wie also?«

»Wie eine Flamme, die sich selbst verzehrt.«

»Das ist ein grausamer Gedanke.«

»Vielleicht, aber ein Gedanke voll Poesie.«

»Muss er überhaupt enden?«, fragte die Fürstin.

Die Kaiserin nickte. »Ich habe mich in ihm getäuscht, Katinka. Mein Herz ist befangen, aber mein Kopf ist frei. Mirowitsch ist kein Mann, um einen Orlow zu stürzen, zu ersetzen, er ist ein Schwärmer. Das, was ihn mir so liebenswürdig macht, macht ihn gefährlich für den Staat. Mit ihm kann es nur ein kurzes wollüstiges Intermezzo geben. Was aber dann mit ihm anfangen?«

»Deine Liebe hat eine furchtbare Logik.«

Katharina II. ging auf und ab, die Hände auf dem Rücken, das Haupt gesenkt. »Er wird mir unbequem werden, er liebt mich, er ist leidenschaftlich, mutig, er wird Spektakel machen, mich kompromittieren.«

»Und dich langweilen«, warf die Daschkow ein.

»Vielleicht auch das. Was also mit ihm anfangen? Er muss entfernt werden, aber wie?« – Die schöne Frau dachte jetzt kalt und ruhig über den Geliebten nach, wie über ein Staatsgeschäft: »Sein Fanatismus könnte mir vielleicht nützlich werden. Warte nur.« Sie stand still und verschränkte ihre Arme auf der Brust. Plötzlich flog ein grauenhaftes Lächeln über ihre strengen Züge. »Welch ein Gedanke«, rief sie, »ich habe es! Was sagst du dazu«, ihre Stimme sank zum Flüstern herab, »wenn ich diesen Mirowitsch benütze – um mich von Iwan zu befreien?«

Die Daschkow schauerte zusammen.

»Fürchte nichts, Katinka, der sterbende Thronprätendent soll den unbequemen Liebhaber mitreißen in das Grab.«

»Wie?«

»Überlass das mir – ja, dabei bleibt es. Ich bin entschlossen. Zwei Sorgen fallen zugleich von meiner Brust, zwei ernste, große Sorgen, die mir den Schlaf raubten und die Ruhe. Ich werde bald wieder schlafen können.«

»Du bist grausam, Katharina!«
»Nur klug, meine Kleine.«

Als Mirowitsch am nächsten Abend in den Pavillon von Gatschina eintrat, lag die Kaiserin auf der Ottomane und schien zu schlafen. Sie lag auf dem Rücken, die eine Hand unter dem Kopf. Ein halb durchsichtiges Gewand von rosigem persischen Stoff, ein offener dunkelgrüner Schafpelz, mit schwarzem Zobel verschwenderisch ausgeschlagen und gefüttert, umflossen sie. Ihre göttlichen Formen badeten sich in dem dunklen Pelz. Im Atmen wogte ihre Brust, zuckten ihre Lippen.

Mirowitsch näherte sich leise, kniete nieder und küsste ihren bloßen Fuß, welcher den Pantoffel abgestreift hatte.

Katharina II. schrak empor, stieß ihn von sich, sah ihn mit großen Augen an und zog ihn dann rasch an ihre Brust. »Ich habe einen bösen Traum gehabt«, flüsterte sie, »mir war, als hätte ich dich verloren. Liebst du mich noch?«

Statt einer Antwort sank das Haupt des Geliebten auf ihre Knie, und er bebte am ganzen Leib. Katharina betrachtete ihn mit grausamem Vergnügen. »Geh, du liebst mich nicht«, sprach sie dann mit einem Ton, der ihm ins Herz schnitt. »Rühre mich nicht an, ich will nichts von dir wissen.«

Entsetzt sprang Mirowitsch auf und warf sich im nächsten Augenblick wieder leidenschaftlich zu ihren Füßen nieder. »Katharina, du machst mich wahnsinnig«, schrie er auf, »binde mich an einen Pfahl und peitsche mich, bis mein Blut mich badet, ich werde jauchzen! Lege mich wie die christlichen Märtyrer auf einen glühenden Rost.«

»Narr!«, rief die Kaiserin.

»Sag mir: Du langweilst mich, ich will doch dein sein bis zum nächsten Neumond, dann aber fällt dein Haupt, und ich will dir danken wie meinem Gott.«

Katharina lachte. »Nun, womit wollen wir beginnen?«, sprach sie, indem sie ihm das verwirrte Haar aus der Stirn strich, »mit dem glühenden Rost?«

Mirowitsch schlang beide Arme um sie, presste sein glühendes Gesicht an ihre Marmorbrust und zitterte.

»Rühr mich nicht an«, sagte sie wieder lachend, »ich will dich heute prüfen, ich will grausamer sein als Peitsche und Rost.«

Mirowitsch sah sie an. »Du hast heute etwas vor«, sprach er, »du bist so seltsam schön.«

»Ja«, rief sie heiter, »ich will dich fangen.«

»Bin ich nicht gefangen?«

»Noch nicht ganz.«

»Nun, so ziehe das Netz zusammen. Da hast du mich«, flüsterte er in Liebeswahnsinn, »mache mit mir, was du willst.«

»Narr! Bedarf ich dazu deiner Erlaubnis?«, entgegnete Katharina mit einem Blick, welcher Mirowitsch das Blut in den Adern erstarren machte.

Er küsste ihre üppige Schulter, von der der Pelz herabgesunken war.

»Küsse mich nicht«, rief die Kaiserin und stieß ihn roh und schnöde mit dem Fuß von sich. »Ich will dich erst wieder lieben, wenn du ganz mein bist, ein Ding in meiner Hand.«

»Das bin ich, Katharina«, beteuerte er mit feuchten, weinenden Augen. »Ich verlange, dir nur etwas zu sein, ein Sklave, ein Ding, ein Spielzeug, ein Instrument, mache aus mir, was du willst, und wirf mich weg, wenn ich dir unnütz bin.«

Die Kaiserin sah ihn beinahe gerührt an. Dann beugte sie sich zu ihm und küsste ihn auf die Stirn. »Mirowitsch«, sprach sie mit sanfter Stimme, »wenn du mich liebst, befreie mich von meiner größten Sorge – von –«

»Du hast Sorgen?«, sprach Mirowitsch zärtlich leise. »O sprich, befiel deinem Sklaven.«

»Ich kann nicht ruhig schlafen, mein Geliebter«, sie beugte sich zu ihm und legte die Lippen an sein Ohr, »solange Iwan lebt.«

»Prinz Iwan!«, rief Mirowitsch.

»Er ist der rechtmäßige Zar durch das Testament der Kaiserin Anna. Ich muss es selbst bezeugen. Ich habe ihn nicht entthront, die Zarin Elisabeth riss ihn aus der Wiege in den Kerker. Dort wuchs er auf wie ein Tier im Käfig, fern von der menschlichen Gesellschaft. Ein Mann, mit den Gedanken, mit dem Herzen, mit der Ausdrucksweise eines Kindes, reizt dieser blöde Prinz jetzt den Ehrgeiz aller Unzufriedenen, aller meiner Feinde. Man stellt ihn mir entgegen, man will mich durch ihn stürzen.«

»Nimmermehr!«, rief Mirowitsch. Er richtete sich groß auf, ein blinder Fanatismus lag in diesem Augenblick auf seinem bleichen Gesicht, in seinen versunkenen Augen.

»Der nächste Tag kann meinen Thron zertrümmern, mein Geliebter, willst du mich vielleicht im Kerker sehen, oder –?« Sie presste die Hände vor das Gesicht.

»Soll ich ihn ermorden?«, flüsterte Mirowitsch, »Geliebte!« Seine Stimme war heiser vor Aufregung.

»Mirowitsch!«, schrie Katharina auf, sie schien erschreckt.

»Du musst ihn aus dem Weg räumen«, fuhr er eifrig fort, »so sprich sein Todesurteil, und ich vollstrecke es.

Lass mich dann auf das Rad flechten, rette deinen Namen, ich sterbe gerne für dich, Katharina!« Er küsste ihre Hände, ihre Füße und weinte.

»Beruhige dich, mein Freund«, sprach die Kaiserin, »ich werde deine treuen Hände nicht mit Blut beflecken. Ich habe einen Plan. Du sollst ihn erfahren. Willst du also in dieser Sache ganz nur mein Werkzeug sein?«

»Ich will«, entgegnete Mirowitsch, »ich bin ja dein – dein bis in den Tod.«

»Sprich nicht vom Tod«, flüsterte die Kaiserin, »mich schaudert.« Einen Augenblick war ihr schönes Antlitz grauenhaft entstellt. »Heute winkt uns das Leben, Mirowitsch«, rief sie dann mit dem Lachen einer Bacchantin, »küsse mich! –«

»Die Kaiserin geht nach Livland«, flog es von Mund zu Mund. Die widersprechendsten Meinungen über den Zweck dieser Reise wurden laut. Zuletzt einigte man sich darin, dass Katharina II. dieselbe unternehme, um mit Poniatowski zusammenzukommen. Sie habe Orlow satt, hieß es, die Liebe zu dem ritterlichen Polen sei wieder mächtig in ihr erwacht, und dergleichen mehr.

Ehe der Nero im Reifrock den Reisewagen bestieg, wurde die Fürstin Daschkow in das kaiserliche Kabinett gerufen.

Katharina II. ging unruhig im Zimmer auf und ab. Sie schien ausnehmend heiter, summte eine frivole italienische Arie und betrachtete sich von Zeit zu Zeit mit einem gewissen Stolz im Spiegel.

»Ich bin schön«, sprach sie lebhaft, »ich habe Mirowitsch glücklich gemacht, seine kühnsten Träume überflügelt, er kann nun für mich sterben. Aber ich will ihn nicht mehr sehen, der Abschied würde mich aufregen. Hier sind die Instruktionen für ihn, hier die Summen, die er braucht.« Sie übergab beides der Fürstin, schritt dann zu ihrem Schreibtisch, nahm ein Aktenstück von demselben, las es noch einmal aufmerksam und unterzeichnete hierauf rasch. »Lies.«

Die Daschkow las. Es war eine Order an die beiden der Kaiserin treu ergebenen Offiziere, Kapitän Wlassiew und Leutnant Tschekin, welche den Prinzen Iwan in seinem Kerker in Schlüsselburg bewachten und mit ihm in einem Zimmer schliefen, und enthielt den Befehl, sobald ein Versuch zur Befreiung des Gefangenen gemacht werde, denselben auf der Stelle zu töten. Begründet war derselbe durch die Aufregung, welche zu Gunsten des Prinzen immer bedrohlicher an den Tag trat.

An demselben Tag, an welchem die Kaiserin Petersburg verließ, kehrte auch Mirowitsch zu seinem Regiment zurück, welches eben in der Stadt Schlüsselburg in Garnison lag. Die Kompanien desselben zu hundert Mann lösten sich Woche für Woche bei dem Dienst in der Festung ab.

Acht Mann bewachten den Gang zu der Kasematte, in welcher der rechtmäßige Zar Iwan gefangen gehalten wurde.

Mirowitsch verbrannte sofort nach seinem Eintreffen in Schlüsselburg seine Instruktionen sorgfältig in dem Feuer seines Kamins und ging dann mit ebenso viel List wie Fanatismus an die Ausführung derselben.

Mit dem Geld, das ihm die Fürstin Daschkow ausgehändigt hatte, bestach er drei Unteroffiziere und zwei Soldaten seines Regiments. Er sagte ihnen, der

Prinz Iwan sei ihr rechtmäßiger Zar nach dem Testament der Kaiserin Anna, und er habe den Entschluss gefasst, denselben aus seinem Kerker zu befreien.

Kurz darauf traf ihn selbst der Wochendienst, und er benützte denselben, um alle Verhältnisse der Festung auszukundschaften, und bestimmte endlich die Nacht des sechzehnten Juli für den Losbruch.

An demselben Abend ging sein Dienst zu Ende. Er bat den Kommandanten Berednikow um die Erlaubnis, denselben noch fortsetzen zu dürfen. Der Festungskommandant erteilte sie ihm nicht nur bereitwillig, sondern vergaß sogar, wie es schien, ihm die Schlüssel der Festung abzufordern.

In der Nacht des sechzehnten Juli 1765, Schlag ein Uhr, öffnete Mirowitsch seinen Mitverschworenen die Ausfallspforte. Sie eilten auf die Wache, riefen die Kompanie zusammen, und Mirowitsch las den Soldaten mit lauter Stimme einen falschen Ukas des Senates vor: »Da die Kaiserin Katharina II. müde ist, über barbarische, undankbare Völker zu herrschen, die ihren ruhmwürdigen Bemühungen in keiner Weise entgegenkommen, hat sie den Entschluss gefasst, das russische Reich zu verlassen und sich mit dem Grafen Orlow zu vermählen« – bei diesen Worten zitterte seine Stimme –, »jetzt, wo sie an der Grenze ihres Reiches angelangt ist, will sie die Kaiserkrone dem unglücklichen Fürsten Iwan zurückgeben. Darum befiehlt der Senat dem Leutnant Mirowitsch, denselben aus dem Gefängnis zu befreien und sofort nach Petersburg zu bringen.«

Die Soldaten brachen in wilden Jubel aus, mehr als fünfzig derselben griffen sofort zu den Waffen, einige hoben Mirowitsch auf die Schultern, und fort ging es unter Hurrarufen zu der Wohnung des Kommandanten. Berednikow war seltsamerweise noch nicht zur

Ruhe gegangen und kam ihnen in voller Uniform entgegen.

»Im Namen des rechtmäßigen Kaisers Iwan, den Ihr ungerecht gefangen haltet, Euren Degen!«, rief Mirowitsch.

Berednikow übergab ihn schweigend und wurde auf Mirowitschs Befehl von zwei Verschworenen in seiner Wohnung bewacht.

Mirowitsch drang nun mit seiner Schar in die Kasematte, welche zu Iwans Kerker führte. Die Wachen gaben Feuer. Von beiden Seiten fielen Schüsse, ohne dass jemand verwundet wurde. Man hatte den Soldaten blinde Patronen ausgeteilt.

Mirowitsch erreichte zuerst die Tür des Gefängnisses und pochte mit seinem Degengefäß an dieselbe.

»Wer da?«, rief Kapitän Wlassiew.

»Gute Freunde«, schrie Mirowitsch, »öffnet, im Namen des Senats, öffnet!«

»Wir dürfen nicht«, entgegnete Leutnant Tschekin.

»Dann brechen wir die Tür auf«, rief Mirowitsch, zugleich stemmten sich mehrere der Empörer gegen dieselbe. »Gebt unseren Zar heraus!«

»Wir können keinen Widerstand leisten«, schrie Wlassiew, »wir müssen den Prinzen töten, so lautet unsere Order.«

Prinz Iwan war eben durch den Lärm erwacht und saß bleich, mit erschrockenen Augen auf seinem Bett.

Die beiden Offiziere warfen sich mit einem Mal auf ihn. Iwan sprang auf Wlassiew los und suchte ihm den Degen zu entreißen, in demselben Augenblick stieß ihm Leutnant Tschekin den seinen in den Leib. Der Prinz wankte und brach mit einem Schrei zusammen. Beide stachen nun in ihn hinein, bis er mit acht Wunden in seinem Blut lag. Dann öffnete Wlassiew die Tür mit den Worten: »Da habt ihr euren Zar.«

Mirowitsch und die Soldaten, welche mit ihm in den Kerker gedrungen, standen gesenkten Hauptes schweigend um einen Sterbenden. In wenigen Augenblicken war alles vorbei. Mirowitsch wandte sich erschüttert ab. »Flieht!«, rief er den Soldaten zu, »der Zar ist tot. Unsere heldenmütige Tat hat diesen traurigen und verderblichen Ausgang herbeigeführt. Ich gebe mich der Kaiserin gefangen.« Damit reichte er seinen Degen dem Kapitän. Die Empörer warfen zugleich die Waffen weg und baten um Gnade.

Noch in derselben Nacht sandte der Festungskommandant einen Kurier an die Kaiserin. Als Katharina II. die Nachricht empfing, leuchtete einen Augenblick eine entsetzliche Freude in ihrem Antlitz. Dann biss sie die Zähne zusammen. Sie dachte an Mirowitsch.

Eine Stunde später war sie auf dem Weg nach Petersburg.

Der Tod des Prinzen Iwan rief in der Hauptstadt eine ungeheuere Aufregung hervor, man beschuldigte den Hof, die Kaiserin geradezu des Mordes. Der Pöbel, die Garden zeigten eine verdächtige Bewegung.

Die Fürstin Daschkow gab sofort im Namen der Kaiserin dem Generalleutnant Wegmare den Befehl, die Feldregimenter in den Kasernen zu konsignieren und ließ scharfe Patronen an dieselben austeilen.

Mitten in der Verwirrung erschien die Kaiserin, ruhig, siegesgewiss. Sie betrachtete die Volkshaufen, welche ihrem Wagen folgten, mit einem verächtlichen Lächeln, indem sie mit den Fingern auf dem Wagenschlag trommelte.

Noch an demselben Tag trat sie vor den Senat mit eiserner Stirne im vollen kaiserlichen Pomp.

»Eine entsetzliche, blutige Tat ist geschehen«, sprach sie majestätisch, »eine Schar von Wahnsinnigen hat sich gegen uns empört und in der Absicht, den unglücklichen Prinzen Iwan zu befreien und auf unseren Thron zu erheben, dessen Tod herbeigeführt. In Bezug auf diesen von meinen Vorgängern als Staatsgefangenen behandelten Prinzen habe ich nur die Befehle bestätigt, welche den mit seiner Bewachung betrauten Offizieren von der letzten Regierung erteilt worden sind. Ich hätte als absolute Herrscherin in diesem Reich das Recht, den Zusammenhang des Schlüsselburger Attentats durch eine von mir ernannte Kommission unmittelbar unter meinen Augen untersuchen zu lassen. Mir ist aber dieses verabscheuungswürdige Verbrechen so sehr zu Herzen gegangen, dass ich mich für diesen ganz besonderen Fall meiner höchsten Gewalt entkleide und dem Senat hiermit die Machtvollkommenheit erteile, die Untersuchung über die bei diesem Attentat verwickelten Personen zu fuhren und in letzter Instanz ohne Appellation über dieselben die rechtskräftigen Urteile zu fällen.«

So groß die augenblickliche Wirkung dieser Erklärung auf den Senat war, nahm das Volk dieselbe doch nur mit Misstrauen auf, und in der Gesellschaft flüsterte man, die zwölf Senatoren, welche in diesen Gerichtshof gewählt wurden, seien durchaus ergebene Kreaturen des Hofes, das Ganze ein abscheuliches abgekartetes Spiel.

Indes waren Mirowitsch und seine Mitschuldigen in Ketten nach Petersburg gebracht worden. Der erstere zeigte einen Gleichmut, ja eine Heiterkeit, welche neuen Verdacht erregte. Gleich im ersten Verhör sagte er ruhig, er habe die Absicht gehabt, die Kaiserin zu stürzen, den wahren Herrscher zu befreien. In diesem Sinne beantwortete er alle Fragen, welche im Laufe des Prozesses an ihn gerichtet wurden, klar, besonnen, ohne Umschweife, ohne sich nur ein einziges Mal in Widersprüche zu verwickeln. Der ›Nero im Reifrock‹ konnte mit seinem Opfer zufrieden sein.

Am 20. September 1765 wurde endlich das Urteil in diesem historischen Prozess gesprochen.

Mirowitsch wurde mit Zustimmung des Synods, der Inhaber der drei ersten Rangklassen und der Präsidenten der Kollegien als Aufrührer und Reichsverräter schuldig erkannt und zur Enthauptung durch das Beil verurteilt. Er hörte das Urteil schweigend, mit kaltem Blut an, dann senkte er das Haupt, und ein seltsames Lächeln flog über sein bleiches Gesicht. Seine Mitschuldigen, 68 an der Zahl, wurden teils zu Spießruten, teils zu Zwangsarbeit verurteilt.

Das Urteil wurde der Kaiserin durch den Senator Neglujew zur Bestätigung vorgelegt.

Katharina II. saß an dem riesigen holländischen Kamin ihres Arbeitszimmers und las der Daschkow einen launigen Brief Voltaires vor. Neglujew übergab das Aktenstück, Katharina blickte hinein, warf es gleichgültig auf den Kaminsims und entließ den Senator mit einer gnädigen Kopfbewegung.

»Es ist das Urteil«, sprach die Daschkow erregt.

»Ja, Mirowitsch ist zum Tod durch das Beil verurteilt«, entgegnete die Kaiserin nachlässig.

»Wirst du es unterzeichnen?«, fragte die Fürstin rasch.

»Hör erst den Brief zu Ende«, sprach Katharina heiter. Die Daschkow überlief es.

Als die Zarin zu Ende war, hob sie das Urteil vom Kaminsims und breitete es auf ihren Knien aus.

»Gib mir eine Feder, Katinka.«

»Du wirst sein Todesurteil unterzeichnen?«, schrie die Daschkow auf.

»Gewiss. Die Feder!«

Die Fürstin erhob sich langsam.

»Rasch!« Die Kaiserin ergriff die Feder, welche ihr die Daschkow zögernd reichte, und setzte mit einem energischen Zug ihren Namen unter das Todesurteil des Geliebten.

»Du wirst es aber nicht vollziehen lassen, du kannst es nicht!«, rief die Fürstin.

»Und warum nicht, Kleine?«

»Panin war bei mir«, fuhr die Daschkow fort, »Mirowitsch rechnet zuversichtlich auf Gnade.«

Katharina zuckte mit den Schultern. »Ich könnte ihn begnadigen«, sprach sie lächelnd, »ihn verbannen, aber wird er leben können ohne mich? Und könnte er es, dann ließe ich ihm das Haupt erst recht mit wahrer Lust herunterschlagen.«

»Du kannst noch scherzen!«

»Nun denn, Ernst, Katinka«, fuhr die Kaiserin mit strengem, unerbittlichem Gesicht fort. »Man klagt uns des Mordes an in ganz Europa, man beschuldigt uns des Einverständnisses mit Mirowitsch; wenn ich ihn schone, bestätige ich den Verdacht. Ich muss ihn opfern.«

»Und wenn du dich in seinem Charakter irrst?«, warf die Daschkow ein, »er hofft auf Gnade. – Wenn er sich getäuscht sieht? Wenn er auf dem Schafott Enthüllungen macht?«

»Auch das ist zu bedenken«, sprach die Kaiserin, »er liegt nun zwei Monate in Ketten, und es muss erbärmlich kalt in einem Kerker sein. Wenn seine Gluten erloschen sind, wenn sein wollüstiger Rausch verflogen ist?« –

Die Kaiserin lehnte sich zurück und hob die Augen zum Plafond empor. »Ich möchte ihn sehen – ich sollte ihn sehen. Der arme Teufel! Nichts kann ihn retten, er muss sterben, aber er muss bis zum letzten Augenblick glauben, dass ich ihn liebe, dass das Ganze nur ein grausames Spiel ist, und in diesem Glauben muss ihn das Beil des Henkers treffen.«

✫

Es war die Nacht vor der Hinrichtung.

Mirowitsch lag auf dem feuchten Strohlager seines finsteren, kalten Kerkers, das Antlitz zur Erde, und seltsame Gedanken, seltsame Empfindungen zogen durch sein Hirn, seine Brust. Er sah die Mutter, die ihm am winterlichen Feuer die alten Geschichten seines Volkes erzählte und wunderbare Märchen und ihm Kosakenlieder sang voll wildem Freiheitssinn und Lebensübermut, er sah den alten Diener, der ihn zum Regiment geleitet und ihn bewacht hatte wie seinen Sohn, der den jungen Fähnrich nach einer in Trunk und Spiel durchwachten Nacht am Morgen wie ein Vater schalt und meisterte. Beide lagen längst im Grabe, und er war allein, allein im Kerker, in Ketten, und auch sie hatte ihn verlassen, die er bis zum Wahnsinn liebte, für die er zum Rebellen, zum Mörder geworden war. –

– Nein – sie nicht.

Die Wand rasselte und tat sich auf, ein Luftzug kam über ihn, ein Gewand rauschte, er richtete sich auf. Katharina II. stand an seinem Lager, und er – er lag jetzt zu ihren Füßen und küsste diese kleinen Füße, und seine Tränen flossen auf sie herab.

Die Kaiserin war durch eine geheime Tür in seinen Kerker getreten, sie hielt eine Fackel in der Hand, welche sie in einer eisernen Schließe an der Wand befestigte, um sich dann zärtlich über ihn zu beugen.

»Es ist kalt hier«, sprach sie, indem sie fröstelnd den kostbaren Pelz über ihrer Brust zusammenzog. »Du bist so bleich. Wie ist dir, mein Freund?«

»Gut, gut«, sagte er leise und lehnte sein Haupt an ihr Knie, seine Augen glühten wie im Fieber. »Nur manchmal –«

»Was sagst du?«

»Manchmal fasst mich doch ein Schauer«, fuhr er fort, »ich bin so lange schon im Kerker in schweren Ketten und verurteilt, und du hast das Urteil bestätigt. Das Spiel ist furchtbar ernst geworden, Katharina. – Ich habe mich, wie du gewollt, ganz in deine Hand gegeben. Da hast du mich nun, wie ein Ding. Ja, schlimmer noch, denn das Ding hat kein Empfinden, keine Gedanken, keine Einbildungen. Und ich bilde mir mancherlei ein. Ich habe dich so lange nicht gesehen, du bist mir fremd geworden, und mein Leben und Tod ist bei dir.«

Die Kaiserin schwieg.

»Liebst du mich noch?«, begann Mirowitsch wieder. »Oh, wenn du mich satt bist und kein Erbarmen hast! Und doch – dann –, dann lieber sterben.«

Katharina hob ihren Pelzüberwurf graziös in die Höhe, ließ sich auf dem Stroh nieder und nahm das Haupt des Unglücklichen sanft in ihren Schoß. Es war ein wollüstiges Grauen, ein Kitzel für ihre weltmüden Nerven, zu denken, dass dieses Haupt, das so wahnsinnig von ihr träumte, das jetzt noch zwischen ihren Händen glühte, morgen durch das Beil des Henkers fallen sollte.

»Wir spielen ein furchtbares Spiel«, sprach sie dann, »aber das Spiel muss zu Ende gespielt werden. Ich kann es dir nicht ersparen. Man klagt mich laut des

Einverständnisses mit dir an. Ich darf dich erst auf dem Schafott begnadigen.«

Mirowitsch sah sie entsetzt an, mit großen Augen wie ein Kind.

»Fürchte nichts«, rief sie und zog ihn höher an ihre Brust.

»Verrate mich nicht«, flehte er mit zitternder Stimme. »Wenn du mich töten musst, sag es, ich sterbe gern für dich.«

Die Kaiserin lächelte sonderbar, und leise wie in Gedanken senkte sie die wollüstig feuchten Lippen zu den seinen und küsste sie wieder. Er fieberte in ihren Armen, die düstere Wölbung des Kerkers schwand für einen Augenblick.

»Steige mutig die Stufen zu dem Blutgerüst empor, mein Freund, denn ich will nicht, dass man sich an deiner Todesangst ergötzt. Sei ruhig, ich selbst bringe dir Gnade, und statt des weißen Tuches winkt von weitem schon mein Hermelin.« Die Kaiserin streichelte ihn, sah ihm lange stumm in die Augen und erhob sich dann.

Mirowitsch stützte das glühende Gesicht in beide Hände.

»Wenn du mich täuschen könntest«, murmelte er, »wärst du teuflisch grausam.«

»Ein Nero im Reifrock«, lachte die Kaiserin, aber ihr Lachen klang so hölzern, gezwungen, dass eine entsetzliche Angst über ihn kam, er warf sich vor ihr nieder und umfasste verzweifelt ihre Knie.

»Mich schaudert, Herrin, wenn du mir nicht gnädig bist – wenn du mich töten lässt. Ich zittere vor dir. Erbarme dich!«

Katharina II. lachte. »Es ist bloß kalt und feucht hier«, rief sie, »auch mich fröstelt. Ich werde gehen.« Kaltblütig machte sie sich von ihm los und nahm die

Fackel. Seine Hände sanken herab, er kniete vor ihr stumm, apathisch, wie der Sklave vor der Gebieterin, der Verbrecher vor seinem Richter.

»Ich leide furchtbar, Katharina«, flüsterte er, »aber ich leide ja für dich.«

In der Tür wendete sie sich noch einmal zu ihm.

»Du sollst bald erlöst werden«, sprach sie milde, »leb wohl.«

»Leb wohl!«

Der Tag brach an.

Tiefer Schnee lag auf Dächern und Straßen, die Sonne schwamm wie eine rote Dunstkugel in dem weißen Himmel.

Das Kommando, welches Mirowitsch zur Hinrichtung abholte, fand ihn schlafend, ein heiteres Lächeln verklärte sein Gesicht. Er hörte die Kolben rasseln und richtete sich auf. Aus seinen Träumen schwebte das Bild des wahnsinnig geliebten Weibes in die furchtbare Wirklichkeit herüber und erfüllte sein Herz mit süßer Hoffnung. Sie konnte nicht so entsetzlich grausam sein, sie konnte ihn nicht verraten.

Mirowitsch stand auf und verließ festen Schrittes seinen Kerker, ihm winkten Glück und Freiheit. Er grüßte freudig die scharfe Luft, die seine Wangen kühlte, das rosige Licht, den heimatlichen Schnee.

Aufrecht, das Haupt stolz erhoben, ein Lächeln um die Lippen, schritt er im Zuge, den rauen Soldatenmantel um die Schulter. Seit zweiundzwanzig Jahren hatte die Hauptstadt keine Hinrichtung gesehen. Landvolk war herbeigeströmt, der Zug konnte durch die voll gepfropften Straßen nur langsam vorwärts kommen. Alle Fenster, alle Balkone waren besetzt, und Schritt für Schritt kam er dem Blutgerüst näher; der Gedanke machte Mirowitsch wieder erbleichen, ihn fröstelte. Der Priester sprach zu ihm von der Sünde, der Vergeltung und dem ewigen Leben. Er hörte nichts, ihm klang immer nur ihre Stimme im Ohr: »Ich selbst bringe dir Gnade.«

Aber es war so früh, die Nebel lagen noch auf der Erde, wenn sie ihn vergaß? Wenn sie die Stunde verschlief?

Schon sah er das Schafott, es ragte hoch über die Häupter des Volkes empor, welches es umgab. Ein Regiment Fußvolk hatte ein großes Viereck um dasselbe gebildet, nur einzelne Schlitten vornehmer Damen, welche in prächtigen Pelzen dasaßen und ihn lorgnettierten, um jedes leise Zucken der Todesangst von seinem Gesicht herab zu lesen, hatten in demselben Einlass gefunden.

Am Fuß des Gerüstes empfing der Gerichtshof den Verurteilten. Noch einmal wurde feierlich das Schuldig über ihn gesprochen. Kalten Blutes, ruhigen Angesichts hörte Mirowitsch das Urteil verlesen, sah er den Stab brechen, die Kerze verlöschen.

Man übergab ihn dem Henker.

Als man ihm die Hände auf den Rücken band, überlief es ihn. Er fühlte sich nun vollkommen willenlos der Gewalt, der Gnade oder Ungnade der Geliebten hingegeben. »Ich selbst bringe dir Gnade!«, murmelte er, und ein sanftes Lächeln überflog sein entsetzlich bleiches Gesicht.

Man zögerte noch. Der Polizeimeister blickte auf die Uhr und flüsterte mit dem Henker, er hatte den Befehl, bis zu einer bestimmten Stunde und Minute auf Begnadigung zu warten.

Jetzt führten sie Mirowitsch endlich die Stufen des Schafotts empor, jetzt stand er oben und blickte um-

her. Eine unabsehbare Menge umgab dasselbe, toten-
still. Noch keine Bewegung, welche das Nahen der
Monarchin angekündigt hätte! Ein tiefer Schauer kam
über Mirowitsch, die Knie bebten ihm. Da stand der
furchtbare Block, der Henker stützte das blanke Beil
auf denselben. Man wollte Mirowitsch die Augen
verbinden, er wies es zurück und blickte gen Norden.
Von dort musste sie kommen, kalter Schweiß stand
auf seiner Stirn, das Herz schlug ihm bis zum Hals
hinauf.

Da sah er einen Schlitten, der pfeilschnell heran-
geflogen kam, näher, immer näher, sie war es – ihr
Hermelin glänzte im Sonnenlicht.

Lächelnd kniete er nieder, noch einmal blickte er
hinüber, er erkennt sie, die Menge wogt auf und ab, er
legt sein Haupt auf den Block und lacht.

Die Kaiserin fliegt im fantastischen Schlitten, in
Zobelfelle köstlich gebettet, herbei, sie trägt einen
Überwurf von blutrotem Samt mit Hermelin – er sieht
alles deutlich – und hat eine hohe Mütze von Hermelin auf dem göttlich schönen Haupt. Heute ist sie eine
Göttin, die Leben gibt und nimmt. An ihrer Seite sitzt
die Fürstin Daschkow und zittert.

Der Schlitten der Kaiserin teilt die Menge, sie sieht
das Schafott, sie sieht Mirowitsch knien – ein Blitz
fährt durch die Luft.

Die Fürstin Daschkow schließt die Augen.

Jetzt hebt der Henker ein blutiges Haupt empor und
zeigt es der Menge.

Charles Devereux

Eine Mem Sahib*

Der Krieg in Afghanistan schien seinem Ende entgegenzugehen, als ich den Befehl erhielt, mich sofort auf den Kriegsschauplatz zu begeben und zu dem ersten Bataillon meines Regiments zu stoßen, das dort im Felde stand. Erst vor kurzem war ich zum Hauptmann befördert worden und vor eineinhalb Jahren hatte ich geheiratet. Es bereitete mir daher einen unsagbaren Schmerz, England, meine Frau und mein kleines Mädchen verlassen zu müssen. Es wurde jedoch ausgemacht, dass es für uns alle besser sei, wenn die zwei erst später nach Indien kämen. Ich wusste doch noch gar nicht, wo mein Regiment stehen würde, wenn es vom öden, felsigen Afghanistan in die fruchtbaren Ebenen Hindustans zurückkehrte. Es war auch gerade die Zeit der größten Hitze, wo nur jene nach Indien reisten, die nicht anders konnten; am allerwenigsten war die Jahreszeit aber danach, um eine zarte Frau und einen Säugling die Reise in ein Land mit solch mörderischem Klima machen zu lassen. Es war auch noch unbestimmt, ob meine Frau mir überhaupt nachkäme, da man mir die baldige Ernennung zum Stabsoffizier zugesagt hatte; vorher müsse ich aber auf den Kriegsschauplatz, hieß es. Das war dumm, umso mehr, als der Krieg, wie gesagt, nahezu beendet war. Verdienste und Ruhm konnte ich nicht ernten; aber es war nur zu wahrscheinlich, dass mir Mühsal und die Beschwerden des Aufenthaltes in solch einem ungastlichen Lande, wie Afghanistan, nicht erspart blieben.

Meine Aussichten waren also keineswegs rosig. Mir blieb jedoch keine Wahl; ich musste gehen, und so machte ich, wenn auch schweren Herzens, gute Miene zum bösen Spiel.

Ich will die Einzelheiten des traurigen Abschieds von meinem Weibe übergehen. Ich leistete keine Treueschwüre, denn weder ihr noch mir kam auch nur der entfernteste Gedanke an deren Notwendigkeit. Wohl bin ich eine leidenschaftliche Natur, und vor meiner Ehe hatte ich mich, mit viel Glück, den Freuden der Liebe hingegeben, doch nun glaubte ich ein solider Ehemann zu sein, dessen Verlangen nicht über die Grenzen des Ehebettes hinausreicht. War doch mein liebevolles, leidenschaftliches Weibchen immer bereit, meine glühenden Zärtlichkeiten entsprechend zu erwidern, und ihre frische, jugendlich-prachtvolle Schönheit übte nicht nur einen stets gleich bleibenden Reiz auf mich aus, sondern zog mich um so machtvoller an, je mehr ich in ihrem Besitze schwelgte.

Ach! Geliebte Louie! Wie wenig dachte ich beim letzten Mal, wo ich mich aus deiner leidenschaftlichen Umarmung löste, daran, dass sich im glühenden Indien, noch ungekannt und ungeahnt, andere geile Weiber zwischen dein bebendes Kätzchen und meine Stange schieben würden, Weiber, deren prangende Nacktheit mein Lager bilden, deren liebreizende Gliedmaßen mich in ekstatischen Umarmungen fesseln würden, bevor ich wieder einmal zwischen deinen liebevoll drückenden Schenkeln zu liegen käme! Es ist auch gut, dass du nie davon erfahren wirst; denn wer kann sich freimachen von den schauderhaften Qualen der grünäugigen Eifersucht. Der zartfühlenden Venus sei Dank dafür, dass sie undurchdringliche Wolkenschleier über meine Liebesfreuden gesenkt hat.

Mitte August kam ich in Bombay, der »Königin« Ostindiens, an. Auf der Reise hatte sich nichts Besonderes ereignet. Ich hatte nur wenige langweilige Mitreisende gehabt, hauptsächlich alte Militärs und auch Zivilisten, die den Weg in ihre zweite Heimat machten; man sah ihnen an, dass sie, nach kurzem Urlaub in England, nicht gern in das heiße Land und zu ihrer gewohnten Tätigkeit zurückkehrten. Zu dieser Jahreszeit fahren keine lebenslustigen jungen Damen nach Indien – jede mit dem frommen Wunsche im Herzen, dass ihnen der jugendliche wohlgeformte Körper und die gesunde Frische des Aussehens beim Männerfange Glück bringe. Es war eine traurige Gesellschaft. Einige hatten, wie ich selbst, ihr junges Weib zu Hause gelassen; andere hatten die Frau mit, doch die standen in einem Alter, wo die Zeit ungestüme Leidenschaften schon gebändigt hat, wo der Gedanke, sich beim Schlafengehen die traurigen Überreste der einstigen Schönheit der Bettgenossin zu Gemüte zu führen, sicherlich nicht der erste ist. Ich ging an Land mit der Empfindung, dass ich all meine Liebe, meine Leidenschaft, mein Verlangen und meine Zärtlichkeit bei meinem süßen Weibchen in England zurückgelassen habe.

Nachdem mir vom ersten Stabsoffizier mitgeteilt worden war, dass Cherat mein Bestimmungsort sei – eine kleine Lagerstätte auf dem Gipfel eines Gebirgszuges, der das Peshawurtal im Süden abschließt – und nachdem ich die Eisenbahnkarte – die Route ging über Allahabad zu einer provisorischen Station westlich von Jhelum – und Dâk-Fahrscheine (Relaispost; auch Umspannort) die Strecke von jenem Orte nach Cherat erhalten hatte, traf ich meine Vorbereitungen für die lange Reise, die mir noch bevorstand.

Der Weg von Bombay über Allahabad nach Peshawur führt fast ausschließlich durch Gegenden, die so eben sind wie ein Tisch. Zu dieser Jahreszeit, im August, war das anhaltend ausdörrende Wetter noch nicht von den Regengüssen gemildert worden, die zwischen dem Juni und dem September niederzugehen pflegen. Hie und da ragten wogende grüne Ähren aus dem einförmig braunen aufgebrannten Boden empor, und es gab nur wenige Landstriche, die den Blick auf sich zogen.

Nur einmal auf dieser Reise, bei deren Beschreibung ich zu weitschweifig zu werden fürchte, näherte sich mir der Versucher; das tat er jedoch in solch plumper Weise, dass seine wohl gemeinten Absichten zunichte wurden. In Allahabad musste ich mich einige Stunden lang aufhalten, und ich streifte umher, um sie angenehm zu verbringen. Ich besichtigte die Grabmäler der Könige und Fürsten, die in vergangenen Zeiten die Gebiete an den Ufern des Ganges und des Jumna beherrscht hatten, und andere Sehenswürdigkeiten, von denen ich voraussetzte, dass sie mich interessierten.

Auf dem Rückwege zum Hotel sprach mich ein Eingeborener in fließendem Englisch an:

»Wollen Sie ein Weib haben, Sahib? (Herr; Anrede in Ostindien) Ich habe eine sehr schöne kleine halfcaste (Mischling) bei mir zu Hause. Wollen Sie mitkommen und sie ansehen?«

Du lieber Himmel!

Ich hatte nicht das geringste Verlangen, die Kleine aufzusuchen. Diese Selbstverleugnung setzte ich auf Rechnung meiner Tugendhaftigkeit; in meiner Dummheit lachte ich geradezu beim Gedanken, dass es in Indien ein Weib gebe oder je geben könnte, das auch nur die Spur von Lust in mir erregte.

Die Station jenseits von Jhelum ist erreicht, und ich habe nur noch einen großen Fluss zu übersetzen, dann bin ich über die Grenze des eigentlichen Indien hinaus und betrete im Tale von Peshawur Zentralasien. Zwei bis drei Tage und Nächte ununterbrochener Fahrt im Dâk Gharry (Reisewagen, der von Ochsen oder Ponys gezogen wird) vergingen aber noch, bevor ich Attock erreichte. Der Dâk Gharry bietet eine ziemlich bequeme Fahrgelegenheit, aber man wird vom ewigen Liegen müde, und das ist schließlich noch die einzige Lage, die dem hergenommenen Reisenden annehmbar erscheint. Die Überfahrt auf dem Indus in einem Ruderboot war ziemlich aufregend bei der schrecklichen Strömung und dem Brausen des Wassers, das sich an dem Felsen brach, umso mehr als die Dunkelheit der Nacht dem Rauschen und der befürchteten Gefahr ihre erhabene Wirkung beifügte.

Oh, Mademoiselle de Maupin! Beim Himmel! Welch reizendes Geschöpf! Wer mag das sein?! Wahrscheinlich die Tochter des Platzkommandanten auf ihrem Morgenspaziergang, die, nach dem offenerwartungsvollen Blick, den sie durch die halbgeöffnete Schiebetür des Gharry auf mich warf, jemand zu erwarten schien; vielleicht ihren Bräutigam.

Ach, lieber Leser! Gerade als ich die Augen öffnete, erblickte ich durch die vorerwähnte Tür ein Bild vollendeter weiblicher Schönheit! Ein Mädchen in einem eng anliegenden grauen Kleide und mit einem Teraihute, der keck auf dem reizenden, wohlgeformten Köpfchen saß. Welch wunderschönes Gesicht! Welch vollkommenes Oval! Welche herrlichen, ein wenig ernst blickenden Augen! Welche zierliche Nase! Diesen zartgebauten Körper konnte doch nur blaues Blut durchfließen! Welche Rosenknospe von einem Mund! Und diese Kirschenlippen! Ihr süßes Schmollen ist doch der reinste Ruf nach Amors Kuss!

O Götter Jupiter! Venus! Welche Gestalt! Seht doch nur diese köstlich gerundeten Schultern, diese vollen, herrlichen Arme, deren Formen das eng anliegende Kleid so klar hervortreten lässt, diesen reinen, jungfräulich wogenden Busen! Seht wie stolz die schwellenden Brüste sich an die schlichte und dennoch aufreizende Bluse drängen! Ach, und diese kleinen Muschelohren! Wie hübsch sie am Kopfe sitzen! Wie gern hätte ich das Vorrecht, ihre winzigen Läppchen leise zu drücken! Welch liebliches, liebenswertes

Geschöpf! Wie vornehm! Wie engelrein! Wie jungfräulich! Ach, meine Louie, wie du ist auch dieses Mädchen nicht verführbar! Lang und heiß müsste die Jagd sein, die sie dazu brächte, nachzugeben und ihren Leib den Händen und Lippen des keuchenden Verfolgers zu überliefern! Nein! Von allen Mädchen, die ich je gesehen habe, scheint mir dieses am allerwenigsten je vom Pfade der Tugend und der Ehre abzubringen!

Alle diese Eindrücke durchjagten mein Gehirn nach dem einen flüchtigen Blick, den ich auf sie hatte werfen können; denn schon im nächsten Moment hatte der Gharrykutscher die abgehetzten Gäule zu forschem Galopp angetrieben, damit der Sahib in großem Stile in Nowshera einfahre.

Die flüchtige Erscheinung, die ich gehabt hatte, schien dennoch nur einen geringen Eindruck in mir zu hinterlassen, oder, besser gesagt, meine Empfindungen hielten nicht länger an, als in der obigen Beschreibung. Kein heißes Verlangen machte mir das Blut kochen oder entflammte mir Herz und Sinne. Ich glaube, dass eher das Gegenteil der Fall war. Es ist wahr: ich hatte das Mädchen bewundert, ebenso gut hätte ich aber eine Venus aus Marmor bewundern können. Die Gestalt entzückte meine Augen, aber, obgleich mir der Gedanke kam, dieses liebreizende Mädchen könnte eines Tages einem andern gehören, so war mir's doch nicht anders, als wenn ich gehört hätte, eine marmorne Venus sei zum Leben erwacht und bilde das frohe Entzücken eines glücklichen Sterblichen. Mit anderen Worten: sie schien so völlig allem Irdischen entrückt, dass es mir auch nicht im Traume eingefallen wäre, ich könnte sie je wiedersehen. Schon aus dem Grunde nicht, weil ich ja in Nowshera nur die Pferde wechseln und gleich nach Cherat weiterfahren wollte.

Als ich aber vor dem Postamte anlangte, das auch der Umspannort ist, sagte mir der Postmeister, ein gebildeter Hindu, dass er mir nur bis nach Pubbi, einem Dorfe auf dem halben Wege von Nowshera nach Peshawur, Pferde geben könne. Dort müsse ich zusehen, wie ich nach Cherat komme, denn die Straße sei für Dâk Gharries nicht befahrbar. Der gute Mann fügte noch hinzu, dass die Strecke zwischen Pubbi und Cherat wegen der Wegelagerer, die sich dort umhertrieben, für den Reisenden gefahrvoll sei. Die Entfernung betrage gut fünfzehn Meilen. Er riet mir, im Publice Bungalow (einstöckiges Sommerhaus; hier Stationshaus) in Nowshera Quartier zu nehmen, bis mir der Brigademajor zur Fortsetzung meiner Reise verhülfe.

Diese Mitteilungen überraschten mich und drückten mich nieder. Wie in aller Welt sollte ich nach Cherat kommen, noch dazu mit einem Gepäck, wenn keine Fahrstraße hinführte! Wie könnte ich unter solchen Umständen fünfzehn Meilen zurücklegen? Der bloße Gedanke war lächerlich: von England aus hatte ich viele tausend Meilen Wegs zurückgelegt, und nun sollte ich mich von lumpigen fünfzehn aufhalten lassen! Immerhin ließ sich vorläufig nichts anderes tun, als des liebenswürdigen Baboo (Gebildeter Hindu) Rat befolgen.

Der Bungalow stand inmitten einer eigenen Anlage, ein wenig abseits von der Landstraße. Um dahin zu gelangen, musste ich wieder ein Stück der Straße zurückfahren. Ich entließ den Gharry, gab dem Kutscher ein Trinkgeld und rief den Chanßaman (Oberster Diener des indischen Haushalts) herbei. Dieser teilte mir mit, dass der Bungalow ganz besetzt sei, und dass er mich nicht unterbringen könne. Na, das war schön! Während ich noch mit dem Chanßaman sprach, schob ein netter, junger Offizier die Bambusstabjalousie beiseite, die vor dem Eingang seines Zimmers hing und trat auf die Veranda heraus. Er sagte, er habe gehört, was ich wolle, und er warte nur auf einen Gharry, um seine Reise an die Küste fortzusetzen. Meine Ankunft komme ihm ebenso gelegen, wie mir sein Aufbruch; er habe nämlich sofort aufs Postamt geschickt, um sich meinen Dâk Gharry zu sichern, und wenn er ihn bekomme, werde er mir sein Zimmer überlassen. Auch im anderen Falle könne ich's mit ihm teilen, da es zwei Betten habe. Ich brauche wohl nicht erst zu sagen, dass ich das liebenswürdige Angebot freudig annahm, meine Siebensachen bald ins Zimmer befördert hatte und das Wichtigste und Erfrischendste tat, was es in Indien gibt: ein schönes, kaltes Bad nehmen. Mein neuer Freund hatte sich vorbehalten, das Frühstück für mich zu bestellen, und wir setzten uns zu Tisch, nachdem ich mit den Abwaschungen und dem Ankleiden fertig geworden war.

Wir hatten nach dem Frühstück die Choroots (Zigarre in Manilafasson, an beiden Enden abgestumpft) gerade zu Ende geraucht, als der Bursche des jungen Offiziers auf demselben Dâk Gharry angefahren kam, der mich von Attock hergebracht hatte. Wenige Minuten danach verabschiedete sich mein fröhlicher Zimmergenosse.

»Dort drin ist jemand,« sagte er, aufs Nebenzimmer deutend, »dem ich Adieu sagen muss, bevor ich abrutsche.« Er blieb nicht lange aus, schüttelte mir noch einmal die Hand, und bald darauf hatte ihn schon eine Staubwolke meinen Blicken entzogen.

Ich kam mir nun ganz einsam und verlassen vor. Der Bungalow steckte allerdings voller Leute, aber ich wohnte in einem kleinen Anbau, sodass ich keine Seele zu Gesicht bekam, wenngleich ich ab und zu reden hörte. Mich quälte der Gedanke, wie ich nach Cherat käme. Es ging schon auf zehn Uhr und die Sonne sandte volle Bündel brennender Strahlen auf die ausgedörrte Ebene von Nowshera nieder; ein glühender Wind setzte ein, der einen förmlich austrocknete und Lippen und Augen schmerzend machte. Die Hitze ließ mich bald den Gedanken aufgeben, zum Brigademajor zu gehen. Ich holte eine Cheroot hervor, setzte mich hinter einen Pfeiler der Veranda, um mich gegen den Sturmwind zu schützen und versuchte zu lesen.

Doch ich fiel alsbald in den Sessel zurück und paffte teilnahmslos vor mich hin, während meine Blicke über die hohe Gebirgskette wanderten, deren Umrisse zitternd durch die heiße, gelblichschwere Luft herüberschienen. Damals wusste ich noch nicht, dass dort Cherat vor mir lag. Hätte ich auch nur eine Ahnung gehabt, was mich in Cherat erwarte, ich hätte sicherlich die Höhen mit weit größerem Interesse betrachtet, als es der Fall war. Lieber Leser, hast du je das Gefühl gehabt, dass jemand dich anstarre, ohne dass du ihn siehst, noch annehmen könntest, dass dich tatsächlich jemand fixiere? Ich bin in dieser Beziehung sehr empfindsam. Während ich so lässig ausgestreckt dasaß, und meine Blicke in die weiteste Ferne schweiften, regte sich in mir das Gefühl, es müsse jemand ganz in der Nähe sein und mich unausgesetzt anstarren. Anfangs widerstand ich der Versuchung, mich umzudrehen und nachzusehen, wer da sei. Der heiße Wind und der Umstand, dass ich unfreiwillig hier bleiben musste, hatten mich so reizbar gemacht, dass ich dieses Anstarren, von dem ich ganz sicher war, dass ich ihm ausgesetzt sei, als Insulte empfand. Schließlich konnte ich meine Unruhe nicht länger bezähmen, und ich wandte den Kopf zur Seite, um zu erfahren, ob wirklich jemand da sei, oder ob mir meine fieberheiße Fantasie nur einen Possen spiele.

Mein Erstaunen war grenzenlos, als ich dasselbe süße Gesicht, das ich morgens flüchtig gesehen hatte, aus dem halbgelüfteten Bambusstabvorhang blicken sah, der in der Türöffnung des Nebenzimmers hing.

Ich war derart verblüfft, dass ich sofort wieder zu den Bergen aufblickte, anstatt mir die Dame ordentlich anzusehen. Und es wäre doch gar keine Verletzung des guten Tones gewesen! Dabei fühlte ich, dass sie mich noch immer fixiere, und ich war baff, dass die schöne Unbekannte, von der ich fest überzeugt war, dass sie eine wirkliche Dame sei, und von der ich mir einbildete, sie müsse des Kommandanten Tochter sein, solche schlechte Manieren habe und einen völlig fremden Mann in dieser Weise anglotze. Ich wandte wieder den Kopf, und diesmal sah ich das süße, merkwürdige Mädchen ein wenig fester an. Die Blicke ihrer großen, strahlenden, äußerst schönen Augen senkten sich tief in meine; sie sah mich so durchdringend an, als wollte sie meine Gedanken erraten. Einen Augenblick lang hatte ich die Vorstellung, dass es mit ihr nicht recht geheuer sei; da ließ die Schöne, die anscheinend von den Ergebnissen ihrer Forschung befriedigt war, den Vorhang fallen, und war somit meinen Blicken entrückt. Von diesem Momente an war meine Neugierde stark entfacht. Wer konnte es sein? War sie allein, oder war der in meiner Einbildung lebende Vater auch im Zimmer? Warum hatte sie mich so scharf aufs Korn genommen? Beim Himmel! Da ist sie schon wieder und starrt mich an! Ich konnte es nicht länger ertragen. Ich sprang auf, ging in mein Zimmer und rief den Chanßamann.

»Chanßaman! Wer ist die Dame in dem Zimmer da?«, und ich zeigte auf die zugeschlossene Verbindungstür.

»Eine Mem Sahib (verheiratete Frau), Sahib!«

Eine Mem Sahib? Ich war schon früher einmal in

Indien gewesen, und wusste, dass Mem Sahib die Bezeichnung für eine verheiratete Frau sei. Ich war überrascht! Hätte mich jemand gefragt, ich hätte nichts anderes gesagt, als dass dieses reizende Ding nie einen Mann gekannt habe und nie von einem gehabt worden sei, ja, mehr noch, nie von einem gehabt werden würde, bis nicht der Mann ihrer Wahl ihren Weg kreuzte. Dieser Gedanke hatte in ganz außergewöhnlicher Weise in mir Wurzel gefasst.

»Ist der Sahib bei ihr?«

»Nein, Sahib!«

»Wo ist er?«

»Ich weiß nicht, Sahib.«

»Seit wann ist die Mem Sahib hier, Chanßaman?«

»Acht bis zehn Tage, Sahib.«

»Reist sie bald wieder ab?«

»Ich weiß nicht, Sahib.«

Es war klar, dass ich nichts aus diesem Kerl herausbrächte. Nur noch eine Frage musste ich stellen.

»Lebt die Mem Sahib ganz allein, Chanßaman?«

»Ja, Sahib. Sie hat niemand bei sich, nicht einmal eine Ayah (Kindermädchen; Gesellschafterin)!«

Das war ja wunderbar! Woher kannte sie übrigens mein junger Freund vom Vormittag? Warum hatte er mir nichts von ihr gesagt? In dir, erfahrener Leser, ist sicherlich schon der Verdacht rege geworden, dass hier nicht alles beim Rechten sei, ich konnte um alles in der Welt nicht die fixe Idee loswerden, dass dieses Weib nicht nur eine Dame, sondern eine exzeptionell tugendhafte Dame aus vornehmer Familie sei.

Ich nahm wieder meinen Platz auf der Veranda ein, und es dauerte nicht lange, so hörte ich ein Rascheln. Ich wandte mich um, und sah diesmal mehr von dem reizenden Ding. Ihr Blick war noch immer neugierig, starrend, doch ihr Mund verzog sich nicht im geringsten zu einem Lächeln. Sie schien nur in Unterkleidung zu sein, und Beine und Füße – liebliche, winzige, süße Füße mit herrlich geformten Knöcheln – waren nackt; sie trug nicht einmal Pantoffeln. Ein leichter Shawl bedeckte Schultern und Busen, ohne aber die vollen, schöngestalteten, weißen Arme, die schlanke Taille und die prachtvoll ausladenden Hüften zu verbergen. Die nackten Beine erfüllten mich ebenso sehr mit heißer Lust, wie das reizende Gesicht und der wunderbar ruhige, ziemlich ernste Gesichtsausdruck mir alle unkeuschen Gedanken ausgetrieben hatten. Jacques Casanova, der doch in Weibersachen eine anerkannte Autorität ist, sagt, dass Neugierde das Fundament der Begierde sei; dass – wenn diese nicht wäre – der Mann sich mit einem Weibe völlig begnügen würde, da alle Weiber in der Hauptsache gleich sind. Nur die Neugierde treibe den Mann zur Annäherung ans Weib und zum Wunsche nach seinem Besitze. Auch mich ergriff verzehrende Neugierde. Dieses seltsamen Mädchens Gesicht machte in mir den Wunsch rege, zu erfahren, wie es komme, dass sie sich hier in Nowshera, im Public Bungalow, ganz allein aufhalte, und ihre hübschen, nackten Beine ließen mich die stille Frage stellen, ob die Knie und Schenkel ihrer fehlerlosen Schönheit gleichkämen. Meine erhitzte Fantasie malte sich den wollüstigen Venusberg und den köstlichen Mittelpunkt aller Genüsse aus, den Locken überschatteten, die von dunkelbrauner Farbe sein mochten, wie die herrlichen Brauen, die sich über die ausdrucksvollen Augen wölbten.

Ich erhob mich und ging auf sie zu. Sofort zog sie sich zurück, aber schon im nächsten Augenblick schob sie wieder die Jalousie zur Seite. Zum ersten Mal bemerkte ich ein Lächeln auf ihren Lippen. Welch ganz anderen, wundervollen Ausdruck es ihrem Gesichte gab! Zwei süße Grübchen traten in den wohlgerundeten Wangen auf; die rosigen Lippen teilten sich und ließen zwei Reihen wahrer Perlenzähne sehen, und die Augen, die so ernst und nahezu abweisend geblickt hatten, waren nun voller Zärtlichkeit und Sanftmut.

»Es muss Ihnen doch sehr heiß sein, da draußen auf der Veranda«, sagte sie mit leiser, melodischer Stimme, doch mit ziemlich ordinärem Akzent, der zunächst mein Ohr beleidigte. »Ich weiß, dass Sie ganz allein sind. Wollen Sie sich nicht zu mir ins Zimmer setzen und ein wenig plaudern? Wenn Sie ein lieber Kerl sind, werden Sie's tun!«

»Danke sehr«, sagte ich lächelnd und unter Verbeugung. Ich warf die Zigarre fort und trat ein. Sie hielt die Jalousie hoch, um mir Raum zum Vorbeigehen zu lassen. Ich ergriff die Jalousie, die sie mit ausgestrecktem Arm noch immer hielt. Der Shawl war dadurch ein wenig herabgerutscht und ließ fast den ganzen Busen frei; so sah ich nicht nur zwei wunderbar runde, volle, glatte Elfenbeinkugeln, sondern sogar den korallroten Marmor, der die Schneespitze der einen zierte. Ich bemerkte, dass ihr Auge meinen Blick auffing; sie beeilte sich jedoch gar nicht, den Arm zu senken, und ich kam zur berechtigten Anschauung, dass diese freigebige Entfaltung ihrer Reize durchaus nicht unbeabsichtigt sei.

»Ich habe nur einen Sessel hier«, sagte sie, und dabei ließ sie ein süßes kurzes Lachen erklingen, »wir können jedoch zu zweit auf meinem Bette sitzen, wenn es Ihnen nichts ausmacht.«

»Mit größtem Vergnügen, wenn Sie das Sitzen ohne Rückenlehne nicht ermüdet.«

»Aber!«, erwiderte sie im unschuldigsten Tone der Welt. »Legen Sie einfach den Arm um meine Taille, dann werde ich nicht ermüden.«

Wäre nicht der ungewöhnlich unschuldige Ton gewesen, womit sie das sagte, ich hätte sie wohl gleich auf den Rücken und mich auf sie gelegt. Mir kam wieder der Gedanke, ob sie ganz bei Verstand sei. Wäre dann mein Vorgehen nicht schwärzeste Schurkerei gewesen?

Ich setzte mich, wie sie's gewünscht hatte, und legte den linken Arm um ihre schlanke Taille, wobei ich sie ein wenig an mich drückte.

»Ah, so ists recht!«, sagte sie. »Halten Sie mich fest. Ich habe das so gern!«

Ich fühlte, dass sie kein Mieder anhatte. Zwischen meiner Hand und ihrer weichen Haut war nur ein Miederleibchen und ein Hemd, beide aus sehr dünnem Zeuge. Sie fühlte sich so furchtbar schön an! Es ist so prickelnd, den warmen bebenden Leib eines schönen Weibes umfangen zu halten, dass es nur natürlich war, wenn mein Blut schneller jagte und ich das empfand, was der Franzose so richtig das »Aufstacheln der Begierde« nennt. Da saß sie nun, diese wirkliche Schönheit, halb nackt und bebend, deren Wangen eine wunderbar gesunde Farbe hatten, wenngleich sie blasser waren, als man sie im mehr gemäßigten Europa zu sehen gewohnt ist. Die anmutig leuchtenden Schultern und der prachtvolle Busen nahezu entblößt. Je eingehender mein Auge ihren Leib betrachtete, desto mehr erkannte ich, wie fein er beschaffen sei. Das Blühen der Jugend entströmte ihm. Keine hässlichen Vertiefungen des Fleisches ließen die Knochen hervorstehen. Die herrlichen runden Brüste saßen drall und fest, und ich glühte im Verlangen, von ihnen Besitz zu ergreifen, sie fest zu drücken, sie und ihre rosigen Spitzen zu küssen, nein, zu verschlingen! Der Unterrock schmiegte sich den ein wenig auseinander gehaltenen Schenkeln an und zeigte ihre Rundung und unvergleichlich schöne Gestaltung. Wie um meine Begierde noch stärker werden zu lassen – sie musste wissen, welch glühende Lust in mir lebe, denn sie konnte das Pochen meines erregten Herzens fühlen, und ein Blick nach unten musste ihr verraten, welche Wirkung ihre Schönheit und ihre Nähe auf mich ausübten – streckte sie vorerst den einen und dann den anderen ihrer blendend weißen Märchenfüße vor, damit mein gieriger Blick sich nur ja an sie hänge. Ein zartes köstliches Duften, das nur dem jugendlichen Frauenkörper eigen ist, stahl sich in meine Sinne. Ihr üppiges, welliges Haar schmiegte sich seidenweich an meine Wange. War sie toll?! Dieser quälende Gedanke drängte sich zwischen meine verlangende Hand und die prangenden Reize, die sich ihr darboten.

Eine Weile saßen wir schweigsam da. Dann spürte ich, wie sie die Hand unter meinen Rock führte und mit den Hosenknöpfen spielte, an denen die Träger befestigt waren. Den einen Hosenträger knöpfte sie ab, wobei sie sagte:

»Ich sah Sie schon heute früh. Sie waren in dem Dâk Gharry.«

Ihre Hand bewegte sich auf die andere Seite der Hose. Was zum Teufel hatte sie vor?!

»Ach ja«, erwiderte ich, in ihre lachenden blitzenden Augen starrend, »ich habe Sie auch gesehen. Ich hatte gerade im besten Schlafe gelegen, und als ich die Augen öffnete, fiel mein Blick auf Sie. Und ich ...«

Sie hatte die Hosenträger hinten losgemacht, die Hand wieder nach vorn geführt und flach auf den einen Schenkel gelegt.

»Und Sie ...?«, fragte sie, mit gespreizten Fingern sanft die Innenseite meines Schenkels streichelnd. Die Hand hatte sich bis auf Haarbreite dem Gliede genähert, das wahnsinnig stand.

»Nun«, stieß ich hervor, »ich glaubte noch nie im Leben solch ein schönes Gesicht, solch eine prachtvolle Gestalt gesehen zu haben!«

Ihre Fingerspitzen berührten den Kleinen tatsächlich! Leise drückte sie ihn, und dabei sagte sie mit dem süßesten, kindlichsten Lächeln, das man sich denken kann: »Wirklich? Nun, das freut mich; denn, wissen Sie, was ich mir dachte, als ich Sie im Gharry liegen sah?«

»Nein, meine Liebe.«

»Ich dachte, dass ich nichts dagegen hätte, mit solch einem feschen, hübschen jungen Mann zu reisen!«

Nach einer kleinen Pause fragte sie: »Sie sind also der Ansicht, dass ich hübsch gebaut bin?«

Stolz glitt ihr Blick zu den schwellenden Brüsten hinab. »Das will ich meinen!« Ich konnte mich nicht länger zurückhalten. »Ich könnte nicht behaupten, dass ich je einen Busen wie diesen gesehen habe, und solche verführerische saftige Brüste!« Ich griff ihr an die eine der glühend heißen Zitzen, und während ich sie drückte und die harte kleine Brustwarze leicht quetschte, küsste ich den hellauf lachenden Mund, den sie mir darreichte.

»Ah, wer hat Ihnen das erlaubt?! Gut. Was dem einen recht ist, ist dem anderen billig. Ich werde mir bei Ihnen etwas Schönes aussuchen, das ich befühlen kann.«

Mit flinker Hand hatte sie meine Hose auch vorne aufgeknöpft, mit einem Griff mein Hemd herausgezogen und nun schnellte der glühende, wahnsinnig stehende Schwanz hervor, von dem sie sofort Besitz ergriff.

»Ah! Oh! Ach!«, rang es sich entzückt von ihren Lippen. »Wie schön er ist! Wie herrlich schön! Glockengekrönt! Und wie groß! Mein Gott! Und so steif! Wie ein Stück Eisen! Und was für schöne große Eier du hast, mein süßer Kerl, du! Ach, wie gern möchte ich sie dir leeren! Mm ..., jetzt musst du mich haben! Nun ... also ... Also los!! Aah, wie mir's jetzt käme, wenn du nur wolltest!«

Ob ich wollte! Herrgott noch einmal, wie hätte ein Mensch wie ich, strotzend vor Gesundheit, Kraft, Jugend und Energie, solch einer Aufforderung, widerstehen können; selbst dann, wenn die Bittstellerin, deren Hände die empfindlichen Stellen des männlichen Körpers bearbeiteten, auch nur halb – ach was! – nur ein Viertel so schön gewesen wäre, wie dieses geile, prächtige Weib! Statt aller Antwort drückte ich sie sachte auf den Rücken nieder – sie hielt noch immer »ihr« Besitztum fest und begeilend in der Hand, schlug den Unterrock und das Hemd zurück, führte meine heiße Hand über die glatte Fläche ihres wie Elfenbein leuchtenden Schenkels hin und nahm Besitz von der begeilendsten Scham, die ich je im Leben gesehen oder befühlt hatte! Nie noch hatte meine Hand auf solch einem wohlgerundeten Bauch geruht! Nie hatte mein Finger mit solch einer glühenden Fotze gespielt, nie eine gefilzt, die außen so weich, innen so samtglatt war. Und das alles, auch was drum und dran war, gehörte nun mir! Mir allein! Ich konnte es nicht erwarten, zwischen ihre herrlichen Schenkel zu kommen, meinen schmerzlich gespannten Schwanz ihrem Griffe zu entreißen und ihn bis zu den Eiern in die brennende Scham zu stecken. Sie hielt mich jedoch zurück. Ihr Gesicht und ihr Busen waren gerötet, die Augen rollten verzückt, doch mit einer Stimme, die vor unglaublicher Erregung zitterte, keuchte sie:

»Zuerst die Haut anlegen!«

Ich stand vor ihr. Meine Stange bildete mit dem Bauche einen Winkel von beiläufig dreißig Grad,

Hoden und Leistengegend schmerzten mich furchtbar, denn ich war in stärkster Erregung und meine Samenbehälter waren bis zum Überfließen voll. Ich musste entweder dieses wunderschöne, rasende Weib haben oder – bersten!

»Was meinst du damit?«, hauchte ich.

»Wart! Ich zeig dir's!«

Im Augenblicke stand sie – wie wenn sie sich mit einem Sprung der Kleidung entledigt hätte – splitternackt da, über und über glühend und strahlend vor Schönheit, die voller Wollust und Sinnlichkeit war.

Auch ich hatte Schuhe und Socken, Rock, Hemd und Hosen fast mit einem Griff abgeworfen. Heute noch, wenn ich die Augen schließe, sehe ich dieses erlesen gebaute Geschöpf, sicherlich das Ebenbild der herrlichen Mademoiselle de Maupin, in ihrer strahlenden Nacktheit vor mir stehen. Diese tadellos vollkommene, unnachahmbar graziöse Gestalt! Diese unvergleichlichen Gliedmaßen! Dieser Busen, dessen Schneehügel rosengekrönt waren! Dieser überaus berückende Venusberg, der, mit wunderreichen Büscheln lockigen, dunklen Haaren bewachsen, sanft abfiel! Diese weiche, aufreizende Linie, die in ihrer Vollkommenheit die Spalte einer Göttin hätte sein können! Das einzige, was dieser milchreinen Schönheit als Fehler angerechnet werden konnte, waren einige kaum bemerkbare Runzeln, die die tadellose glatte Bauchfläche überquerten, diesen Bauch, der mit seinem Nabelgrübchen das Herrlichste war, was man sich vorstellen kann.

O Götter! Ich stürzte auf sie los und lag im Augenblick zwischen den weit gespreizten Schenkeln auf ihr. Wie weich drückten die prachtvollen Zitzen gegen meine Brust! Und wie weich, wie unsagbar köstlich fühlte sich ihre Spalte an, in die sich Zoll für Zoll mein

Kleiner eingrub, bis er ganz in ihr steckte und meine Eier vor ihrem süßen, weichen Popo hingen, nein, sich an ihn quetschten. Ich konnte nicht tiefer hinein! Welch herrliches Weib! Jede Bewegung, die ich machte, rief bei ihr einen Aufschrei der Lust hervor! Wenn ihr sie gehört hättet, ihr wäret der Meinung gewesen, dass ihre Sinne zum ersten Mal in den tiefsten Grundfesten erschüttert worden seien. Ihre Hände waren unausgesetzt in Bewegung; sie griffen mich ab, vom Kopf angefangen bis zu den äußersten Grenzen des Erreichbaren. Dieses Weib war einfach unübertrefflich in der Kunst, Genuss zu empfinden und zu verleihen. Jeder meiner Liebesausbrüche wurde gefühlvoll erwidert, jeder meiner tiefen Stöße mit einem entgegenkommenden Ruck aufgenommen, der meinen Bohrer bis an sein Ende ins Loch zwängte. Es kam ihr nahezu ununterbrochen. Ich habe schon von Frauen gehört, denen es während einer Nummer dreizehn-, auch vierzehnmal kam, ihr schien es aber in einemfort zu kommen. Aber erst als ich bei den aufregenden, wilden, feurigen, heftig kurzen Endstößen anlangte, erkannte ich, in welch unglaublichem Maße meine Venus vor Lust glühte. Sie hatte geradezu einen Anfall! Sie schrie und stöhnte! Sie zerquetschte mich förmlich mit den Armen und, mit den Füßen auf meinem Rücken, presste sie mich mit einer Kraft an ihren Bauch, wie ich sie ihr nie zugetraut hätte. Ach, die Erlösung! Diese Lust, als es mir kam! Ich überschwemmte sie! Und als die hervorstürzenden Ergüsse in heißen, kurzen Stößen gegen das Innerste ihrer wütend gereizten Fotze anprallten, da drückte sie die Lippen an meine, zwängte die Zunge so tief in meinen Mund, als es nur ging und schleckte meinen Gaumen, während ihr heißer, süßduftender Atem mich durchbebte. Sie zitterte buchstäblich vom Scheitel bis zur Sohle, so furchtbar aufgeregt war sie. Im ganzen Leben hatte ich keinen solchen Fick gehabt!

Nachdem der Sturm vorüber war, lagen wir einander schweigend in den Armen und starrten einander verzückt an. Wir waren zu sehr außer Atem, um auch nur ein Wort reden zu können. Ihr Bauch wogte unter meinem, und ihre bebende Fotze umklammerte meinen Schwanz wie eine festdrückende Hand. Ich berauschte mich an der vollen Pracht ihres engelsüßen Gesichts und konnte den Gedanken nicht fassen, ein leichtfertiges Frauenzimmer unter mir zu haben. Das musste Venus selbst sein, in deren Armen ich lag, deren weiche, üppige Schenkel mich umschlungen hielten! Ich hätte nur gewünscht, dass sie nicht gemuckst und mir den Traum gelassen hätte, ich sei der heiß ersehnte, geliebte Adonis und sie die beständig verlangende Venus, der nun endlich ihr Liebestraum in Erfüllung gehe. Mir tat sich ein Himmel auf, den ich nicht geahnt hatte, bevor ich in diesen unvergleichlichen Körper eingedrungen war! Meine fantastischen Träume entwichen aber, als sie sagte:

»Du bist wirklich ein gottvoller Vögler! Du kennst dich aus! Ah, du verstehst das Schieben! Aber ich bin überzeugt, dass du eine gute Schule hast, sonst kann's einer nicht so wie du.«

»Ja,« sagte ich und drückte sie fest an mich, wobei ich die Rubinlippen küsste, denen solch ordinäre, aber aufrichtige, ihrem Wesen entsprechende Worte entströmt waren, »ja, ich bin gut geschult. Schon als Knabe habe ich in dieser Hinsicht den besten Unterricht genossen, und seither habe ich die Lehren angewandt, so oft ich konnte.«

»Na ja, dachte ich mir's doch! Du machst es vom Scheitel bis zur Sohle besser, als alle anderen, die mich je vor dir gevögelt haben, und ich kann ruhig behaupten, dass ich mehr Männer gehabt habe, als du Weiber!«

Immerhin aufrichtig!

»Was bedeutet das: vom Scheitel bis zur Sohle, mein Lieb?«

»Das verstehst du nicht? Auf jeden Fall tust du's glänzend! ›Vom Scheitel bis zur Sohle‹ heißt: bei jedem Hineinfahren an der äußersten Spitze des Schwanzes beginnen und am untersten Ende aufhören. Mach jetzt noch solch einen langen Schub, ja?« Ich tat's. Ich zog den Schwanz zurück, bis die Spitze gerade noch die bebende Öffnung berührte und stieß ihn sanft aber sicher wieder so tief hinein, als es nur ging. Und dann ruhte ich von neuem auf ihrem Bauche aus.

»So«, sagte sie befriedigt, »so ists recht! Du ziehst ihn fast ganz heraus und hörst nie zu früh mit dem Stoß auf. Nein, du treibst deinen Knüttel ganz hinein, dass die Eier gegen meinen Hintern schlagen, und gerade das schmeckt so süß!«

Unwillkürlich schnalzte sie mit den Lippen.

Nach einiger Zeit zog ich den Schwanz heraus, und meine wunderschöne Nymphe machte sich sofort an die peinlich genaue Untersuchung jenes Organes und seiner Anhängsel, die ihr solch großen Genuss vermittelt hatten. Alles war, ihrer Ansicht nach, durchaus tadellos, und, wenn ich ihr glauben wollte, war ihr noch nie im Leben solch ein Prachtkerl von einem Schweif untergekommen, oder solch schön entwickelte Hoden. Besonders die Eier gefielen ihr. Sie sagte, sie seien so groß und müssten noch voller Samen sein; sie beabsichtigte jedoch, sie gehörig zu leeren, bevor sie mir gestatte, Nowshera zu verlassen.

Der erste Coitus reizte unseren Appetit, und da wir nach der gegenseitigen eingehenden Untersuchung unserer Geschlechtsteile nur noch geiler waren, gingen wir die zweite Nummer an, und bald wanden wir uns unter der köstlichen Pein des Liebeskampfes.

Es war zwei Uhr, als ich sie verließ, und wir waren die ganze Zeit über nicht ein einziges Mal länger als zehn Minuten »außer Gefecht« gewesen. Je öfter ich dieses erlesene Geschöpf hatte, desto mehr sehnte ich mich nach ihr. Ich war frisch, jung, stark, potent, und es waren volle zwei Monate – eine lange Zeit für mich – vergangen, seit ich zum letzten Mal der Liebeslust gefrönt hatte. Kein Wunder, dass meine Venus mit mir zufrieden war und von meiner Darbietung als von einem Feste sprach.

Man sagt, Liebe raube einem den Appetit. Das mag vielleicht bei unerwiderter Liebe der Fall sein, aber ich gebe euch mein Wort, dass ich nach meiner Arbeitsleistung einfach gefräßig war. Ich war herzlich froh, etwas zum Essen, und noch mehr, etwas zum Trinken zu bekommen, denn ich war von der Hitze der Zusammenstöße und der ausdörrenden Wirkung des glühend heißen Windes ganz ausgetrocknet; soweit der Mund in Betracht kam, denn mein Scrotum war noch voll. Noch nie war ich so sehr zum Vögeln aufgelegt gewesen, wie an diesem Tag! Und ich erinnere mich auch nicht, dass ich so viele Nummern hintereinander mit solch geringer Einbuße an Körperkraft vollbracht hätte. Zweifellos hatte die Gleichmäßigkeit meines ehelichen Lebens, mit der festen Zeiteinteilung, den regelmäßigen Mahlzeiten und den gleichfalls regelmäßigen, aber nie ausschweifenden Opferungen auf dem Altar der Venus viel zur Erhaltung der Kraft beigetragen, die so machtvoll in mir wirkte. Mehr aber noch fiel der Umstand ins Gewicht, dass meine neue Geliebte außerordentlich schön und übermäßig geil war. Die Aufregung, die ich empfand, stand nur im Verhältnis zur Größe der Ursache, die sie erzeugt hatte. Trotz meines Hungers wäre ich sicherlich noch mit ihr in dem lustvollsten aller Betten liegen geblieben, hätte in ihrer Umarmung weiter geschwelgt, sie mit der Quintessenz meiner Manneskraft angefüllt, aber sie pflegte, wie sie mir mitteilte, nachmittags ein Schläfchen zu halten und war selbst hungrig. Auch zweifelte sie an meiner Potenz und wünschte, ich solle meine Kräfte für die Nacht aufsparen, um dann wieder ihr Kätzchen – das liebste auf der ganzen Welt – zu trösten.

Fritz Thurn

Die Hetäre*

Aspasia ergriff das Wort: »Meine lieben Gäste! Aus den poetischen Kunstwerken, die unseren Ohren vorgesetzt wurden, ist jedenfalls das eine mit Sicherheit zu entnehmen, dass sich an der Hand der musagetischen Beweisführung allein nicht entscheiden lässt, ob sachlich dem Busen oder aber seinem Gegenstücke am Rückenende der Vorzug gebühre. Andere Prüfungen müssen herangezogen werden, um die wichtige Frage befriedigend und erschöpfend zu beantworten. Nun will es aber ein gepriesener Zufall, dass ich für den heutigen Tag zwei Tänzerinnen bestellt habe, die uns unsere Aufgabe erleichtern sollen. Die Besonderheit der einen Tänzerin ist der Busentanz, die der anderen der Tanz der Hinterbacken. Ist es euch meinen Freunden genehm, so mögen die beiden uns jetzt ihre Künste zeigen. Der Tisch, an dem die Mädchen sitzen, ist an die Wand zu schieben! Wir aber wollen unser Lager an die eine Seite des Tisches zusammenstellen lassen, damit allen ungehinderter Ausblick auf die Künstlerinnen geboten sei!«

Mit dieser Anordnung wusste die kluge Frau des Hauses gleich zwei Fliegen mit einem Schlage zu fangen. Es sollte ja jetzt schon eine gewisse körperliche Intimität zwischen den Symposiasten Platz greifen, die durch die Annäherung der Lager wirksam unterstützt wurde. Kleombrotos war, vom Weine benebelt, schon recht ungeniert geworden, hatte das neben ihm auf dem Lager sitzende Mädchen allzu ungestüm liebkost und war schließlich mit rauem Finger brutal bis zum Hymen des noch unbefleckten Kindes vorgedrungen, das mit einem Schmerzensschrei auffuhr. Als nun die Sklavinnen auf Aspasias Geheiße die Lager zusammenschoben, benützte es die günstige Gelegenheit, um dem allzu lüsternen Spartaner zu entwischen. Kleombrotos war darüber wohl ein wenig verärgert, tröstete sich aber gar bald, als das Knie der neben ihm ruhenden Hermione, wie zufällig, in sanfter Kosung seine Lenden berührte. Die Nähe dieses verlockenden, reiferen Fleisches mit seiner verführerischen Wirkung ließ ihn das treulose Kind rasch vergessen. Bald war er vom Weine und von erotischem Begehren so trunken, dass er dem Tischgespräche nicht mehr zu folgen vermochte, und nun mit geil geblähten Nüstern und eifrig suchenden und tastenden Fingern seine ungeteilte Aufmerksamkeit den schwellenden Formen seiner schönen Nachbarin zuwandte.

Auch an Agis machten sich allmählich die Folgen des Weingenusses bemerkbar, obwohl er sich noch immer im Zaume hielt und mit wachsender Aufmerksamkeit den geistreichen Einfällen Aspasias lauschte, die ihre Worte nur mehr an ihn richtete, es aber verschmähte, gleich Hermionen, die erotische Lust des würdigen Fremdlings durch leibliche Berührung zu schüren, zumal sie ihn für einen unmittelbaren Angriff noch nicht für reif hielt.

Zwei von den Elevinnen waren im Flötenspiele ausgebildet. Auf Aspasias Geheiße traten sie mit ihren Doppelinstrumenten an. Sie ließen eine sanfte, leise Melodie ertönen, durch die das Tischgespräch nicht gestört wurde. Nun waren die Vorbereitungen für die Tanzvorführungen beendigt, denen die Gäste gespannt entgegensahen. Nicht nur die Spartaner, sondern auch die Athener hatten bisher von besonders ausgebildeten Busen- und Hinterntänzerinnen noch nie vernommen. Die in Griechenland üblichen Tänze waren meist streng und keusch in der Form gewesen, und dies selbst dann, wenn sie dem Kulte der Gottheiten der Wollust galten. Und doch war in jüngster Zeit schon eine wesentliche Wandlung der

Geschmacksrichtung eingetreten. Vom feierlich-rhythmischen Tanze vor dem Altare und der Theaterszene, also von der getragenen Kultbewegung, war man zum Tanze als heiterem Gesellschaftsspiele übergegangen, das die Herzen froh und leicht macht, die Glieder aber zur Geschmeidigkeit löst. Zum Lachen und zur Lust reizte bei den fröhlichen Zusammenkünften der männlichen Jugend der Kordax mit seinen grotesken Verrenkungen. Beim Bacchusfeste aber hüpfte man im fröhlichen Satyrschritte der Sikinnis, nur mit losen Kränzen bekleidet, im weinseligen Festzug. Diese Sikinnis mit ihren burlesk heiteren Gebärden wurde dann bei den Symposien der Jugend mit Vorliebe getanzt. Aspasia, selbst eine Meisterin der choreografischen Kunst, hielt es nicht für angemessen, ihre würdigen, zum Teile schon angejahrten Gäste zum Tanze aufzufordern, und wollte als Herrscherin des Symposions auch nicht selbst sich zum Tanze herbeilassen, zumal die wilden Bewegungen des Kordax und der Sikinnis ihrem Geschmacke nicht ganz entsprachen. Sie hatte sich es vorgesetzt, auch auf dem Gebiete Terpsychores umwandelnd, veredelnd zu wirken, und hatte nicht zum wenigsten zu ihrer eigenen Belehrung und Anregung sich um schweres Geld vor einiger Zeit Spezialtänzerinnen aus fernen Ländern des Orients verschrieben.

Sie klatschte jetzt in die Hände. Die Brusttänzerin wurde eingelassen, während die Flötenbläserinnen eine orientalisch-rhythmische Melodie in immer wiederkehrendem, bald aufreizend-eintönigem Satze ertönen ließen. Bis an die Knöchel in einen dunklen Burnus gehüllt, trat die hohe Gestalt der Tänzerin grußlos bis in die Mitte des Raumes. Plötzlich ließ sie ihre Hülle fallen, die sie mit der blanken Fußspitze beiseite schleuderte. Mit Staunen und Neugierde hingen sofort die Blicke der Männer wie gebannt an ihr, die die Musik vorerst nur mit ganz sanften, weichen Bewegungen des Körpers begleitete, ohne ihre Beine vom Boden zu heben. Eine überschlanke Figur mit ganz flachem Bauche, aber mächtig hervorstrebenden Brüsten. Eine Ägypterin offenbar oder eine Araberin, nach dem rabenschwarzen Haare, den großen, mandelförmig geformten, düsteren Augen und der scharf geschnittenen Geiernase mit den unablässig vibrierenden Nüstern zu schließen. Schön war dieses herbe, entschlossene, fast grausame Frauenantlitz nicht, und doch wies es einen eigenartig bedrückenden Reiz auf, der die Anwesenden um so unwiderstehlicher in seinen Bann zwang, je lebendiger und temperamentvoller diese kalten Züge allmählich bei fortschreitender Lebhaftigkeit des Tanzes wurden. Wie altes, gelbliches Ambra schimmerte die Haut ohne jede Schattierung auf den bebenden Gliedern und dem bis zum Gürtel völlig entblößten Oberleibe. Vom Gürtel, einem mit Halbedelsteinen besetzten schmalen Lederstreifen, hingen zwei bis drei Dutzend zollbreiter Purpurbänder fast bis zu den Knöcheln nieder. Sie waren an ihren Enden mit dunkelroten Korallen verziert und verdeckten vollständig die unteren Partien der Gestalt. Erst in der Bewegung gingen diese Bänder auseinander, und dann ließen sie die beinahe hageren, muskulösen, aber wunderbar ebenmäßig geformten Beine sehen. Vorerst allerdings lief nur ein schwaches Zucken und Zittern über die Bänder, die die Korallen mit leisem Knistern aneinander schlagen ließ. Der Gürtel war in streng waagrechter Richtung auf der Rückenseite von einer Lende zur anderen gespannt. An der Vorderseite des Körpers verlief er aber nicht straff gezogen wie hinten, sondern er senkte sich in sanfter, loser Rundung bis zur Mitte des enthaarten

Venusberges nieder. Dies musste dem aufmerksamen Beschauer sofort auffallen. Wie war es aber möglich, dass der lose, überweite Gürtel nicht am schmalen Becken niederglitt und die bebende Tanzfigur nicht ganz enthüllte? Durch welch eigenartiges Mittel war es der fremdländischen Tänzerin gelungen, die hässlich gerade Linie des sonst unter dem Nabel laufenden und den Leib unästhetisch abbindenden Gürtels in eine lose, harmonische Kurve zu wandeln und so dem künstlerisch geschulten Auge einen üblen Eindruck zu ersparen? Die meisten der Anwesenden stellten sich erfolglos diese Frage. Den Frauen mit ihrer in sinnlichen Dingen viel rascher arbeitenden Auffassung war es vorbehalten, die Aufklärung zu geben. Zwei kleine Goldringe waren der Ägypterin in der Höhe des oberen Randes der Beckenknochen durch die Lendenhaut gezogen, an denen dann an kleinen Häkchen der Gürtel hing. Die beiden Ringe, dieser seltsame Lendenschmuck, schienen wohl ausschließlich zum Zwecke angebracht zu sein, die dürftige Tanzkleidung zu tragen. Der Effekt, den sie übten, war jedenfalls überraschend.

Die geheimnisvolle Gürtelbefestigung hatte zuerst aller Augen und Aufmerksamkeit auf sich gezogen; und doch hatte der Busentanz schon begonnen und damit Leben in die beiden herrlichen Busenhügel gebracht, die kegelförmig mit dunkelbraunen Warzenspitzen in die Luft stießen. Diese drohenden, elastischen Zwillinge hatten begonnen, in ganz kurzen, kleinen Gewebezuckungen zu erbeben, die sich über die Magengrube auf die glatte Fläche des Unterleibes ausbreiteten und wie Wellenkämme auf und nieder fluteten. Während die Wellen sich aber auf dem übrigen Leibe bald wieder beruhigten, wurden die Regungen des Busens selbst immer stürmischer. Jetzt war's aber nicht mehr ein bloßes Zucken des feinfühligen Hautgewebes, jetzt war's wie ein wilder Taumel der ganzen Brüste. Von vielgeübten und ausgebildeten Muskelbändern getrieben, richteten sich die Brüste dabei einmal nach rechts und dann wieder nach links und mit ihren dunklen Enden beschrieben sie Kreise durch die Luft. Die Gestalt der Tänzerin war dabei fast ganz regungslos geworden. Nur die schmalen, tiefroten Lippen hatten sich geöffnet, zwischen denen die schimmernden Raubtierzähne hervorlugten. Nun trat der Ausdruck wildester Entschlossenheit in die Züge der Ägypterin. Ungeheuere Willenskraft musste dazu gehören, das Fleisch in bestimmte Richtung zu zwingen. Die zwei Brüste, nach denen die Hände der Männer gierig in geiler Aufregung des Zugriffes zuckten, hörten mit ihren bisher parallelen Bewegungen auf. Sie drehten sich zuerst gleichzeitig auswärts. Dann aber näherten sie sich in jähem Rucke, der sie sich beinahe berühren ließ, als wollten sie sich in wilder Fleischeslust küssen. Jetzt hob die Tänzerin die Arme mit verschlungenen Händen aufwärts, aufwärts richtete sie nun auch den Kopf mit den ekstatisch geöffneten Lippen, mit denen sie zu ihrer unbekannten Heimatgöttin der Wollust zu beten schien.

Wurde sie auch erhört? Durch die mit Ausnahme der tanzenden Brüste regungslose Gestalt ging's plötzlich wie Erlösung. Die starren Glieder belebten sich. Auf den übermäßig langen, schmalen und hochristigen Füßen streckten sie sich hoch und setzten sie zu wildestem Wirbeltanze ein, dessen rasende Drehungen die Korallenbänder strahlenförmig auseinander flattern ließen. Nun wurden an der Mänade die schmalen, ebenmäßigen Säulen ihrer gestreckten Beine vollends sichtbar. Mehr noch! Auch der rosig schimmernde Lustspalt tauchte für Augenblicke zwischen den fliegenden Bändern auf und zog die von den Frauen belächelte geile Neugier der Männer auf sich. Mehr als ein Haupt senkte sich unwillkürlich ein wenig, um diesen enthüllten und geheimnisvollen weiblichen Geschlechtsteil gierigen Auges zu erforschen. Endlich züngelte die lebende Tanzfigur gleich einer hohen Flamme, auf den äußersten Zehenspitzen stehend, noch einmal aufwärts, um dann in sich zusammenzusinken, zu erlöschen.

Die Ägypterin war schon verschwunden, ehe die Anwesenden, nachdem die lähmendste Spannung der Sinne geschwunden war, Zeit gefunden hatten, ihrem Beifalle durch Händeklatschen und Evoerufen Ausdruck zu geben. Die Männer konnten sich nicht genugtun in Worten bewundernden Erstaunens über die verblüffende, phänomenale Darbietung und sparten nicht mit ihrer Anerkennung für Aspasia, der sie das seltene Schauspiel zu verdanken hatten.

Um so ungeduldiger sahen sie dem Auftreten der zweiten Tänzerin entgegen. Auf der Meisterin Geheiße begannen die Flötenspielerinnen wiederum ihr Spiel, das mit geringen Varianten die den Gästen schon bekannte Melodie brachte. Schon bei den ersten Tönen trat die Tänzerin ein oder richtiger, sie lief in raschem, trippelndem Tanzschritte vom Eingange des Raumes bis zur Mitte des Estrichs, wo sie sofort in wilden Bewegungen mit neuartigen Springevolutionen einsetzte. Es war eine tadellos gebaute, grazile Frauengestalt von, wenn die dicht aufgetragene Schminke nicht trog, höchstens zwanzig Jahren. Ihre bescheidene und scheinbar ganz keusch gehaltene Kleidung bestand in einem krokusfarbigen, bis an die Knie reichenden Chiton, der auch den Oberleib bis zur Mitte der Brust hinauf verschloss, sodass sich nur die Unterschenkel mit den bloßen, kleinen Füßen und die weißen, runden Mädchenarme entblößt darboten. Das dunkelbraune Lockenhaar trug die Tänzerin frei. Es war aber so kurz geschnitten, dass es kaum bis an die Schultern reichte. Zwischen den glänzenden Locken lugten zwei vielerfahrene Augen kokett nach den Männern. Wie eine aufreizend begehrliche Liebesmuschel trat der Mund mit seinen hochrot gefärbten Lippen aus dem bleichen Ovale des Gesichtes hervor und zog die lüsternen Blicke der erotisch schon Überhitzten magnetisch an. Mit unerreichbarer, vollendeter Grazie führte die Tänzerin, die nach Aspasias Mitteilung aus Kilikien stammte, ihre Choreografischen Kunststücke vor. Die Zuseher waren aber durch die aufregenden Vorführungen der Brusttänzerin allzu verwöhnt, um volles Verständnis für die ihnen jetzt gebotenen ästhetisch genussreichen Darbietungen aufzubringen.

Endlich wurde der bezechte Aristophanes von Ungeduld übermannt. Jeden Anstand vergessend, rief er aus: »Ja, aber was ists denn eigentlich mit dem Hintern?«

Als hätte die Tänzerin auf diese Frage nur gewartet, hielt sie mit einemmal inne mit ihren technisch einwandfreien Sprüngen und mit wenigen, kurzen Trippelschritten stellte sie sich nun knapp vor der Tischgesellschaft auf, ihr die Rückseite zukehrend. Da zeigte sich nun vor allem, dass ihr einfaches Tanzkostüm denn doch nicht ganz so keusch war, wie es zuerst den Anschein gehabt hatte. Es öffnete sich ganz unerwartet der Länge nach in der Höhe des Gesäßes und ließ es einen Augenblick lang völlig nackt sehen. Aber schon hatte der freigebige Spalt sich wieder geschlossen, während die schlanke Gestalt, ohne den Platz zu wechseln, in wollüstigem Wiegen und Biegen den eigenartigen Tanz fortsetzte, den die geschickten Finger der Tänzerin mit dem Geklapper der Krotalen begleiteten. Durch eine einfache, aber sinnreiche Zugvorrichtung am Gürtel war es der Tänzerin ermöglicht, den Vorhang über dem Mittelpunkte ihrer Rückseite beliebig zu lüften und wieder zu schließen. Das damit ermöglichte originelle Versteckspiel wirkte erregend auf die Sinne nicht nur der Männer, sondern auch der Frauen. In naiver Spannung richteten sich die Augen aller auf die Stelle im Krokuskleide, die eben erst das verblüffende Bild geboten hatte. Endlich tauchte es wieder auf, um nicht mehr zu verschwinden. Nur der Rahmen, aus dem es schaute, verengte sich plötzlich, um sich dann wieder unerwartet zu erweitern – ein heiteres Spiel, das eines eigenen Reizes nicht entbehrte. Jetzt war es im Scheine der vielen Öllampen, deren Licht durch metallene Reflexspiegel verstärkt war, möglich, die Konturen des vorgezeigten Hinterteiles und auch seine Farbentönung genau zu erkennen.

»Der Hintern der Diana von Ephesus«, rief Euripides in sachverständiger Begeisterung aus, »wie herrlich die Harmonie der holden Marmorhemisphären mit den allerliebsten Grübchen!«

Noch war der allgemein bewunderte, von der Tänzerin entblößte Hintern selbst ruhig gewesen. Jetzt aber begann er, lebendig zu werden. Der makellose Marmor, so prall, dass er den Eindruck unveränderlicher Starrheit vorgetäuscht hatte, regte sich, ein Beben lief über die glatte, seidige Haut und plötzlich ging die Ruhe dieses Gesäßspiegels in die tollsten Grimassen über. Es zuckte und tanzte in allen elastischen Muskeln des Fleischgebildes. Bald schoben sich die beiden Lilienbacken in konträrer Richtung aneinander und auf und nieder, bald schlugen sie auseinander, um sich im nächsten Augenblicke wieder fest zusammenzupressen. Endlich sogar vollführten die köstlichen Zwillingspolster Kreisbewegungen in divergierender Richtung. Jetzt reckte sich die Tänzerin auf ihren Fußspitzen, und sie drehte sich langsam, sodass sie den Zusehern abwechselnd die Vorder- und die Kehrseite bot. Die äußere Erscheinung des Hintern war dabei, so oft er den Zusehern gezeigt wurde, jedes Mal eine andere, sodass sie des seltsamen Schauspieles nicht satt wurden und immer wieder gespannt warteten, in welcher neuen Verzerrung sich das Bild des rätselhaft ausgebildeten Mädchenhintern wohl das nächste Mal zeigen würde. Als er dann wieder in klassischer Ruhe vor aller Augen stand, beugte sich das Mädchen vorwärts, sodass er jetzt stark aus seinem Rahmen hervortrat und sich vor den Zusehern gleichsam verbeugte. Die Gäste quittierten diesen Abschied mit Lachen und Applaus, während die Tänzerin von dannen eilte. Auf den Lagerplätzen der Gäste war es während der letzten Tanzvorführungen auch schon recht lebendig zugegangen. Der ungeschliffene Kleombrotos hatte sich, erregt durch die Grimassen des Alabasterhintern der Tänzerin, nicht länger beherrschen können und sich enge an Hermione herangewälzt, die ihm in koketter Absichtlichkeit just den Rücken zukehrte. Zaghaft hatte er zuerst den dünnen Stoff ihres Gewandes hinaufgeschoben, darauf achtend, dass sein Angriff auf die schöne Hetäre den Blicken der anderen verborgen bleibe, und dann hatte er seinen lechzenden Priap an die Afteröffnung des Mädchens gepresst. Dieses hatte den Angriff wohl schon erwartet; es lag ihm aber daran, den Mann noch nicht zur Befriedigung seiner Lust gelangen zu lassen, und dies am allerwenigsten im delikaten Afterröslein. Geschickt vollführte Hermione also eine ganz geringe Körperdrehung, durch die der Phallus, von ihrer vorgehaltenen Hand gestützt, in ihre Scheide glitt.

War dies auch nicht eben das Ziel der Wünsche des geilen Spartaners gewesen, den die Tänzerin gerade für kallopyge Reize begeistert hatte, so zögerte er dennoch nicht, sich mit dem geöffneten Wege zur Lust zu begnügen, und er bohrte sich unter behaglichem Grunzen bis ans Heft des Gliedes in Hermionens Leib. Die Aufgespießte, weit davon entfernt, sein Vergnügen zu teilen, hielt wohl im ersten Augenblick still, machte aber dann jählings eine kurze Bewegung, die den jetzt schon lauter grunzenden Spartiaten aus dem Paradiese riss. Mit raschem Griff brachte Hermione ihre verschobenen Kleider wieder in Ordnung, und dann drehte sie sich dem Schätzer ihrer hinteren Reize mit den geflüsterten Worten zu: »Verzeihe mir, Kleombrotos, du wirst zu laut! Schon musste ich bemerken, dass Aristophanes, der Spötter, zu uns herüberblinzelte. Gedulde dich nur ein wenig noch! Dann werden auch wir uns der ersehnten Vereinigung hingeben können, ohne dass dies deiner Würde Eintrag tut.«

Der in seinen Wonnen gestörte Spartaner war aber nun einmal wütend und Vernunftsgründen unzugänglich. In seiner erhitzten Geilheit außer Stande, auch nur ein Wort zu sprechen, zerrte er plump und ungebärdig das Mädchen wieder an sich, und er gab nicht eher Ruhe, als bis sein Phallus den Platz wieder eingenommen hatte, der ihm schon so überaus lieb geworden war. Dabei ging er in seinem wollüstigen Paroxismus so unvorsichtig zu Werke, dass er die Aufmerksamkeit aller auf sich und sein erotisches Tun lenkte. Das eben war es aber, was Hermione, von Aspasia unterwiesen, beabsichtigt hatte.

Das Beispiel des Amtsgenossen, der sich in gieriger Brunst über Scham und heimatliche Zucht hinwegsetzte, sollte auf den für den Abschluss des Waffenstillstands-Vertrages weit wichtigeren Agis aneifernd und verleitend wirken. Gelang es, auch ihn völlig in die Bande der Trunkenheit und der Sinnlichkeit zu verstricken, so hatte Aspasia gewonnenes Spiel. War die Hemmung der Vorsicht erst einmal derart überwunden, dass der in Liebessachen Unerfahrene sich mit ihr überhaupt nur einließe, so war sie sicher, solche Gewalt über ihn zu erlangen, dass er sich von ihr nach ihrem Willen leiten ließ. Um so abhängiger von ihr, um so leichter zu beeinflussen würden die beiden Gesandten werden, je unvorsichtiger sie sich in bedenkliche Lagen bringen ließen, deren Bekanntwerden sie in Sparta bloßstellen würde. Darum hatte Aspasia die Aufmerksamkeit des Agis, der wie gebannt dem ungewohnten Schauspiele des tanzenden Hintern zugesehen hatte, auf das sich über jede Scham hinwegsetzende Verhalten seines Landsmannes gelenkt. Da er die Brauen runzelte, tauchte sie ihre zauberhaft beredten Augen tief in die seinen, und sie flüsterte ihm zu: »Grolle deinem Gefährten nicht, Agis! Er ist glücklich. Kühn hat er sich genommen, wozu wir beide, durch die Schranken der Würde und des Anstandes beengt, nicht den Mut fanden. In so später Nachtstunde sollten wir aber, befreit von den Rücksichten, die Tageslicht und Stellung uns auferlegen, nichts anderes mehr sein, als Liebe und Glück suchende Menschen. Wir stehen hier unter dem Schütze der Aphrodite Pandemos, die ihre Herrschaft wahllos und gleichmäßig über alle Menschen ausdehnt. Sie vergibt uns gerne im Voraus jeden Fehltritt, den wir ihr zu Ehren tun.«

Während sie sprach, hatte die Vielerfahrene ihre Hand leicht auf die Lende des neben ihr auf dem Bauche ruhenden Mannes gelegt. Seine Sinne waren infolge des Weingenusses und des Anblickes der vielen nur halbverhüllten Frauenformen wohl schon in eine ihm ungewohnte Aufregung geraten. Auch brannte ihm kitzelnd auf der rauen, kriegsgegerbten Haut der lockend weiche Druck der liebeskundigen Hand. Dennoch hatte er sich noch so vollständig in der Gewalt, dass er ohne Zaudern und Verlegenheit dem übereilten Angriffe der Hetäre entgleiten konnte, deren Verführungsstreben er durchschaute oder wenigstens ahnte. Nicht ohne leisen Spott ergriff er die gefährliche Hand; er führte sie mit höflichem Anstande an die bärtigen Lippen und sprach: »Erhabene Symposiarchin! Du gehst zu weit in deiner selbstlosen Gastfreundschaft und willst dir ein Opfer auferlegen, das ich nicht verdiene, weil es mir allzu wertvoll wäre. Für dich, den erkorenen Liebling der Charitinnen, ist ein jüngerer und schönerer Lustgenosse bestimmt. Helena hat nicht den König von Sparta, sie hat Paris bevorzugt. Für die Rolle meines Landsmannes Menelaos habe ich keine Veranlagung.«

Aspasia unterdrückte jedes Zeichen von Ärger über ihren Missgriff und erwiderte lachend: »Du vergisst, dass Menelaos sich von seiner liebreizenden Gattin, als Trojas Mauern gefallen waren, schließlich doch bewegen ließ, sie in seine Arme zu nehmen. Heute noch, mein spröder Freund, sollen auch die Mauern einer strengen, jeder Freude abholden Sitte gebrochen werden, hinter die du dich verbirgst, anstatt, wie es sich für einen Bürger Spartas, der stolzen mauerlosen Stadt geziemte, kühn aus ihnen herauszutreten.«

Bei den anderen Gästen hatten indessen Wein und Lust den letzten Damm der Zucht durchbrochen. Kleombrotos hatte, vom Trunke schwer, Hermione über sich gezogen. Die geschickte, geübte Reiterin, die in allen Sätteln gerecht war, verstand es, ihn durch kundig berechnete Windungen und Drehungen ihres üppigen, glatten Leibes in Raserei der Wollust zu bringen, wie der biedere, raue Spartaner sie bisher noch nie empfunden hatte. Im weichen Liebeshafen, den das elastische Hinterteil Melittas jedem Schätzer kallopyger Formen vollendet bot, hatte Euripides Anker geworfen. Aristophanes, der erfahrene, geriebene Schlemmer, hatte aber nur auf den Ausbruch allgemeiner, überschäumender Lust gewartet, um sich das Früchtekind zu greifen und auf sein Lager zu betten. Nun kniete er vor das noch unbefleckte, aber schon lüstern gemachte Kind hin, um mit gieriger Zunge im kleinen Wonnespalte zu wühlen, während seine Finger in nervöser Hast am übrigen Körper des jungen Dinges herumspielten.

Vorerst hatte Agis mit einigem Unwillen auf die orgiastischen Gruppen der sich in heißer Wollust umfangen Haltenden geblickt. Er empfand es trotz der Einwirkung des schweren Weines noch als eine Verletzung seiner Würde, dass jene wildlüsternen Szenen sich ohne alle Rücksicht auf ihn vor seinen Augen abspielten. Allmählich aber nahm ihn das verführerische und ungewohnte Bild gefangen, und es begann, mit verderblicher Übertragung der Sinnenregung der anderen auf ihn seine Widerstandskraft zu brechen. Der erotische Anblick und der feurige Trunk ließen sein Blut bald wild, wie das eines liebestollen Jünglings, durch seine Adern kreisen. Er fühlte deutlich, wie in seinem Innern die Mauer der freudezerstörenden Zucht niederbrach, von der Aspasia gesprochen hatte. Noch suchte er, der Versuchung zu entrinnen, und er wich deshalb dem verheißungsvollen Blicke des verführerischen Weibes aus, dessen Augen er prüfend und zugleich begehrend auf sich gerichtet fühlte. Verhindern konnte er es aber nicht, dass Aspasia, während ein triumphierendes Lächeln über ihr Antlitz huschte, wahrnahm, wie dem auf der Seite liegenden, sittenstrengen Spartaner, der mit immer geileren Blicken den Liebesumschlingungen der Tafelgenossen zusah, der Chiton sich nun unter dem Bauche aufbauschte.

Jetzt konnte der Halbtrunkene dem letzten Sturme der vielerprobten, erfahrenen Feindin wohl nicht mehr widerstehen. Nahe wälzte sie sich auf dem Lager an Agis heran, so nahe, dass sie endlich den zuckenden Phalluskopf des Spartaners an ihrem schwellenden Schenkel verspürte.

»Agis«, flüsterte sie mit kaum hörbarer Schmeichelstimme, während ihre Finger sich in unendlich zarter, aufreizender Liebkosung um das von wildem Verlangen strotzende Glied des Mannes legten, »willst du noch länger allein unter all den Genießern höchster Lust darben? Stürmisch ruft dein Fleisch nach der Umarmung – fast so stürmisch wie das meinige!«

Da lief ein Zittern über den Leib des abgehärteten Kriegsmannes, als wären die Grundfesten seines Wesens erschüttert; ein Seufzer des Schmerzes und zugleich des sieghaften Begehrens drang aus seiner gepressten Kehle, und in schier krampfartiger Gier schlang er seine Arme um die ihn bezaubernde Hetäre.

Ein endlos langer Kuss war's, ein Kuss, der den nicht verwöhnten Spartaner unter der zarten Berührung der liebeskundigen Frau bis ins innerste Mark erschauern ließ, ein Kuss, der seine hungrigen Sinne mit ungeahnter Süße umschmeichelte, da gleichzeitig die kleine, weiche Hand kosend seinen lechzenden Priap umfing.

Aspasia löste sich endlich, als erste des Atems beraubt, aus der Umschlingung. Dadurch, wie aus einem Taumel erwachend, riss Agis plötzlich die Augen auf. Grimm, Empörung, Entsetzen über die eigene Schwäche trieben ihn vom Lager empor. Er eilte ans Fenster, um sich Kühlung zu schaffen. Alkibiades hatte sich inmitten des allgemeinen Bacchanales noch zu keinem Opferaltare entschlossen. Gleich dem Gotte der Wollust stand er hochragend, schlank und doch von mädchenhaft weicher Anmut umflossen vor dem wirren Knäuel der in erotische Ekstasen versinkenden Genossen des Symposions. Ein sarkastisches Lächeln huschte über seine Züge; er, der verwöhnte Liebling der Frauen und der Männer, blieb frei von eifersüchtigen Regungen. Auch die lüsterne Umarmung Myrrhines durch ihren Oheim hatte ihn nicht im entferntesten gekränkt.

Nun grüßten seine Augen verständnisvoll Aspasia, die nicht ohne Besorgnis auf den abgewendeten Agis blickte. Er trat zu ihr. Als er jedoch zu sanftem Gekose nach ihrem Busen griff, schob sie seine Hand entschieden zurück und raunte ihm zu: »Nicht doch, geliebter Freund! Heute gilt es, an die Lust der anderen zu denken, nicht an die unsrige! Der widerborstige alte Spartaner gibt mir noch genug zu schaffen. Später einmal werde ich dir schon erklären, welche Beweggründe heut all' mein Tun beherrschen. Frage nicht nach ihnen! Lasse es dir genügen, wenn ich dir sage, dass sie besonderer Art sind, und handle nach meinem Geheiß! Meines Dankes magst du sicher sein.«

Neugierig und aufmerksam hatte der junge Athener ihr zugehört. Mit dem ihm angeborenen diplomatischen Instinkte witterte er, dass hier Staatsinteressen auf dem Spiele ständen, und es befriedigte und reizte ihn, dabei mitwirken zu können. Ohne Zaudern stellte er sich daher den Wünschen der Herrin des Hauses zur Verfügung.

Schon begannen verschlungene, in Lust verkrampfte Glieder sich zu lösen; Seufzer letzter Wonnen erstarben bereits. Langsam schieden sich die in Wollust vereinheitlichten Doppelwesen wieder in gesonderte Individuen. Nur Aristophanes war mit dem Kinde noch immer nicht fertig geworden. Der ganze schamfreie Zyniker setzte seine Zungenliebkosungen an dem Mädchen immer noch fort, ohne sich durch die spöttischen Bemerkungen der Umstehenden irgend beirren zu lassen. Allzu sehr entzückten ihn die Wonneschauer, die er auf dem jungen, noch nie entweihten Körper immer wieder hervorrief. Er ließ seine aufzuckende Beute, die er mit lüsternen Händen festhielt, auch dann nicht fahren, als sie sich, durch das Gelächter der Anwesenden aufgeschreckt, seinen Armen entwinden wollte.

Das laute Lachen, das die unstillbare Lüsternheit des Aristophanes hervorgerufen hatte, veranlasste Agis, sich umzuwenden. Er schien noch immer von Unmut und Scham bedrückt. Aspasia entging dies nicht.

Indessen verschwanden die Mädchen in einen Nebenraum, um die Spuren des Beischlafes zu tilgen, und Elevinnen brachten kleine Erzbecken mit warmem Wasser, das der Reinigung dienen sollte.

Da trat Aspasia lächelnd an Agis heran, und schmeichelnd flüsterte sie ihm, den Arm um seinen Hals legend, zu: »Eigentlich, o Agis, sollte ich eifersüchtig sein und dir nun grollen. Du scheinst deine Freundin verschmähen zu wollen. Selten wohl noch ist mir solche Kränkung widerfahren, wenn mir auch das Äußerste dank Aphroditens Huld erspart blieb. Und doch will ich dir gerne vergeben, wenn du später das mit deinem Kusse besiegelte Versprechen einlösest. Jetzt aber strafe mich nicht länger mit der Strenge deines Blickes, sei nachsichtig! Nachsichtig gegen dich und gegen mich, und lasse des Festes mich wieder froh werden, das für mich so lange kein Fest sein kann, als drohende Wolken über deinen lieben Brauen schweben.«

»Ach, Aspasia«, erwiderte der Schwergeprüfte, »in Thrakien soll es Zauberinnen geben, befähigt, die Menschen nach ihrem Willen zu lenken. Du Vielgereiste musst wohl zu ihnen in die Schule gegangen sein! Schon bin ich Wachs in deinen Händen, schon löst sich der Groll im erzürnten Busen, und befreiend legt sich der Gedanke an die Wonnen, die mir deine Augen versprachen, auf mein gequältes Herz.«

Frisches Öl wurde in die niedergebrannten Lämpchen gegossen, neuer Wein in die geleerten Becher. Heiße Sinnenlust erglänzte in den Gesichtern der Symposiasten, die den Rückschlag nach dem ersten Liebesopfer schon allgemach überwanden. Auch Aristophanes war schließlich trotz seines Sträubens von seinem Opfer weggezerrt worden, als es, nicht mehr nur von der gelenken Zunge des Poeten im Wonnenestchen sanft gekost, sondern auch von seinen gieren Fingern in den zarten Öffnungen der Scheide und des Afterrösleins bitter gequält, im Überreize zu winseln und zu schreien angefangen hatte. Man hatte die ziere Kleine wieder auf den von ihr unvorsichtig verlassenen Schild gebettet, sie getröstet und neuerdings mit dem Reste der Früchte garniert.

Wer keine Lust mehr hatte, nach Früchten zu langen, nahm zur Erfrischung süßen oder saueren Rahm, den Aspasia in flachen Schalen herumreichen ließ. Die nimmermüden Zecher, und allen zuvor die beiden Spartaner, zogen es aber sehr bald vor, sich wieder dem Trunke zu widmen. Rascher als alle Speisen, ergänzte der schwere feurige Wein die entströmte Lendenkraft. In bacchantischem Taumel lagen die Tischgenossen, wieder enge aneinander geschmiegt, auf den Ruhebetten, durch die weit geöffneten Fenster strich die frische Nachtluft erquickend über ihre erhitzten Glieder hin.

Euripides, der auf seine Würde sonst stets bedachte, eitle, zurückhaltende Euripides hatte alle Haltung verloren. Er war von Melittas verborgenen Reizen so entzückt und begeistert, dass er sich von ihr gar nicht mehr trennen wollte und seinen Finger immer wieder kosend über die üppig elastischen Hinterbacken gleiten ließ und ihn durch die enge Kerbe schob, als wollte er sich vergewissern, dass ihm die Stätte seines Genusses und seines Triumphes über die widerstrebenden Gewalten erhalten geblieben sei.

Aspasia war daran gelegen, den Sinn der Männer, da er endlich auf das Erotische eingestellt war, nicht mehr abschweifen zu lassen. Wusste sie doch, wie schwierig es zuweilen werden kann, einmal erloschenes sinnliches Feuer von neuem in den Adern des Mannes zu entfachen, und dies insbesondere dann, wenn schon der Höhepunkt der Lust erreicht gewesen war und dort ein Niederstieg in Ruhe und Entspanntheit der Sinne stattgefunden hatte. Sie wollte ihr heißes spartanisches Eisen schmieden, bis es nur mehr Schlacken gab. Ohne Unterlass hielt sie Agis im Banne ihrer geheimnis- und verheißungsvollen Blicke.

Nun hielt sie ihm ihren Fuß hin und sagte lächelnd: »Das Band meiner Sandalen beginnt, mich zu drücken, Agis, löse es mir!«

Er gehorchte und versagte sich dabei nicht, seine heißen Lippen auf ihren weißen, duftigen Fuß zu drücken. Sie nahm die gelöste Sandale anmutsvoll aus seiner Hand entgegen und schnitt das eine, aus elastischer Purpurwolle gefertigte Band ab. Verständnislos glotzte Agis sie an.

Jetzt beugte die Hetäre sich über ihn: »Namenlose

Wonnen will ich dich kosten lassen, mein Freund, Wonnen, mit denen ich sonst geize und die überhaupt noch kein Sterblicher kennen lernte, dem nicht mein Herz in Liebe entgegenschlug. Du sollst im höchsten Sinnengenusse vergehen, so wie ich hoffe, in deinen starken Armen süßesten Tod zu erleiden. Nur musst du es mir überlassen, den Zeitpunkt zu wählen, den ich hierfür als den richtigen erkennen werde, und musst dich widerspruchslos meinen Anordnungen fügen.«

Der weinselige und wonnegierige Mann dachte nicht an Widerspruch. Mit lüsternem Schauer sah er dem Tun der vergötterten, nun auch von ihm vergötterten Hetäre entgegen.

Aspasia hatte berechnend so lange zugewartet, bis Weib und Mann, so weit sie nicht infolge übermäßigen Weingenusses im Nebel wunschloser Erschlaffung schwammen, nur mehr an eigene Sinnenlust und ihre Befriedigung dachten. Nun aber brauchte sie unwillkommene Störung nicht mehr zu fürchten, nun endlich konnte sie selbsttätig eingreifen. Sie zog dem neben ihr ruhenden Manne sachte den Chiton über das Haupt hinweg, griff nach dem abgetrennten Sandalenbande und bemächtigte sich mit zarten, wohltätigen Fingern seines Phallus. Ruhig und sicher schlang sie das Band unterhalb des Hodensackes um ihn und die Gliedwurzel. Sie kreuzte es hier, nachdem sie fest angezogen hatte, und schlang es hierauf noch einmal oberhalb des Hodensackes um den Phallus, worauf sie die ganze Unterbindung mit einem widerstandsfähigen, aber rasch und leicht löslichen Knoten schloss. Dabei hatten ihre Finger es vermieden, ihr Opfer zu liebkosen, und dennoch hatte Agis schon bei dieser Beschäftigung der kundigen Frau ihm bisher fremd gebliebene Wonnen gekostet.

Die Fessel, die die zarte Hand des schönen Weibes um sein Glied gelegt hatte, fühlte er zugleich als unentwirrbare, bezaubernde Bande für seine Seele. Der seelische Reiz, verbunden mit dem körperlichen Sinnenkitzel, ließ dann auch sofort lustheischendes Blut in seinen Priap strömen. Er schwoll an, immer stärker an, und immer aufregender drückte das elastische Band in stetiger Wechselwirkung auf Nerven und Adern, die, unterbunden, das Blut nicht mehr zurückfluten ließen, immer mächtiger hervortraten und das nur wenig nachgebende Band so immer mehr anspannten.

Aspasia beabsichtigte, den Spartaner durch längere Zeit den chronischen Wonnezustand durchkosten zu lassen, und hütete sich daher, sein strotzend abstehendes Glied unmittelbar zu berühren oder sonst zu reizen. Sie schloss den in lechzender Erwartung der Lust fiebernden Mann in ihre Arme und ließ die Zunge zwischen seine geöffneten bärtigen Lippen gleiten. Mit zuckenden Händen suchte der Mann, einem dunklen Triebe folgend, die dünne Bekleidung von des Weibes Körpers zu zerren. Schon längst hätte die über hemmende Schamgefühle erhabene Hetäre sich selbst entkleidet, hätte sie es nicht zielbewusst darauf abgesehen gehabt, den Mann dazu zu bringen, dass er ohne Aufforderung ihrerseits den letzten Schleier, so dünn er war, doch noch eine peinlich empfundene Scheidemauer zwischen den beiden Leibern, lüfte. Nur durch geschickte Bewegungen des Körpers unterstützte sie die unbeholfenen, täppischen Bemühungen des Mannes, und sie löste die hemmende Umarmung erst, als er ihr das Hymation bis ans Knie heruntergezerrt hatte.

Nun schmiegte sie ihren Körper mit der seidenglatten duftigen Haut an den Spartaner, der krampfhafte

Anstrengungen unternahm, seinen Phallus zwischen ihre Schenkel zu bohren. Nur für einen kurzen Augenblick aber gestattete sie dem endlich Eingedrungenen, sich dort wonnig zu ergehen. Sofort ließ sie die Schenkel wieder weich auseinander gleiten, und der geile Sturmwidder stieß ins Leere.

»Zürne mir nicht«, flüsterte die Hetäre, sich aus den Armen des Mannes lösend, »und lege dich auf den Rücken!«

Dann, als dies geschehen war, kniete sie über seine Brust, und sie strich ihm mit kundig zarten Fingern kosend über Lenden und Weichen und die zottig behaarte Brust, deren Warzen sie so lange zupfte, bis sie blutgeschwollen hervorragten.

Agis hatte, aufstöhnend in geiler Geschlechtsgier, nach ihrem verlockenden, herrlich geformten Busen gegriffen und ihn im Drange, das holde Weib mit seinem blühenden Fleische ganz zu genießen, fest mit den Fingern umklammert. Aspasia aber löste sich mit sanfter Gewalt und lächelnd aus der Umklammerung der ungefügen Pranken, stützte sich, über den Mann gebeugt, mit den Händen auf das Lager auf und ließ die strotzend hervorgetretenen Spitzen ihrer Brüste über seinen Leib gleiten. Sie küsste mit ihnen in zärtlich sanfter und doch so überaus erregender Berührung seine Brustwarzen und wanderte mit ihnen langsam auf dem Leibe des Liegenden abwärts, bis sie in überzarter Kosung über die kitzligen Leisten herab zum hochangeschwellten Phallus gelangten. Leise, wie zufällig, streifte der eine weiche Busenhügel den unbefriedigt fantasierenden Lustknüppel. Dann lagerten sich die wollustspendenden Zwillinge unterhalb des Hodensackes, und von da strichen sie weichwohlig über die erhitzten Hoden und das starrende Glied, um sich endlich wieder in enger Umarmung auf des Mannes Brust zu legen, den wilde, ungestillte Gier schon schier von Sinnen brachte und der wie ein von Arthemis Pfeilen getroffener Eber grunzend aufstöhnte, als nun des Weibes beglückende Hand seinen Priap berührte.

»Erbarme dich, du Zauberin«, röchelte endlich der von Geilheit Trunkene, »ich halte es nicht länger aus – schon bin ich meiner Sinne nicht mehr mächtig. Lasse mich enden in deinem göttlichen Leibe! Lasse mich wenigstens dieses berückende Fleisch küssen, nach dem ich mich verzehrend sehne!«

»Bald«, kam es leise von ihren Lippen zurück, »gedulde dich noch etwas!«

Wie eine Schlange entglitt sie gleichzeitig seinen Armen, sodass jähes Erschrecken ihn erfasste. Es drohten ihm aber nicht neue Tantalusqualen. Das Weib war wohl vom Lager gestiegen, hatte sich aber ungesäumt der Länge nach auf seine Beine gelegt und seinen Hodensack zwischen ihre elastisch weichen Brüste gebettet. Der linde Druck der Schneehügel auf die überreizten, empfindlichen Klöten bereitete dem Manne neue Wonnen. Sein langer Priap stand nun zuckend vor der Hetäre Antlitz. Langsam, nur ganz langsam näherten sich die unheimlich erfahrenen Lippen, und dann streiften sie die rotglänzende Eichel mit einem leisen Kusse, der nicht viel mehr war als ein linder Hauch. Dennoch wurde er von den angespannten Nerven aufgenommen und als verwirrend zarter Gruß an des Mannes delirierende Seele weitergeleitet.

»Aspasia«, schrie er in toller Geilheit auf, als wollte er, in der Lustspenderin Namen konzentriert, hinausbrüllen, was sein Wesen bis auf den Grund aufwühlte und erschütterte!

Die Angerufene meinte, nun nicht länger mehr zögern zu dürfen. Sie ließ den ganzen Kopf des Priap in ihren Mund schlüpfen, und ein Aufstöhnen der Erlösung drang als unmittelbare Antwort aus der gequälten Männerbrust. Noch war es aber keine Erlösung, den der überwältigende Sinnenkitzel, keine Befriedigung, die dieses Lippenpaar brachte. Aspasia machte keine Bewegung mit dem Munde, die eine befreiende Entladung der Säfte eingeleitet hätte. Ruhig vielmehr blieben ihre Lippen, die den Phallusschaft aufwärts an den Leib des Mannes anpressten. Neue, noch verschärfte Wonnen musste der Mann durchkosten, an dessen Brustwarzen Aspasias Finger wieder zupften, während die berühmte Zunge an der empfindlichsten Stelle zum wunderwirkenden Tanze ansetzte. Ganz leise und immer genau an derselben Stelle an der Unterseite der Eichel stieß die Zunge aufwärts, um dann plötzlich mit weich gehaltener Fläche eine süße Schmeichelfahrt um die Eichel herum zu unternehmen.

Die Hetäre ermaß genau Reizaktion und ihre Wirkung und setzte, ohne auf des Mannes Lustschreie zu achten, ihre ersprießliche Tätigkeit fort, bis der Phallus zwischen ihren Lippen deutlich zu pulsieren begann. Sie wusste, dass die Entladung nun schon stattgefunden hätte, wenn die Unterbindung dies gestattet haben würde. Eine kurze Ruhepause musste den Nerven gegönnt werden, an die sie so hohe Ansprüche stellte. Sie erhob sich und trat neben den Mann, der mit verzückten Augen aufwärts starrte. Sie gab ihm wortlos einen Kuss auf den Mund und kniete dann derart über ihn hin, dass ihr Hinterteil sich über seinem Antlitze befand. Ein Jubelschrei erscholl aus dem Munde des Mannes, um, kaum verklungen, schon wieder zu ersterben, da er sofort seine lechzenden Lippen in heißer, unbezähmbarer Gier auf die ihm dargebotene Muschel gepresst hatte. Nie noch zuvor hatte der sittenstrenge Spartaner eine Frauenmuschel geküsst. Um so betäubender durchflutete ihn daher der mysteriöse Geschlechtsreiz.

Im Bestreben, die angebetete Hetäre mitgenießen zu lassen, wühlte er ungeschickt mit zuckender Zunge am rosigen Schlunde. War es für ihn nicht eine bittere und doch den seelischen Reiz zugleich steigernde Würze, zu wissen, dass in dieser, von ihm jetzt liebkosten Wonnefurche vor ihm schon so viele andere genossen hatten? Jedenfalls war der seelische Reiz stark genug, um ihn gar nicht zum Bewusstsein dessen kommen zu lassen, dass auch sein Leib sich im Taumel höchster sinnlicher Lust befand. Aspasia, die sah, dass des Mannes Drüsen schon bis zum Platzen gefüllt und gespannt waren und dass sich die Empfindung überströmender und ausströmender Wollust schon dauernd seiner bemächtigt hatte, begnügte sich damit, sie dadurch rege zu erhalten, dass sie die steife Zungenspitze in wonnig gleichmäßigen Bewegungen zart in die Eichelöffnung stieß. Schier endlos und doch immer noch zu kurz für den Genießenden währte diese süße Liebkosung.

Endlich aber revoltierte die missbrauchte Natur des Mannes gegen die Überreizung. In wildem Krampfe sprangen an seinem Leibe die Muskeln hart hervor, es krachten die Gelenke und in hohem Bogen wölbte sich der lustdurchschauerte Körper aufwärts, der Zauberzunge entgegen.

Sachte und vorsichtig öffnete Aspasia den Knoten des Bandes. Es war ihre Absicht, dem in ihre Hand gegebenen Manne dadurch eine letzte Wonneüberraschung zu bereiten, dass sie sich plötzlich über ihn schwingen und ihn den erschöpfenden Wonnetaumel in ihrem Leibe austoben lassen würde. Allein allzu viel hatte sie ihrem Opfer schon zugemutet. Kaum war der Staudamm des Bandes von der Gliedwurzel entfernt, so sprudelte der Lebenssaft auch schon unhaltsam hervor, sodass der Hetäre nichts anderes übrig blieb, als den schier unerschöpflichen Priap, wollte sie ihr Werk nicht mit unerquicklichem Missklange enden sehen, zwischen ihre Busenhügel zu betten. Weit entfernt davon, selbst zu genießen, presste sie sich dabei mit heftigen Zuckungen der innersten Muschelpartien fest auf das Antlitz des Mannes, um ihn glauben zu lassen, dass es ihm gelungen sei, ein gleichzeitiges Überschäumen der beiden Wonneschalen zu bewirken. Wohlbedacht hatte sie es vermieden, den Phallus im Orgasmus noch weiter zu reizen. Sie hatte sich damit begnügt, die zuckende Eichel in ihrem lind elastischen Lager zu halten. Langsam löste sie sich vom Manne, eilends reinigte sie ihren besudelten Busen, und dann wendete sie dem Lustgenossen ihr Antlitz wieder zu, nachdem sie mit Befriedigung festgestellt hatte, dass sein überreizter Phallus trotz der kaum beendeten Samenentströmung noch immer unentwegt aufwärts starrte. Diese letzte Kraft wollte sie ungesäumt vollends erschöpfen, und so führte sie das Glied unverweilt in ihre Muschel ein.

Nach der ersten betäubenden Ekstase war Agis völlig apathisch gelegen. Das Eindringen in den elastischen, weichen Frauenleib, das ohne sein Zutun geschah, bedeutete für ihn einen neuen, ermunternden Nervenreiz. Diesmal war's aber kein Reiz, der von aufpeitschender, nie voll befriedigter Sinnenlust hervorgerufen worden wäre, vielmehr war's eine süße wohltätige Lustäußerung, die gleich der Befreiung der erlösten Mannesnatur wirkte. Unendliches, lauteres Glücksgefühl durchströmte seine fiebernden Glieder, die der Erlösung gierig zustrebten.

Sie noch lange hinauszuschieben, war nicht Aspasias Absicht. Die sanften Bewegungen ihres geschulten Unterleibes brachten den Mann der Lustentladung bald nahe. Gleich einem wohlig lauen Regen auf die erhitzte Haut wirkten sie auf Agis. Ein köstlicher, sanfter Genuss ohne jeden bitteren Beigeschmack, der nach des genießenden Wünschen ewig hätte dauern sollen. Nur zu rasch drängten die überreizten Drüsen zur Entscheidung. Aspasia erkannte die Vorboten der Wollust und ließ sich mit dem vollen Gewichte ihres Körpers fest auf dem Unterleib des Mannes nieder. Bis zur Öffnung des Muttermundes drang sein Liebesschaft ein, und dieses von Aspasia in mühevollem Streben besonders ausgebildete zarte Organ begann mit jenen unendlich reizvollen Liebkosungen der Eichelspitze, deren Beherrschung fast mehr zum Ruhme der Hetäre beigetragen hatte, als ihre wunderbare Schönheit. Wie von liebesgierigen Lippen zog es sanft und schmeichelnd am jubilierenden Gliede, bis es seine Schleusen öffnete und die letzte Kraft entströmen ließ. Restloses Wohlbehagen erfüllte den Mann, dessen raue, nie missbrauchten Sinne in den letzten Stunden die schärfsten Reizungen der Wollust hatten ertragen müssen. Des Entkräfteten Herz war aber durchtränkt von dem alles nivellierenden, alle anderen seelischen Regungen auslöschenden Gefühle innigster Liebe zu dem Weibe, dem er solche Dityramben der Lust zu verdanken hatte. Der Überschwang des Gefühles des einfachen, harten Spartaners brachte ihn fast völlig um Denkvermögen und Beherrschung.

Neben der Südspitze der Insel Euböa, die sich in scharfer, dunkler Kontur vom Firmamente abhob, wies die dunkelgrau flutende und stellenweise von jähe auftauchenden Silberwellen unterbrochene See ein orangefarbenes Band auf, das immer dunklere, feurigere Tönungen annahm. Die rosenfingrige Eos verkündete das lichtbringende Nahen der Sonne. Die Lebewesen der freien Natur waren erwacht, als wollten sie die hohe Feier des Sonnenaufganges nicht versäumen. Neben dem schrillen, aus der Ferne aber zart wirkenden Flügelschnarren der Zikaden, dem einförmigen Begleittone des Morgenkonzertes ließen sich die schluchzenden Laute einer Nachtigall, die dem müde heimfliegenden geliebten Genossen einen Abschiedsgruß nachsandte, und die munteren Fanfaren einiger den Tagesanbruch willkommen heißenden Pirole und Meisen vernehmen.

Aspasia schlang ihren weichen Arm um den Nacken des unter der Berührung der frischen Morgenluft leise erschauernden Mannes, legte seinen Kopf an ihre Wange und wies nach Osten. »Immer kommt vom Osten das Licht, mein Agis«, sprach sie, »wahrhaft leuchten, erleuchten und erstrahlen, ohne zu versengen, will die Sonne aber nun bei uns Hellenen. Auserlesen ist unser kleines Volk inmitten der unendlichen Flut der See, inmitten der unendlicheren der Barbarenvölker, die es umgibt, erlesen, das Licht, die Erkenntnis vor allen anderen aufzunehmen, zu sammeln und verstärkt und geläutert widerzuspiegeln. Nur wir sind mit den Göttern des Olympes verwandt, den ewig heiteren Schöpfern und Bringern der Liebe und der Schönheit. Ein heiliges Erbteil ist uns von ihnen überkommen. Es getreulich zu verwalten und sorglich zu pflegen zum Heile der gesamten Menschheit und kommender Geschlechter ist unsere Pflicht! Vom Norden, vom Osten und vom Westen bedrohen uns ständig die finsteren Mächte des Orkus.

Ihnen dauernd zu widerstehen, vermögen wir Hellenen nur, wenn wir davon ablassen, uns gegenseitig im brudermordenden Kampfe zu zerfleischen. Unendlich ist meine bewundernde Liebe zum eigenen Volke. Sie verleiht mir den Mut, dich trauten Freund meines Herzens zum wissenden Gefährten meiner Wünsche zu machen. Aspasia könnte dich nicht so lieben, wie sie dich liebt, wenn sie nicht fühlte, dass du, weit über den Gesichtskreis deiner engeren Heimatgenossen hinaus, Verständnis für das Gefühl, für das Tiefe, das Große besitzest, das meinen Busen erfüllt und mir die Bitte an dich eingibt: ›Setze das Gewicht deiner Person für den Abschluss des Friedens ein!‹ Gelingt es dir aber nicht, die Kurzsichtigen sehend zu machen, denen es versagt ist, den Jubel der sich über den Hellenenkrieg freuenden Barbaren zu verstehen, so trachte doch wenigstens, den kraftzerstörenden Bruderzwist zu mildern. Schließe einen längeren Waffenstillstand! Daraus erwächst mir, der Selbstsüchtigen, dann auch der Vorteil, dass ich mich des neu gewonnenen Freundes noch länger erfreuen darf.

Höre mich, Agis! In dieser heiligen Stunde soll dir offenbar werden, was noch kein Mann von mir erfuhr! Ich bin Hetäre, das heißt, ich bin für viele Spenderin der Sinnenfreude. Den Männern schaffe ich wohl den Genuss der Liebeslust in der Umarmung, nicht aber mir. Nur wenn mein Wesen in seinen Tiefen aufgewühlt ward, wenn meine Seele in heißester und innigster Verschmelzung mit dem Freunde schwelgt oder auch wenn sie sich gegen Vergewaltigung empört, so ereilt Eros Pfeil mein Fleisch. Du siehst mich erstaunt an und fragst, warum ich nicht schon längst meinen Beruf aufgab und, meinen Reichtum genießend, mich meinen geistigen Neigungen widme? Das tue ich ja eben in Wirklichkeit dadurch, dass ich bleibe, was ich bin.

Meine Seele wird von höchster Befriedigung erfüllt, wenn ich Freuden bringe, Freuden lehre. Empor gewachsen zum starken, nicht entwurzelbaren Baume ist die Erkenntnis in mir, dass des Mannes Arbeit durch die vom Weibe geschaffene Freude verschönt und geadelt werden muss, damit dauernd auf ihr der Segen der Götter ruhen könne. Trostlos ist die Arbeit ohne Spiel, ohne Freude, ebenso trostlos, wie die Handlung der Fortpflanzung ohne den grünenden, fröhlich singenden Lenz der Liebeslust mit seiner leuchtenden Knospenpracht.

Darum ist meine Dirnenschule zugleich die Schule des Glücks, der geweihte Tempel des rosigen, des sonnigen Glückes, in den ich alle Hellenen in unendlichen Scharen führen möchte. Nicht verkommen sollten sie mir dort in eitler stumpfsinniger Lust! Nein, durch die Glut der Freude wie durch das Quellwasser der Schönheit geläutert, sollten sie emporgetragen werden zum Helikon, bis sie vom Gipfel des reinsten Menschentumes langsam in seliger Erschöpfung niedersinken zum ewigen Schlummer in die Arme des unentrinnbaren Thanatos!

So wird des einzelnen Leben zum kurzen harmonischen Gedichte, zum Dystichon. Fröhlich springt der Mensch in Arbeit und Lust hinan im Hexameter der Sonne entgegen, um nach kurzer Pause, auf der Höhe schönheitstrunken und arbeitsatt geworden, im Pentameter in immer bedächtiger werdendem Schritte den Weg zu den Schatten zu wandeln.

Thanatos und Ananke, die beiden ehernen Feinde der Menschen! Wir können sie nicht besiegen, sie sind stärker als wir. Aber wir können die beiden herzbeklemmenden hässlichen Gestalten mit Blumengirlanden umwinden, wir können sie in duftige Schleier hüllen, damit sie unsere Daseinsfreuden nicht lahmen.

Vor allem können wir den Schrecken, der versengend und verdorrend von ihnen ausstrahlt, durch die Liebe lindern – durch die süße Geselligkeit der Menschen in Arbeit und Freude. Denn auf der Geselligkeit in Lust und Liebe, nur auf der Mehrheit, nie auf der Einheit beruht des Menschen Seligkeit. Unendlich viele müssen um den einzelnen sein, damit ihm ein vollendet schönes Dasein werden kann! Trügerischer Schein ist es nur, wenn der Heros gesondert von den anderen zum Gipfel hinansteigt, törichter Irrwahn ist es, zu meinen, dass sich die edelste Pflanze auf dürrer Heide entwickeln könnte. Jeder Mensch bedarf zur Entwicklung seiner für Schönheit und Freude empfänglichen Seele einer wohl wollenden, liebenden Umgebung. Gelingt es uns aber, nicht bloß auf den einzelnen, sondern auf die Menge in Liebe befruchtend wirken, dank dem heiligen Streben, das ohne Unterlass aus unseres Wesens sämtlichen Poren dringen muss, dann war uns höchstes beschieden!

Wir Frauen haben die Liebe zu bringen, den fruchtbaren Boden zu schaffen, auf dem die Schöpfungskraft des Mannes allein wachsen und gedeihen kann. Behütet von zärtlich besorgter Frauenhand, die verstehen muss, sich wie dem Geliebten Entsagung aufzuerlegen, damit seine kostbaren Kräfte nicht statt angeregt, vergeudet werden, treibt das männliche Diamonion auf jenem Fruchtboden der Liebe zu den Wolken empor. Im unablässig auf- und niederflutenden Meere der menschlichen Entwicklung mag es dann die Spitze eines Wellenberges bilden, die das Göttliche erreicht. Nur für eine kurze Spanne Zeit kann solch Wellenberg in das Revier der Ewigen ragen, dann versinkt er nach dem unabänderlichen Gesetze wieder in die Tiefe. Ist aber das Erreichte noch so vergänglich, so bleibt es trotz dieser Erkenntnis doch immer das erhabenste Lebensziel.

Auch in unseren Tagen schwellen die Entwicklungswegen aufwärts. Es wird emsig gearbeitet am ewigen Aufbaue zur Gottwerdung des Menschen – ein Streben, das mir um so erhabener dünkt, je aussichtsloser es ist. In der plastischen Kunst scheint mir die göttliche Spitze erreicht worden zu sein. Ists verruchte Hybris von mir, wenn ich in gotterfüllten Stunden wie eben jetzt die Frage an mich selbst richte, ob nicht auch meine Liebe, meine Kunst, die Liebe zu erfassen, zu schenken, zu lehren, eine solche göttliche Spitze darstellt? Drang ich nicht als erster Mensch über die sinnliche Liebe hinaus, besiegte ich sie nicht dadurch, dass ich sie in allen Möglichkeiten ausschöpfte, bin ich nicht als erste in die seligen Gefilde der metaphysischen Liebe eingedrungen, wo sich mir der Ausblick auf ein von den Menschen bisher noch nicht geahntes unermessliches Glück eröffnete? Habe ich nicht endlich die reine Liebe zur Liebe erkennen gelernt, zur Liebe, die auch von den weisesten Philosophen als krankhafte Erscheinung der Seele bisher irrig gewertet ward? Nein, ich täusche mich nicht hochmütig, o Agis! Ich bin die gotterkorene Besiegerin des niedrig Triebhaften, Aphroditens hohe Priesterin wie kein Weib vor mir. Mit sicherer Hand beschneide ich das wild wuchernde Gestrüppe der Sinnenlust, sodass sich aus ihm endlich erheben kann die Wunderblume der wahren Menschenliebe. Sehe ich sie blühen vor dem trunkenen Blicke meines Geistes, so hebe ich dankerfüllt die Arme gegen den unendlichen Äther, als wären sie Flügel, berufen, mich zu tragen in mein Element.«

Mit weit geöffneten, traumverlorenen Augen, wie eine Seherin, sah Aspasia in die endlosen Weiten des glitzernden Meeres. Weltentrückt hob sie ihre beiden Arme gegen den hellen Morgenhimmel. Den einfachen Manne an ihrer Seite, der ihr mit halbem Verständnisse, aber mit voller Bewunderung gefolgt war, ergriff das Gefühl mit Urgewalt. Er schlang seine Arme fast zaghaft in bewundernder Verehrung um sie, wie um eine geheiligte Herme, unfähig, Worte für sein Empfinden zu formen.

Aspasia war bei der Berührung erschauert, durch die sie aus unendlichen Fernen in die Gegenwart zurückgeholt wurde. Nun zog sie mit dem rechten Arme Agis sanft an sich; mit der Linken fuhr sie ihm in zarter, inniger Liebkosung über die Brust.

Dem Manne mit den überreizten Sinnen war es, wie wenn die weichen, weißen Finger ihm nicht nur süß die Haut kosten, sondern sich ihm zart ums Herz legten. Weich gebettet war nach der ungewohnten Liebeslust seine Seele, gesprungen die harte Schale seines Wesens. Bezwungen, verführt und überzeugt flüsterte er: »Ja, du Göttliche, ich habe dich verstanden. Du hast Recht, und weil ich das erkannt habe, soll geschehen, was du willst!«

Am nächsten Morgen unterzeichneten Spartas Gesandte den Waffenstillstandsvertrag.

Anaïs Nin

Safran

Fay war in New Orleans geboren. Als sie sechzehn Jahre alt war, machte ihr ein vierzigjähriger Mann den Hof, der ihr wegen seines Adels und seiner vornehmen Würde schon immer gut gefallen hatte. Fay war arm. Alberts Besuche waren große Ereignisse für ihre Familie. Für ihn wurde ihre Armut jedes Mal hastig kaschiert. Er kam wie ein Befreier, erzählte von einem Leben, das Fay nie kennen gelernt hatte, von einem Leben am anderen Ende der Stadt.

Als sie verheiratet waren, wurde Fay in seinem Haus, das tief versteckt in einem riesigen Park lag, wie eine Prinzessin behandelt. Hübsche farbige Frauen bedienten sie. Albert behandelte sie mit äußerstem Zartgefühl.

In der ersten Nacht nahm er sie nicht. Er behauptete, es sei ein Beweis seiner Liebe, dass er sich seiner Frau nicht aufdränge, sondern sie langsam und mit Bedacht zu gewinnen suche, bis sie bereit und willens sei, sich in Besitz nehmen zu lassen.

Er kam in ihr Zimmer, liebkoste sie aber nur. Unter dem weißen Moskitonetz lagen sie wie unter einem Brautschleier, lagen in der heißen Nacht und streichelten und küssten einander. Fay fühlte sich träge und wie betäubt. Mit jedem Kuss weckte er eine neue Frau, löste er eine neue Empfindung aus. Später, als er sie verließ, warf sie sich unruhig hin und her und konnte nicht schlafen. Es war, als hätte er winzige Brände unter ihrer Haut entzündet, winzige Ströme, die sie nicht schlafen ließen.

Mehrere Nächte hindurch litt sie diese heftigen Qualen. Da sie unerfahren war, versuchte sie nicht, zu einer richtigen Umarmung zu kommen. Sie überließ sich seinen zahllosen Küssen auf ihr Haar, ihren Hals, ihre Schultern und Arme, auf ihren Rücken und auf ihre Beine ... Albert genoss es, sie zu küssen, bis sie stöhnte, als wäre er dann erst sicher, einen bestimmten Teil ihres Körpers geweckt zu haben. Anschließend wanderten seine Lippen weiter.

Er entdeckte die bebende Empfindsamkeit unter ihrem Arm, am Ansatz der Brüste, die Vibrationen, die die Brustwarzen mit dem Geschlecht, die feuchte Öffnung mit den Lippen verbanden, alle geheimnisvollen Koppelungen, durch die andere Stellen als die geküssten erregt und gereizt wurden, Strömungen, die von den Haarwurzeln bis zu den Wurzeln der Wirbelsäule verliefen. Jede Stelle, die er küsste, feierte er mit bewundernden Worten, pries die Grübchen am unteren Ende des Rückens, die festen Gesäßbacken, die Biegung ihres Rückens, durch die ihr Gesäß hinausgedrückt wurde – »wie bei einer Farbigen«, erklärte er ihr.

Er umspannte ihre Knöchel mit den Fingern, bewunderte ihre Füße, die ebenso perfekt geformt waren wie ihre Hände, streichelte immer wieder die glatten, statuesken Linien ihres Halses, wühlte in ihrem langen, schweren Haar.

Ihre Augen waren lang und schmal wie die einer Japanerin, ihr voller Mund stand immer ein wenig offen. Ihre Brust wogte, als er sie küsste und die schräg abfallende Linie ihrer Schultern mit den Zähnen zeichnete. Und als sie dann stöhnte, verließ er sie, schloss sorgfältig das weiße Netz um sie, verhüllte sie wie einen Schatz, ließ sie allein, während ihr zwischen den Schenkeln die Nässe aufstieg.

Eines Nachts konnte sie, wie gewöhnlich, nicht schlafen. Nackt richtete sie sich in ihrem Wolkenbett auf. Als sie sich erhob, um nach Kimono und Pantöffelchen zu greifen, löste sich ein winziger Tropfen Honig von ihrem Geschlecht, rollte an ihrem Bein herab, befleckte den weißen Teppich. Fay war verblüfft über Alberts Selbstbeherrschung, über seine Zurückhaltung. Wie konnte er nach diesen Küssen und Liebkosungen seine Begierde unterdrücken und schlafen? Er hatte sich nicht einmal ganz ausgezogen. Seinen Körper hatte sie noch nie gesehen.

Sie beschloss, das Zimmer zu verlassen und umherzuwandern, bis sie sich wieder beruhigt hatte. Ihr ganzer Körper pulsierte. Langsam schritt sie die breite Treppe hinab und in den Garten. Der Blumenduft war betäubend. Träge senkten sich die Zweige über sie, und die moosbewachsenen Pfade machten ihren Schritt vollkommen lautlos. Sie hatte das Gefühl, zu träumen. Lange wanderte sie ziellos umher. Dann schrak sie zusammen, weil sie ein Geräusch hörte. Es war ein Stöhnen, ein rhythmisches Stöhnen wie das Klagen einer Frau. Das Mondlicht, das zwischen den Zweigen hindurchfiel, zeigte ihr eine farbige Frau, die nackt auf dem Moos lag; und Albert lag auf ihr. Ihr Stöhnen war ein Stöhnen der Lust. Albert kauerte über ihr wie ein wildes Tier und stieß in sie hinein. Auch er keuchte unartikulierte Laute; und Fay sah, wie sie sich vor ihren Augen in ungezügelter Lust wanden.

Keiner von beiden bemerkte Fay. Sie schrie nicht auf. Zunächst war sie vom Schmerz gelähmt. Dann eilte sie ins Haus zurück, erfüllt vom demütigenden Bewusstsein ihrer Jugend, ihrer Unerfahrenheit; Selbstzweifel quälten sie. War es ihre Schuld? Wo lag ihr Fehler? Was hatte sie Albert zu geben versäumt, obwohl er es brauchte? Warum hatte er sie verlassen und zu einer Farbigen gehen müssen? Die wilde Szene quälte sie. Sie machte sich Vorwürfe, dass sie dem Zauber seiner Liebkosungen verfallen war und möglicherweise nicht so reagiert hatte, wie er es wollte. Sie fühlte sich durch die eigene Feminität verdammt.

Albert hätte sie alles lehren können. Er hatte gesagt, er wolle sie langsam gewinnen, er werde warten. Er hätte nur ein paar Worte zu flüstern brauchen. Sie war bereit, ihm zu gehorchen. Sie wusste, dass er älter und dass sie noch unschuldig war. Sie hatte erwartet, dass er sie alles lehrte.

In dieser Nacht wurde Fay zur Frau, hielt ihren Schmerz geheim, suchte ihr Glück mit Albert zu bewahren, Klugheit und Subtilität zu beweisen. Als er an ihrer Seite lag, flüsterte sie ihm zu: »Ich wünschte, du würdest deine Kleider ablegen.«

Er schien verblüfft, war aber einverstanden. Und sie sah neben sich einen jugendlich-schlanken Körper mit dem schneeweiß schimmernden Haar, eine seltsame Mischung aus Jugend und Alter. Er begann sie zu küssen. Dabei schob sich ihre Hand schüchtern auf seinen Körper zu. Anfangs war sie noch etwas ängstlich. Sie berührte seine Brust. Dann seine Hüften. Er fuhr fort, sie zu küssen. Ihre Hand tastete langsam nach seinem Penis. Er wich ein wenig zurück. Das Glied war schlaff. Er wich weiter zurück und begann sie zwischen den Beinen zu küssen. Immer wieder flüsterte er denselben Satz: »Du hast den Körper eines Engels. Es ist unmöglich, dass ein solcher Körper geschlechtlichen Verkehr hat. Du hast den Körper eines Engels.«

Da schlug der Zorn über Fay zusammen wie ein Fieber, der Zorn darüber, dass er seinen Penis ihrer Hand entzogen hatte. Sie richtete sich auf, dass ihr das Haar wirr auf die Schulter fiel, und sagte: »Ich bin aber kein Engel, Albert. Ich bin eine Frau. Ich will, dass du mich liebst wie eine Frau.«

Dann kam die traurigste Nacht, die Fay je erlebt hatte, denn Albert versuchte sie zu nehmen und konnte es nicht. Er führte ihr die Hände, damit sie ihn streichelte. Sein Penis wurde hart, er suchte ihn zwischen ihre Brüste zu bringen, und dann erschlaffte er in ihren Händen.

Er war verkrampft, still. Sie sah die Qual in seinem Gesicht. Er versuchte es immer wieder. »Warte nur noch ein bisschen«, sagte er. »Bitte, warte noch ein bisschen.« Er sagte es demütig, sanft. Fay lag da, wie es ihr schien, die ganze Nacht hindurch, feucht, voller Begierde, erwartungsvoll, und die *ganze* Nacht lang wiederholte er seine vergeblichen Versuche, versagte, zog sich zurück, küsste sie wie zur Versöhnung. Da begann Fay zu weinen.

Diese Szene wiederholte sich zwei oder drei Nächte hindurch; dann kam Albert nicht mehr zu ihr ins Zimmer.

Und beinahe jeden Tag sah Fay Schatten im Garten. Schatten, die sich umarmten. Sie wagte das Zimmer nicht zu verlassen. Das ganze Haus war mit Teppichen ausgelegt und lautlos, und als sie einmal die Treppe emporstieg, sah sie, wie Albert hinter einem der farbigen Mädchen hinaufging und ihr die Hand unter den weiten Rock schob.

Fay war wie besessen von den stöhnenden Lauten. Ihr schien, als verstummten sie niemals. Einmal begab sie sich zu den Zimmern der farbigen Mädchen, die in einem gesonderten kleinen Haus untergebracht waren, und lauschte. Sie hörte das gleiche Stöhnen wie damals im Park. Sie brach in Tränen aus. Eine Tür wurde geöffnet. Aber es war nicht Albert, der herauskam, sondern einer der farbigen Gärtner. Er fand die weinende Fay.

Schließlich nahm Albert sie unter außergewöhnlichen Umständen doch noch. Sie wollten eine Gesellschaft für spanische Freunde geben. Obwohl Fay sonst selten einkaufte, fuhr sie in die Stadt, um einen bestimmten

Safran für den Reis zu besorgen, eine ungewöhnliche Sorte, die soeben erst mit einem Schiff aus Spanien eingetroffen war. Es machte ihr Freude, den frisch ausgeladenen Safran zu kaufen. Sie hatte Gerüche schon immer geliebt, die vielen Gerüche des Hafens, der Lagerhäuser. Als man ihr die Safranpäckchen reichte, steckte sie sie in ihre Handtasche, die sie, unter den Arm geklemmt, unmittelbar an ihrer Brust trug. Der Geruch war kräftig; er durchdrang ihre Kleider, ihre Hände, ihren Körper.

Als sie heimkam, wartete Albert bereits auf sie. Er kam zum Wagen und half ihr verspielt, lachend heraus. Dabei fiel sie mit ihrem vollen Gewicht gegen ihn, und er rief aus: »Aber du riechst ja nach Safran!«

Als er sein Gesicht an ihre Brust drückte und tief einatmete, entdeckte sie ein merkwürdiges Funkeln in seinen Augen. Dann küsste er sie. Er folgte ihr ins Schlafzimmer, wo sie die Handtasche aufs Bett warf. Die Handtasche öffnete sich. Der Duft von Safran erfüllte das Zimmer. Albert warf sie voll angekleidet aufs Bett und nahm sie ohne Küsse oder Liebkosungen.

Hinterher sagte er glücklich zu ihr: »Du riechst wie eine Farbige!« Der Bann war gebrochen.

Vladimir Nabokov

Der verderbliche Zauber der Nymphchen*

Die Tür des erleuchteten Badezimmers stand halb offen; dazu kam von den Bogenlampen draußen ein skeletthaft gerippter Lichtschimmer durch die Jalousien; überkreuz drangen diese Strahlen in das Dunkel des Schlafzimmers und ließen folgende Situation erkennen:

In einem ihrer alten Nachthemden lag meine Lolita in der Mitte des Bettes auf der Seite, den Rücken mir zugekehrt. Ihr leicht verhüllter Körper und die nackten Glieder bildeten ein Z. Sie hatte beide Kissen unter ihren dunklen, zerzausten Kopf gesteckt; ein blasser Lichtstreif fiel über ihren obersten Halswirbel.

Mit jener fantastischen Plötzlichkeit, die einem suggeriert wird, wenn in einer Filmszene die Prozedur des Aus- und Anziehens geschnitten ist, muss ich meine Sachen von mir geworfen haben und in den Pyjama geschlüpft sein; und ich hatte bereits mein Knie auf dem Bettrand, als Lolita den Kopf wandte und mich durch die gestreiften Schatten anstarrte.

Das war nun allerdings etwas, das der Eindringling nicht erwartet hatte. Das ganze Pillchenspielchen (eine ziemlich schmutzige Sache, *entre nous soit dit*) hatte auf einen so festen Schlaf abgezielt, dass ein ganzes Regiment ihn nicht hätte stören können, und da lag sie nun, richtete den Blick auf mich und nannte mich mit schwerer Zunge »Barbara«. In meinem Schlafanzug, der ihr viel zu eng war, erstarrte Barbara über der kleinen Somniloquentin. Weich, mit einem hoffnungslosen Seufzer, drehte sich Dolly wieder in ihre ursprüngliche Lage zurück. Ich wartete mindestens zwei Minuten gespannt am Rand des Abgrunds, wie vor vierzig Jahren jener Schneider mit dem selbst gemachten Fallschirm, als er im Begriff stand, vom Eiffelturm zu springen. Ihr sanfter Atem hatte den Rhythmus des Schlafs. Endlich wuchtete ich mich auf meine schmale Bettkante, zog verstohlen an den diversen Betttuchenden, die südlich von meinen eiskalten Fersen aufgehäuft waren – da hob Lolita den Kopf und starrte mich an.

Wie ich von einem hilfsbereiten Pharmazeuten später erfuhr, gehörten die Purpurpillen nicht einmal zu der großen und edlen Familie der Barbiturate, und obschon sie einem Neurotiker, der sie für ein wirksames Mittel hielt, Schlaf hätten bringen können, waren sie doch ein zu schwaches Beruhigungsmittel, um ein alertes, wenn auch übermüdetes Nymphchen für längere Zeit auszuschalten. Ob der Arzt in Ramsdale ein Scharlatan war oder ein durchtriebener alter Gauner, fällt und fiel nicht ins Gewicht. Ins Gewicht fiel lediglich, dass ich betrogen worden war. Als Lolita zum zweiten Mal die Augen öffnete, wurde mir klar, dass selbst dann, wenn die Wirkung später in der Nacht doch noch eintreten sollte, die Sicherheit, auf die ich gebaut hatte, eine trügerische war. Langsam wandte sich ihr Kopf weg und sank auf ihre unfair üppige Kissenportion zurück. Ich lag ganz still am Rand meines Abgrunds, spähte nach ihrem verwuschelten Haar, nach dem Schimmer von Nymphchennacktheit, wo undeutlich ein halber Schenkel und eine halbe Schulter zu erkennen waren, und versuchte, aus ihrer Atemrate die Tiefe ihres Schlafes abzuschätzen. Einige Zeit verging, nichts änderte sich, und ich beschloss, das Risiko auf mich zu nehmen und diesem lockenden, verrücktmachenden Schimmer etwas näher zu rücken; kaum aber war ich in seinen warmen Umkreis vorgedrungen, da stockte ihr Atem, und ich hatte das abscheuliche Gefühl, dass die kleine Dolores hellwach sei und losschrie, wenn ich sie mit irgendeinem Teil meines armseligen, jammervollen Körpers berührte. Bitte, Leser: Wie sehr Sie auch über den zartfühlenden, krankhaft empfindsamen, unendlich vorsichtigen Helden meines Buches außer sich sein mögen, überschlagen Sie diese wesentlichen Seiten nicht! Stellen Sie sich mich vor; sonst existiere ich nicht. Versuchen Sie, in mir den Damhirsch zu erkennen, der im Wald seines eigenen Frevels zittert; lächeln wir sogar ein wenig. Ein Lächeln kann schließlich nicht schaden. Beispielsweise hatte ich nichts, worauf ich meinen Kopf betten konnte, und ein Anfall von Sodbrennen (sie nennen ihre Fritten »französisch«, *grand Dieu!*) kam zu meinem Unbehagen noch hinzu.

Es schlief wieder fest, mein Nymphchen, und doch wagte ich nicht, mich auf meine verzauberte Reise zu begeben. *La Petite Dormeuse ou l'Amant Ridicule.* Morgen würde ich sie mit jenen früheren Pillen voll stopfen, die ihre Mami so gründlich betäubt hatten. Im Handschuhfach – oder in der zweiteiligen Reisetasche? Sollte ich eine gute Stunde warten und dann wieder herankriechen? Nympholepsie ist eine exakte Wissenschaft. Die direkte Berührung würde es in knapp einer Sekunde schaffen. Ein Zwischenraum von einem Millimeter in zehn. Warten wir ab.

Nichts ist lauter als ein amerikanisches Hotel; und dabei, bitte schön, sollte dieses hier eine besonders ruhige, behagliche, altmodische, gemütliche Herberge sein »stilvolles Wohnen« etcetera. Das Gerassel des Fahrstuhlgitters – knappe zwanzig Meter nordöstlich von meinem Kopf, aber so deutlich vernommen, als wäre es in meiner linken Schläfe – wechselte mit dem Bummern und Rattern der verschiedenen Manöver dieser Maschine und hielt bis lange nach Mitternacht an. Direkt im Osten meines linken Ohrs (ich lag ja auf dem Rücken und wagte nicht, meine gemeinere Seite dem undeutlich sichtbaren Gesäß meiner Bettgenossin zuzuwenden) war der Korridor randvoll von fröhlichen, schallenden, albernen Rufen, die mit einem Hagel von Gute-Nacht-Wünschen endeten. Als das endlich aufhörte, meldete sich nördlich von meinem Kleinhirn eine Toilette; es war eine männliche, energische, rauhkehlige Toilette, und sie wurde oft benutzt. Ihr Gegurgel und Geräusche und der langanhaltende Nachfluss ließen die Wand hinter mir erzittern. Dann war jemandem in südlicher Richtung speiübel, er würgte mit dem Alkohol fast seine ganze Seele aus, und sein Wasserschwall kam dicht hinter unserm Badezimmer wie ein regelrechter Niagara heruntergestürzt. Und als die Verzauberten Jäger endlich in tiefem Schlaf lagen, artete der Boulevard unter dem Fenster meiner Schlaflosigkeit, westlich meiner Rückseite – ein gesetzter, ganz und gar dem Wohnen vorbehaltener, würdevoller Boulevard mit riesigen Bäumen – zum verächtlichen Tummelplatz riesiger Lastwagen aus, die durch die nasse und windige Nacht röhrten.

Und knapp fünfzehn Zentimeter von mir und meinem brennenden Leben befand sich, nebelhaft, Lolita! Nach einer langen, regungslosen Wache bewegten sich meine Tentakel wieder auf sie zu, und diesmal weckte das Knarren der Matratze sie nicht. Es gelang mir, ihr mein gieriges Fleisch so nahe zu bringen, dass ich die Aura ihrer nackten Schulter wie einen warmen Atem an meiner Wange spürte. Und dann setzte sie sich auf, rang nach Luft, murmelte mit irrsinniger Geschwindigkeit etwas von Booten, zerrte an den Laken und fiel in ihre blühende, dunkle, junge Unbewusstheit zurück. Als sie sich in diesem überquellenden Schlafstrom hin und her warf, schlug ihr Arm – eben noch kastanienbraun, jetzt mondblass – über mein Gesicht. Einen Augenblick lang hielt ich sie. Sie befreite sich aus meiner kaum merklichen Umarmung – unbewusst, ohne Heftigkeit, ohne persönlichen Widerwillen, sondern mit dem neutralen, klagenden Gemurmel eines Kindes, das seine legitime Ruhe will. Und wieder war die Lage die gleiche: Lolita, ihr gekrümmtes Rückgrat Humbert zugewandt, Humbert, den Kopf auf die Hand gestützt, brennend vor Verlangen und Magensäure.

Letztere erforderte einen Gang ins Badezimmer, um dort einige Schluck Wasser zu trinken, in meinem Fall das beste mir bekannte Mittel, außer vielleicht Milch mit Radieschen; und als ich den seltsamen, strahlengegitterten Kerker wieder betrat, wo Lolitas alte und neue Kleidungsstücke in verschiedenen Posen der Verzauberung über den Möbeln hingen, die vage zu schweben schienen, setzte sich meine unmögliche Tochter auf und verlangte mit klarer Stimme ebenfalls etwas zu trinken. Sie nahm den nachgiebigen, kalten Pappbecher in ihre schattenhafte Hand und goss seinen Inhalt dankbar hinunter, die langen Wimpern becherwärts geneigt; und mit einer kindlichen Bewegung, die reizender war als jede sinnliche Liebkosung, wischte die kleine Lolita ihre Lippen an meiner Schulter ab. Sie fiel auf ihr Kissen zurück (ich hatte ihr meines weggezogen, während sie trank) und schlief sofort wieder ein.

Ich hatte nicht gewagt, ihr eine zweite Portion des Schlafmittels zu verabreichen, und die Hoffnung nicht aufgegeben, dass die erste ihren Schlaf doch noch festigen würde. Auf jederlei Enttäuschung gefasst, wohl wissend, dass Warten besser wäre, aber unfähig zu warten, begann ich wieder, mich ihr zu nähern. Mein Kopfkissen roch nach ihrem Haar. Ich rückte auf meine schimmernde Liebste zu und hielt inne oder zog mich zurück, sooft ich meinte, dass sie sich rege oder im Begriff sei, sich zu regen. Ein leichter Wind aus Wunderland wirkte auf meine Gedanken, sodass sie wie in Kursivschrift abgefasst waren, als wäre die Oberfläche, die sie spiegelte, vom Trugbild dieser Brise gekräuselt. Hin und wieder schlug mein Bewusstsein falsch um, geriet mein sich schwerfällig voranarbeitender Körper in die Schlafsphäre, arbeitete sich wieder heraus, und ein- oder zweimal ertappte ich mich beim Abrutschen in ein melancholisches Schnarchen. Nebel der Zärtlichkeit umfingen Berge der Sehnsucht. Ab und zu wollte es mir scheinen, als komme die verzauberte Beute dem verzauberten Jäger auf halbem Wege entgegen, als bahne sich ihr Gesäß unter dem weichen Sand eines fernen und märchenhaften Strandes seinen Weg auf mich zu; und dann regte sich das Trübchen mit den Grübchen, und ich wusste, sie war mir entrückter denn je.

Wenn ich so ausgiebig bei dem Zittern und Tasten jener fernen Nacht verweile, so weil ich unbedingt beweisen will, dass ich kein brutaler Schurke bin, noch es je war, noch es jemals hätte sein können. Die milden und träumerischen Regionen, durch die ich kroch, waren die Gefilde der Poesie – nicht die Jagdgründe des Verbrechens. Hätte ich mein Ziel erreicht, so wäre meine Ekstase ganz sanft gewesen, ein Fall innerer Verbrennung, dessen Hitze sie selbst dann kaum gespürt hätte, wenn sie hell wach gewesen wäre. Aber ich hoffte noch immer, dass sie nach und nach in eine völlige Betäubung sänke, die es mir erlauben würde, nicht nur einen Schimmer von ihr zu genießen. Und so, zwischen versuchsweisen Annäherungen und verwirrten Wahrnehmungen, die sie entweder in Augenflecken aus Mondschein oder in ein flauschig blühendes Gebüsch verwandelten, träumte ich, ich wäre wieder wach, träumte, ich läge auf der Lauer.

In den Stunden vor dem Morgengrauen trat Stille in

der ruhelosen Hotelnacht ein. Etwa um vier dann rauschte die Kaskade der Korridortoilette, und ihre Tür knallte zu. Kurz nach fünf traf in mehreren Folgen ein hallender Monolog ein, der von einem Hof oder einem Parkplatz herkam. In Wahrheit war es kein Monolog, denn der Sprecher schwieg alle paar Sekunden, vermutlich, um einen anderen Kerl anzuhören, aber die zweite Stimme erreichte mich nicht, und so ergab das, was an mein Ohr drang, keinen richtigen Sinn. Der sachliche Tonfall jedoch tat ein übriges, der Dämmerung den Weg freizumachen, und das Zimmer lag bereits in lila-grauem Zwielicht, als etliche eifrige Toiletten sich eine nach der anderen an die Arbeit machten, und klappernd und wimmernd begann der Fahrstuhl auf- und niederzusteigen, um Frühaufsteher und Frühniederfahrer nach unten zu befördern, und ein paar Minuten lang döste ich elendiglich vor mich hin, und Charlotte war eine Nixe in einem grünlichen Aquarium, und draußen auf dem Korridor sagte Dr. Knabe mit frisch gepresster Stimme: »Ich wünsche einen schönen guten Morgen«, und Vögel waren in den Bäumen zugange, und dann gähnte Lolita.

Frigide Damen Geschworene! Ich hatte gedacht, es würden Monate, vielleicht Jahre vergehen, ehe ich den Mut aufbrächte, mich Dolores Haze zu entdecken; doch um sechs war sie hellwach, und um Viertel nach sechs waren wir im Wortsinn ein Liebespaar. Ich werde Ihnen etwas sehr Sonderbares verraten. Es war sie, die mich verführte.

Als ich ihr erstes Morgengähnen hörte, spielte ich den Schlafenden, der ihr sein gut aussehendes Profil zuwandte. Ich wusste einfach nicht, was ich tun sollte. Wäre sie schockiert, mich an ihrer Seite vorzufinden und nicht in einem Extrabett? Nähme sie ihre Sachen

und schlösse sich im Badezimmer ein? Würde sie verlangen, sofort nach Ramsdale gebracht zu werden? Ans Krankenbett ihrer Mutter? Zurück ins Camp? Aber meine Lo war ein mutwilliges Mädchen. Ich fühlte ihre Augen auf mir, und als sie endlich den geliebten Glucks
laut ausstieß, wusste ich, dass ihre Augen gelacht hatten. Sie rollte sich zu mir herüber, und ihr warmes braunes Haar berührte mein Schlüsselbein. Mittelmäßig mimte ich Erwachen. Wir lagen still da. Ich streichelte sanft ihr Haar, und wir küssten uns sanft. Ihrem Kuss war zu meiner ekstatischen Verlegenheit eine recht komische flatternde und forschende Kunstfertigkeit zu Eigen, aus der ich entnahm, dass sie in sehr jungen Jahren von einer kleinen Lesbierin in die Lehre genommen worden war. Kein Charlie hätte ihr das beibringen können. Als wollte sie sehen, ob ich zufrieden sei und meine Lektion gelernt hätte, bog sie sich zurück und musterte mich. Ihre Wangen waren gerötet, ihre volle Unterlippe glänzte, und ich war nah am Verströmen. Plötzlich legte sie in einem Ausbruch rüpelhafter Lustigkeit (Kennzeichen des Nymphchens!) den Mund an mein Ohr – aber eine ganze Weile konnte mein Verstand den heißen Donner ihres Geflüsters nicht in Worte gliedern, und sie lachte, strich sich das Haar aus dem Gesicht und versuchte es wieder, und als mir klar wurde, was sie vorschlug, überkam mich allmählich das seltsame Gefühl, in einer absolut neuen, verrückt neuen Traumwelt zu leben, in der alles erlaubt ist. Ich sagte, ich wisse nicht, welches Spiel sie und Charlie gespielt hätten. »Willst du etwa behaupten, du hast nie . . .?« Ihr Gesicht verzog sich zu einer Grimasse angewiderter Ungläubigkeit. »Du hast nie . . .«, begann sie von neuem. Um Zeit zu gewinnen, beschnüffelte ich sie ein bisschen. »Lass das gefälligst«, winselte sie näselnd und entzog ihre

braune Schulter hastig meinen Lippen. (Es war sehr merkwürdig, wie sie – und das noch lange Zeit hindurch – alle Liebkosungen außer Küssen auf den Mund und dem schlichten Liebesakt – für »romantischen Quatsch« oder »anomal« hielt.)

»Du behauptest«, beharrte sie und kniete sich über mich, »du hast es als Junge nie gemacht?«

»Nie«, antwortete ich ganz wahrheitsgetreu.

»Na gut«, sagte Lolita, »dann fangen wir mal an.«

Indessen werde ich meine gebildeten Leser nicht mit einem ausführlichen Bericht über Lolitas Dünkel langweilen. Es genügt zu sagen, dass ich in diesem schönen, eben erst reifenden jungen Mädchen, das von der modernen Koedukation, den jugendlichen Sitten, dem Lagerfeuerschwindel und so fort total und unrettbar verdorben worden war, keine Spur von Schamhaftigkeit entdeckte. Sie betrachtete den schlichten Akt als festen Bestandteil der heimlichen Jugendwelt, von der Erwachsene nichts wissen. Was die Erwachsenen zum Zweck der Zeugung trieben, war nicht ihre Sache. Das Zepter meines Lebens wurde von Lolitalein auf so energische, sachliche Weise gehandhabt, als sei es ein fühlloser Mechanismus ohne Beziehung zu mir. So bemüht sie auch war, mir mit den Umgangsformen abgebrühter Jugendlicher zu imponieren, so war sie doch auf gewisse Unterschiede zwischen den Maßen eines Knaben und meinen nicht gefasst. Nur Stolz hinderte sie, es aufzugeben; denn in meiner sonderbar heiklen Lage spielte ich den absolut Dummen und ließ sie gewähren – wenigstens solange ich es noch aushaken konnte. Das jedoch sind Belanglosigkeiten; was man so »Sex« nennt, ist überhaupt nicht mein Thema. Jene Elemente des Animalischen kann jeder sich vorstellen. Mich lockt eine größere Aufgabe: ein

für alle Mal den verderblichen Zauber der Nymphchen festzuhalten.

Alles dies versuche ich nicht zu beschreiben, um es in
meinem jetzigen grenzenlosen Elend noch einmal zu
durchleben, sondern um in jener schrecklichen, verrücktmachenden Welt – der der Nymphchenliebe –
das Höllische vom Himmlischen zu trennen. Das Vie-
hische und das Schöne verschmolzen an einem Punkt
miteinander, und ich würde gern die Grenzlinie
bestimmen und habe das Gefühl, dass es mir ganz und
gar misslingt. Warum?

Die Klausel des Römischen Rechts, nach der ein Mädchen mit zwölf Jahren heiraten darf, wurde von der Kirche übernommen und gilt in manchen der Vereinigten
Staaten stillschweigend noch heute. Und mit fünfzehn
erlaubt das Gesetz es überall. Beide Hemisphären halten es für völlig in Ordnung, wenn ein vierzigjähriges
Viech mit dem Segen des zuständigen Geistlichen und
aufgeschwemmt vom Saufen seinen schweißgetränk-
ten Staat abwirft und sich bis ans Heft in seine jugendliche Braut rammt. »In so stimulierenden gemäßigten
Klimata wie St. Louis, Chicago und Cincinnati [schreibt
eine alte Illustrierte dieser Gefängnisbibliothek] werden Mädchen gegen Ende des zwölften Lebensjahres
geschlechtsreif.« Von Dolores Hazes Geburtsort zum
stimulierenden Cincinnati waren es weniger als drei-
hundert Meilen. Ich bin nur der Natur gefolgt. Ich bin
der getreue Spürhund der Natur. Warum also dies
Grauen, das ich nicht abschütteln kann? Habe ich sie
ihrer Blüte beraubt? Feinfühlige Damen Geschworene,
ich war nicht einmal ihr erster Liebhaber.

✪

Sie erzählte mir, wie sie verführt worden war. Wir aßen fade, mehlige Bananen, angestoßene Pfirsiche und sehr schmackhafte Kartoffelchips, und die Kleine erzählte mir alles. Ihren beredten, aber abgehackten Bericht begleitete drolliges Gesichterschneiden. Ich habe schon bemerkt, glaube ich, dass ich mich ganz besonders einer sarkastischen Grimasse auf »Uff-Ebene« erinnere: seitwärts verzogener Wackelpetermund, die Augen in einer Standardmischung aus komischem Ekel, Resignation und Nachsicht mit jugendlichen Schwächen aufwärts verdreht.

Ihre erstaunliche Geschichte hob an mit einer Erwähnung ihrer Zeltgenossin vom vergangenen Sommer, in einem anderen Camp, einem »piekfeinen«, wie sie sich ausdrückte. Diese Zeltgenossin (»eine ziemlich verwahrloste Person«, »halb verrückt«, aber ein »feiner Kerl«) hatte ihr verschiedene Manipulationen beigebracht. Zuerst weigerte sich die loyale Lo, mir ihren Namen zu nennen.

»War es Grace Angel?«, fragte ich.

Sie schüttelte den Kopf. »Nein, die nicht, es war die Tochter von einem hohen Tier. Er...«

»War es vielleicht Rose Carmine?«

»Nein, natürlich nicht. Ihr Vater...«

»Dann war es wohl Agnes Sheridan?«

Sie schluckte und schüttelte den Kopf – und hakte nach einer kleinen Denkpause nach: »Sag mal, woher kennst du eigentlich all die Kids?«

Ich erklärte es.

»Weißt du«, sagte sie, »ein paar aus der Schule sind schon ziemlich übel, aber so übel nun doch nicht. Wenn du es unbedingt wissen willst, ihr Name ist Elizabeth Talbot, sie geht jetzt auf eine schicke Privatschule, ihr Vater ist Topmanager.«

Es gab mir einen Stich, als ich mich daran erinnerte,

wie häufig die arme Charlotte in ihr Partygeplauder elegante Brocken wie »als meine Tochter voriges Jahr mit der kleinen Talbot eine Wanderung machte« hatte einfließen lassen.

Ich wollte wissen, ob ihre oder Elizabeths Mutter von diesen sapphischen Zerstreuungen erfahren hatte.

»Um Himmels willen«, hauchte eine zusammensinkende Lo und mimte Schreck und Erleichterung, indem sie eine vorgeblich zitternde Hand an die Brust drückte.

Ich interessierte mich allerdings mehr für heterosexuelle Erlebnisse. Sie war mit elf in die sechste Klasse gekommen, bald nachdem sie aus dem Mittelwesten nach Ramsdale gezogen war. Was verstand sie unter »ziemlich übel«?

Also, die Miranda-Zwillinge hatten jahrelang im selben Bett geschlafen, und Donald Scott, der größte Dummkopf der Schule, hatte es mit Hazel Smith in der Garage seines Onkels gemacht, und Kenneth Knight – der Klügste – hatte sich entblößt, wo und wann immer sich eine Gelegenheit bot, und ...

»Jetzt zu Camp Q«, sagte ich. Und prompt erfuhr ich die ganze Geschichte.

Barbara Burke, eine stämmige Blondine, zwei Jahre älter als Lo und bei weitem die beste Schwimmerin des Camps, hatte ein ganz besonderes Kanu, das sie mit Lo teilte, »weil ich das einzige Mädchen außer ihr war, das die Weideninsel schaffte« (irgendein Schwimmtest, denke ich mir). Den ganzen Juli hindurch, jeden Morgen – beachten Sie, Leser, jeden verdammten Morgen – hatte der dreizehnjährige Charlie Holmes, Sohn der Camp-Leiterin und einziges männliches Wesen auf Meilen im Umkreis (abgesehen von einem zahmen, stocktauben alten Hilfsarbeiter und einem Farmer in einem alten Ford, der, wie Farmer so sind, den Kindern im Camp Eier verkaufte), den beiden Mädchen, Barbara und Lo, das Boot zum Onyx oder Eryx (zwei kleine Waldseen) tragen helfen; jeden Morgen, o Leser, schlugen die drei Kinder eine Abkürzung ein, quer durch das schöne, unschuldige Dickicht voll von all den Emblemen der Jugend, Tau, Vogelsang, und an einer bestimmten Stelle im üppig wuchernden Unterholz wurde Lo als Wache zurückgelassen, während Barbara und der Junge hinter einem Busch kopulierten.

Zuerst hatte Lo sich geweigert, »es mal auszuprobieren«, aber Neugier und Kameraderie überwogen, und bald trieben sie und Barbara es abwechselnd mit dem grobschlächtigen, griesgramigen, aber unermüdlichen Charlie, der ebenso viel Sex-Appeal hatte wie eine rohe Mohrrübe, aber eine faszinierende Sammlung von Verhütungsmitteln vorweisen konnte, die er aus einem dritten nahe gelegenen See herausfischte, einem erheblich größeren und besuchteren, Lake Climax genannt, nach der prosperierenden jungen Fabrikstadt gleichen Namens. Obwohl sie zugab, dass es »irgendwie ganz witzig« und »gut für den Teint« gewesen war, hegte Lolita erfreulicherweise die größte Verachtung für Charlies Mentalität und Manieren. Auch war ihr Temperament durch diesen schmutzigen Satan nicht geweckt worden. Ich glaube im Gegenteil, dass er es, der »Witzigkeit« zum Trotz, eher gedämpft hatte.

Mittlerweile war es fast zehn. Mit dem Abebben der Lust überkroch mich ein aschiges Gefühl des Entsetzens, dem die realistische Trübnis eines grauen, neuralgischen Tages Vorschub leistete, und summte in meinen Schläfen. Lo, braun, nackt, zerbrechlich, stand, die Arme in die Seiten gestemmt, ihren schmalen weißen Hintern mir, ihr brummiges Gesicht einem

Türspiegel zugewandt, die Füße (in neuen Pantoffeln mit Miezekatzaufsätzen) weit gespreizt, und schnitt ihrem Spiegelbild unter einer überhängenden Locke hervor eine banale Fratze. Vom Korridor her drangen die gurrenden Stimmen der farbigen Zimmermädchen, die bei der Hausarbeit waren, und gleich darauf wurde ein zaghafter Versuch gemacht, unsere Tür zu öffnen. Ich schickte Lo ins Badezimmer, um eine dringend notwendige Seifendusche zu nehmen. Das Bett war ein grauenvolles Durcheinander mit Obertönen von Kartoffelchips. Sie probierte ein zweiteiliges, marineblaues Wollkleid an, dann eine ärmellose Bluse mit einem wirbelnden gittergemusterten Rock, aber das eine war zu eng und das andere zu weit, und als ich sie zur Eile drängte (die Situation fing an, mir Angst zu machen), schleuderte Lo meine netten Geschenke gemeinerweise in eine Ecke und zog das Kleid von gestern an. Als sie endlich fertig war, schenkte ich ihr ein wunderhübsches neues Geldtäschchen aus imitiertem Kalbsleder (in das ich eine Menge Kupfergeld und zwei münzfrische Zehner hineingesteckt hatte) und sagte ihr, sie solle sich in der Halle eine Illustrierte kaufen.

»Ich komme auch gleich runter«, sagte ich. »Und wenn ich du wäre, mein Liebes, dann würde ich nicht mit Fremden sprechen.«

Außer meinen armen kleinen Gaben war nicht viel zu packen, ich sah mich aber gezwungen, eine gefährliche Menge Zeit (stellte sie unten etwas an?) damit zu verbringen, das Bett so herzurichten, dass es nach dem verlassenen Nest eines ruhelosen Vaters und seines Wildfangs von einem Töchterlein aussah und nicht nach den Saturnalien eines entsprungenen Zuchthäuslers mit zwei fetten alten Huren. Dann zog ich mich fertig an und klingelte, damit der altersgraue Hausknecht das Gepäck abholen komme.

Alles ging gut. Sie saß unten in der Halle, tief versunken in einem zu prall gepolsterten blutroten Clubsessel, tief versunken in eine schauderhafte Filmillustrierte. Ein Typ meines Alters in einer Tweedjacke (das Genre des Hotels hatte sich über Nacht in die verlogene Atmosphäre »britischer Landadel« verwandelt) starrte meine Lolita über seine erloschene Zigarre und seine schale Zeitung hinweg an. Sie trug ihre Berufskleidung, weiße Socken und weißbraune Lederhalbschuhe, und dazu jenes grellbunte Kleid mit dem viereckigen Ausschnitt; ein Schuss ermatteten Lampenlichts ließ den goldenen Flaum an ihren warmen braunen Gliedern schimmern. Da saß sie, die Beine unbekümmert hoch übereinander geschlagen, und ihre blassen Augen flogen die Zeilen entlang und blinzelten dann und wann. Bills Frau hatte ihn von weitem angehimmelt, lange bevor sie sich kennen lernten: Heimlich bewunderte sie den berühmten jungen Schauspieler, der in Schwab's Drugstore Sundaes löffelte. Nichts hätte kindlicher sein können als ihre Stupsnase, die Sommersprossen oder der Purpurfleck an ihrem nackten Hals, wo sich kürzlich ein Märchenvampir geweidet hatte, oder die unbewusste Bewegung der Zunge, die eine kleine Rötung um ihre geschwollenen Lippen auskundschaftete; nichts hätte harmloser sein können als zu lesen, wie Jill, ein energisches Starlet, ihre Kleider selber nähte und sich für ernste Literatur interessierte; nichts hätte unschuldiger sein können als der Scheitel in diesem glänzenden braunen Haar mit dem seidigen Schimmer über der Schläfe; nichts hatte naiver sein können ... Aber welch würgender Neid hätte den lüsternen Kerl erst erfasst, wer auch immer er war – übrigens erinnerte er mich ein wenig an meinen Schweizer Onkel Gustave, der ebenfalls ein großer Bewunderer des *découvert* war –, hätte er gewusst, dass jeder Nerv in mir noch geölt war und vibrierte vom Gefühl ihres Körpers – des Körpers eines unsterblichen Dämons, verkleidet als weibliches Kind.

War das rosa Schwein Mr. Swoon ganz sicher, dass meine Frau nicht angerufen hatte? Er war es. Falls sie anrufen sollte, würde er ihr dann ausrichten, dass wir zu Tante Clare vorausgefahren seien? Aber gewiss doch. Ich bezahlte die Rechnung und störte Lo aus ihrem Sessel auf. Sie las bis zum Wagen. Sie las unentwegt weiter, während sie zu einem so genannten Coffee Shop ein paar Block weiter südlich chauffiert wurde. Ja, sie aß ganz anständig. Sie legte zum Essen sogar ihre Illustrierte beiseite, aber ihre gewöhnliche Munterkeit war einer sonderbaren Stumpfheit gewichen. Ich wusste, Klein-Lo konnte sehr gemein sein, riss mich also zusammen, griente und erwartete das Unwetter. Ich war ungebadet, unrasiert und hatte keinen Stuhlgang gehabt. Meine Nerven waren am Zerreißen. Ich mochte nicht, wie meine kleine Geliebte die Achseln zuckte und die Nasenflügel blähte, wenn ich beiläufigen *Smalltalk* versuchte. Ob Phyllis eingeweiht war, ehe sie zu ihren Eltern nach Maine fuhr, fragte ich mit einem Lächeln. »Hör mal«, sagte Lo und zog eine Weingrimasse, »das Thema ist durch.« Dann versuchte ich – ebenfalls erfolglos, wie sehr ich auch mit den Lippen schmatzte –, sie für den Straßenatlas zu interessieren. Unser Bestimmungsort war, wie ich dem geduldigen Leser ins Gedächtnis rufen möchte, dessen Sanftmut sich Lo zum Beispiel hätte nehmen sollen, die fröhliche Stadt Lepingville, irgendwo in der Nähe eines hypothetischen Krankenhauses. Dies Ziel war völlig willkürlich gewählt (wie, ach, so viele künftige Ziele es sein sollten), und mir wankten die Knie bei dem Gedanken, wie ich das ganze Lügengebäude aufrechterhalten und welche weiteren glaubwürdigen Ziele ich erfinden könnte, wenn wir alle Kinos in Lepingville abgegrast hätten. Immer unbehaglicher fühlte sich Humbert. Es war etwas ganz Eigenes, dieses Gefühl: ein bedrückender, abscheulicher Bann, als säße ich neben dem kleinen Gespenst von jemandem, den ich gerade umgebracht hatte.

Als sie wieder in den Wagen stieg, huschte ein Ausdruck von Schmerz über Los Gesicht. Bedeutungsvoller huschte er noch einmal, als sie sich neben mir niederließ. Kein Zweifel, dieses zweite Mal setzte sie ihn ganz speziell für mich auf. Dummerweise fragte ich sie, was los sei. »Nichts, du Vieh«, gab sie zur Antwort. »Du was?«, fragte ich. Sie schwieg. Ortsende Briceland. Lo, die Gesprächige, schwieg. Kalte Panikspinnen krochen meinen Rücken hinunter. Dies war eine Waise. Dies war ein einsames Mädchen, ein ganz und gar heimatloses Kind, mit dem ein starkgebauter, übel riechender Erwachsener erst heute früh dreimal angestrengten Verkehr gehabt hatte. Ob die Verwirklichung eines lebenslangen Traums alle Erwartungen übertroffen hatte oder nicht, in einem Sinn war sie übers Ziel hinausgeschossen – und zu einem Albtraum geworden. Ich war leichtsinnig gewesen, dumm und gemein. Und um ganz offen zu sein: irgendwo am Grunde dieses dunklen Strudels fühlte ich von neuem das Brodeln der Begierde, so ungeheuer war mein Appetit auf dies arme Nymphchen. In die Gewissensbisse mischte sich der qualvolle Gedanke, dass ihre Laune mich hindern könnte, sie von neuem zu lieben, sobald ich einen netten Feldweg gefunden hätte, wo sich in Frieden parken ließ. Mit anderen Worten, der arme Humbert. Humbert war schrecklich unglücklich, und während er stetig und geistlos auf Lepingville zuhielt, zerquälte er sein

Gehirn nach irgendeinem Scherz, unter dessen fröhlichen Fittichen er es wagen könnte, sich seiner Beifahrerin zuzuwenden. Dann war sie es jedoch, die das Schweigen brach:

»Oh, ein plattgefahrenes Eichhörnchen«, sagte sie. »Wie schade.«

»Ja, nicht wahr?« (Der gierige, hoffnungsvolle Hum.)

»Können wir an der nächsten Tankstelle halten?«, fuhr Lo fort. »Ich muss aufs Klo.«

»Wir halten, wo immer du willst«, sagte ich. Und als ein herrliches, einsames, hochvornehmes Wäldchen (Eichen, dachte ich; mit amerikanischen Bäumen kannte ich mich damals noch gar nicht aus) uns ein grünes Echo der Geschwindigkeit unseres Wagens zurückzuwerfen begann, wandte zu unserer Rechten eine rote, farnbestandene Straße den Kopf, ehe sie sich schräg ins Dickicht verzog, und ich schlug vor, dass wir vielleicht ...

»Fahr weiter«, schrie meine Lo schrill.

»Alles klar. Reg dich nicht auf.« (Kusch, armes Biest, kusch!)

Ich spähte zu ihr hinüber. Gott sei Dank, das Kind lächelte.

»Du Trottel«, sagte sie und lächelte mich süß an. »Du widerliches Scheusal. Ich war ein frisches Gänseblümchen, und nun sieh, was du aus mir gemacht hast. Ich müsste die Polizei anrufen und sagen, dass du mich vergewaltigt hast. O du schmutziger, schmutziger alter Kerl.«

Machte sie nur Spaß? Ein Unheil verkündender hysterischer Ton klang in ihren törichten Worten mit. Gleich darauf zischte sie durch die Lippen und fing an, sich über Schmerzen zu beklagen, sagte, sie könne nicht sitzen, sagte, ich hätte etwas in ihr zerrissen. Der

Schweiß lief mir den Nacken herunter, und beinahe hätten wir irgendein kleines Tier überfahren, das mit steil erhobenem Schwanz quer über die Straße lief, und wieder belegte mich meine übel gelaunte Begleiterin mit einem hässlichen Schimpfwort. Als wir bei der Tankstelle hielten, kletterte sie ohne ein Wort hinaus und blieb lange weg. Langsam, liebevoll putzte ein ältlicher Mann mit gebrochener Nase meine Windschutzscheibe – überall macht man das anders, mal Wildleder, mal Seifenbürste, und der hier benutzte einen rosa Schwamm.

Endlich erschien sie wieder. »Hör mal«, sagte sie mit jener teilnahmslosen, Stimme, die mich so sehr verletzte, »gib mir ein paar Zehner und Fünfer. Ich will meine Mutter in der Klinik anrufen. Wie ist die Nummer?«

»Steig ein«, sagte ich. »Du kannst diese Nummer nicht anrufen.«

»Wieso?«

»Steig ein und schlag die Tür zu.«

Sie stieg ein und schlug die Tür zu. Der alte Tankwart strahlte sie an. Ich bog schwungvoll in die Landstraße ein.

»Wieso kann ich meine Mutter nicht anrufen, wenn ich will?«

»Weil«, antwortete ich, »deine Mutter tot ist.«

Im fröhlichen Lepingville kaufte ich ihr vier Comics-Hefte, eine Schachtel Süßzeug, eine Schachtel Binden, zwei Colas, ein Manikür-Etui, einen Reisewecker mit Leuchtziffern, einen Ring mit einem echten Topas, einen Tennisschläger, Rollschuhe mit hohen weißen Schnürstiefeln, einen Feldstecher, ein Kofferradio,

Kaugummi, eine Regenhaut, eine Sonnenbrille, noch ein paar Kleidungsstücke – Charmis, Shorts, alle möglichen Sommerfummel. Im Hotel hatten wir getrennte Zimmer, aber mitten in der Nacht kam sie schluchzend zu mir herüber, und sehr sanft machten wir es wieder gut. Verstehen Sie, sie hatte sonst ja auch niemanden, zu dem sie hätte gehen können.

Claude des Olbes

Das Dreieck *

In diesem Augenblick, da ich die entscheidenden Ereignisse zurückverfolge, frage ich mich noch, ob ich auch alles erwähnt habe, was zusammenkam, um mich in die Enge zu treiben – alles, was mich weniger schuldig wirken lässt, weil es in den Augen der Welt meine Verirrung verzeihlicher macht. Zweifellos hatte ich den Anfang gemacht. Eben jene, die ich einst angetrieben hatte, trieben mich nun, jede nach ihrem Willen, einem schrecklichen Ziel entgegen. Der Feuerkreis ihrer Leidenschaften und meiner eigenen ließ mir nur einen schmalen Durchgang nach ihren Plänen offen. Fliehen? Die Begierde würde mich sofort zurückholen. Den augenblicklichen Zustand verlängern? Er war schmerzhaft, lächerlich, unmöglich. Das sapphische Idyll mit Gewalt zerstören? Das wäre vergebliche Mühe, und das Paar würde sich gegen mich zusammentun. Emilienne alles gestehen? Adilée würde ein Gegengeständnis ablegen und damit ihre Position festigen. Emilienne gegen meine Überzeugung einreden, Adilée sei eine Intrigantin? Zum Beweis ihrer Uneigennützigkeit würde Adilée sofort verschwinden, und ich bliebe mit einer erkalteten Frau zurück, wenn sie nicht der anderen folgte. Wahrhaftig, sie beherrschten das Spiel, und mir blieb nur eines übrig: die letzte mir verbliebene Karte auszuspielen, ohne Rücksicht auf mögliche Unannehmlichkeiten, jetzige oder spätere Gefahren und den Bruch mit Moral und Gesellschaft.

Am Sonntag, dem 18. April, sagte mir Emilienne im Bois de Boulogne:

»Ich muss Ihnen etwas Komisches erzählen: Adilée, soweit sie sich jetzt für einen Mann interessieren kann, hat ein kleines Faible für Sie. Sie braucht eben eine Stütze, die ich ihr nicht sein kann. Wenn sie Pierre verlässt, muss ein anderer Mann für sie da sein.«

»Um die Kerze zu halten, nehme ich an?«

»Oh, Ihnen würde ich mehr erlauben als Pierre!«

»Als Gehilfe wäre ich Ihnen also angenehm? Sie wagen viel, das muss ich Ihnen offen sagen.«

»Claude, Claude, ich wünschte so sehr, Sie verstünden mich in einem Punkt, der für unser seelisches Gleichgewicht entscheidend ist. Sehen Sie doch, was Sie aus mir gemacht haben: eine Frau, die zwischen Ihnen, dem Unentbehrlichen, und einer Freundin hin- und hergerissen wird, die ich brauche und die allein sein will oder ...«

»Wagen Sie doch, es auszusprechen!«

» ... oder uns beiden gehören.«

»Allerhand, was Sie mir da eröffnen.«

»Sie kann sehr kategorisch sein. Gestern sagte sie mir, sie habe nicht mehr die Kraft, Pierre und mich zu belügen. Außerdem steht sie mittellos da: wir müssten uns eine Lösung einfallen lassen.«

»Die recht heikel und anstößig sein dürfte.«

»Hören Sie mir zu, Claude, jetzt spreche ich, die Hauptbetroffene. Ich lasse Ihnen Adilée: ist das kein verlockendes Angebot? Ich gebe Sie ihr: das ist das schönste Geschenk, das ich machen könnte.«

»Und auf diese Weise behalten Sie beide?«

»Das muss ich.«

»Und wenn ich Ihnen sagte, dass ich Ihre Adilée nicht brauchen kann?«

»Wenigstens hätte ich nichts unversucht gelassen, Ihre Frau zu bleiben. Claude, ich leide sehr unter dieser Situation, in die Sie mich gebracht haben. Jedoch ich kann nicht anders: der Frau, die Sie mir in die Arme geworfen haben, muss ich gehorchen.«

Meine Unterredung mit Adilée, am Montag, war nicht weniger ernst. Nachdem ich ihr den Inhalt der ehelichen Aussprache wiedergegeben hatte, sagte sie:

»Ich frage mich wirklich, wie Emilienne auf eine solche Idee kommen konnte. Wir müssen aus dieser Sackgasse heraus, das ist eine Tatsache. Aber dass sie dich einfach gebeten hat, mein Geliebter zu werden – ich falle aus allen Wolken!«

»Du tust sehr verwundert über den Erfolg deines eigenen Drängens.«

»Na, na! Höchstens habe ich im Spaß zu deiner Frau gesagt, es wäre komisch, wenn du dazwischenkämst.«

Sie blickte mich verschlagen an. Mir wollte scheinen, das übertrieben freundliche Ultimatum meiner Frau werde durch ein unausgesprochenes Ultimatum meiner Geliebten unterstützt. Ich erkundigte mich nach dem nächsten Rendezvous: es war für Donnerstag, 22. April, vereinbart, und zwar in der Wohnung in der Rue du Cherche-Midi. Gleichzeitig erfuhr ich, dass Emilienne, entgegen meinem ausdrücklichen Wunsch, schon dort gewesen war. Adilée war so freundlich, mir mitzuteilen, sie werde nach dem Eintreffen meiner Frau den Schlüssel unter die Fußmatte legen.

Mein erster Gedanke war, auf diese despotische Einladung nicht einzugehen, und deshalb saß ich an diesem Donnerstag um halb vier noch in Pantoffeln in unserer Montmartre-Wohnung, während Emilienne sich anschickte, Adilée »irgendwo in Paris« zu treffen. Jedoch, als ich alles abwog, was auf dem Spiel stand, als ich mich an die zwei schönen, nackten, eng umschlungenen Körper erinnerte, die ich vielleicht nie wiedersehen würde, und mir das Schreckensbild ihrer Flucht und meines Ausgeschlossenseins vor Augen hielt, zog ich mich an, sprang in ein Taxi und rief hastig dem Chauffeur die Hausnummer in der Rue du Cherche-Midi zu.

Es war vier Uhr fünfundzwanzig. Ich stieg auf leisen Sohlen die düstere Treppe hinauf. Der Schlüssel lag wirklich unter der Matte. Ich schlüpfte in das Vorzimmer und erreichte die offene Ateliertür. Ich sah keinen Menschen (das Bett stand in der rechten Ecke hinter dem Türflügel), aber ganz in meiner Nähe erblickte ich auf dem Sessel und dem Stuhl die Beweise einer zwiefachen Intimität. Die Kleider der beiden Frauen lagen in der Reihenfolge aufeinander, wie sie sie ausgezogen hatten, sodass man erraten konnte, welche als erste Kleid und Hüftgürtel abgestreift, welche ihren Büstenhalter auf das Hemdchen der anderen geworfen hatte. Die Strümpfe hingen vom Sessel herab auf den Fußboden, die Schuhe waren in alle vier Ecken des Raumes verstreut, auf dem Tisch: ein Durcheinander von Armbändern, Ketten und Kämmen, Zeugnisse hastiger Entkleidung. Vorsichtig trat ich einen Schritt vor: schon bot sich mir in dem großen Spiegel der Anblick ihrer auf dem Bett ineinander verschlungenen Leiber.

Auf den Kissen, die hastig zusammengeschoben waren, um gewagte Stellungen zu unterstützen: ein schachbrettartiges Muster aus rosiger und brauner Haut, Gliedern, die sich farblich voneinander abhoben und doch auf unglaubliche Weise ineinander verschränkt waren. Adilée muss die Kühle gespürt haben, denn sie hatte Emiliennes Bluse übergestreift, ohne sie zuzuknöpfen, diese Bluse vom ersten Tag, durch deren schwarzen Tüll die tiefbraune Schulter der Algerierin schimmerte. Achtlos gelöste Haare, weiße Hände, die dunkle Hüften streichelten, brachten den Künstler aus der Fassung. Die Überraschung vom neunten März hatte mir ein Schauspiel der Schönheit beschert: hier sah ich reine Sinnlichkeit. Lange betrachtete ich das erregende Bild im Spiegel, bevor ich mich den Körpern selbst zu nähern wagte. Die laokoonischen Schlangen entwirrten sich. Ich sah Adilée die lange, braune Spitze einer ihrer harten, angespannten Brüste in Emiliennes Nasenloch stecken. Meine Frau sog die Brustwarze ein und verschlang sie gefräßig, indes weiter unten ihre geile Hand sich ihren Platz suchte. Dann plötzlich glitt der Mund der Blonden den ganzen Körper der Braunen hinab und stürzte sich auf das Dreieck – das von nun an Symbol unseres Dreiecks war. Bei Adilée bildete es einen dichten, üppigen Teppich, der den Bauch bis in die Nähe des Nabels bedeckte und sich in dünner werdendem Gekräusel bis auf ihre Schenkel erstreckte. Schon verschwand Emiliennes untere Gesichtshälfte darin wie die Schnauze einer Ziege im Hochgras. Über ihrer gegen den Schamhügel gepressten Nase waren nur noch ihre glühenden Augen sichtbar, die im dreifachen Genuss von Riechen, Schmecken und Sehen wild rollten. Adilée, den Kopf so weit wie möglich nach hinten gebogen, öffnete die Hände, als müsste das Manna der Lust in sie hineinfallen.

Das war mehr, als ich in meiner wilden Erregung ertragen konnte. Gegen meinen Willen riss ich mir die Hose auf.

Adilée sah mich und entwand sich dem Kuss Emiliennes, während diese, völlig überrumpelt, mit geradezu religiöser Inbrunst das Näherkommen des entfesselten Priapus verfolgte.

Worte waren überflüssig: als ich mich vor dem Bett aufpflanzte, verharrten wir alle drei in Schweigen. Emilienne schien nur mein Gesicht zu betrachten, Adilée dagegen hatte nur Augen für die schlüpfrige Gottheit. Aber ihre Brüste, die sie mir darboten, bebten gleichermaßen, beide Frauen deuteten einen herausfordernden Augenaufschlag an, um mich zur

Entscheidung zu zwingen. Ohne wählen zu wollen, fühlte ich, dass ich wählen musste, wollte ich mich nicht disqualifizieren. Emilienne zog ich mit aller Kraft in meine Arme, aber Adilée nahm ich. Meine Frau steckte alle Finger der linken Hand in den Mund und biss darauf, nicht heftig genug jedoch, um einen heiseren Schrei zu ersticken, während Adilée sie an den Haaren zog, um sie zum Zusehen zu zwingen. Ich fiel zurück: das Schlimmste war vollbracht.

Adilée war noch kaltblütig genug, nach meinem Sieg die Freundin zu küssen, dann warf sie sich ihr schluchzend an die wogende Brust und bat um Vergebung und Mitleid.

Ich verfiel in einen langen Schlaf, über dem ich den fürchterlichen Schatten meines Verbrechens schweben fühlte. Endlich zog ich mich an und ging, nicht ohne ihnen mitzuteilen, ich erwarte sie um neun bei »Lipp« zum Abendessen.

Sie kamen wieder aufgeputzt und erstaunlich munter zu unserer Verabredung. Emiliennes Augen waren noch rot, aber sie blitzten.

»Ach, ich glaubte zu sterben«, verkündete sie, »aber ich fühle mich besser.«

Ich platzierte sie auf die Bank mir gegenüber. Adilée hielt die linke Hand meiner Frau und drückte sie, während sie selbst mit der freien linken Hand aß, bis zum Ende der Mahlzeit. Wir sprachen von allem Möglichen und Unmöglichen, beim Dessert aber von dem schwierigen Vorzug, anormal zu sein. Beim Kaffee, gegen elf Uhr, ging die Bretonin sich die Hände waschen, und die Algerierin sagte zu mir:

»Weißt du, das nächste Mal könntest du sie ruhig vor mir glücklich machen. Wenn wir schon so weit sind...«

So geschah es noch in derselben Nacht (denn Adilée

kam auf ein Glas Sekt mit in die Brouillards). Sie entkleideten sich wieder, mit der Kaltblütigkeit der Gewohnheit. Adilée selbst drängte mich zu Emilienne und wies mit dem Finger auf das Geschlecht meiner Frau. Als ich gehorchte, schloss sie nur die Augen.

Ich umschlang die beiden hingestreckten Körper und dämmerte lange, wie betäubt, vor mich hin. Frühmorgens erwachten wir in voller Harmonie, ruhig und gelassen, als hätten wir nie im Leben etwas Natürlicheres getan. Nach dem Tee, den uns Adilée in Emiliennes Morgenmantel servierte, vereinigte ein einziger Kuss unsere drei Münder zum Abschied.

Am Tage danach saßen die beiden Frauen, als ich nach Hause kam, bei Tisch: vor meinem Teller eine Vase mit Aronstab, in meiner Serviette ein neuer Parker-Füllfederhalter. Kaviar und eine Flasche Médoc standen auf dem Tischtuch. Gemeinsam erhoben sie sich und boten mir gleichzeitig, ohne dass eine die erste sein wollte, die Lippen. Kaltblütiger und bewusster nahmen wir die Liebesspiele der Vorabende wieder auf; ihre Münder trafen sich auf meiner Brust, dann ließen beide mit vereinten Kräften ihre Künste spielen, um mir den höchsten Genuss zu verschaffen. Als Emilienne am Sonntag zum ersten Mal mit mir allein war, sagte sie: »Was wollen Sie? So stand es geschrieben, wir müssen uns nur noch daran gewöhnen.«

Unsere Wissenschaft von der Lust zu dritt vertiefte sich durch die Praxis. Besonders deutlich erinnere ich mich an den 1. Mai: ich brachte Maiglöckchen mit und fand die beiden friedlich vereint und lachend in der Badewanne mich erwartend vor. Auf dem Wasser schwammen Rosenblätter und eine Flottille von Sirenen aus Zelluloid, die schon mit griechischen Namen versehen waren. Ich reichte den aneinander geschmiegten Najaden einen einzigen Bademantel, in dem sie fröstelten und sich gegenseitig erwärmten, bevor sie mein erregtes Glied mit ihren Ketten bekränzten.

Was wäre nicht alles von den intimen Bildern zu sagen, die sie mir nun mit allen Einzelheiten vorführten! Adilée, die vor Emilienne nur braune Frauen gekannt hatte, wurde nicht müde, die Reize der Blonden und ihren üppigen Rubens-Körper zu erforschen, der mich selbst weniger aufgereizt hatte. Gewiss, sie liebte diesen mächtigen Körper, dessen passive Formen ihre Begierde ohne Unterlass anstachelten, mit fiebernden Händen, Lippen und Nüstern; Emilienne aber hatte die Frau, das Weibliche an sich entdeckt, sie konnte nicht genug bekommen von den Linien, den Düften und dem Geschmack der Frau. Sie fand keine Worte, die liebevoll genug für die harten Brüste ihrer Geliebten gewesen wären, für ihren schmalen, flachen Leib, den harmonischen Schwung ihrer Hüften. Sie pries unaufhörlich ihre orientalischen Wohlgerüche, den Weihrauch ihres Halses, die Myrre ihres Nackens, den Moschus ihrer Achselhöhlen, bis zur Ohnmacht sog sie den Pfeffer- und Vanillegeschmack ihres schwellenden Mundes ein. Mir wurde der unerhörte Rausch ihrer verschmelzenden Formen, ihrer zusammenklingenden Stimmen, ihrer vermischten Düfte zuteil: ein Strauß aus Rosen und Nelken – und in den Pausen zwischen der Lust diese magische Schönheit, deren ich mich manchmal gerne nur als Betrachter erfreut hätte, ohne sie zu berühren.

Ja, mit Freuden hätte der Liebhaber seine Rechte dem Künstler überlassen, und in manchen Augenblicken hätte sich mein Pinsel mit dem gleichen Vergnügen über die Leinwand bewegt wie meine Zunge über ihre Haut, aber dieser Zeitvertreib war ihnen nicht willkommen, eine der beiden rief mich immer zu unserer Dreiergemeinschaft zurück.

Welche Bereicherung des traditionellen *Kamasutra* an komplizierten Figuren und vielfältigen Kühnheiten! Ich spreche nicht von den gewöhnlichen sapphischen Spielen, die ich als Zuschauer, als Gehilfe oder, wenn nötig, als Bändiger erlebte: bald ließ ich sie träge gewähren, bald gab ich ihnen meine Männlichkeit zu spüren, wenn sie sich lüstern leckten und rasend aneinander rieben; kam heute meine Hand einem ermatteten Mund zu Hilfe, so musste ich sie morgen vielleicht in einem widernatürlichen Akt unterbrechen. Zum Beispiel entdeckte ich in Emiliennes Nachttisch einen dieser lächerlichen Olisben, mit denen sich nur zu gerne unsere barbarischen Großmütter trösteten, und ich veranstaltete damit in ihrer Gegenwart ein spektakuläres Autodafé: sollte ich dieser Rolle nicht allein gerecht werden? Da ich die Rolle ernst nahm, studierte ich in alten illustrierten Aretino- und Crébillon-Ausgaben alle Möglichkeiten des klassischen Dreiecks. Die Geometrie in den Dienst der Liebe stellend, zeichnete ich stundenlang richtiggehende Grundrisse auf, in denen jede Position im Voraus festgelegt war und jeder Winkel stimmte. Aber sie fanden, das sähe »zu sehr nach Gleichung aus« und vertrauten immer mehr auf ihre weibliche Fantasie. Einmal öffnete Adilée mir Emilienne, bog die geheimen Lippen auseinander und hieß mich eindringen, ein anderes Mal war es die Blonde, welche die Braune, um ihren letzten Widerstand zu brechen, festhielt und mir den Weg bahnte. Das allzu disziplinierte Trio löste sich in Duos auf, in denen jeder, seiner augenblicklichen Eingebung folgend und mit einer unendlichen Fülle geiler Variationen, seine Waffen nach besten Kräften einsetzte. Da gab es keine Höhlung, in der nicht jeder hervorragende Körperteil ausprobiert wurde. Vor meinen Augen wuschen sie sich gegenseitig an den intimsten Stellen oder sie teilten sich bei mir in diese Pflicht, und bei Gelegenheit schlangen sich ihre Zungen um ihr gemeinsames Kleinod.

Im übrigen war das alles eher harmlos als verdorben. Das Entzückendste waren die Natürlichkeit ihrer Bewegungen und die frische Offenheit ihres Lachens. Was bei anderen lasterhaft gewesen wäre, erschien bei ihnen vollkommen unschuldig.

Ja, ich stellte mir vor, Salomo, Sardanapal, Herkules, Alkaios, Glaukos, Adam, der Priester des Teufels, der lesbische Monarch zu sein, aber am natürlichsten war ich der arglose Daphnis einer zwiefachen Chloe. Wie die Liebenden von Longus waren wir nur von einem Gedanken besessen: alle Möglichkeiten der gesteigerten Lust zu erschöpfen, die sich uns eröffneten. Wir kehrten als Heiden zu arkadischer Schlichtheit zurück, in der unser Trio so jungfräulich-unberührt war wie das erste Paar des irdischen Paradieses, nur dass wir ein wenig höher auf dem verbotenen Baum einen größeren, einen doppelten Apfel gepflückt hatten.

Die Schlange entdeckte uns ungestümere Wonnen, als gewöhnliche Liebesleute sie erleben. Meine Freundinnen, auf dem Wege zu einem größeren Wissen um ihre eigenen Möglichkeiten, gelangten zu Ekstasen, von denen ich nichts geahnt hatte. Ich sah selbst, wie sich zwischen ihren vier Armen, die sich voll Glück um einen einzigen Mann legten, ihre Fähigkeit, Befriedigung zu schenken, ins Ungemessene steigerte. Die Umarmungen einer einzigen Gespielin wären mir bereits schal erschienen, ich fühlte ein Verlangen nach zwei Frauen, das die eine ohne die andere bedeutungslos werden ließ. Adilée ohne Emilienne oder Emilienne ohne Adilée interessierten mich nicht mehr. Sie selbst versicherten mir, ihre Verschmelzung mit mir, in mir, schenke ihnen die höchste Lust ihres Lebens. Wollte man ihnen glauben, so waren ihre weiblichen Liebesspiele ohne mich langweilig geworden. Adilée sagte mir eines Tages: »Noch nie haben ein Mann und eine Frau oder zwei Frauen, die sich lieben, den hundertsten Teil der Genüsse erlebt, die uns geschenkt werden.«

»Adilée«, beteuerte Emilienne, »erfüllt mich über alle Maßen mit Seligkeit, seitdem du da bist und umgekehrt, aber der höchste Gipfel der Seligkeit liegt in dem Unerklärlichen, das uns drei zugleich erregt und erschöpft.«

Es muss ausdrücklich vermerkt werden, dass es bei solchen Dreiecksverhältnissen anders zugeht als bei gewöhnlichen Paaren, wo die kleinste Trägheit den anderen entmutigt: einer der drei ergreift immer die Initiative. In unserem Fall war es am häufigsten Adilée, welche, immer bereit, sich über das Nachlassen unserer Kräfte zu mokieren, das Banner wieder hisste. Ständig entsprangen ihrem erfinderischen Gehirn neue Ideen, die es in die Tat umzusetzen galt. Eine unaufhörliche Erneuerung verbannte die Gewohnheit.

Jedoch bestand unsere Affäre nicht nur aus Lust. Die beiden »Katalysierten« (diesen Ausdruck hatte Emilienne in den Aufzeichnungen aus ihrer Studienzeit wieder entdeckt; ich war also der »Katalysator« der beiden geworden) erfüllten die Stunden, die wir außerhalb des Bettes verbrachten, mit Scharm und Geist. Adilées Besuche wurden zu lang, um sie ausschließlich »damit« zu verbringen. Für die Stunden vor und nach der Liebe hatten sich gewisse Gewohnheiten herausgebildet. Nach dem Frühstück, das wir ungefähr um neun einnahmen, ging Adilée in ihre Galerie, Emilienne zu Jullimard, ich in mein Büro in der Rue de Tournon. Wenn wir nicht gemeinsam zu Mittag aßen (aber wir legten alle noch Wert darauf, die Mittagszeit getrennt zu verbringen, und zwischen eins und drei bewahrten wir uns unsere ursprüngliche eheliche Zweisamkeit), kam Adilée um vier Uhr. Um fünf kehrte ich zurück, nachdem ich nach dem Mittagessen ausgegangen war, teils um mich um die Geschäfte zu kümmern, teils um den Frauen ein kurzes ungestörtes Beisammensein zu gewähren, und Essen, Gespräche, Lektüre, Musik und Bad beschäftigten uns bis zum Beginn unserer nächtlichen Ausschweifungen.

Champagner, gelegentlich auch Burgunder, wurde im Sektkübel oder im Korb auf den Nachttisch gestellt, in kleine Gläser geschenkt und in vollen Schlucken als Untermalung einer anderen Trunkenheit genossen. Waren wir erschöpft, servierte Adilée, die immer noch die Munterste war, im Negligee ein kaltes Hähnchen oder, wenn die Nacht bereits vorüber war, Tee und dampfenden Toast, dessen Geruch dann den nach parfümierten Körpern duftenden Raum erfüllte. Manchmal kam es vor, dass Emilienne und ich Adilée gemeinsam anzogen. Ihr Verschwinden bewahrte uns immer vor dem Überdruss: unsere ehrbare, anständige Zugehfrau, die uns als Zeugin unerwünscht gewesen wäre, hätte sie übrigens ohnehin verjagt.

Mit welch reizenden Überraschungen erfüllte die Fantasie der beiden Geliebten diese Flitterwochen! So öffneten sie mir eines Abends in der zweiten Woche, die eine als die andere kostümiert, die Tür. Sie hatten alle Kleider und Schmuckstücke vertauscht und parodierten sich gegenseitig. Da sie auch noch ihre Gesichter im Dämmerlicht des Korridors unter schwarzen Halbmasken versteckten, konnte ich sie zuerst nur nach ihrem Duft unterscheiden. Der Erfolg ermutigte sie. Von nun an hüllten sie sich oft in Kostüme, die sie selbst geschneidert oder von einem Verleih in der Rue de Richelieu bezogen hatten. Eines Tages fand ich Emilienne im Salon, einen Fächer in der Hand haltend, als große Dame aus der Zeit Ludwigs XIV. und Adilée als Sultan von Bagdad mit gelbem Turban. Ein anderes Mal stellte Adilée ein englisches Kammerkätzchen dar und bediente in weißer Tändelschürze und gestärktem Häubchen die Lady; ein ländliches Idyll mit zwei verliebten Schäferinnen bot sich mir oder eine Haremszene, in der die Favoritin ihre Nebenbuhlerin liebevoll schlug, mit Zopfkrone und Schnabelschuhen spielten sie die beiden Isolden, Isolde mit den weißen Händen und Isolde die Blonde, die sich in Tristans Armen bald versöhnt fanden. Etwas später, an einem Donnerstagnachmittag, war Emilienne Husar und Adilée Marketenderin. Sie spielten mir ein kleines, unglaublich komisches und wollüstiges Theaterstückchen aus Adilées Feder vor, mit Musik von Emilienne (die ein wenig von Komposition verstand). In allen erdenklichen Kostümen improvisierten sie auch Pantomimen, Ballette und Schaustellungen, die auf reizende Weise immer anstößiger wurden, bis der Vorhang – man wird es ahnen – stets über der gleichen Szene fiel. Ich selbst beteiligte mich unbefangen an diesen Spielen und übernahm heikle Rollen, in denen ich bis zum unvermeidlichen Ende mein Bestes gab.

Soll ich auch von den Leckerbissen sprechen, die

wir zusammen bereiteten und die jede unserer Mahlzeiten zum köstlichen Genuss machten, von den Blumen, mit denen Adilée alle Vasen verschwenderisch füllte, den Süßigkeiten, die Emilienne in die Bonbonieren häufte, und den Früchten, die als Stillleben den Hintergrund unserer intimen lebenden Bilder darstellten? Soll ich von den Vögeln und weißen Mäusen erzählen, welche die beiden Freundinnen unter den Augen der immer gegenwärtigen Perserkatze spielen ließen und die von ihr bald, mehr aus Eifersucht als aus Gefräßigkeit, verschlungen wurden, von den kleinen Schmuckstücken, die ich überreichte, dem Flitterkram und den Nippsachen, die sich die beiden zum Geschenk machten? Brachte ich der einen eine Kette, eine Brosche, einen Ring, musste die andere dasselbe bekommen, sodass sie mit der Zeit wie Zwillinge geschmückt waren.

So verlief das Leben in unserer geheimen Zelle, aber wie, wird man fragen, arrangierten wir uns mit der Umwelt? Ganz einfach, indem wir sie mieden. Emilienne und ich waren immer sehr häuslich gewesen. Nun fiel es uns weniger schwer denn je, unsere wenigen Verwandten und Freunde in ihren entlegenen Stadtteilen unbehelligt zu lassen. Adilée ihrerseits vernachlässigte alle Farbkleckser, Malerinnen und Modelle, mit denen sie in Paris zuerst verkehrt hatte. Auf dem Montmartre hatten wir vorläufig keine Schwierigkeiten, in dem allgemeinen Gewühl nicht aufzufallen.

Aber auch wenn wir eigentlich wie Wilde als freiwillige Gefangene unseres süßen Wahnsinns lebten, mochten wir nicht darauf verzichten, frische Luft zu atmen, sobald die ersten schönen Tage kamen. Nach den Eisheiligen begannen wir, unsere Nachmittage im Garten zu verbringen. Mit zwei Paravents verwandelte ich den Teich in ein Bad für meine zwei Nymphen, die zu dieser Jahreszeit das Freibad der Wanne vorzogen. Während die beiden Freundinnen, die Beine unter einer Decke ineinander verschränkt, in der Sonne lagen, wurden laszive Bücher vorgelesen und kommentiert. Nach dem Abendessen wagten wir Ausflüge durch die Gässchen des »Hügels«, die zu schmal waren, um uns alle nebeneinander durchzulassen, sodass ich hinter den Damen herging und sie verdeckte.

Später im Mai wurden wir kühner und dehnten unsere Spaziergänge nach Belleville und Ménilmontant aus. Diese Stadtteile kannten wir nicht sehr gut: beglückt entdeckten wir eine malerische Gasse, einen verborgenen Eingang oder einen Ausblick durch eine Mauerlücke. Adilée liebte ausgefallene Örtlichkeiten, die ihr Gelegenheit zu amüsanten Bemerkungen, künstlerischen Betrachtungen oder gar kindlich ungezogenen Späßen gaben. Zum Beispiel stellte sie mich eines Tages in einer Kneipe in der Rue de la Halle als echten Bigamisten vor. Natürlich erwachten in dem Wirt kriminalistische Instinkte, ein Wachtmeister kam, und ich hatte Mühe, anhand meiner Papiere zu beweisen, dass es sich um einen Scherz handelte. Adilée schätzte auch kleine anrüchige Lokale und Straßen mit leichten Mädchen, vor denen sie, um Emilienne zu ärgern, auf und ab ging.

Ausstellungen und Konzerte lockten uns weniger. Bekundeten meine zwei Frauen auch aus Liebe den gleichen Geschmack in Malerei und Musik, so reizte Adilée Emilienne doch durch leichtfertige, oft ohne Sachkenntnis abgegebene Urteile über moderne Kunst. Ihre Harmonie wurde jedoch wiederhergestellt unter den Kuppeln der Kirchen von Saint-Sévérin, Saint-Merri und Saint-Leu, welche beide, die ehemals Gläubige und die geborene Atheistin, besonders innig liebten. Ich schämte mich vor Jeanne d'Arc und dem Curé d'Ars, vor denen sie unser Anstoß erregendes, ungewöhnliches Verhältnis zur Schau stellten.

Auch Ausflüge auf das Land und in die Wälder unternahmen wir. Adilée schleppte uns mit Vorliebe südlich von Banlieue, in die Vallée-aux-Loups, wo der Pavillon von Latouche inmitten der Gewächshäuser, die Marställe von Girardin, die imitierten Louis-XIII.-Bauten, das alte, verlassene Waschhaus, die riesigen Baumschulen, die buntscheckigen Blumenbeete, die Rosen unter Zedern und die Kastanienbäume zwischen japanischen Kirschbäumen eine romantische Wildnis bildeten. Sie liebte auch die Wälder von Verrières, von deren viereckigem Plateau aus man Sceaux, Antony und Igny und die Abbaye aux Dames überblickte, während sich in den Niederungen ziellose Pfade durch das gleichsam undurchdringliche Grün schlängelten. Oft wanderten die zwei Freundinnen am Morgen dorthin, Schultern und Brüste entblößt. Im Dickicht pflückten sie mit Wonne Blumen und liebkosten sich. Sie liebten es, nach dem Mittagessen Siesta zu halten und auf ihren Lippen beim Kuss noch den Geschmack von Erdbeeren und Kirschen zu spüren und in ihrer lüsternen Trägheit von meinen Armen umfasst zu werden, ohne dass sie die Mühe der Umarmung auf sich nehmen mussten. Auf dem sonnigen Rasen liebkosten sie ihre feuchten Körper und spürten, wie ihr Duft durch die Wärme noch stärker und würziger wurde. Sie liebten nach den Spielen, die ihre Haut mit Schweiß bedeckten, den plötzlichen Hauch eines frischen Windes auf dem Rücken. Am Ende eines stürmischen Tages erschauerten sie wonnevoll, nackt und eng umschlungen, unter dem prasselnden Regen. Wie oft bewachte ich, wenn sie sich auf einem Hohlweg entfernten, ein Bündel vielfarbiger Kleidungsstücke. Ich trug ihre Handtaschen, und ich trug vor allem einen symbolischen Kerzenleuchter, in dessen Licht ich, wenn ich so sagen darf, Adilée einen jungen Eichen- oder Nussbaumzweig abbrechen und, mit dieser belaubten Rute bewaffnet, leichten Schritts die flüchtende Gespielin verfolgen sah. Wo trafen sie sich wieder? Was machten sie? Ich musste mich damit begnügen, die von Sonnenflecken gezeichneten Formen der Braunen und der Blonden im Gezweig verschwinden zu sehen. Es gab auch gemeinsame oder mindestens von mir angeregte Spiele: Verstecken, wobei Emilienne ihre nackt im hohlen Stamm eines Kastanienbaums kauernde Gefährtin entdecken musste. Ich hörte, als meine Frau sie in ihrem Versteck fand, den heiseren Schrei der Waldgöttin; oder Blinde Kuh, wobei ich Emilienne als einzige Bekleidung eine Augenbinde ließ. Zu ihrem Entzücken, allen möglichen Blicken ausgesetzt zu sein, kam die Angst, der Gefahr gegenüber blind zu sein, aber Adilée, die sie aus nächster Nähe mit einer Distel kitzelte, ließ sich schnell fangen, und die ins Moos geworfene Nymphe nahm unverzüglich Rache. Zum Glück trifft man zu manchen Zeiten wenige Spaziergänger und fast nie Polizisten in den Wäldern von Verrières.

Endlich kehrten wir auf dem Weg über Châtenay, wo uns Voltaires Büste verständnisvoll zulächelte, im »Chant du Rossignol« oder im »Bouqet da la Vallée« ein, wo sich meine Schönen an einem einfachen Saumur ergötzten.

Gelegentlich machte ich mir das Vergnügen, in einem schäbigen Lokal in Robinson ein Chambre

Séparée für sie zu mieten, eines jener altmodischen Überbleibsel des ausschweifenden neunzehnten Jahrhunderts, wo man sich auf einer Truhe, die vielsagende Utensilien enthält, unter einem galanten Stich verlustierte, der, undeutlich und durch einen Sprung im Glas in zwei Hälften geteilt, von einem halb blinden venezianischen Spiegel reflektiert wurde. Ich zahlte den geforderten Preis, und sie traten in den kleinen Raum, dessen verblichener Talmiprunk sie zum Lachen brachte. Immer noch auf der Lauer liegend, hörte ich durch die Tür ihr unterdrücktes Kichern und wollte mich zu ihnen gesellen. »Halt, nicht mehr als zwei Personen!«, rief die Wirtin ausgelassen, »oder ich will das Quartett ergänzen...« Diese Drohung im Verein mit dem schon verdoppelten Tarif reichte aus, mich zurückzuhalten.

Auf dem Gipfel des Vrai Grand Arbre, hoch über dem Getümmel einer plebejischen Hochzeitsgesellschaft, gönnten wir uns manchmal den Luxus einer Liebesstunde in den Lüften. Ich erinnere mich an einen Abend, da die beiden Damen, mit mir in den Ästen sitzend, sich dort oben küssten und von irgendeiner Brautjungfer mit ihrem Galan bemerkt wurden. Sie brachten uns ein Ständchen, dann wurden wir regelrecht belagert, sodass wir schließlich hinunterklettern und durch ein Spalier witzelnder Leute schreiten mussten.

»Da habt ihr etwas zu lachen, ihr armen Paare!«, sagte Adilée.

Am 24. Mai, spät nachmittags, fuhr ich sie im Kahn über den Teich des Parks von V. unweit von Bièvres, der einem Freund von mir gehörte und von dem ich wusste, dass er geschlossen und unbewacht war. Eine Stunde lang schwammen sie nackt, Arm in Arm, während ich völlig bekleidet ruderte. Emilienne schmiegte steuerbords ihre Schläfe auf Adilées Schulter. Nie habe ich heftiger bedauert, kein genialer Maler zu sein. Endlich legten wir unter einer Erle an, und ich streckte mich auf dem Boden des Bootes aus, den Kopf auf der Bank, zwischen ihren Körpern. Ihre Hände trafen sich über meinen Augen, ihre Daumen spielten auf meinen Zähnen, Adilée drängte zum Liebesspiel zu dritt. Emilienne sträubte sich:

»Claude, ich bitte Sie ... wenn jemand käme!«

»Ich verstehe dich nicht!«, sagte Adilée zu ihr. »Ich bin stolz auf uns drei. Wenn ich mit euch zusammen bin, dann kümmere ich mich um die Leute so wenig wie um Eichhörnchen oder Hasen. Alle Gaffer der Welt könnten sich um uns versammeln – mich würde es nicht stören.«

»Aber trotzdem! Nicht ganz nackt!«, sagte Emilienne.

Eine wilde Rose, die sie am Ufer gepflückt hatte, wurde zwischen unseren drei Mündern zerdrückt.

Ich erkannte meine sonst so reservierte Gattin mit ihrem nach außen hin recht gezierten Benehmen kaum wieder. Sie ließ sich von Adilée zu einer gewissen wilden Pöbelhaftigkeit verleiten, die im Gegensatz zu der poetischen Pose stand, welche die Algerierin oft zur Schau stellte. In Wirklichkeit war ihre Schamlosigkeit nur die animalische Seite ihrer romantischen Schwärmerei.

Musik fehlte nicht bei unseren sublimen Abendunterhaltungen. Adilée legte Bach- und Händel-Platten auf, die zuerst den Hintergrund für ernste Diskussionen bildeten und später manchmal untermalten, was Bach und Händel für einen höchst anstößigen Zeitvertreib gehalten hätten.

Ebenso wenig verzichteten wir auf die Dichtkunst. Der sinnliche Schauer der Lyrik hatte uns auf alle Klassiker des Sapphismus gebracht, angefangen natürlich mit Baudelaire und Renée Vivien, wenn diese Dichter auch in gewisser Weise überholt waren. Renée Vivien warf man die Lücken in ihrem Werk vor, bei Baudelaire stieß man sich an unbegreiflichen Verdammungen.

Im fahlen Licht der dust'ren Lampen
deklamierte Adilée, und wir lauschten andächtig bis zu der hochtrabenden Schlusszeile:

Steigt herab, steigt herab, beklagenswerte Opfer . . .

Hier unterbrach Emilienne: »Beklagenswerte Opfer! Sind wir denn Opfer und auch noch beklagenswert? Raschelt unsere Haut im Wind wie eine alte Fahne, Geliebte? Habe ich nicht eben in dir all das Unendliche gefunden, das ich suchte? Dieser Baudelaire bleibt doch, trotz seiner ganzen Auflehnung, in der christlichen Moral befangen. Er hat keinen Sinn für die Erhabenheit von Lesbos, noch weniger hätte er das wunderbare Dreieck verstanden, in dem sich unsere Liebe, unsere Leidenschaft und unsere Tugend verbinden.«

Adilée baute, mit etwas übertriebenem Eifer, diese seltsame Doktrin noch weiter aus: ein gelungenes Trio verkörpere den schönsten Triumph des Geistes und des Herzens, es sei, hoch über dem eifersüchtigen Paar stehend, die ideale Erfüllung, die vollkommene Rechtfertigung des menschlichen Wesens, es sei ohne Zweifel die Urzelle der universellen Menschenliebe. Eine religiöse Philosophie, wie man sieht, und diese Religion verlangte ihren Kult.

Eine en-face-Fotografie von Adilée im Abendkleid,

zu ihren Füßen eine nackte, kniende Emilienne im Profil, ein Wachsabdruck unserer drei Köpfe, Mund an Mund, ein Doppelporträt ihrer beiden Gesichter, von einem Meister seines Fachs angefertigt, ein Fresko, auf dem ich die wichtigsten Episoden unserer Dreiecksliebe aufgezeichnet hatte, waren die wichtigsten kultischen Gegenstände. Dazu kam noch eine ganze Sammlung von Souvenirs: getrocknete Blumen, Stapel von Briefen und Fotografien, Heftblätter, auf denen wir, jeder in seiner Schrift, die schönsten Tage geschildert hatten.

Die zwei Priesterinnen und der Priester trugen zum Altar passende Insignien. Bei Emilienne war es ein locker fallendes, unendlich weibliches Kleid, bei Adilée Hose und Pullover oder ein dunkles Schneiderkostüm über einem aufreizenden Büstenhalter und einem strengen Hüftgürtel. Emilienne ließ sich die Haare unter einem Pompadour-Hut wachsen, Adilée trug sie kurz geschnitten unter einer frechen Mütze. Meine »Amtskleidung« bestand aus heller Samtweste, marineblauem Anzug mit goldenen Knöpfen, heller Krawatte und einem Schlapphut, der allerdings eher nach Lustknabe als nach »Dreieckler« aussah. Alle drei trugen wir ein symbolisches Dreieck: die Frauen als Anstecknadel aus Perlen, die ich ihnen geschenkt hatte, ich als Gravur auf einem Siegelring.

All das bedeutete wenig im Vergleich zu den Ordensregeln, die wir einhalten wollten: unbedingte Aufrichtigkeit innerhalb der Gruppe, strengste Verbannung von Grausamkeit, Bosheit und Lüge, Verzicht auf Eifersucht und persönlichen Stolz, Epikuräertum im Rahmen eines wohl durchdachten Studiums von Literatur und Kunst, Anpassung an die Begierden der anderen, gegenseitige Großzügigkeit, diese ausgedehnt auf alle Menschen und besonders auf unsere

Brüder und Schwestern im Geiste des Dreiecks. Ein strenger Plan wies jedem von uns seinen Anteil an der häuslichen Arbeit zu. Unsere Glückszahl? – Man wird sie erraten. Unser Endziel? Eine Welt, in der alle »Dreiecke« erhaben und leuchtend im Schoße der dreifachen Venus leben.

Dies waren die Tafeln des Gesetzes, das wir bald zum Gesetz des universellen Trios erhoben hatten. Adilée kommentierte das Gesetz nach den sanften Forderungen Emiliennes: sie glich bald einem Prediger ohne starken Glauben, der sich durch ständiges Schlagen an die Brust endlich selbst überzeugt. Wo ihre Berechnung aufhörte, ihre Überzeugung begann, hätte sie wirklich nicht sagen können, so wenig wie ich es zu erraten vermochte.

Wäre ich denn selbst im Stande, meine damaligen Gefühle zu definieren? Ich glaube, in ihnen vollzog sich eine unmerkliche Veränderung.

Zuerst empfand ich diese wirre, ungereimte Theologie, die der Leidenschaft der einen und dem Interesse der anderen diente, als ausgesprochen bequem. Ich hing ihr also an wie gewisse Ehemänner, die sich bei Tisch, wenn nicht im Bett, als gute Katholiken geben und es praktisch finden, dass ihre Frauen an Gott glauben, und es für klug halten, selbst durch ihr Beispiel zu wirken. Dennoch erkannte ich klar das Gefährliche, wenn nicht gar Verbrecherische dieser Haltung.

Mit der Zeit schwächte der Einfluss einer zweifachen Weiblichkeit auf meine Männlichkeit die Kraft meines männlichen Verstandes. Ich verlor sogar die ironische Distanz, die ein echter Mann den Hirngespinsten des Sexus gegenüber gewöhnlich bewahrt: ich war nichts weiter mehr als ein Weibchen.

Daher meine Neigung, die Gültigkeit des neuen

Glaubens, wenigstens in sozialer Hinsicht, anzuerkennen. Hier lag eine Lösung der ewigen Probleme des Ehebruchs, sogar die Hoffnung auf ein gesichertes Gleichgewicht für alle Menschen durch die Erweiterung des herkömmlichen Paares. Wegbereiter einer derart gewandelten Gesellschaft konnte ich sein. An moralischen Vorwänden fehlte es nicht. Schließlich wich die alte Moral rings um uns her neuen Bräuchen, die weniger schön waren als die unseren – waren nicht in der besten Gesellschaft abstoßendste Perversionen und ausschweifendste »Partys« an der Tagesordnung?

Man wird die Sophismen belächeln, mit denen ich meine Verirrung rechtfertigte, aber die Frauen – ich sagte es bereits – lasteten mit ihrem ganzen Gewicht auf mir. So hätte jeder, der unser Dach gelüftet hätte, in eine Kapelle geblickt, wo die seltsamsten Riten das Banner der höchsten Vernunft hochhielten.

Die folgenden Wochen sahen uns immer tiefer in Mystik und Libertinage versinken.

Eine Frage erhob sich, oder besser gesagt, sie wurde mir von meiner Frau gestellt, am 13. Juni, dem ersten Sonntag seit dem 2. April, den wir Eheleute allein verbrachten, da Adilée mit Malerfreunden nach Chartres gefahren war.

»Sie werden mir zustimmen, dass etwas nicht in Ordnung ist. Warum lassen wir Adilée irgendwo weit draußen wohnen, wo es doch so einfach wäre, sie hier aufzunehmen? Sie müsste keine Miete mehr zahlen und sich darum weniger oft in Geldnöten an uns wenden. Wir könnten auf die Zugehfrau verzichten, die unsere Intimität stört. Sie selbst haben sich oft genug darüber beklagt. Sie würde auch anspruchsvollere Aufgaben erfüllen. Wir beide könnten ein kleines Privatsekretariat ganz gut gebrauchen.« Ich verzog das Gesicht.

»Wo sollten wir sie denn unterbringen?«, fragte ich.

»Im Dachzimmer natürlich. Jetzt dient es als Rumpelkammer, aber wir könnten es sehr gut möblieren.«

»Und das Essen? Und die Kleidung? Bei Adilées Ansprüchen wäre das eine ungeheuere Belastung für uns. Und Taschengeld brauchte sie auch immer.«

»Oh, mein Freund, wo es für zwei reicht, da reicht es auch für drei. Was die Kleider betrifft: zwei Frauen, die sich lieben, machen sie rasch selbst. Und Taschengeld erhält sie aus Blida.«

»Auf jeden Fall müssten wir sie vorher fragen.«

»Ihre Ansicht steht fest. Sie leidet am meisten unter dem jetzigen Zustand. Ich muss hinzufügen, dass ich nie zur Ruhe komme, solange sie in einem kleinen Appartement lebt, wo sie allen möglichen Besuchen ausgesetzt ist.«

»Sind Sie sicher, meine Liebe«, gab ich zu bedenken, »dass es dem Glück des Trios nicht besser bekommt, wenn die dritte zeitweilig abwesend ist?«

»Blablabla! Waren wir, Sie und ich, nicht glücklich, bevor wir zu dieser weitherzigeren Lebensauffassung gelangten? Also, abgemacht, ja?«

»Ich werde es mir überlegen«, antwortete ich.

»Oh, mein kleiner Claude, lassen Sie sich nicht bitten.«

Ich merkte schnell, dass diese Beratung reine Formsache gewesen war. Tatsächlich hatten sich die Frauen schon vor Tagen geeinigt, und Emilienne hatte sogar bereits mit den Vorbereitungen begonnen. Die Zugehfrau läutete am Montag um neun nicht. Adilée, die erst spät abends aus Chartres zurückgekommen war, übernachtete bei uns. Ich sah sie beim Frühstück wieder und wunderte mich kaum, als sie mir am Abend lachend durch den Garten entgegenlief: Pantoffeln, Hauskleid, unordentliche Frisur und die Ungezwungenheit einer Frau, die sich in ihren eigenen vier Wänden bewegt – nichts davon fehlte. Im Flur bemerkte ich einen leeren Koffer. Adilée ergriff meine Hand und führte mich tanzend in den zweiten Stock, schob mich tanzend in das Zimmer, wo mich Emilienne in dem gleichen Hauskleid erwartete, um sich an meiner Überraschung zu weiden. Voll Freude wälzten sie sich auf dem Bett und küssten sich, und dann musste das Trio die Matratze erproben.

Zwischen ihnen ausgestreckt, die Hände unter dem Nacken verschränkt, während jede einen meiner Ellbogen hielt, betrachtete ich den Raum, in dem bisher nur meine alten Bilder abgestellt wurden: Adilées Toilettengegenstände, ihr Manikürekästchen, ihre am Kleiderständer aufgehängte Garderobe hatten seinen Charakter schon geprägt. Ich musste zugeben, dass Emilienne die Mansarde mit viel Geschmack eingerichtet hatte: himmelblaue Vorhänge, himmelblaue Bettdecke, himmelblauer Lampenschirm und sogar blassblaue Bonbons auf einem Tablett aus azurfarbenem Opal. Auf dem Bord über der Eckbank hatte meine Frau die ersten Bestandteile einer seit langem geplanten sapphischen Bibliothek zwischen zwei als Bücherstützen dienenden Seejungfrauen aufgestellt. Neben den unvermeidlichen *Chansons de Bilitis* von Pierre Lougs', den unvermeidlichen Renée-Vivien-Gedichten sah man den *Meursius* von Chorier, die *Moeurs du Siède* des jüngeren Crébillon, Balzacs *Mädchen mit den goldenen Augen*, die *Deux Gougnottes* von Henri Monnier und alle modernen Werke: *Puits de*

Solitude, Mont-Dragon, Rempart des Béguines ... Zweifellos hätte Emilienne gerne die gesamte Literatur über Dreiecksverhältnisse hinzugefügt, aber außer einigen geschmacklosen Erotika kannte sie nur *Mnaïs und Phyllodocis*, dessen gebundenes Manuskript das Prunkstück dieser seltsamen Sammlung blieb. »Nun, ist es nicht hübsch geworden?«, fragte sie und küsste mich hinter das Ohr. »So wird unsere Freundin ihre Unabhängigkeit bewahren, auch wenn sie bei uns lebt. Das ist ihr persönliches Eckchen, das wir respektieren müssen.«

Das Zimmer Adilées, mochte es auch reizend sein, wurde übrigens kaum benutzt. Bald fand Emilienne den allabendlichen Abschied unerträglich, und meistens blieb Adilée in unserem Bett, wo wir in unbequemer Enge zu dritt schliefen. Überrascht und nicht wenig amüsiert erblickte ich eines Abends in unserem Eheschlafzimmer an Stelle unseres alten Doppelbetts eine riesige Lagerstatt, die Emilienne hatte aufschlagen lassen. Man mochte sich fragen, in welcher galanten Kunsttischlerei meine Frau dieses mehr breite als lange Louis-XV.-Prachtstück entdeckt hatte, das eigens für römische Orgien angefertigt schien.

»Da!«, sagte Emilienne. »Nun werden Sie sich nicht mehr beklagen, zwischen uns eingequetscht zu sein.«

Drei weiße Kopfkissen lagen in einer Reihe auf der Schlummerrolle, und diese bemerkenswerte Neuerung löste beim Schlafengehen großes Gelächter aus.

»Wir übertreffen uns, scheint mir!«, rief Adilée, sich nackt zwischen Emilienne und mir ausstreckend. Und in der Tat: die Lampe, die an jenem Abend erlosch, überließ dem Mond die Aufgabe, ein für jedes andere Licht zu gewagtes Bild zu beleuchten.

Das »Blaue Zimmer« blieb indessen nicht völlig ungenutzt. Es blieb für die wenigen Duos reserviert, die Adilée und ich oder Adilée und Emilienne oder sogar Emilienne und ich noch spielten, wenn sie auch, vor allem zwischen den Frauen, immer seltener vorkamen, denn ohne mich schien ihnen alles nur unvollkommenes Glück, wenn nicht gar Sünde zu sein. Wie Emilienne erklärte, mochte das am Nachmittag noch angehen, um der Leere des großen Betts zu entrinnen, wenn ich nicht da war, oder auch an Tagen der Unpässlichkeit, der leichten Krankheit, da Adilée hingebungsvoller umsorgt und gepflegt wurde als eine sterbende Geliebte vom leidenschaftlichsten Liebhaber.

Sogar außerhalb des Betts waren wir viele Wochen glücklich. Adilée handhabte bald den Staubwedel, bald die Feder. Bei den Mahlzeiten spielten die beiden abwechslungsweise Herrin und Dienstmädchen. Montags sprach uns die Algerierin in der dritten Person mit »Madame« und »Monsieur« an, dienstags servierte die Bretonin mit lustvoller Unterwürfigkeit das Essen. Ich thronte wie ein Pascha zwischen den beiden und brauchte nur den kleinen Finger zu heben, um alle Wünsche doppelt erfüllt zu sehen. Schon fragten wir uns, wie es möglich sei, dass die Menschen, seit Tausenden von Jahren in den Schlingen der Ehe gefangen, nicht auf dieses bequeme Arrangement gekommen waren. Mit leichtem Unbehagen sah ich nur, dass meine zweite Frau immer herrischer auftrat und sich ganz auf eine Stufe mit der ersten stellte.

Alberto Moravia

Analysiert!

Am nächsten Morgen. Ich bin eben erwacht, mein Hirn ist noch benommen und impotent, er aber legt sich keinerlei Zwang auf. Als wolle er mir beweisen, dass die wahre Kontinuität des Lebens, der Ariadnefaden in diesem absurden Labyrinth nicht in meinem ehrgeizigen Streben nach Sublimierung bestehe, sondern in seiner besessenen, unverbesserlich unsublimierten Aktivität. Er kommt auf die Ereignisse des gestrigen Tages zurück, ruft sie mir wieder ins Gedächtnis, auf seine Weise, versteht sich. Ich lasse, noch verschlafen und halb betäubt, diese morgendlichen Rückerinnerungen so gut wie widerstandslos über mich ergehen; ich will mir im Halbschlaf gleichsam Ferien gönnen und einer unangewandten Erotik ungehemmte freie Bahn gewähren. Klar, dass er diese Rückerinnerungen mit seinen üblichen Zustandsveränderungen begleitet, als wollte er seine völlige, hartnäckige Autonomie betonen, die es ihm gestattet, höchst aktiv zu sein, nicht nur, wenn ich wach bin, sondern auch, wenn ich schlafe.

So geschieht es auch an diesem Morgen nach meiner ersten Begegnung mit Irene. Ich öffne die Augen und merke, dass ich auf der Seite liege, wobei er auf dem Bettlaken ruht, schwer und riesig; man könnte meinen, ich sei eine vom Turm gefallene, am Boden zerschellte Glocke, und nur der dicke Klöppel sei inmitten der Trümmer ganz geblieben. Ein unvorsichtiger Vergleich, denn er flüstert mir sofort munter zu: »Sei ganz unbesorgt, die Glocke ist nicht zerbrochen, bald wirst du sie läuten hören.« Ich halte hier das Gespräch wörtlich fest, wie es sich zwischen uns abgewickelt hat.

Ich: »Zum Teufel, was sagst du da? Was für ein Läuten? Darf man wissen, warum du schon um acht Uhr früh so aufgeregt bist? Könntest du dich nicht ruhig verhalten, dich ausruhen, so wie ich es tue und wie alle vernünftigen Menschen es tun?«

Er: »Die Beine von Irene!«

Ich: »Erinnere mich nicht an den gestrigen Abend. Du hast alles verdorben. Es ist deine Schuld, wenn ich Irene vielleicht nie mehr wiedersehen werde. Die einzige Frau auf der Welt, die ich lieben könnte. Die Einzige. Aber was weißt du schon von Liebe?«

Er: »Die Beine von Irene!«

Ich: »Sie war so aufgeschlossen, sie vertraute mir Dinge an, die sie vorher vielleicht keinem anderen Menschen erzählt hat ... du aber, dumm und brutal wie ein Büffel, hast alles zerstört!«

Er: »Die Beine von Irene!«

Ich: »Ich werde sie anrufen, ganz gewiss. Bevor ich mich aber wieder bei ihr melde, will ich sicher sein, dass du nicht aufs neue durch dein niederträchtiges Betragen alles verdirbst.«

Er: »Die Beine von Irene!«

Ich: »Ich werde Irene lieben, ich fühle es, ich weiß es. Sie lieben bedeutet für mich dasselbe wie Regisseur werden: das heißt, aus dem Stadium eines unsublimierten Menschen in das eines sublimierten aufsteigen. Damit das geschehen kann, musst du jedoch ein für alle Mal die Sublimierung als Wahrheit anerkennen.«

Er: »Die Beine von Irene!«

Ich: »Schließen wir einen Pakt: Freiheit für dich, in allen anderen Situationen meines Lebens einzugreifen, sei es auch noch so sinn- und aussichtslos. In Irenes Gegenwart jedoch absolute Passivität – oder besser noch: Inexistenz.«

Er: »Die Beine von Irene!«

Ich: »Sag mir, ob du auf diesen Pakt eingehst?«

Er: »Die Beine von Irene!«

Ich: »Ich spreche zu dir, Kanaille. Gehst du auf den Pakt ein, ja oder nein?«

Er: »Die Beine von Irene!«

Ich: »Das also ist deine Antwort, dieser ewige Refrain? Ich verstehe. Ich muss also zu drastischeren Mitteln greifen.«

Er: »Die Beine von Irene!«

Ich: »Ich habe es schon vor längerer Zeit beschlossen. Ich habe den Plan bisher nur deshalb verschoben, weil ich hoffte, du würdest von selbst Vernunft annehmen. Das ist nicht geschehen. So sehe ich mich zu meinem Bedauern gezwungen, zu handeln.«

Er: »Die Beine von Irene!«

Ich: »Heute noch gehen wir zu Vladimiro. Kein Heiliger im Himmel kann dir da helfen: Ich werde alles auspacken. Draufzahlen wirst nur du. Deine Macht besteht darin, dass du im dunkeln wirkst, in der Heimlichkeit. Sie besteht in der Ungeklärtheit unserer Beziehungen. Wenn man sie in das Licht der Vernunft rückt, ist deine Macht zerstört. Um so schlimmer für dich. Aber du hast es gewollt.«

Um meine Drohrede zu verstehen, muss man wissen, dass Vladimiro einer meiner Freunde aus der Universitätszeit ist und jetzt den Beruf eines Psychoanalytikers ausübt bzw. (da er nur sehr wenige Patienten hat) ausüben möchte. Gerade weil er keine oder nur ganz wenige Heilungsbedürftige zu behandeln hat, ist er ein sehr ernster Arzt. Seine Ernsthaftigkeit ist andererseits gewissermaßen auch dadurch gegeben, dass er selber den beispielhaften Fall einer schweren Neurose darstellt, die offenkundig einer längeren psychoanalytischen Kur bedürfte. Schon deshalb gehe ich zu ihm. Da er gleichzeitig ein Neurotiker und ein Facharzt in der Behandlung von Neurosen ist, bin ich überzeugt, dass er der einzige Mensch ist, der meinen ganz besonderen Fall, welcher, genau besehen, nicht eigentlich einer Kur bedarf (was ist denn Pathologisches daran, wenn jemand »zwei« ist statt »einer«), sondern nur einer freundschaftlichen und vorurteilslosen Beratung.

So gehe ich denn schon am selben Nachmittag zu meinem ehemaligen Universitätskameraden, nach vorheriger telefonischer Anmeldung. (Vladimiro behauptete zwar zunächst am Telefon, er wisse nicht, wie er mich einschieben könne, am Ende aber bestellte er mich doch zu der von mir gewünschten Stunde.) Er wohnt weit draußen, in einem modernen Viertel am Stadtrand. So sieht dieses Viertel aus: Straßen oder besser riesige Schützengräben aus Beton zwischen zahllosen Zeilen moderner Mietsbauten, die mit überflüssigen Balkonen bestückt sind; große Auslagenscheiben, hinter denen minderwertige Waren ausgestellt sind; längs der Gehsteige abgestellte Kleinautos, die eine Art Fischgrätenmuster bilden; nicht ein einziger Luxuswagen: hehe, du hast es nicht sehr weit gebracht, Vladimiro! Ich gehe zum ersten Mal zu ihm. Seinerzeit lebte er bei seinen Eltern, dann heiratete er, zog aus und richtete sich hier seine Praxis ein. Warum befriedigt es mich so, dass er offenbar keinen besonderen Erfolg in seinem Beruf hat? Weil ich, wenigstens ihm gegenüber, nicht »unten« sein will. Ich bin gescheitert, er ist gescheitert; ich bin neurotisch, er ist neurotisch; ich habe unerreichte Wünsche, er hat unerreichte Wünsche: Warum sollte er mir »über« sein? Trotzdem werde ich, während ich meinen Wagen durch die verstopften Straßen steuere, immer nervöser bei dem Gedanken an mein Zusammentreffen mit Vladimiro. Wie soll ich mich verhalten, damit es ihm von Anbeginn klar wird, dass er sich mir gegenüber alle Überlegenheitsallüren, und seien sie noch so wissenschaftlich, ersparen kann? Ich denke lange darüber nach und beschließe: Ich will mich genauso wissenschaftlich geben wie er, ja mehr noch als er. Statt Arzt und Patient werden wir zwei Ärzte und ein Patient sein. Vladimiro wird der eine Arzt sein, der andere ich. Und wer der Patient? Natürlich er.

Beruhigt durch diese Lösung, parke ich meinen Kleinwagen zwischen zahllosen anderen Kleinwagen in einer staubigen, holprigen Straße, die (ich stelle es mit Befriedigung fest) die Stadtverwaltung von Rom schon jahrelang zu asphaltieren vergessen hat. Die Wohnung befindet sich im dritten Stock einer dieser Wohnmaschinen. Ich nehme den Aufzug. Oben führen drei Wohnungstüren auf den Treppenflur: Vladimiros Wohnung kann also nicht sehr groß sein. Ich läute. Keine Krankenschwester in weißem Kittel, auch keine bebrillte Sekretärin öffnet mir, sondern er, Vladimiro, selber. Er trägt ein kurzärmeliges Hemd mit offenem Kragen, ohne Krawatte. Er kann sich also nicht einmal eine Schwester oder Sekretärin leisten! Während wir uns die Hände schütteln, werfe ich rasch einen Blick um mich: winziger Vorraum, eine Flurgarderobe, ein Kinderwagen in einer Ecke. In der Luft schwebt ein appetitanregender, aber nicht gerade vornehmer Küchengeruch.

Vladimiro sagt: »Ich freue mich, dich zu sehen«, schlägt mir mit der Hand auf die Schulter, gar nicht gönnerhaft, vermutlich wirklich freundschaftlich, aber es ist eine eigene Art Freundschaftlichkeit, eine pathetische und neurasthenische. Wir betreten den Ordinationsraum. Ein kleines, rechteckiges Zimmer, kaum Platz für den Tisch, die Bücher und das Sofa. Grüne, billige, schmale Gardinen, zwischen ihnen hindurch sieht man die brutale Fassade der gegenüberliegenden Wohnkaserne mit den zahllosen Balkonen. In dem Zimmer ist alles sauber, ordentlich, aber hoffnungslos bescheiden. Ich kann nicht umhin, zu denken, dass sich auf dieses Sofa wohl kein Patient je gelegt hat. Armer Vladimiro! Auch er ist einer wie ich, auch er hat sicher eine unersättliche Gattin, die ihm in verschwörerischem Verein mit ihm all die Energie entzieht, die er benötigen würde, um auch nur die mindeste Sublimierung einzuleiten. Nur: er hat nicht wie ich den Mut gehabt, seiner Wege zu gehen. Dabei ist er ein Psychoanalytiker und kann sich nicht mit Unwissenheit entschuldigen.

Vladimiro setzt sich hinter den Tisch und fordert mich stumm auf, ihm gegenüber Platz zu nehmen. Er ist groß, mager, ausgedörrt. Die Halbärmel seines Hemdes lassen zwei abgezehrte, muskellose Arme sehen. Seine kurzen, borstigen braunen Haare haben einen Stich ins Gelbe, gemahnen an altes Stroh. Sein Gesicht ist das eines vorzeitig gealterten Jünglings. Zwei tiefe, traurige Falten durchziehen es und lassen es schief erscheinen. Seine Augen haben eine hässliche Farbe zwischen Grün und Gelb, sie erinnern an Hundeaugen. Seine Nase läuft spitz zu, die Nasenflügel aber sind breit angesetzt. Ein bitterer Zug ist um den großen, verknitterten Mund. Obwohl es sieben Uhr abends und draußen noch hell ist, schaltet er eine starke Lampe ein, richtet den Strahl gegen mein Gesicht, der mich blendet. Ich sage ihm gleich: »Lass die Lampe. Auf mich macht so was keinen Eindruck, ich bin kein Klient, dem man 100 000 oder 200 000 Lire im Monat abknöpfen kann. Ich bin nur als alter Freund zu dir gekommen, um dir meinen Fall vorzutragen, der im übrigen gar nicht klinisch ist.«

Er lächelt. Ein gutmütiges, wenn auch neurotisches

Lächeln. Er senkt den Lampenschirm und sagt: »Entschuldige, aber die Lampe ist manchmal nützlich.«

Ich lasse mir Zeit. Ich ziehe aus der Tasche ein Päckchen Zigaretten hervor, biete Vladimiro an, der ablehnt, zünde mir eine an, stecke das Feuerzeug und das Päckchen wieder in die Tasche, ziehe den Rauch ein und lasse ihn durch den Mund und die Nasenlöcher wieder ausströmen. Währenddessen beuge ich mich vor, lege die überkreuzten Arme auf den Tisch und senke die Augen. Endlich sage ich: »Und wie geht es dir? Du hast dich gut eingerichtet: ein schönes Ordinationszimmer, intim, ruhig. Geschmackvoll möbliert. Ich wette, dass deine Frau die Möbel ausgewählt hat.«

»Nein, ich habe sie, ehrlich gestanden, selber ausgewählt.«

»Deine Frau arbeitet doch? Hilft sie dir in deinem Beruf?«

»Meine Frau arbeitet nicht.«

»Was macht sie denn?«

»Sie ist meine Frau. Das heißt: früher hat sie gearbeitet, als Fürsorgerin, dann aber bekamen wir zwei Kinder, und da wir keine Kinderfrau haben, muss sie sich selber um sie kümmern.«

Er spricht langsam, als suche er die Worte. Er ist sichtlich verlegen, fühlt sich unbehaglich, sein Gesicht hat etwas Leidendes. Ich bemerke auf dem Tisch eine Fotografie im Silberrahmen: »Deine Frau?«

»Ja.«

»Du gestattest?«

Ich nehme die Fotografie und betrachte sie: schwarzes Haar, schwarze, sanfte, sehnsüchtige Augen, das Gesicht ist schmal, zart, wächsern. Das sind die gefährlichen Frauen. Weit gefährlicher als zum Beispiel Fausta, der man die Sinnlichkeit von weitem ansieht.

Die großen, sentimentalen Augen von Vladimiros Frau sind aber das untrügliche Anzeichen für eine unersättliche Geschlechtlichkeit und erklären vieles: die Neurose Vladimiros, seinen Misserfolg, die Bescheidenheit seiner Wohnung, den Küchengeruch im Vorzimmer. Ach ja, wenn man eine solche Frau hat, ist die Unsublimiertheit garantiert, schicksalhaft, unvermeidlich, unabänderlich. Ich stelle die Fotografie auf den Tisch zurück und sage: »Sehr hübsch, deine Frau.«

Er geht auf das Kompliment nicht ein. Er windet sich auf seinem Stuhl und sagt schließlich: »Rico, du hast mir am Telefon gesagt, dass es sich um etwas Dringendes handelt. Nun also, um was handelt es sich?«

Jetzt sind wir also soweit! Ich antworte nicht gleich. Ich rauche, denke nach, blicke zu Boden. Ich will wissenschaftlich sein, und um das zu können, muss ich sogleich den richtigen Ton treffen. Ich sage also mit klarer Stimme: »Vladimiro, ich muss etwas vorausschicken.«

»Sprich nur.«

»Du musst nämlich wissen, dass mich die Natur, ob zu meinem Unglück oder zu meinem Glück, in ungewöhnlicher Weise ausgestattet hat.«

Es gibt gleichmütige Personen, deren Gleichmut sich in einem völligen Mangel an Ausdruck äußert. Dann wieder gibt es Personen, die deshalb gleichmütig erscheinen, weil sie, obwohl überaus ausdrucksvoll, doch immer nur diesen einen einzigen Ausdruck haben, was immer geschehen mag. Vladimiro gehört zur zweiten Kategorie. Er hat dauernd und unveränderlich einen bestürzten, bekümmerten, verlegenen Ausdruck im Gesicht, ob ihm nun jemand »Guten Tag« sagt oder mitteilt: »Herr Doktor, ich möchte meinen Vater umbringen.« So wirkt sein Gesicht gleichwohl ausdruckslos und gleichmütig. Auch jetzt. Er sieht mich bekümmert an, sagt nichts. Ich muss denken, dass er diesen Ausdruck immer hat, und fühle mich bemüßigt, mich deutlicher zu erklären, denn möglicherweise hat er mir gar nicht zugehört: »Kurz und schlicht gesagt, Vladimiro, ich habe ein Sexualorgan von wahrhaft ungewöhnlichen Ausmaßen.«

Ich mache eine Pause, ziehe den Rauch ein, lasse ihn durch die Nase wieder ausströmen und starre auf die Tischplatte. Ich fahre fort: »Du wirst mir vielleicht sagen, es kommt nicht auf die Ausmaße an, sondern sozusagen auf die Erziehung. Du hast Recht: Es gibt sehr große Sexualorgane, die es verstehen, an ihrem Platz zu bleiben und kaum sichtbar werden. Es gibt hingegen sehr kleine Sexualorgane, die sich rücksichtslos regen und bemerkbar machen. Schlimm aber ist, wenn man ein sehr großes Sexualorgan hat, das sich ununterbrochen regt und bemerkbar macht. Dies, Vladimiro, ist leider bei mir der Fall.«

Wieder mache ich eine Pause, wie um meine letzten Worte besonders zu unterstreichen. Wieder ziehe ich den Rauch ein und lasse ihn mit nachdenklicher, gespannter Miene durch die Nase ausströmen. Vladimiro stützt sein Gesicht in die linke Hand, den Zeigefinger gegen die linke Augenbraue gestemmt, die dadurch weit hochgeschoben wird. Aber er macht den Mund nicht auf, er wartet.

Ich wische mit der Hand einige Aschestäubchen vom Tisch und nehme meine Erklärung wieder auf: »Wie du bereits begriffen haben dürftest, handelt es sich um ein Organ, das als zudringlich zu bezeichnen euphemistisch wäre. Um es ganz genau zu sagen, es lässt mich buchstäblich nicht leben. Ja, so ist es, es lässt mich nicht leben. Ich wünsche mir nichts sehnlicher, als ruhig meinen Angelegenheiten nachgehen zu können, aber immer mischt er sich ein. Ununterbrochen. Er steckt praktisch seine Nase in alles, was ich tue. Er wird in den unpassendsten Momenten bemerkbar. Er macht mich noch ganz schwach. Kurz, er fordert von mir einen Gehorsam, den zu verweigern ich absolut entschlossen bin.«

Pause. Schweigen. Vladimiro sieht mich aufmerksam an, unterlässt aber jeden Kommentar. Ich nehme meine Rede wieder auf: »Was kann ich seiner Zudringlichkeit, seinem, sagen wir es ruhig, präpotenten Verhalten entgegensetzen? Klar: entweder ein ebenso präpotentes, ja noch präpotenteres Verhalten oder die Vernunft. Ich habe mich für die zweite Möglichkeit entschieden. Versteht sich, Vladimiro. Ich bin ein gebildeter Mensch, ein Intellektueller. Jede Gewaltanwendung widerstrebt mir. So habe ich von Anfang an alles getan, damit er ...«

»Wer ist er?«

»Das Sexualorgan. Ich wollte sagen: So habe ich von Anfang an alles getan, damit er Vernunft annehme. Ich diskutiere, argumentiere mit ihm, versuche, ihn zu überzeugen. Zwischen mir und ihm ist ein ständiger Dialog im Gang. Vielmehr, um genau zu sein; ein ständiges Streitgespräch.«

»Du sprichst mit ›ihm‹ und ›er‹ spricht mit dir? Willst du behaupten, dass du wirklich mit ›ihm‹ sprichst und ›er‹ mit dir?«

»Ja, wirklich. Was ist daran so merkwürdig?«

»Hm. Nichts. Und was für eine Stimme hat er?«

»Kommt darauf an. Jedenfalls entspricht die Stimme seinem Charakter. Meist klingt sie einschmeichelnd, einflüsternd, verschlagen, glattzüngig. Unter Umständen aber, wenn es ihn überkommt, wird sie aggressiv, heftig, unduldsam.«

»Wenn es ›ihn‹ überkommt? Soso.«

»Ja. Wenn es ihn überkommt. Manchmal, das ist aber seltener der Fall, kann sie geradezu düster klingen, grausam. Wenn wir jedoch allein sind, ich und er, dann wird sein Ton großsprecherisch, prahlerisch.«

»Wieso ... ist ›er‹ so eitel?«

»Eitel ist kein Ausdruck. Er hält sich für den absolut schönsten, stärksten, potentesten seiner, sagen wir, Kategorie. Seiner Meinung nach kommt ihm keiner auf der ganzen Welt gleich. Er ist geradezu ein Ausbund an Eitelkeit!«

»Sag mir ... spricht ›er‹ über alles, oder nur, wenn es sich um Sex handelt?«

»Du weißt doch sehr gut, Vladimiro, dass es nichts gibt, das sich nicht im sexuellen Sinn deuten ließe. Literatur, Kunst, Wissenschaft, Politik, Wirtschaft, Geschichte – alles kann von diesem Standpunkt betrachtet werden. Ich bestreite nicht, dass das äußerst vereinfachend ist, ich will damit nur sagen, dass es getan wird. Und er tut es. Und ob er es tut!«

»Nun – zum Beispiel ...?«

»Zum Beispiel: gibt es etwas weniger Sexuelles als eine Landschaft? Berge, Ebenen, Flüsse, Täler ... Wo ist da der Sex? Und doch ... Vor ein paar Tagen mache ich einen Ausflug aufs Land. An einer Stelle führt die Straße zwischen zwei lang gestreckte, rundliche Hügel, die sich allmählich senken und schließlich nur mehr zwei unbedeutende Erhebungen bilden. Was glaubst du nun? Prompt flüstert er mir zu: ›Das sind nicht zwei Hügel, sondern zwei Frauenbeine, und noch dazu sehr schöne. Zwei gespreizte Frauenbeine. Die Straße führt geradewegs in den Einschnitt, wo sie zusammenlaufen, vielmehr zusammenzulaufen scheinen. Und wir werden jetzt mit unserem Wagen im Hundertfünfzigkilometertempo in diesen Einschnitt mit aller Macht eindringen.‹ Begreifst du den Doppelsinn?«

»Natürlich begreife ich ihn. Und ... in welcher Weise mengt er sich sonst in dein Leben?«

»Durch die Träume natürlich.«

»Erotische Träume, wie?«

»Über die Träume will ich mich nicht lang auslassen. Das ist, Vladimiro, sozusagen sein Reich. Was er da aufführt, betrifft mich nicht und interessiert mich nicht. Vielleicht möchte ich nur den einen Wunsch äußern: dass er auf die realistischen Träume verzichte und sich ausschließlich mit den symbolischen begnüge.«

»Realistische Träume?«

»Ich träume, zum Beispiel, nicht gerne, dass ich mit einer Frau ins Bett gehe, deren Gesicht ich nicht sehen kann, weil sie mir den Rücken zukehrt. Dann aber wendet sie sich um, und ich entdecke, dass es meine Mutter ist. Ich ziehe es entschieden vor zu träumen, dass ich eine Treppe emporsteige. An ihrem Ende steht ein Haus, dessen Tür offen ist. Ich nehme Stufe um Stufe und gehe auf diese offene Tür zu. Es stört mich auch nicht, dass das Haus, von Zypressen umgeben, düster wirkt mit seinen geschlossenen Fenstern und dass mir gerade in dem Augenblick, da ich die Türschwelle überschreiten will, jemand einen Dolch in den Rücken stößt, sodass ich zu Boden stürze und erwache. Klar: das Haus mit der offenen Tür ist meine Mutter. Das düstere Aussehen des Hauses kommt von meinem Schuldgefühl. Den Dolch stoße ich mir selber in den Rücken, um mich am Inzest zu hindern und so weiter. Es handelt sich, Vladimiro, ja doch um Symbolik, das heißt um etwas Indirektes, Mittelbares, um ein Rätsel, sozusagen ein Bilderrätsel. Ich kann selbstverständlich den Traum dechiffrieren, das Rätsel lösen;

aber es steht mir auch frei, vollkommen frei, die symbolische Darstellung so zu nehmen, wie sie ist, ohne nach ihrem Sinn zu forschen. Und da eben, Vladimiro, ziehe ich das Symbol der Wirklichkeit vor. Von einem Haus mit offen stehender Tür zu träumen, lässt mich gleichgültig. Ich sage mir einfach: ›Schau, schau, was für ein merkwürdiger Traum, was kann er nur bedeuten.‹ Und dann denke ich nicht mehr daran. Aber davon träumen, dass man mit der eigenen Mutter, der leibhaftigen eigenen Mutter, die so ausschaut, wie sie wirklich ist, im Bett liegt – das, musst du zugeben, ist eher peinlich. Man wacht auf, denkt darüber nach und geht womöglich den ganzen Tag mit einem unangenehmen Gefühl herum. Nun hat er seit einiger Zeit den Symbolismus fast gänzlich aufgegeben und durch Realismus ersetzt. Er lässt mich, zum Beispiel, nicht mehr, wie in früheren Zeiten, von einer Uhr träumen, die bekanntlich ein Symbol für das weibliche Geschlechtsorgan ist, sondern er zeigt es mir im Traum ganz brutal so, wie es ist, in allen seinen Einzelheiten, seiner Form, seiner Farbe, ja sogar seinen Bewegungen, ganz so, wie es in der wachen Wirklichkeit aussieht. Die Uhr habe ich, kaum erwacht, vergessen, das Geschlechtsorgan aber kann ich nicht vergessen. Ich weiß auch, Vladimiro, warum er es tut. Er tut es mit Absicht. Denn aus Gründen, die darzulegen zu weit führen würde, sind die Beziehungen zwischen mir und ihm seit einiger Zeit denkbar schlecht. Da rächt er sich eben auf diese Weise, indem er den Symbolismus, den er, notabene, meisterhaft beherrscht, durch einen Realismus, ja geradezu durch einen Naturalismus ersetzt, der beispiellos roh und plump ist.«

Ich schüttle den Kopf nachdenklich, besorgt und missbilligend, senke den Blick, blase den Rauch durch die Nase. Vladimiro macht eine Handbewegung, als wolle er etwas zur Seite schieben: »Über die Träume werden wir später reden. Bleiben wir jetzt lieber beim Dialog. Ihr zwei unterhaltet euch also die ganze Zeit miteinander. In welcher Weise? Ich meine sprichst du laut mit ›ihm‹ oder wie?«

»Nur wenn ich allein bin und sicher, dass niemand uns zuhört. Es handelt sich ja manchmal um – wie soll ich sagen? – heikle Dinge. Da ist es besser, vorsichtig zu sein.«

»Also wenn ihr allein seid, sprichst du mit ›ihm‹ laut. Und was tut ›er‹?«

»Er antwortet mir.«

»Ebenfalls laut?«

»Versteht sich.«

»Willst du damit sagen, dass du ›ihn‹ genauso hörst, wie du jetzt mich hörst?«

»Gewiss.«

»Du hörst ›ihn‹ mit deinen eigenen Ohren?«

»Erlaube mal, Vladimiro, wie sollte ich ihn denn sonst hören? Mit der Nase vielleicht?«

»Das jedoch nur, wenn du allein bist? Und wenn du in Gesellschaft bist? Sprecht ihr auch in Gegenwart Dritter laut miteinander?«

»Nein, in Gesellschaft Dritter sprechen wir nicht laut miteinander, sondern in Gedanken.«

»In Gedanken?«

»Ja. Ich denke an eine Sache und er an etwas anderes. So geht der Dialog, vielmehr der Streit, trotzdem weiter. Aber, um ganz ehrlich zu sein, in Gegenwart Dritter lässt er sich gar nicht erst darauf ein, mit mir zu diskutieren oder zu streiten, sondern er versucht, mir zu befehlen.«

»Befehlen?«

»Ja. Natürlich habe ich mehr oder weniger die Freiheit, ihm zu gehorchen oder nicht. Den Versuch aber, mir zu gebieten, unternimmt er immer.«

»Was befiehlt er?«

»Klar: nach seinen Wünschen zu handeln.«

»Zum Beispiel?«

»Nehmen wir an, jetzt, in diesen Sommertagen, wird in einer Villa eine Gesellschaft gegeben. Ein hübsches Mädchen findet sich bereit, mit mir im Garten spazieren zu gehen. Und schon befiehlt er mir, auf eine bestimmte Bank zuzusteuern. Sobald wir uns gesetzt haben, befiehlt er mir weiter, das Gespräch auf gewisse Themen zu lenken. Dann befiehlt er mir, möglichst nahe an das Mädchen heranzurücken. Schließlich, nach einigen Annäherungsversuchen, befiehlt er mir, handgreiflich zu werden.«

»Handgreiflich?«

»Nun ja, dem Mädchen an den Busen zu fassen, ihr mit der Hand unter den Rock zu fahren, sie ins Gras zu werfen – und ähnliches.«

»›Er‹ befiehlt es. Und was machst du?«

»Gewöhnlich versuche ich vor allem, ihn davon zu überzeugen, dass der Anlass falsch gewählt ist. Das Mädchen ist zum Beispiel verlobt, und ich würde in die größten Ungelegenheiten kommen. Nützt nichts, er hört nicht auf mich. In einem schwachen Moment gebe ich ihm nach. Ich werde handgreiflich und werde natürlich zurückgewiesen, womöglich noch geohrfeigt.«

»Endet es immer so? Mit Ohrfeigen?«

»Oft. Aber, verstehen wir uns recht, Vladimiro, nicht etwa deshalb, weil ich den Frauen nicht gefalle, sondern weil er überhaupt kein Psychologe ist, gar keine Intuition hat, kurz, weil er, sprechen wir es offen aus, ganz unintelligent ist. So habe ich mich seinetwegen immer wieder blamiert. Ich kam mir vor wie ein

ertappter Dieb! Am liebsten wäre ich im Boden versunken!«

Wieder schüttle ich besorgt, voll Bitterkeit den
Kopf. Doch ich verhalte mich immer noch wissenschaftlich, das heißt distanziert und objektiv. Meine
Hände liegen auf dem Tisch: die Finger der einen
Hand halten krampfhaft die Zigarette, am Mittel-
finger der anderen Hand trage ich einen Ring mit
einer gelben Kamee, der meinem Vater gehörte. Ich
führe die Hand mit der Zigarette zum Mund, ziehe
den Rauch ein, huste, fahre mit trockener und strenger
Stimme fort: »Solche Blamagen wiegen in meinem Fall
um so schwerer, als ich ja kein gewöhnlicher Familien-
vater bin, für den die Welt bei Weib und Kind endet.
Ich habe mir in meinem Beruf einen Namen gemacht,
werde geschätzt und ernst genommen, und zwar in
einer ganz besonderen Branche, der des Films. Ich
sage: besondere Branche, weil sie der skrupellosen
Unternehmungslust von Individuen, wie er eines ist,
eher günstig ist. Hunderte – was sage ich? – tausende
von Frauen träumen davon, zum Film zu kommen. Sie
scheuen dabei keine Mittel. Sie versuchen, die künstlerischen Kriterien, das sachliche Urteil dadurch zu
umgehen, dass sie sich in der frechsten Weise unmittelbar an ihn wenden.«

Einen Augenblick schweige ich und verziehe den
Mund verächtlich, wobei mich Vladimiro aufmerksam betrachtet. Unvermittelt fahre ich fort: »Und dann
diese Wahllosigkeit.«

»Wahllosigkeit?«

»Ja. Bisher habe ich von jungen Frauen gesprochen,
die mir mehr oder weniger gut gefallen. Seine Wahllosigkeit aber kennt keine Grenzen.«

»Keine Grenzen?«

»So ist es. Ihm gefallen alle: die hässlichen wie die

schönen, die jungen wie die alten – und leider auch die ganz jungen. Verstehen wir uns recht, Vladimiro, das alles ist rein theoretisch gemeint – denn schließlich hat er, um handeln zu können, mich nötig. Ohne mich kann er nichts unternehmen. Trotzdem überschreitet dieses Verhalten doch die Grenzen des Normalen und führt geradewegs ins Psychopathologische, ja vielleicht sogar ins Gebiet des Gerichtsmedizinischen. Etwas Erregendes am verfallenen Körper eines alten Weibes zu finden oder am noch nicht geschlechtsreifen eines kleinen Mädchens – das ist doch reinste Perversität, zumindest meiner Meinung nach. Habe ich Recht?«

Vladimiro gibt keine Antwort. Dieses »Habe ich Recht?« bleibt in der Luft schweben, hängt im Schweigen. Ich lasse nicht locker: »Du wirst vielleicht finden, ich sei zu streng, zu unerbittlich. Von gewissen Dingen aber gehe ich nicht ab. Absolut nicht. Und dann, das muss ich dir sagen, Vladimiro, was zu viel ist, ist zu viel. Das Maß ist voll.«

Vladimiro schweigt noch immer. Er sieht mich starr wie aus der Ferne an, als betrachte er mich durch ein verkehrtes Fernglas, in dem mein Bild klein, aber scharf erscheint. Ich fahre fort: »Natürlich verteidigt er sich. Rechtfertigt sich. Vielleicht nicht so sehr vom moralischen Standpunkt, denn er ist, wie du bereits begriffen haben wirst, vollkommen amoralisch, sondern – wie soll ich sagen – vom kulturhistorischen Standpunkt. Ich habe gesagt, dass er dumm ist, aber nicht ungebildet. Selbstverständlich handelt es sich um eine zusammengestoppelte Bildung, eine zurechtgestutzte, autodidaktische. Woher sollte er denn auch die Zeit nehmen, sich Studien zu widmen, die jedenfalls eine Konzentration erfordern, deren er absolut unfähig ist? Vor allem ist seine Bildung einseitig. Sie gilt den Dingen, die ihn betreffen, und da ist er immerhin recht gut informiert. Von den übrigen Dingen weiß er gar nichts. Also ... Warum bin ich eigentlich auf seine Bildung zu reden gekommen?«

»Anlässlich ›seiner‹ Wahllosigkeit.«

»Ach ja. Ich wollte sagen, dass er seine Wahllosigkeit mit kulturellen Argumenten rechtfertigt. Es handelt sich, wie schon erwähnt, hauptsächlich um historische Kenntnisse, die er sich völlig unmethodisch von überallher verschafft hat, zu dem einzigen, rein praktischen Zweck, sich in unseren Streitgesprächen behaupten zu können. Es ist eine Bildung eigener Art. Nichts Tiefes, nichts Organisches, nichts Systematisches. Geschöpft aus der flüchtigen Lektüre einiger populärwissenschaftlicher Bücher über die primitiven Religionen. Ein paar Abstecher in die Anthropologie, in die orientalische Esoterik. Aber, Vladimiro, von allem nur ein Körnchen, nicht mehr als ein Körnchen. Das jedoch hindert ihn nicht, mir mit der ihm eigenen Frechheit die Namen von Gottheiten haufenweise an den Kopf zu werfen: von Shiva bis Priap, von Mutunnus Tutunnus bis Konsei Myojin, von Hermes bis Subigus, von Baal-Peor bis Min, von Osiris bis Kunado, von Frey bis Pertunda, die alle, wie er behauptet, seine früheren Inkarnationen waren. Seine jetzige Wahllosigkeit entspräche der Universalität in vergangenen Zeiten. Er sei ein Gott mit einer eigenen Wertskala. Seine Reduzierung auf einen gewöhnlichen und noch dazu unanständigen, schamhaft zu verbergenden menschlichen Körperteil sei nichts anderes als die Rache seines größten Widersachers, des christlichen Gottes. Das ist seine Deutung. Erkennst du nun seinen Größenwahn, seine Egozentrik? Und zugleich seinen Verfolgungswahn, der ja meist mit Größenwahn einhergeht? Ein Gott! Und selbst das genügt ihm nicht: er will ein Gott sein, der von einem anderen neidischen und bösartigen Gott verfolgt wird! Kurz und gut, hätte es nicht Christus gegeben (es sind seine Worte), dann stünde er, zumindest hier in Italien, immer noch auf den Altären, wäre immer noch Gegenstand eines richtigen, echten Kultes, wie er damals dem Gott Fascinus gewidmet war.«

»Gott Fascinus?«

»Jawohl, Gott Fascinus! Das ist der Name, den er bevorzugt. Er enthüllt zugleich seinen wirklichen Charakter, der im Grunde kleinbürgerlich ist. Ich sage kleinbürgerlich, weil es nur einem kleinen Mittelschulprofessor in den Sinn kommen kann, seine speziellen Absichten mit klassizistischen Bezügen zu rechtfertigen. Fascinus. Das kommt vom lateinischen *fascinum*, Verzauberung. Siehst du nun, wo er hinauswill? Als wollte er sagen: faszinierend, bezaubernd, etwas, das einen Zauber ausübt, dem man sich unmöglich entziehen kann. Etwas, von dem Magie ausgeht, eine Art Verhexung. Fascinus! In diesem Namen drückt sich seine ganze Eitelkeit aus, seine Anmaßung, aber auch seine kulturelle Oberflächlichkeit!«

Und wiederum schüttle ich den Kopf, bedauernd, verächtlich. Nach kurzem Schweigen nehme ich meine Rede wieder auf: »Weißt du, was ich ihm antworte, wenn er mir mit dem Gott Fascinus kommt? Ich antworte: ›Andere Zeiten. Damals konntest du verzaubern, heute aber widerst du an, heute reizt du bestenfalls zum Lachen. Heute ist es vorbei mit Fascinus, gewisse Dinge tut man einfach nicht, darf man nicht tun. Kein Gott Fascinus des antiken Rom ist im Stande, die Gebrauchserotik des heutigen Rom zu rechtfertigen oder zu entschuldigen.‹ Aber auch da hat er die Antwort bereit, das muss man ihm lassen. Weißt du, was er mir antwortet? ›Andere Zeiten! Was soll denn das heißen? Ich bin außerhalb der Zeit! Für mich existiert keine Zeit.‹ Eine Kanaille, ja, das ist er, aber doch einfallsreich und logisch bis zum Sophismus.«

»Sind eure Diskussionen immer so gelehrt?«

»Das wäre schön! Meistens beschimpfen wir uns wie die Marktweiber. Vor allem beschuldigen wir uns gegenseitig der Dummheit. Er sagt, ich sei dumm, und ich sage, er sei es. Seiner Meinung nach ist Vernunft gleichbedeutend mit Dummheit; meiner Ansicht nach ... nun, meiner Ansicht nach ist sie das Gegenteil. Die Wahrheit, Vladimiro, ist, dass wir zwei verschiedene Sprachen sprechen. Für mich haben die Worte einen anderen Sinn als für ihn, und also verstehen wir uns nicht. Hinter der Verschiedenheit der Wortbedeutungen verbirgt sich eine Verschiedenheit der Wertungen. Wie können wir uns da verstehen?«

»Sind eure gegenseitigen Beziehungen schon immer so schlecht gewesen?«

Ich verneine. Zerknirscht muss ich ehrlicherweise eine unangenehme Wahrheit eingestehen: »Nein, ich kann nicht leugnen, dass sie eine Zeit lang sogar ausgezeichnet waren. Aber, Vladimiro, um welchen Preis! Um den Preis meiner völligen Versklavung. Er befahl, und ich gehorchte. Ich war ihm hörig, war sein Handlanger. Es ist nur natürlich, dass ich mich eines Tages aufgelehnt habe.«

»Bis wann waren eure Beziehungen gut?«

»Ich muss da bis in die Zeit meiner frühen Jugend zurückgehen. Ich schätze, ich war damals vierzehn Jahre alt. Ich identifizierte mich völlig mit ihm, bis ich plötzlich das Bedürfnis empfand, mich von ihm wenigstens sprachlich zu unterscheiden, indem ich ihm einen Namen gab.«

»Einen Namen?«

»Ja, schon um Verwirrungen zu vermeiden, wenn

er und ich miteinander sprachen, besser gesagt, wenn er befahl und ich gehorchte. Kannst du dir ein Gespräch vorstellen, das folgendermaßen verläuft: ›Frederico, du musst das und das tun.‹ – ›Ja, Frederico, ich tue es gleich.‹ Siehst du's nun? Frederico ich und Frederico er ... So beschloss ich, seinen Namen zu latinisieren.«

»Fascinus?«

»Nein, damit hätte ich ja zugegeben, dass er mich faszinierte, verzauberte. Ich war ihm hörig, das stimmt, aber ein wenig begann ich mich doch schon aufzulehnen. Da ich Federico heiße, beschloss ich, ihn Federicus Rex zu nennen.«

»Federicus Rex?«

»Eigentlich dachte ich zunächst daran, ihn Friedrich den Großen zu nennen!«

»Warum Friedrich den Großen?«

»Das ist eine eigene Geschichte. Es war so: Wir waren drei oder vier Burschen, alle im gleichen Alter. Einmal im Sommer lagen wir in Ostia, nach dem wir unsere Butterbrote verzehrt hatten, im Sand, im Schatten hinter den Badekabinen, wo die Leute die Abfälle ablagern. Natürlich sprachen wir über Frauen. Einige hatten schon ihre Erfahrungen gemacht, andere noch nicht. Plötzlich, ich weiß nicht mehr, wieso und warum, hatte einer den Einfall: ›Schauen wir einmal, wer den größeren hat.‹ Gesagt, getan. Es war das erste Mal, dass wir solche Vergleiche anstellten, und da bemerkte ich zu meinem Erstaunen, dass ich sie alle um Längen schlug. Wir waren Freunde, Schulkameraden. Und da kam einer ganz natürlich darauf, mich im Scherz ›Friedrich den Großen‹ zu nennen. Eine Kinderei.«

»Wieso hast du dann die Bezeichnung ›Friedrich der Große‹ in Federicus Rex umgewandelt?«

»Auch das ist eine eigene Geschichte. Ich wohnte

damals, wie du weißt, mit meiner Mutter in der Gegend der Piazza Mazzini. Eines Nachts ging ich durch eine der einsamen Straßen. Meine Mutter hatte mir Geld fürs Kino gegeben. Ich ging im Laufschritt, denn ich sollte mich mit einem Freund treffen. Die Bäume eines angrenzenden Gartens warfen tiefe Schatten, da hörte ich auf einmal an der dunkelsten Stelle eine weibliche Stimme: ›Hallo, mein Junge.‹ Ich blieb erst stehen, dann trat ich näher heran. Es war eine schon ältere Prostituierte, sie sah aber immer noch recht gut aus, zumindest schien es mir so. Man darf nicht vergessen, dass ich vierzehn Jahre alt war und erst seit kurzem lange Hosen trug. Ich erinnere mich nicht mehr genau, was wir miteinander sprachen. Ich erinnere mich nur, dass ich am ganzen Körper zitterte, denn es war das erste Mal. Sie bemerkte es und sagte: ›Warum zitterst du so? Hab doch keine Angst. Sag mir lieber, ob du Kies hast.‹ Ich verstand sie nicht gleich, da erklärte sie mir, dass Kies Geld bedeute. Ich sagte nichts, öffnete nur die Hand, um ihr den Tausend-Lire-Schein zu zeigen, den meine Mutter mir fürs Kino gegeben hatte. Er war zerknittert und feucht von Schweiß. Sie meinte: ›Etwas wenig!‹ Ich antwortete: ›Ich brauch das Geld fürs Kino.‹ Da begann sie zu lachen und sagte: ›Na, gib schon her. Ich kann dir auch ein schönes Kinostück zeigen. Ich wette, es ist das erste Mal, nicht wahr? Nur nicht zittern, du wirst schon sehen, was das für ein schönes Kino ist.‹ Sie nahm das Geld, und wir trieben es stehend, im dichten Schatten der Bäume. Sie presste sich fest an mich, und als sie ihn sah – weißt du, was sie da gesagt hat? ›Das ist ja der König!‹ Ich zitterte in einem fort, sie aber zwang mich: ›Wovor hast du denn Angst? Du hast den König, und Könige haben vor niemandem Angst!‹ Zunächst beachtete ich diesen Ausspruch nicht, erst später erinnerte ich mich seiner. Meine Mutter bewahrte in einer Schachtel mehrere alte Münzen auf, darunter auch eine aus der Zeit Friedrichs des Großen mit lateinischer Aufschrift: Und da gab ich ihm diesen Namen.«

Vladimiro sieht mich an, scheint nachzudenken. Endlich sagt er: »Gut, du hast ›ihm‹ einen Namen gegeben. Wann aber hast du begonnen, mit ›ihm‹ zu streiten? Wenn ich dich richtig verstehe, warst du, als du ›ihm‹ den Namen Federicus Rex gabst, mit ›ihm‹ noch in bestem Einvernehmen.«

»Du willst wissen, wann ich mich gegen ihn ernstlich aufgelehnt habe?«

»Wann und warum!«

Ich blicke ihn an und nicke gewichtig und zustimmend mit dem Kopf: »Ich will es dir sagen, ich habe diese Frage erwartet. Ich bin auf sie vorbereitet, sodass ich dir darauf eine erschöpfende und wissenschaftliche Antwort geben kann. Ich bin, im Grunde, heute vor allem deshalb zu dir gekommen, um diese Frage von dir zu hören und sie zu beantworten. Du verstehst mich doch, Vladimiro?«

Ich schweige einen Augenblick, wie um die Bedeutung dessen zu unterstreichen, was ich sagen will. Ich sage also: »Ich erinnere mich nicht nur an das Jahr, in dem ich und er miteinander zu streiten begannen, sondern auch an den Monat. Den Tag allerdings weiß ich nicht mehr so genau. Es war im März 1950. Jetzt haben wir 1970. Ich bin 35 Jahre alt. Es ist also genau 20 Jahre her, dass ich mich gegen ihn aufgelehnt habe.«

»Und was war der Grund ... deiner Auflehnung?«

»Ich komme sofort darauf. Es war, sagen wir, eine Meinungsverschiedenheit.«

»Worüber denn?«

»Über etwas, das sich in einer Märznacht des Jahres 1950 zugetragen hat.«

»Ach, es hat sich etwas zugetragen?«

»Aber nur seiner Meinung nach. Meiner Meinung nach nicht.«

Während Vladimiro mich ansieht, ist er sich offenbar bewusst, dass wir am entscheidenden Punkt unseres Gesprächs angelangt sind. Er macht, ohne ein Wort zu sagen, ein fast erschrockenes Gesicht. Ich tue einen langen, tiefen Zug aus der Zigarette und blase den Rauch gegen die glänzende Tischplatte. Ich fahre fort: »Damals. Vladimiro, das muss ich vorausschicken, wusste ich noch nicht, dass ich ihm hörig war. Zwar war ich sexuell schon sehr früh entwickelt, wusste aber nicht, dass ich diese Frühreife ihm verdankte. Ich musste nur ununterbrochen an ihn denken. Ich hatte noch keine körperliche Beziehung zu einer Frau gehabt, ich meine eine wirkliche, nicht eine so hastige, unvollkommene, flüchtige, wie die, von der ich dir erzählt habe. Aber gerade deshalb war ich vom Gedanken an ihn besessen. Jawohl, Vladimiro, es war eine ausgesprochene Besessenheit. Natürlich hätte ich mich selbst befriedigen können, wie alle Jungen es tun, seit die Welt besteht. Aber ich wollte nicht, ich weiß selbst nicht, warum, vielleicht aus Stolz. Und das führte für mich zu einem dauernden unerträglichen Leiden.«

»Du hast gelitten?«

»Ja, ich litt an einem unsäglichen Verlangen. Siehst du, Vladimiro, nichts verursacht so viel Leiden wie das Verlangen. Im üblichen gibt es zwei Möglichkeiten, sich einem solchen Verlangen gegenüber zu verhalten: entweder wir versuchen, nicht daran zu denken, oder wir befriedigen es. Ein Verlangen aber, das über eine gewisse Zeit hinaus unverändert anhält und keine Befriedigung findet, können wir nicht ertragen. Ich möchte das so ausdrücken, Vladimiro: Wie man gewisse Temperaturen nicht länger als ein paar Minuten ertragen kann, so kann man auch solches Verlangen nicht lange aushalten. Stell dir nun vor, dass dieses Verlangen aber nicht bloß ein paar Stunden oder ein paar Tage oder ein paar Monate andauert, sondern jahrelang, und immer mit derselben Intensität. Wenn du dir das vorstellst, dann kannst du dir einen Begriff von meinem Leiden machen.«

Wieder schweige ich kopfschüttelnd. Auch Vladimiro schweigt. Dann fragt er vorsichtig: »Und die Meinungsverschiedenheit?«

»Gleich. Als ich eines Morgens im März 1950 erwachte, dachte ich vernünftigerweise, dass ein gewisses Ereignis sich nicht wirklich, sondern nur in meinem Traum zugetragen habe. Was macht man mit Träumen? Man denkt ein Weilchen über sie nach, versucht, sie zu rekonstruieren, sich ihrer zu erinnern, dann zuckt man die Achseln und schiebt sie zur Seite, um sich mit anderen, wichtigeren Dingen zu beschäftigen. So wollte ich es auch an diesem Morgen tun. Da aber zeigte es sich, und zwar, nebenbei gesagt, zum ersten Mal, dass er ein von mir vollkommen abgesondertes und verschiedenartiges Individuum ist. Er reckte sich plötzlich auf und erklärte mir laut und entschieden, ich hätte das erwähnte Ereignis keinesfalls bloß geträumt. Es hätte sich vielmehr tatsächlich zugetragen, und er könne es bezeugen. Es war dies, Vladimiro, an diesem schicksalsschweren Morgen unsere erste Meinungsverschiedenheit. Seither haben ich und er nicht mehr aufgehört, miteinander zu streiten. Zwanzig Jahre Streit. Er behauptet, dass sich die Sache wirklich zugetragen hat, und ich erwidere ihm hartnäckig, es habe sich um einen Traum gehandelt.«

»Was war denn das für ein Ereignis, das du deiner Ansicht nach geträumt hast und das sich ›seiner‹ Auffassung nach wirklich zugetragen hat?«

Ich suche nach einem möglichst wissenschaftlichen Ton. Ich weiß genau, dass Vladimiro jetzt sämtliche Geschütze seiner Wissenschaft auf mich gerichtet hält, so wie er mir zu Beginn meines Besuchs das scharfe Licht seiner Lampe ins Gesicht fallen ließ. »Du musst wissen, Vladimiro, dass meine Mutter noch im Jahre 1950 die Gewohnheit hatte, jeden Abend, ehe sie sich zu Bett legte, in mein Zimmer zu kommen und mir den Gutenachtkuss zu geben. Sie tat es schon zu der Zeit, als ich noch ein kleines Kind war. Übrigens haben viele Mütter diese Angewohnheit. Aber halt, was machst du da?«

»Ich mache mir ein paar Notizen.«

»Kommt nicht in Frage. Keine Notizen. Weg mit dem Notizblock und dem Kugelschreiber. Ich will das nicht. Vor allem ist das, was ich dir erzählen will, gar nicht wert, schriftlich festgehalten zu werden. Eine einfache Meinungsverschiedenheit über eine Sache, die, genau besehen, gar nicht so wichtig ist. Was gibt es da zu notieren? Außerdem, Vladimiro, sitze ich hier nicht als dein Patient, sondern als dein Freund. Was würdest du sagen, wenn du zu mir kämst, um dich mir anzuvertrauen und meinen Rat zu hören, und ich würde, während du noch sprichst, plötzlich zu kritzeln beginnen? Also fort mit dem Notizblock und dem Kugelschreiber. Reden wir einfach miteinander.«

»Gut, Rico, reden wir miteinander.«

»Also, wo waren wir stehen geblieben ... Ach ja, beim Gutenachtkuss, den meine Mutter mir allabendlich auch noch im Jahre 1950 gab. Sie kam meist gegen Mitternacht in mein Zimmer, manchmal auch etwas später, schob meine Bettdecke unter die Matratze, beugte sich nieder, küsste mich auf die Stirn, sagte: ›Schlaf gut‹ und ging dann hinaus. Mein Bett stand in einer Zimmerecke, die eine Längsseite war an die Wand geschoben, und so musste sich meine Mutter, wenn sie die Bettdecke auch auf der Wandseite einschlagen wollte, ganz über mich beugen. Zumeist tat sie es bei vollem Lampenlicht, denn ich las noch liegend (ich hatte die Gewohnheit, im Bett zu lesen) und löschte das Licht beim Hinausgehen aus. Manchmal hingegen hatte ich selbst das Licht schon ausgeschaltet, lag aber noch wach im Bett. Mit oder ohne Licht – nichts Merkwürdiges, nichts Ungewöhnliches, nichts Interessantes, wie du zugeben musst, Vladimiro. Eine Mutter, die ihrem Sohn gute Nacht wünscht: Schluss, basta.«

Vladimiro sagt kein Wort. Sein Notizblock und sein Kugelschreiber liegen vor ihm, daneben liegt seine rechte Hand, sie ist so mager und lang gestreckt wie er selber. Sie rührt sich nicht. Da ich immer noch schweige, verzieht Vladimiro sein Gesicht schmerzlich. Fast gequält fragt er: »Ja, aber ... wo bleibt die Meinungsverschiedenheit?«

»Das will ich dir jetzt sagen. Es gibt zwei Versionen über den mütterlichen Gutenachtkuss, die meine und die seine. Zuerst die meine und dann die seine.«

»Du willst mir also den Vorgang zuerst als Traum und dann als tatsächliches Ereignis erzählen.«

»Genau. Also Version Nummer eins, meine Version: der Vorgang als Traum. Meine Mutter kommt, um mir den Gutenachtkuss zu geben. Ich habe das Licht schon abgedreht, bin aber noch wach. Meine Mutter nähert sich, ohne das Licht einzuschalten, meinem Bett, beugt sich über mich, schlägt die Bettdecke zuerst auf der einen, dann auf der anderen Seite ein. Um dies tun zu können, muss sie sich natürlich über meinen ganzen Körper beugen. Dabei berührt sie mich unwillkürlich mit dem Ellbogen in der Bauchgegend. Aus einem Grund, den ich nicht weiß, gelingt es ihr nicht recht, die Decke auf der Wandseite unter die Matratze zu schieben, die Berührung mit dem Ellbogen wird zu einem Druck, und fast möchte man meinen, er werde gewollt, bewusst, absichtlich ausgeübt. Ich will meiner Mutter sagen: ›Mama, achte auf das, was du tust. Es könnte etwas geschehen, das nicht mehr gutzumachen ist. Richte dich doch auf, ich bitte dich, richte dich wieder auf und geh.‹ Wie es so oft in Träumen vorkommt, gelingt es mir aber nicht, ein Wort hervorzubringen. Meine Mutter ist weiterhin über mich gebeugt, bemüht, die Decke einzuschlagen, der Druck ihres Ellbogens hält an. Schließlich geschieht das, was ich befürchtete. In diesem Augenblick wache ich auf und bemerke, dass ich eine nächtliche Pollution hatte. Dies ist meine Version.«

Ich unterbreche kurz meine Erzählung, um die Zigarette im Aschenbecher auszudrücken und mir eine neue anzuzünden.

Meine Bewegungen sind ruhig, knapp, präzis. Meine Haltung ist wissenschaftlich kalt.

Ich setze fort: »Version Nummer zwei, die seine, der zufolge sich der Vorfall tatsächlich zugetragen hätte. Meine Mutter tritt im Dunkeln ein, ich liege wach und leide, wie gewöhnlich, unter meinem Verlangen. Sie kommt an mein Bett, beugt sich über mich, schlägt die Decke erst auf der einen Seite ein, dann auf der anderen. Dabei ist sie natürlich genötigt, sich ganz über mich zu beugen. Genau wie im Traum berührt sie mich unwillkürlich mit dem Ellbogen in der Bauchgegend. Von da an gehen unsere Deutungen auseinander. Seiner Version nach bemerkt meine Mutter mein, sagen wir, Leiden, richtet sich wieder auf, ohne die

Decke eingeschlagen zu haben, fährt mit der Hand über meine Stirn, fühlt, dass sie brennend heiß ist, und fragt mich leise, wie es mir geht. Ich antworte, es gehe mir gut, stoße aber zugleich, so behauptet er, einen Seufzer aus. Meine Mutter flüstert mir zu: ›Versuch zu schlafen, es ist schon spät.‹ Dann beugt sie sich wieder über mein Bett, als wollte sie die Decke an der Wandseite doch noch unter die Matratze schieben. Dabei drückt sie ihren Ellbogen mit aller Kraft gegen mich und bewegt ihn gleichzeitig rasch, hastig, fast atemlos hin und her. In wenigen Sekunden tritt der Effekt ein, den du dir denken kannst. Da hält sie mit dem Ellbogen inne, aber er bleibt weiterhin gegen mich gepresst, als sollte mir Zeit gelassen werden, zu mir zu kommen. Hierauf richtet sich meine Mutter schweigend, wenn auch leicht keuchend wieder auf, gibt mir den üblichen Kuss auf die Stirn und geht hinaus. Schluss der zweiten Version.«

Lange Pause. Ich sitze mit gesenktem Kopf da, rauche schweigend, wie um Vladimiro Zeit zu geben, seine Gedanken zu sammeln. Schließlich erkläre ich: »Natürlich ist die zweite Version völlig falsch, frei erfunden, reine Fantasie. Das hindert ihn aber nicht, sie hartnäckig zu verteidigen, unerbittlich, und das zwanzig Jahre hindurch. Du wirst begreifen, warum ich gesagt habe, dass mein Leben seit zwanzig Jahren durch die Meinungsverschiedenheit zwischen mir und ihm geradezu vergiftet ist.«

Schweigen. Ich bemerke bitter: »Ich lese es an deinen Augen ab, dass du eher geneigt bist, ihm Glauben zu schenken als mir.«

Vladimiro zuckt heftig zusammen, als erwache er aus einem Traum, und antwortet rasch: »Gar nicht, ich glaube dir. Nur dir. Wem sonst sollte ich glauben als dir? Vor mir sitzt ja niemand anderer als du.«

»Sehr richtig. Um aber auf unsere Meinungsverschiedenheit zurückzukommen, du kannst dir, Vladimiro, leicht vorstellen, welche Verwirrung die unqualifizierbare Unterstellung dieses niederträchtigen und bösartigen Individuums in mir hervorgerufen hat. Es ist nur natürlich, dass sich in mir, obwohl ich mich unschuldig weiß, ein starkes Schuldgefühl entwickelt hat. Schließlich habe ich mich gezwungen gesehen, mein Schuldgefühl durch eine sozusagen rationale und in gewissem Sinne wissenschaftliche Erklärung abzuschwächen. Und zwar: ›Ja, ich bin überzeugt, dass es ein Traum war. Ein Traum, der selbstverständlich durch ihn inspiriert wurde. Aber selbst wenn man absurderweise annehmen wollte, dass es kein Traum, sondern ein realer Vorgang gewesen ist, selbst in diesem unwahrscheinlichen Fall habe ich mit der Sache nichts zu tun. Es war, kurz gesagt, eine Angelegenheit zwischen ihm und meiner Mutter, etwas, das ich weder gewollt noch gebilligt habe. Ich habe der Sache lediglich beigewohnt. Sie betrifft mich nicht, und ich will von ihr nichts wissen.‹ Was sagst du, Vladimiro, zu dieser Erklärung? Ist damit nicht sozusagen der gordische Knoten durchschnitten?«

Vladimiro sagt weder ja noch nein. Er windet sich auf seinem Stuhl, verzieht sein Gesicht zu einer Grimasse des Missbehagens. Schließlich bringt er heraus: »Welche Beweise führt ›er‹ denn an, um seine Version zu stützen?«

Ich antworte unbefangen: »Zwei Beweise. Einen Tatsachenbeweis und einen psychologischen. Der Tatsachenbeweis: Meine Mutter hat es seit jenem Abend unterlassen, mir ihren Gutenachtbesuch zu machen. Der psychologische Beweis: Mein Schuldgefühl, das seiner Meinung nach so stark ist, dass es mich einen Traum erfinden ließ, den ich nie geträumt habe, nur um nicht zugeben zu müssen, dass sich der angeblich

geträumte Vorgang in der wachen Wirklichkeit abge-
spielt hat.«

Vladimiro scheint völlig unbeteiligt zu sein, das
heißt, er sieht nicht neugieriger, verblüffter, beküm-
merter aus als während der ganzen Zeit meines Besuchs. Dann sagt er leichthin: »Der Tatsachenbeweis,
sozusagen, hat ein gewisses Gewicht.«

»Wieso denn? Es stimmt zwar, dass meine Mutter
seit jenem Abend nicht mehr zu mir gekommen ist,
um mich auf die Stirn zu küssen, aber nicht deshalb,
weil sich diese Sache wirklich zugetragen hat, sondern sie hat, als sie mich unwillkürlich mit ihrem Ellbogen in der Bauchgegend berührte, meine Verwirrung bemerkt und befürchtet, es könnte früher oder
später tatsächlich so weit kommen. Siehst du jetzt den
Unterschied?«

Vladimiro spricht sich immer noch nicht aus. Er
fragt: »Und dann?«

»Was dann?«

»Was ist dann geschehen?«

»Nichts. Ich habe es doch schon gesagt. Zwanzig
Jahre Streit, und in all dieser Zeit hat er seine Version
aufrechterhalten und ich die meine.«

»Wie ist nach dieser Nacht dein Leben verlaufen?«

»Mein Leben? Es ist weiter so verlaufen wie bis
dahin. Es hat sich nicht geändert.«

»Ich meine dein Innenleben.«

»Ach so, mein Innenleben? Nun, nicht sehr glücklich. Versetze dich an meine Stelle, Vladimiro! Ich
hatte meine Mutter gern. Dieses Gefühl wurde jetzt
von einem Individuum vergiftet, das mir völlig fremd
war und aus Gründen handelte, die mich in keiner
Weise betrafen. Kurz: zwanzig Jahre Inferno. Dabei ist
meine Mutter sechs Jahre später, 1956, gestorben.«

»Deine Mutter ist gestorben?«

»Ja, sie ist leider tot.«

Es fällt mir auf, dass Vladimiro sich meine Mitteilung vom Tod meiner Mutter noch einmal wiederholen lässt. Es stimmt wohl, dass Vladimiro und ich uns gerade um das Jahr 1956 getrennt haben und jeder seinen eigenen Weg ging. Nichtsdestoweniger müsste Vladimiro wissen, dass meine Mutter gestorben ist. Ich sehe ihn an, er sieht mich wieder an, mit dem ihm eigenen leeren Ausdruck schmerzlicher Bestürzung, dann erklärt er sanft, aber entschieden: »Es versteht sich, Rico, dass deine Mutter *nicht* gestorben ist.«

Ich fühle, wie ich rot werde. Ich möchte am liebsten versinken. Wohin? In den dunklen Schacht unergründlicher Unsublimierung. Es ist wahr: Meine Mutter ist nicht gestorben. Sie lebt, ist sogar höchst lebendig, und ich frage mich, was mir in den Sinn gekommen ist, als ich behauptete, sie sei gestorben. Wieder langes Schweigen. Vladimiro blickt mich starr an, ich blicke Vladimiro an. Plötzlich und absurderweise bedecke ich mein Gesicht mit den Händen und breche in Schluchzen aus. Was ist denn los mit mir? Sehr einfach: einer der üblichen Streiche, die mir meine Unsublimiertheit spielt. Es wird mir klar bewusst, dass mit diesem unvermuteten Tränenausbruch mein wissenschaftlicher Ton, mit dem ich der Wissenschaft Vladimiros standhalten wollte, endgültig dahin ist. Nichts zu machen. Schamlos, rückhaltlos, hemmungslos überlasse ich mich einem ebenso dunklen wie blödsinnigen Schmerz. Ich schluchze, das Gesicht zwischen den Händen, während Vladimiro ungerührt vor mir sitzt. Noch unter Tränen kann ich mir denken, wie sehr er über meinen emotionellen Purzelbaum frohlockt. Gleich einem kurzen Wolkenbruch im Frühling lässt mein Tränenstrom allmählich nach. Ich ziehe das Taschentuch hervor, wische mir die Augen, schneuze mich laut, sage trocken: »Entschuldige.«

Vladimiro erwidert nichts. Nach einer kleinen Pause sage ich: »Ich weiß, was du jetzt denkst.«

»Was?«

»Dass ich ... mit meiner Gesundheit ... nicht ganz in Ordnung bin.«

Mit einer etwas verdächtigen Liebenswürdigkeit beeilt sich Vladimiro, mir zu versichern: »Nein, absolut nicht. Alles normal. Das einzige, das mir ein wenig zu denken gibt, ist dein Dialog mit ›ihm‹, mit Federicus Rex. Vielleicht solltest du trachten, dass dieser Dialog endlich aufhört.«

Ich erwidere sofort entzückt: »Das ist es ja, was ich die ganze Zeit versuche: ihn zum Schweigen zu bringen, ihn endgültig verstummen zu lassen. Es gibt nur eine Möglichkeit, ihn auszuschalten: den Sexualtrieb zu sublimieren, den er willkürlich für seinen eigenen Gebrauch beschlagnahmt. Solange es mir nicht gelingt, den Sublimierungsprozess allen Ernstes einzuleiten, so lange ich ein unsublimierter Mensch bin, wird, fürchte ich, das, was du den Dialog zwischen mir und ihm nennst, unvermeidlich fortdauern.«

Diese Fachausdrücke seiner Wissenschaft machen merkwürdigerweise auf Vladimiro gar keinen Eindruck. Es sieht sogar eher aus, als empfinde er sie wie eine Belästigung, als bereiteten sie ihm Kummer. Er windet sich auf seinem Stuhl und bemerkt. »Wäre es nicht besser, die Sache etwas einfacher zu nehmen?«

»Wie denn?«

»Indem du euren – sagen wir – imaginären Dialog durch Gespräche mit wirklichen Personen ersetzt. Ich meine, mit Personen, die in deinem Leben wirklich existieren.«

»Aber er ist doch eine wirkliche Person! Wenn du

314

das nicht verstehst, dann, entschuldige, verstehst du gar nichts.«

»Vor allem müsstest du dich deiner Arbeit widmen, deiner Karriere.«

»Da bin ich ganz deiner Meinung. Voll und ganz. Genau das ist es übrigens, was ich die ganze Zeit sagen will. Jawohl, es ist nötig, dass er an meinem systematischen Sublimierungsplan mitarbeitet. Wenn ich seine Mitarbeit gewinne, ist alles in Ordnung.«

Ich reibe meine Handflächen gegeneinander, um damit auszudrücken, dass es keine Probleme mehr geben wird, wenn diese Mitarbeit zu Stande kommt. Vladimiro aber schüttelt wenig überzeugt den Kopf: »Nicht, solange du fortfährst, mit ›ihm‹ zu reden. Du müsstest so tun, als existiere ›er‹ gar nicht.«

»Er existiert aber. Leider existiert er.«

»Schön, ›er‹ existiert. Es wäre aber schon viel erreicht, wenn du die Dinge beim Namen nennen würdest.«

»Nenne ich vielleicht die Dinge nicht beim Namen?«

»Nein, Rico. Ich will sagen: bei ihrem richtigen Namen. Rede nicht immer von Sublimierung und Unsublimiertheit, vergiss, dass du ein Intellektueller bist, der Freud gelesen hat, stelle dir etwa vor, du bist ein Bäckerjunge.«

Ich murmele enttäuscht: »Ihr seid mir feine Leute! Ihr erfindet Worte, und dann wollt ihr nicht, dass man sie verwendet.«

»Es handelt sich um wissenschaftliche Ausdrücke, die jedenfalls mit Maß zu verwenden sind.«

»Was heißt Maß? Wie kann man maßvoll sein in Fällen wie dem Meinen, wo es um Leben oder Tod geht?«

»Wo ist in deinem Fall das Leben und wo der Tod?«

Plötzlich packt mich die Wut, ich schlage mit der Faust auf den Tisch und schreie: »Leben ist für mich Sublimierung, Tod Unsublimiertheit. Wenn mir die Sublimierung gelingt, dann werde ich leben, das heißt ein Mensch sein, der dieses Namens würdig ist. Andernfalls werde ich kein Mensch sein, sondern ein Unsublimierter, das heißt ein Unglückseliger, ein Minderwertiger, ein Unfähiger, einer, der nichts als Geschlecht ist und keine schöpferische Tat vollbringen kann. Ich werde rettungslos einem minderwertigen, unterlegenen Menschenschlag angehören, wie er auf der ganzen Welt existiert, in den reichen wie in den armen Ländern, und der weder durch die Hautfarbe noch durch körperliche Eigenschaften gekennzeichnet ist, sondern durch die angeborene Unfähigkeit zur Sublimierung.«

Ich lehne mich zurück, keuchend, rot im Gesicht, greife nach dem Päckchen Zigaretten, werfe es dann wieder weg, weil ich bemerke, dass ich während meines Wutausbruchs eine eben angezündete Zigarette auf den Rand des Aschenbechers gelegt hatte. Vladimiro scheint von der Szene, die ich eben aufgeführt habe, in keiner Weise aus der Fassung gebracht. Er sieht mich nur mit seinem gleichmütig schmerzlichen Ausdruck an. Als ich mich beruhigt habe, fragt er: »Was hast du bisher getan, um ... ein Mensch zu werden?«

Ich möchte den distanzierten, wissenschaftlichen Ton wie zu Beginn meines Besuchs wieder aufnehmen. Ich fühle, dass mir dies nur zum Teil gelingt. Ich bin mit Schweiß bedeckt, keuche, während ich an den Fingern aufzähle: »Erstens: Ich habe mich von meiner Frau getrennt. Ich lebe allein in einer Wohnung, die ich für ein Jahr gemietet habe. Zweitens: In diese Wohnung kommen keine Frauen und werden auch keine kommen. Diese zwei Maßnahmen, die Trennung von meiner Frau und die Enthaltsamkeit, sind sozusagen negative Maßnahmen. Ich kann aber auch in positiver Hinsicht zwei Erfolge anführen. Erstens: Ich bin im Begriff, die Regie eines sehr bedeutenden Films zu übernehmen. Zweitens: Ich liebe eine Frau von ungewöhnlicher Schönheit und Intelligenz und werde von ihr wiedergeliebt. Es ist mir, Vladimiro, unmöglich, keine Beziehung, keinen Zusammenhang zwischen der Trennung von meiner Gattin und der Enthaltsamkeit einerseits und der Regie und der Liebe andererseits zu erblicken. Vielleicht ist das noch nicht die eigentliche Sublimierung, aber es fehlt nicht mehr viel. Ich werde den Film drehen, ich werde lieben, und dann werde ich sehen, ob es sich tatsächlich um Sublimierung handelt oder nicht.«

Ich glaube nicht nur mein inneres Gleichgewicht wiedererlangt zu haben, aus dem ich durch meinen Wutausbruch geraten war, sondern auch Vladimiro überzeugt zu haben, dass ich im Wesentlichen gesund bin. Gewiss, es gibt den Dialog, es gibt ihn, es gibt den Zwist zwischen mir und ihm. Aber ich habe die Situation wieder im Griff. Mein Besuch bei Vladimiro bekommt wieder seinen ursprünglichen Sinn: er soll für ihn eine Mahnung, eine Drohung, eine Herausforderung sein. Ich schweige, während ich dies denke, betrachte die Tischplatte, rauche, überlege. Da höre ich, wie Vladimiro sich auf seinem Stuhl hin und her bewegt, als könnte er nicht die richtige Lage finden. Ich warte geduldig, bis er sie findet. Schließlich höre ich ihn sagen: »Jetzt müssen wir nur noch den Tag und die Stunde für den Beginn der Behandlung festsetzen.«

Ich bin fassungslos. Ich bin überzeugt, durch mein Verhalten und durch meine Worte bewiesen zu haben, dass ich vollkommen gesund bin. So frage ich: »Was für eine Behandlung?«

»Die Behandlung, die du nötig hast. Die Kur, um dich von deiner ... von deinem Dialog zu heilen.«

»Und wie lange soll diese Kur dauern?«

»Das kann man nicht ohne weiteres sagen. Mindestens sechs Monate, höchstens sechs Jahre.«

»Wie oft in der Woche?«

»Zweimal, dreimal.«

»Wieviel würde jede Sitzung kosten?«

»Die Preise sind von der Ärztekammer festgesetzt.«

»Du würdest mir aber, hoffentlich, einen Sonderpreis gewähren?«

»Selbstverständlich.«

Ich schweige, tue so, als denke ich nach. Dann sage ich in aller Ruhe: »Kommt nicht in Frage. Von einer Kur kann keine Rede sein.«

Meine Antwort scheint Vladimiro nachgerade zu erschrecken. Er verzieht schmerzlich sein Gesicht, windet sich wieder auf seinem Stuhl: »Aber Rico, ich versichere dir, du brauchst eine Kur ... eine lange.«

Ich schüttle den Kopf. Unbeirrt. »Vor allem muss man erst sehen, ob das stimmt; und dann – entschuldige, Vladimiro, aber ich will aufrichtig zu dir sein – würde ich mich auf keinen Fall von dir behandeln lassen. Und weißt du auch, warum?«

Vladimiro schüttelt nervös den Kopf, sagt aber nichts.

»Weil du, meiner Meinung nach, ehe du andere behandelst, erst einmal dich behandeln müsstest. Von uns beiden bist du, Vladimiro, der wahre Neurotiker. Das sage ich nicht von ungefähr, ich sage es auf Grund einer Reihe von Beobachtungen, die ich während unseres Gesprächs machen konnte. Ich habe dich genau beobachtet, Vladimiro, und kann dir mit absoluter Sicherheit sagen, was du bist: ein unsublimierter Mensch, der jedoch nicht weiß, dass er es ist, der vielmehr glaubt, ein sublimierter Mensch zu sein und sich als solcher benimmt.«

Vladimiro ist durch meine präzise und wissenschaftliche Diagnose sichtlich verwirrt. Ohne ihm Zeit zu lassen, sich zu fassen, füge ich hinzu: »Weißt du, Vladimiro, was deine Unsublimiertheit beweist? Dein Misserfolg. Wärst du sublimiert, dann würdest du nicht hier hausen, in dieser kleinen Wohnung, in der zugleich dein mehr als bescheidenes Ordinationszimmer untergebracht ist, während im Vorzimmer ein Kinderwagen steht und sich überall der Küchengeruch verbreitet. Sublimierung heißt Erfolg, und Erfolg heißt Sublimierung. Auch ich bin ein unsublimierter Mensch und möglicherweise ein Versager. Aber dies eine habe ich dir voraus, Vladimiro: Ich weiß, dass ich es bin. Du weißt es nicht und tust auch nichts dazu, um es zu wissen.«

Vladimiro schüttelt wieder den Kopf, aber er scheint nichts zu finden, was er mir entgegnen könnte. Da er nichts sagt, frage ich ihn nach einer Pause: »Du sagst nichts? Dann beantworte mir eine Frage: Wie ist dein Verhältnis zu ihm? Du weißt, worauf ich anspiele, ich muss wohl keine näheren Erklärungen abgeben, nicht wahr? Ist es gut? Schlecht? Oder soso? Spricht er viel, wenig? Gar nichts?«

Vladimiro scheint immer verwirrter zu werden, ein Beweis, dass ich ins Schwarze getroffen habe. Er stammelt: »Rico, ich habe zu ... ›ihm‹ kein besonderes Verhältnis, sozusagen. Ich habe zu ›ihm‹ ein normales Verhältnis wie alle anderen.«

»Ein normales? Wie?«

»Ja, ein normales!«

»Was verstehst du unter Normalität?«

»Die Normalität, Rico ... ist die Normalität.«

»Reden wir offen: Dein Er veranlasst dich, oft mit deiner Frau zu schlafen? Jeden Tag? Einmal die Woche? Einmal im Monat?«

Er windet sich, als säße er auf glühenden Kohlen. Dann stottert er: »Rico, über meine Frau und mich ... werden wir uns das nächste Mal unterhalten, wenn wir uns wiedersehen.«

Wir blicken einander an. Erleichtert stelle ich plötzlich fest, dass ich erreicht habe, was ich wollte. Ich bin »oben«, und Vladimiro ist »unten«. Wir sind beide unsublimiert, versteht sich, er aber ist es mehr noch als ich. Ich sage ruhig: »Gut, lassen wir das. Aber nichts mehr von Kur. Du möchtest nun wissen, warum ich dann überhaupt gekommen bin. Ich sage es dir gern: Ich bin gekommen, um ihn zu warnen, um ihm klarzumachen, dass ich nötigenfalls bereit bin, mit aller Strenge gegen ihn vorzugehen.«

»Ich verstehe.«

»Und dann, Vladimiro, brauche ich die Kur schon deshalb nicht, weil, siehst du, die Gesundheit, oder zumindest die Art Gesundheit, die du mir in Aussicht stellst, hauptsächlich dazu führen würde, dass er nicht mehr zu mir spricht. Ich aber, Vladimiro, habe mich an seine Gesellschaft bereits gewöhnt, und ich bin, ehrlich gestanden, auf ihn nicht so sehr deshalb böse, weil er spricht, sondern weil er zu viel spricht. Ich muss zugeben, dass ich mich ohne ihn – wie soll ich es nur sagen? – verloren fühlen würde. Nimm an, du hast einen Freund, mit dem du viele Stunden am Tag verbringst. Immer wieder streitet ihr miteinander, dann aber versöhnt ihr euch wieder, seid wieder die besten Freunde. Was würdest du tun, wenn dieser Freund plötzlich ausbliebe? Ich weiß nicht, ob ich mich verständlich gemacht habe.«

»Doch, die Freundschaft ist eine schöne Sache, aber, Rico, siehst du ...«

Plötzlich entschließe ich mich, zu gehen. Ich stehe auf, töte die letzte Zigarette und sage abschließend: »Bleiben wir also vorläufig dabei. Und ... was schulde ich dir?«

»Nichts, Rico, nichts. Du bist ein alter Freund von mir und ...«

Wir sind im Vorzimmer. Der Küchengeruch ist intensiver denn je. Dieser Geruch und der Kinderwagen im Winkel schreien es geradezu heraus: »Dies ist das Haus eines Erfolglosen, eines vergeblich Strebenden, eines unsublimierten Menschen.«

»*Ciao, Vladimiro.*«

Pauline Reage

Sir Stephen *

Das Appartement, das O bewohnte, lag auf der Ile Saint-Louis, unter dem Giebelwerk eines alten Hauses, das nach Süden, über die Seine, blickte. Es waren große, niedrige Mansardenzimmer, die beiden Vorderzimmer hatten je einen Balkon, der in die Dachschräge eingebaut war. Eines war Os Schlafzimmer; das andere, wo eine vom Boden bis zur Decke reichende Bücherwand den Kamin rahmte, diente als Salon, als Arbeitsraum und wenn man wollte, konnte man hier auch schlafen: den beiden Fenstern gegenüber stand ein großes Sofa, und vor dem Kamin ein großer, antiker Tisch. Hier wurde auch zu Abend gegessen, wenn das winzige Speisezimmer, das mit dunkelgrünem Serge tapeziert war und auf den Hof ging, die Gäste nicht fassen konnte. Ein weiteres Zimmer, das ebenfalls auf den Hof ging, diente René als Schrank- und Ankleideraum. O teilte mit ihm das gelbe Badezimmer; die ebenfalls gelbe Küche war winzig klein. Eine Aufwartefrau kam jeden Tag. Die Böden der Zimmer auf der Hofseite waren mit roten Fliesen ausgelegt, mit diesen altmodischen sechseckigen Platten, die vom zweiten Stockwerk aufwärts die Stufen und Treppengänge der alten Pariser Häuser bedecken. Als O sie wiedersah, spürte sie einen Stich im Herzen: es waren die gleichen Fliesen, wie in den Korridoren von Roissy. Ihr Zimmer war klein, die rosa und schwarzen Chintzvorhänge waren zugezogen, das Feuer loderte hinter dem Kamingitter, das Bett war bereit, die Decke zurückgeschlagen.

»Ich habe dir ein Nylonnachthemd gekauft«, sagte René, »du hast noch keines.« Wirklich lag am Bettrand, auf der Seite, auf der O schlief, ein weißes, plissiertes Nylonhemd ausgebreitet, hauchzart wie die Gewänder der ägyptischen Statuen und beinah durchsichtig. Es wurde um die Taille, über einer Steppbordüre aus Gummifäden, mit einem schmalen Gürtel gehalten und der Nylonjersey war so leicht, dass die Wölbung der Brüste ihn rosig färbte. Alles, mit Ausnahme der Vorhänge und der gleichfarbigen Stoffbespannung zu Häupten des Bettes und der beiden kleinen Sessel, die mit demselben Chintz bezogen waren, alles in diesem Zimmer war weiß: die Wände, die Steppdecke auf dem Sprossenbett aus Mahagoni, und die Bärenfelle auf dem Boden. O saß jetzt in ihrem weißen Hemd vor dem Feuer und hörte ihrem Geliebten zu. Er hatte sich nicht gesetzt, er ging im Zimmer auf und ab. Plötzlich sagte er, dass sie vor allem die Knie öffnen und die Arme hängen lassen solle, wenn sie ihm zuhöre; denn sie hatte mit geschlossenen Knien dagesessen und hatte die Arme um die Knie geschlungen. Sie zog also ihr Hemd hoch und ließ sich auf Knie und Fersen nieder, wie die Karmeliterinnen oder die Japanerinnen, und wartete. Jetzt, wo ihre Knie gespreizt waren, spürte sie zwischen ihren halbgeöffneten Schenkeln das leichte, spitze Kratzen des weißen Fells; René war noch nicht zufrieden: sie hatte die Beine nicht weit genug geöffnet. Die Befehle »öffne« und »öffne die Beine«, von René ausgesprochen, besaßen eine so verwirrende Macht, dass sie sie niemals ohne eine Art geistigen Kniefalls hörte, frommer Unterwerfung, als hätte nicht er, sondern ein Gott sie gesprochen. Sie blieb also unbeweglich sitzen und ließ die Hände mit den Innenflächen nach oben zu beiden Seiten ihrer Knie ruhen, zwischen denen der Jersey ihres Hemdes, das sich um sie breitete, in die ursprünglichen Plisseefalten fiel. Was ihr Geliebter von ihr verlangte, war ganz einfach: dass sie ständig und auf der Stelle zugänglich sein solle. Es genügte ihm nicht, zu wissen, dass sie es war: sie musste es ohne jedes Hindernis sein, und ihre ganze Haltung wie auch ihre Kleidung sollten für die Eingeweihten gewissermaßen Symbole dieser Zugänglichkeit sein. Das bedeutet, fuhr er fort, zweierlei. Erstens, was sie schon wusste und worauf man sie am Abend ihrer Ankunft im Schloss hingewiesen hatte: die Knie, die sie niemals überschlagen durfte, die Lippen, die immer halb offen bleiben mussten. Sie glaube wohl, das sei praktisch nichts (sie glaubte es tatsächlich), sie werde jedoch das Gegenteil feststellen, dass die Einhaltung dieser Disziplin ständige angespannte Aufmerksamkeit erfordere, die sie nicht nur in seiner Gegenwart und vielleicht in Gegenwart einiger anderen, die ihr Geheimnis kannten, an ihren wahren Zustand erinnern werde, sondern bei der gewöhnlichsten Beschäftigung und unter Menschen, die nichts ahnten. Was ihre Kleidung betreffe, so sei es ihre Sache, sie so zu wählen oder notfalls zu erfinden, dass ein Entkleidungsakt in Zukunft nicht mehr notwendig sei: morgen werde sie in ihren Schränken Musterung halten, unter ihren Kleidern, in den Schubladen unter ihrer Wäsche, und ihm ausnahmslos alles abliefern, was sie darin an Strumpfgürteln und Höschen finde; ebenso alle Büstenhalter, die so gearbeitet waren, wie der, dessen Träger er erst hatte abschneiden müssen, eh er ihn ihr ausziehen konnte; Unterkleider, die so weit heraufreichten, dass sie ihre Brüste bedeckten, Blusen und Kleider, die nicht vorn zu öffnen waren, alle Röcke, die so eng waren, dass man sie nicht mit einer einzigen Bewegung hochschlagen konnte. Sie solle sich andere Büstenhalter machen lassen, andere Blusen, andere Kleider. Dann würde sie ja von jetzt an mit nackten Brüsten unter ihrer Bluse oder ihrem Pullover zur Korsettschneiderin gehen? Ganz recht, sie werde mit nackten Brüsten gehen. Sollte es jemandem auffallen, so werde sie es nach Gutdünken erklären oder nicht erklären, ganz wie sie wolle, das gehe nur sie allein an. Mit den übrigen Anweisungen, die er ihr noch zu erteilen habe, wolle er noch ein paar Tage warten, und er wünsche, dass sie, wenn sie ihm zuhören werde, entsprechend gekleidet sei. In der kleinen Schublade ihres Schreibtisches werde sie soviel Geld finden, wie sie brauche. Als er zu Ende gesprochen hatte, flüsterte sie »ich liebe dich«, ohne die geringste Bewegung zu machen. Er legte frisches Holz aufs Feuer, zündete die Nachttischlampe aus rosa Opalin an. Er sagte, O solle sich zu Bett legen und auf ihn warten, er werde bei ihr schlafen. Als er zurückkam, streckte O die Hand aus, um die Lampe zu löschen. Sie lag halb auf der Seite: da rief ihr Geliebter leise ihren Namen, er packte sie am Schoß und zog sie an sich.

Am nächsten Tag, kurz nachdem O allein in dem grünen Esszimmer zu Mittag gegessen hatte – René war zeitig weggegangen und würde erst am Abend zurückkommen, um sie zum Essen abzuholen – klingelte das Telefon. Der Apparat stand im Schlafzimmer neben dem Bett, unter der Nachttischlampe. O setzte sich auf den Boden und nahm den Hörer ab. Es war René, der wissen wollte, ob die Aufwartefrau schon weg sei. Ja, sie sei gerade gegangen, nachdem sie das Essen serviert hatte, und werde erst morgen früh wiederkommen. »Hast du schon mit dem Aussortieren deiner Kleider angefangen?«, sagte René. – Ich wollte gerade anfangen, antwortete sie, aber ich bin sehr spät aufgestanden, habe gebadet und bin erst um Mittag fertig geworden. – Bist du angekleidet? – Nein, ich habe mein Nachthemd und den Morgenrock an. – Leg den Hörer weg, zieh den Morgenrock und das Nachthemd aus.« O gehorchte, so eifrig, dass der Hörer vom Bett rutschte, wo sie ihn hingelegt hatte, auf den weißen Teppich fiel und sie glaubte, die Verbindung sei unterbrochen. Nein, sie war nicht unterbrochen. »Bist du nackt? hörte sie René wieder. Ja, sagte sie, von wo rufst du an?« Er beantwortete ihre Frage nicht, sondern befahl ihr, so zu bleiben, wie sie war, bis er zurückkommen werde, und den Koffer mit den Kleidungsstücken zu packen, die sie nicht mehr tragen sollte. Dann legte er auf. Es war ein Uhr vorbei und das Wetter war schön. Ein Sonnenstrahl fiel auf das Nachthemd und den Morgenrock aus Cordsamt, blassgrün wie die Schalen frischer Mandeln, beide lagen noch auf dem Teppich, wie O sie hatte herabgleiten lassen. Sie hob sie auf und trug sie ins Badezimmer, hängte sie in einen Wandschrank. Als sie an einem Spiegel vorbeiging, der an einer Tür angebracht war und mit einem Wandspiegel und einer zweiten, ebenfalls mit Spiegelglas belegten Tür einen dreiteiligen Spiegel bildete, sah sie plötzlich ihr Bild: sie hatte nichts am Leib als ihre Lederpantöffelchen. Sie war allein, ihr eigener Zuschauer. Dennoch hatte sie sich noch niemals so völlig einem fremden Willen ausgeliefert, so völlig als Sklavin gefühlt, und war noch nie so glücklich darüber gewesen. Als sie sich bückte, um eine Schublade zu öffnen, sah sie ihre Brüste sich leicht bewegen. Es dauerte beinah zwei Stunden, bis sie alle Kleidungsstücke, die in den Koffer gepackt werden mussten, auf dem Bett ausgelegt hatte. Bei den Slips gab es keinen Zweifel, O schichtete sie zu einem Häufchen neben einer der Sprossen. Die Büstenhalter ebenfalls, es blieb nicht einer übrig: sie waren alle über dem Rücken gekreuzt und schlossen an der Seite. Aber sie sah schon, wie sie das gleiche Modell anfertigen lassen könnte, nur mit dem Verschluss vorn, genau unter der Furche zwischen den Brüsten. Auch die Strumpfgürtel machten keine Schwierigkeiten, aber sie zögerte, das Taillenmieder aus rosa Seidenbroché dazuzulegen, das am Rücken geschnürt wurde. Sie legte es beiseite, auf die Kommode. René würde entscheiden. Er würde auch wegen der Pullover entscheiden, die alle über den Kopf gezogen wurden und am Hals eng anlagen, also nicht zu öffnen waren. Aber man konnte sie von der Taille her hochziehen und so die Brüste frei machen. Sämtliche Unterkleider dagegen häuften sich auf dem Bett. In der Kommodenschublade blieb nur ein Halbrock aus schwarzem Faille mit Plisseesaum und kleinen Valencienne-Spitzen, der unter einen schwarzen, sehr leichten und fast durchsichtigen Wollrock mit Sonnenplissee gehörte. Sie würde neue Unterröcke brauchen, hellfarbig und kurz. Sie stellte fest, dass sie entweder ganz auf enge Kleider verzichten oder Mantelkleider wählen müsste, die von oben bis unten durchgeknöpft waren, mit einem Futter, das sich zugleich mit dem Kleid öffnete. Bei den Unterröcken und Kleidern war die Sache einfach, aber was würde die Wäschenäherin sagen, wenn sie ihre Bestellung aufgeben würde? Sie würde ihr erklären, dass sie ein loses Futter haben wolle, weil sie leicht friere. Es stimmte sogar, dass sie leicht fror, und sie fragte sich plötzlich, wie sie so mangelhaft geschützt im Winter die Kälte im Freien ertragen werde. Als sie schließlich fertig war und von ihrer Garderobe nur die Hemdkleider blieben, die alle vorn geknöpft wurden, der schwarze Plisseerock, die Mäntel natürlich, und das Kostüm, mit dem sie aus Roissy zurückgekommen war, machte sie Tee. In der Küche stellte sie den Thermostat der Heizung höher; die Aufwartefrau hatte den Holzkorb für das Feuer im Salon nicht gefüllt und O wusste, dass ihr Geliebter sie am Abend im Salon am Feuer vorfinden wollte. In einen großen Sessel gekauert, den Tee neben sich, erwartete sie also seine Rückkehr, aber dieses Mal wartete sie, wie er es befohlen hatte, nackt.

O hatte seit zwei Wochen eine vollständig neue Garde-robe und hatte sich noch immer nicht daran gewöhnt, als sie eines Abends bei ihrer Heimkehr aus dem Studio eine Nachricht ihres Geliebten vorfand, der sie bat, um acht Uhr bereit zu sein, weil sie mit ihm und einem seiner Freunde essen solle. Ein Wagen werde sie abho-len, der Chauffeur werde in die Wohnung kommen. Ein Zusatz bestimmte, sie solle ihre Pelzjacke mit-nehmen, sich ganz in Schwarz kleiden (ganz war unterstrichen) und darauf achten, dass sie geschminkt und parfümiert sei. Es war sechs Uhr, ganz in Schwarz und zum Abendessen – und es war Mitte Dezember, es war kalt – das bedeutet schwarze Seidenstrümpfe, schwarze Handschuhe, und zu ihrem fächerförmig plissierten Rock entweder einen dicken Pullover mit Paillettenstickerei oder ihre Failleweste. Sie wählte die Failleweste. Sie war wattiert und mit großen Stichen abgesteppt, vom Hals bis zur Taille anliegend und mit Agraffen geschlossen, wie die Wämser der Männer im sechzehnten Jahrhundert, und die Brust war durch einen eingearbeiteten Büstenhalter deutlich abge-zeichnet. Das Futter war aus dem gleichen Faille, und die kurzen Schöße endeten an der Hüfte. Der einzige Putz waren die großen, vergoldeten Agraffen, so auf-fallend wie die Schnallen an den Schneestiefeln der Kinder, die sich klickend über breiten, flachen Ösen öffneten und schließen. O legte ihre Kleider zurecht, stellte die schwarzen Wildlederpumps mit der über-höhten Sohle und den Bleistiftabsätzen vor das Bett, und kam sich dann höchst wunderlich vor, als sie sich nach dem Bad, frei und allein in ihrem Badezimmer, sorgfältig schminkte und parfümierte. In der Schublade ihres Frisiertisches fand sie fetthaltiges Wangenrot – sie legte nie Rouge auf – mit dem sie den Hof ihrer Brüste tönte. Es war ein Rouge, das man kaum sah, wenn es aufgetragen wurde, das jedoch später nachdunkelte. Sie glaubte zuerst, sie habe zu viel genommen, wischte es mit Alkohol wieder ab – es ließ sich sehr schwer abwischen und begann von neuem: die Spitzen ihrer Brüste erblühten in tiefem Rosenrot. Vergebens versuchte sie, damit die Lippen zu schminken, die das Vlies ihres Schoßes verbarg, es haftete nicht. Schließlich fand sie unter den Lippenstiften, die sie in der gleichen Schublade verwahrte, einen dieser kussechten Stifte, die sie nicht gern benutzte, weil sie zu trocken waren und zu sehr hafteten. Für diesen Zweck war er geeignet. Sie richtete ihr Haar, ihr Gesicht, danach parfümierte sie sich. René hatte ihr in einem Zerstäuber, der einen dichten Nebel versprühte, ein Parfüm geschenkt, dessen Namen sie nicht kannte. Es roch nach trockenem Holz und Sumpfpflanzen, herb und ein bisschen wild. Der Nebel schmolz und rieselte auf ihre Haut, auf dem Flaum ihrer Achselhöhlen und ihres Schoßes, haftete in winzigen Tröpfchen. O parfümierte sich dreimal, ließ jedes Mal das Parfüm auf der Haut trocknen. Sie zog zuerst ihre Strümpfe und die hochhackigen Schuhe an, dann Unterrock und Rock, dann die Weste. Sie streifte die Handschuhe über, nahm ihre Tasche. In der Tasche waren ihre Puderdose, das Rouge, ein Kamm, der Schlüssel und zehn Francs. Schon behandschuht nahm sie den Pelz aus dem Schrank und schaute auf die Uhr neben dem Bett: es war ein Viertel vor acht Uhr. Sie setzte sich schräg auf die Bettkante und wartete, die Augen auf den Wecker gerichtet, regungslos auf das Anschlagen der Glocke. Als sie es endlich hörte und aufstand, begegnete sie im Spiegel des Frisiertisches, eh sie die Lampe löschte, ihrem Blick: er war furchtlos, sanft und gefügig.

Als sie die Tür des kleinen italienischen Restaurants aufstieß, vor dem der Wagen sie abgesetzt hatte, sah sie sogleich René an der Bar sitzen. Er lächelte ihr zärtlich zu, fasste ihre Hand, dann drehte er sich zu einem sportlichen, grauhaarigen Mann um und stellte ihr, in englischer Sprache, Sir Stephen H. vor. O wurde ein Hocker zwischen den beiden Männern angeboten und als sie sich setzen wollte, flüsterte René ihr zu, sie solle Acht geben, dass sie ihr Kleid nicht verknittere. Er half ihr, den Rock über den Hocker gleiten zu lassen und sie spürte das kalte Leder unter ihrer Haut und den metallgefassten Rand direkt in der Höhlung ihrer Schenkel, weil sie sich zuerst nur halb hinzusetzen wagte, aus Furcht, sie könne sonst der Versuchung erliegen, die Beine zu kreuzen. Ihr Rock war um sie ausgebreitet. Ihr rechter Absatz war in eine Quersprosse des Hockers gehakt, die Spitze ihres linken Fußes berührte den Boden. Der Engländer, der sich wortlos vor ihr verbeugt hatte, ließ die Augen nicht mehr von ihr; sie sah, dass er ihre Knie musterte, ihre Hände und schließlich ihre Lippen – aber so ruhig und mit so genauer und gelassener Aufmerksamkeit, dass O sich abgeschätzt vorkam, begutachtet auf ihre Eignung als das Instrument, das sie, wie sie sehr wohl wusste, auch war, und wie von diesem Blick dazu gezwungen, sozusagen wider Willen, zog sie ihre Handschuhe aus: sie wusste, dass er sprechen würde, sobald ihre Hände nackt wären – weil ihre Hände eigenartig geformt waren, eher wie die Hände eines Knaben, nicht wie die einer Frau, und weil sie am linken Ringfinger den Eisenreif mit der dreiarmigen

Goldspirale trug. Aber nein, er sagte nichts, er lächelte: er hatte den Ring gesehen. René trank einen Martini, Sir Stephen Whisky. Er trank langsam sein Glas aus, wartete, bis René mit seinem zweiten Martini fertig war und O mit dem Grapefruitsaft, den René für sie bestellt hatte, und erklärte dann, wenn O ihm die Freude machen wolle, sich René und ihm anzuschließen, so könnten alle drei zu Abend essen im Restaurant im Souterrain, das kleiner und ruhiger sei als der Saal, der sich im Erdgeschoss an die Bar anschloss. »Natürlich«, sagte O, die bereits Tasche und Handschuhe von der Theke nahm, wo sie beides abgelegt hatte. Sir Stephen half ihr vom Hocker, er hielt ihr seine rechte Hand hin, in die sie die ihre legte, und jetzt richtete er zum ersten Mal direkt das Wort an sie und bemerkte, ihre Hände müssten dafür geschaffen sein, Eisen zu tragen, so gut stehe ihr das Eisen. Aber da er es in Englisch sagte, erhielten die Worte einen leichten Doppelsinn und es war nicht ganz klar, ob er nur das Metall oder auch, und vor allem, Ketten meinte.

Im Restaurant im Souterrain, das ein gewöhnlicher Keller mit gekalkten Wänden war, aber frisch und freundlich, standen wirklich nur vier Tische. Nur an einem davon saßen Gäste, die mit ihrer Mahlzeit schon fast zu Ende waren. An die Wände war in Freskomanier eine gastronomische und bebilderte Karte Italiens gemalt, die Farben glichen den Farben von Eissorten, Vanille, Himbeer, Pistazien; O dachte daran, dass sie sich zum Nachtisch Eis bestellen wollte, mit zerstoßenen gebrannten Mandeln und crème fraîche. Denn sie fühlte sich glücklich und leicht, Renés Knie berührte unter dem Tisch ihr Knie, und wenn er sprach, so wusste sie, dass er für sie sprach. Auch er betrachtete ihre Lippen. Sie bekam ihr Eis, aber keinen

Kaffee. Sir Stephen lud O und René zum Mokka zu sich ein. Sie hatten alle drei sehr leicht gegessen und O hatte bemerkt, dass die beiden Männer absichtlich wenig tranken und ihr selbst noch weniger zu trinken gaben: eine halbe Flasche Chianti für drei Personen. Auch hatten sie schnell gegessen: es war kaum neun Uhr. »Ich habe den Chauffeur weggeschickt, sagte Sir Stephen, würden Sie bitte chauffieren, René. Es ist am einfachsten, wenn wir direkt zu mir fahren.« René setzte sich ans Steuer, O neben ihn, Sir Stephen neben O. Der Wagen war ein riesiger Buick, sie hatten auf dem Vordersitz bequem zu dritt Platz.

Es ging über die Alma-Brücke, den Cours de la Reine, der hell war, weil die Bäume kein Laub trugen, den Place de la Concorde, flimmernd und trocken unter dem düsteren Winterhimmel, der voll Schnee hing. O hörte ein leises Klicken und spürte die warme Luft an ihren Beinen entlangstreichen: Sir Stephen hatte die Heizung eingeschaltet. René folgte noch immer der Seine auf dem rechten Ufer, bog dann zum Pont Royal ein, um aufs linke Ufer zu kommen: zwischen den steinernen Zwingen wirkte das Wasser unbeweglich, selbst wie Stein, und ganz schwarz. O dachte an schwarze Hämatiten. Als sie fünfzehn Jahre alt war, trug ihre beste Freundin, die dreißig und in O verliebt war, einen Ring mit einem brillantengefassten Hämatiten. O hatte sich ein Kollier aus diesen schwarzen Steinen und ohne Brillanten gewünscht, ein Kollier, das eng am Hals anlag, den Hals einschnürte. Aber hätte sie die Halsbänder, die man ihr jetzt schenkte – nein, man schenkte sie ihr nicht – eingetauscht für das Kollier aus Hämatiten, für die Hämatiten ihrer Träume? Sie sah das schäbige Zimmer wieder, hinter dem Carrefour Turbigo, wohin Marion sie geführt hatte, und wie sie selbst, nicht

Marion, ihre beiden dicken Schulmädchenzöpfe löste, als Marion sie entkleidet und auf das Eisenbett gelegt hatte. Sie war schön, Marion, wenn man sie streichelte und es stimmt, dass Augen zu Sternen werden können; die ihren wurden zu blauen, zuckenden Sternen. René stoppte den Wagen. O kannte die kleine Straße nicht, es war eine der Verbindungsstraßen zwischen der Rue de l'Université und der Rue de Lille.

Sir Stephens Wohnung lag in einem Vorhof, im Flügel eines ehemaligen Palais, und die Zimmer waren in einer Flucht angelegt. Das Zimmer am Ende war auch das größte und gemütlichste, es war im englischen Stil eingerichtet, dunkle Mahagonimöbel und blasse Seiden, gelb und grau. »Sie brauchen sich nicht um das Feuer zu kümmern«, sagte Sir Stephen zu O, aber dieses Sofa ist für Sie. Nehmen Sie bitte Platz, René wird den Kaffee machen, ich möchte Sie nur bitten, mir zuzuhören.« Das große damastbezogene Sofa stand rechtwinklig zum Kamin, mit der Vorderseite zu den Fenstern, die auf einen Garten blickten, mit dem Rücken zu den Fenstern, die auf der anderen Seite des Zimmers zum Hof gingen. O zog ihren Pelz aus und legte ihn auf die Rückenlehne des Sofas. Als sie sich umdrehte, sah sie ihren Geliebten und ihren Gastgeber im Stehen warten, dass sie Sir Stephens Aufforderung Folge leiste. Sie legte ihre Tasche zu dem Pelz, zog die Handschuhe aus. Wann würde sie endlich lernen, falls sie es überhaupt jemals lernen würde, beim Hinsetzen ihre Röcke mit einer so beiläufigen Geste zu raffen, dass es niemandem auffiele und dass sie selbst nicht an ihr Nacktsein, an ihr Ausgeliefertsein denken müsste? Jedenfalls nicht, solange René und dieser Fremde sie schweigend anstarrten, wie sie es jetzt taten. Schließlich fügte sie sich. Sir Stephen schürte das Feuer, René trat plötzlich hinter das Sofa, packte O beim Hals und am Haar, zog ihren Kopf auf die Lehne zurück und küsste sie nun auf den Mund, so lange und so tief, dass sie fast erstickte und fühlte, wie ihr Schoß brannte und schmolz. Er ließ sie nur los, um ihr zu sagen, dass er sie liebe und sie sogleich wieder zu packen. Os Hände ruhten, lose nach hinten hängend, kraftlos, die Innenflächen nach oben, auf dem schwarzen Rock, der sich wie eine Blütenkrone um sie breitete; Sir Stephen war näher gekommen, und als René sie endlich losließ und sie die Augen wieder öffnete, begegnete sie dem grauen und steten Blick des Engländers. So verwirrt sie auch war, noch keuchend vor Glück, sah sie doch, dass er sie bewunderte, dass er sie begehrte. Wer hätte diesem feuchten und halb geöffneten Mund widerstehen können, diesen geschwellten Lippen, diesem weißen Hals, der auf den schwarzen Kragen ihrer Pagenweste zurückgebogen war, diesen groß und klar gewordenen Augen, die sich nicht abwandten? Doch Sir Stephen erlaubte sich nur eine einzige Geste: er strich zart mit dem Finger über ihre Brauen, dann über ihre Lippen. Dann setzte er sich ihr gegenüber auf die andere Seite des Kamins, und als auch René sich einen Sessel genommen hatte, sprach er. »Ich glaube«, sagte er, »René hat Ihnen nie von seiner Familie erzählt. Aber vielleicht wissen Sie, dass seine Mutter vor ihrer Ehe mit seinem Vater mit einem Engländer verheiratet war, der selbst einen Sohn aus erster Ehe hatte. Ich bin dieser Sohn, und sie hat mich erzogen, bis zu dem Tag, als sie meinen Vater verließ. Ich bin mit René also nicht verwandt, und doch sind wir in gewissem Sinne Brüder. Dass René Sie liebt, weiß ich. Ich hätte es gesehen, auch wenn er es mir nicht gesagt hätte, auch wenn er nicht die geringste Geste gemacht hätte: man braucht nur zu sehen, wie er Sie anschaut. Ich weiß auch, dass Sie in Roissy waren

und ich vermute, dass Sie dorthin zurückkehren werden. Grundsätzlich gibt der Ring, den Sie tragen, mir,
wie allen, die dieses Zeichen kennen, das Recht, über
Sie zu verfügen. Aber es würde sich für Sie immer nur
um eine vorübergehende Bindung handeln. Was wir
von Ihnen erwarten, ist schwerwiegender. Ich sage
wir, weil Sie sehen, dass René schweigt: er will, dass
ich auch in seinem Namen zu Ihnen spreche. Wenn
wir Brüder sind, so bin ich der ältere, ich bin zehn
Jahre älter als er. Es besteht zudem zwischen uns eine
so althergebrachte und so absolute Gemeinschaft,
dass alles, was mir gehört, stets auch ihm gehört hat
und alles, was ihm gehört, auch mir. Sind Sie einverstanden, ebenfalls dazuzugehören? Ich bitte Sie
darum, und ich möchte Ihre Einwilligung haben, weil
sie Sie fester bindet als Ihr Gehorsam, von dem ich
weiß, dass er außer Frage steht. Eh Sie antworten,
bedenken Sie, dass ich nichts anderes bin und nichts
anderes sein kann, als das zweite Ich Ihres Geliebten:
Sie werden auch in Zukunft nur einen Gebieter haben.
Schrecklicher allerdings, als die Männer, denen sie in
Roissy ausgeliefert waren, denn ich werde alle Tage da
sein, und außerdem liebe ich feste Gewohnheiten und
Riten »and besides, I am fond of habits and rites ...«

Sir Stephens gelassene Stimme klang in eine absolute Stille. Selbst die Flammen im Kamin brannten
lautlos. O war auf das Sofa gespießt wie ein Schmetter-
ling an einer Nadel, einer langen Nadel aus Worten
und Blicken, die sie in der Mitte des Körpers durchbohrte und ihre nackten und bereiten Lenden an die
laue Seide presste. Sie wusste nicht, wo ihre Brüste
waren, ihr Nacken, ihre Hände. Sie zweifelte jedoch
nicht, dass die Gewohnheiten und Riten der Besitz-
ergreifung, von denen man ihr gesprochen hatte, unter anderen Teilen ihres Körpers auch ihre langen,

unter dem schwarzen Rock verborgenen und bereits halb geöffneten Schenkel zum Ziel haben würden. Die beiden Männer waren ihr zugewandt. René rauchte, hatte jedoch neben sich eine rauchverzehrende, schwarzbeschirmte Lampe angezündet, und die bereits durch das Holzfeuer gereinigte Luft roch nach der Frische der Nacht. »Werden Sie mir antworten oder wollen Sie erst noch mehr wissen?«, fragte Sir Stephen. – Wenn du einwilligst, sagte René, erkläre ich dir Sir Stephens Neigungen. – »Forderungen«, korrigierte Sir Stephen. Das Schwerste, sagte sich O, war nicht, einzuwilligen, und sie wusste, dass keinem der beiden, sowenig wie ihr selbst, auch nur eine Sekunde der Gedanke kam, sie könne sich weigern. Hätte sie wenigstens die Augen schließen dürfen! Aber nein. Zwei Blicke, denen sie sich nicht entziehen konnte – gar nicht entziehen wollte – hielten den ihren fest. Sie führten O wieder hin zu dem, was sie glaubte, für lange Zeit, vielleicht für immer in Roissy gelassen zu haben. Denn seit ihrer Rückkehr hatte René sich auf die bloße Berührung ihres Körpers beschränkt und niemand hatte von dem Recht Gebrauch gemacht, das ihr Ring, Symbol der Hörigkeit, jedem einräumte, der sein Geheimnis kannte. Sie richtete sich auf, öffnete die obersten Schließen ihrer Tunika bis zum Ansatz der Brüste, als ob das, was sie zu sagen hatte, sie erstickte. Dann stand sie ganz auf. Ihre Knie und Hände zitterten. »Ich gehöre dir«, sagte sie schließlich zu René, »ich werde sein, was du willst, das ich sein soll.« »Nein«, sagte er: »uns; sprich mir nach: Ich gehöre euch, ich werde sein, was ihr wollt, dass ich sein soll.« Sir Stephens harte graue Augen ließen sie nicht los, sowenig wie Renés Augen, in denen sie sich verlor, während sie langsam die Sätze nachsprach, die er ihr vorsagte, und dabei das Ganze, wie bei einer

Grammatikübung, in die erste Person übertrug. »Du erkennst mir und Sir Stephen das Recht zu ...«, sagte René und O wiederholte so klar sie konnte: »Ich erkenne dir und Sir Stephen das Recht zu ...« Das Recht, über ihren Körper zu verfügen, wo immer und wie immer sie wollten. Sie stammelte: »Ich füge mich allem, was ihr wollt.« Senkte den Blick auf ihre Hände, die in ihren Kniekehlen ruhten, gestand dann flüsternd: »Ich möchte wissen, ob ich gepeitscht werde ...« In dem langen Schweigen, das darauf folgte, konnte sie ihre Frage zwanzigmal bereuen. Schließlich sagte Sir Stephens Stimme langsam: »Manchmal.« O hörte dann, wie ein Streichholz angerissen und Gläser aneinander gestoßen wurden: sicher goss einer der beiden Männer sich Whisky nach. Dann stand René auf, neigte sich zu ihr, nahm sie an den Schultern. »Antworte«, sagte er, »bist du einverstanden?« Endlich sagte sie ja. Er zog sie sanft in die Höhe, setzte sich auf das Sofa und ließ sie neben sich knien; vor das Sofa, auf das sie Oberkörper und Kopf legte, mit gebreiteten Armen und geschlossenen Augen. René presste ihr mit einer Hand beide Armgelenke zusammen, während er mit der anderen ihren Rock hob, so hoch, dass sie spürte, wie die plissierte Gaze über ihre Wangen streifte. Er strich ihr über die Lenden und machte Sir Stephen auf die beiden Grübchen aufmerksam und auf die zarte Kerbe zwischen ihren Schenkeln. Dann presste er ihr die gleiche Hand in Taillenhöhe in den Rücken, um die Lenden besser hervortreten zu lassen und befahl ihr, die Knie weiter zu öffnen. Sie gehorchte stumm. Die Art, wie René ihren Körper anpries, die Antworten Sir Stephens lösten in ihr ein so heftiges und unerwartetes Gefühl der Scham aus, dass der Wunsch, Sir Stephen zu gehören, erlosch und sie die Peitsche ersehnte wie eine Erlösung, den

Schmerz und die Schreie wie eine Rechtfertigung. Aber Sir Stephens Hände öffneten ihren Leib, zwängten sich zwischen ihre Lenden, ließen ab, packten wieder zu, immer wieder, bis sie stöhnte, beschämt über ihr Stöhnen und vernichtet. »Ich überlasse dich Sir Stephen, sagte René, bleib, wie du bist, er wird dich wegschicken, wann es ihm passt.« René und Sir Stephen waren weggegangen; sie wartete also allein und reglos, fühlte sich in ihrer Einsamkeit noch ausgesetzter und in der Erwartung noch dirnenhafter, als im Beisein der Männer. Die grau-gelbe Seide des Sofas war glatt unter ihrer Wange, durch das Nylon ihrer Strümpfe spürte sie den hochflorigen Teppich und an ihrem linken Schenkel die Wärme des Kaminfeuers, auf das Sir Stephen noch drei Scheite gelegt hatte, die prasselnd flammten. Eine alte Wanduhr über einer Kommode tickte so leis, dass man sie nur hören konnte, wenn alles still war. Sir Stephen blieb lange aus und O wurde bei dem Gedanken, dass er in einer Minute, in zehn Minuten die Hände auf sie legen würde, die Kehle eng. Aber er kam nicht ganz so, wie sie erwartet hatte. Sie hörte, wie Sir Stephen die Tür wieder öffnete, durchs Zimmer ging. Er blieb einige Zeit mit dem Rücken zum Feuer stehen, sah O an und befahl ihr dann mit sehr leiser Stimme, aufzustehen und sich wieder zu setzen. Überrascht und fast betreten gehorchte sie. Er brachte ihr höflich ein Glas Whisky und eine Zigarette, die sie ebenfalls ablehnte. Sie sah jetzt, dass er einen Morgenrock trug, einen sehr streng geschnittenen Mantel aus grauem Wollstoff, vom gleichen Grau wie sein Haar. Seine Hände waren lang und knochig, die Nägel flach, kurz geschnitten, sehr weiß. Er fing Os Blick auf und sie errötete: diese harten und hartnäckigen Hände, die von ihrem Körper Besitz ergriffen hatten, fürchtete und ersehnte sie jetzt. Aber er kam nicht näher. »Ich möchte, dass Sie sich ganz ausziehen, sagte er. Aber zuerst legen Sie nur die Jacke ab, nicht aufstehen.« O löste die großen, vergoldeten Schließen, streifte das knappe Jäckchen von den Schultern und legte es ans andere Sofaende zu ihrem Pelz, ihren Handschuhen und ihrer Tasche. »Streicheln Sie die Spitzen Ihrer Brüste«, sagte Sir Stephen und fügte hinzu: »Sie müssen eine dunklere Schminke auflegen, die Ihre ist zu hell.« Verblüfft strich O mit den Fingerspitzen über ihre Brustwarzen, die hart wurden und sich aufrichteten und wölbte dann ihre Hände darüber. »Ah nein«, sagte Sir Stephen. Sie zog die Hände zurück und ließ sich gegen die Rückenlehne des Sofas sinken: ihre Brüste waren schwer für den schmalen Oberkörper und spreizten sich sanft zu den Achseln hin. Ihr Nacken ruhte auf der Lehne, ihre Hände lagen rechts und links von ihr. Warum neigte Sir Stephen nicht den Mund über sie, streckte nicht die Hand nach den Spitzen aus, von denen er gewünscht hatte, dass sie sich aufrichteten und die O nun, so reglos sie auch verharrte, bei jedem Atemzug erzittern fühlte. Aber er war näher gekommen, saß schräg auf der Armlehne des Sofas, rührte sie jedoch nicht an. Er rauchte, und O hatte das Gefühl, dass er sie beleidigen wollte durch seine Verachtung, durch sein Schweigen, durch die Nonchalance seiner Haltung. Und doch hatte er sie vorhin begehrt, begehrte er sie jetzt noch, sie sah, wie er sich spannte unter dem weichen Stoff seines Morgenrocks. Warum nahm er sie nicht und wäre es auch nur, um sie zu verletzen? O hasste sich wegen ihres eigenen Begehrens und hasste Sir Stephen wegen seiner Selbstbeherrschung. Sie wollte, dass er sie liebte, das war die Wahrheit; dass er darauf brannte, ihre Lippen zu berühren und ihren Leib zu durchdringen. René hatte sie

Sir Stephen übergeben, aber es war klar, dass er sie mit ihm teilen wollte, nicht um selbst mehr von ihr zu haben, sondern um mit Sir Stephen das zu teilen, was er heute am meisten liebte, so wie die beiden zweifellos in ihrer Jugend eine Reise geteilt hatten, ein Schiff, ein Pferd. Sie selbst war bei dieser Teilung weniger im Spiel als Sir Stephen, jeder würde in ihr das Zeichen des anderen suchen, die Spur, die der andere zurückgelassen hatte. Ohne von der Lehne seines Sessels aufzustehen befahl Sir Stephen ihr, den Rock auszuziehen. Os feuchte Hände glitten an dem Verschluss ab und sie musste mehrmals versuchen, nach ihrem Rock den Unterrock aus schwarzem Taft aufzuhaken. Als sie ganz nackt war – die hochhackigen Lacksandalen und die schwarzen, bis zum Knie heruntergerollten Nylonstrümpfe betonten noch die Schlankheit ihrer Beine und die Weiße ihrer Schenkel – griff Sir Stephen, der ebenfalls aufgestanden war, mit einer Hand in ihren Schoß und schob sie vor das Sofa. Er ließ sie mit dem Rücken zum Sofa hinknien und befahl ihr, die Schenkel leicht zu öffnen, die Schultern anzulehnen, nicht die Taille. Ihre Hände lagen um die Fußgelenke, ihr Schoß war halb geöffnet und über den noch immer drängenden Brüsten war ihr Hals nach hinten gebogen. Sie wagte nicht, Sir Stephen ins Gesicht zu schauen, bemerkte aber, wie seine Hände den Gürtel des Schlafrocks lösten. Er spreizte die Beine, sodass O zwischen ihnen kniete, ergriff ihren Nacken und drang in ihren Mund ein. Er suchte nicht die entlanggleitende Berührung ihrer Lippen, sondern stieß auf den Grund ihrer Kehle vor. O fühlte, wie dieser Knebel aus Fleisch, der sie erstickte und dessen langsame und stete Bewegung ihr Tränen in die Augen trieb, in ihr anschwoll und hart wurde. Um besser in sie eindringen zu können, hatte Sir Stephen sich schließlich so auf das Sofa gekniet, dass ihr Gesicht zwischen seinen Schenkeln war und seine Lenden manchmal Os Brüste berührten, die spürte, wie ihr unnützer und verschmähter Schoß sie verbrannte. Solange Sir Stephen auch in ihr blieb, er genoss seine Lust nicht bis zum Ende, sondern zog sich schweigend aus ihr zurück und stand auf, ohne den Morgenrock wieder zu schließen. »Sie sind lüstern, O, sagte er zu ihr. Sie lieben René, aber Sie sind lüstern. Ist René sich darüber klar, dass Sie allen Männern gehören wollen, die Sie begehren und dass René, wenn er Sie nach Roissy schickt oder anderen ausliefert, Ihnen nur Alibis für Ihre eigene Lüsternheit verschafft? – Ich liebe René, erwiderte O. Sie lieben René, aber sie wollen mir gehören, unter anderen«, fuhr Sir Stephen fort. Ja, sie wollte ihm gehören. Wie aber, wenn René, falls er es erführe, sich ändern würde? Sie konnte nichts anderes tun als schweigen, die Augen senken, allein ein Blick in Sir Stephens Augen wäre einem Geständnis gleichgekommen.

Mit quälender Hartnäckigkeit erschien vor ihr ein Bild, das ihr noch immer Schwindel und Ekel verursachte, das Bild der fünfzehnjährigen Marion, die im Lederfauteuil eines Hotelzimmers lag, ein Bein über der Stuhllehne und den Kopf halb über die andere Lehne hängend. Marion, die sich selbst reizte und dabei stöhnte. Sie hatte ihr erzählt, dass sie das einmal im Büro getan habe, als sie sich allein glaubte und dass der Chef unversehens hereingekommen war und sie überraschte. O erinnerte sich an dieses Büro, ein kahles Zimmer mit hellgrünen Wänden, das von Norden durch staubige Fenster das Tageslicht erhielt. Vor dem Schreibtisch stand ein Besuchersessel. »Bist du weggelaufen? hatte O gefragt. – Nein, hatte Marion geantwortet, er hat mich aufgefordert, es nochmals zu tun, zuvor hatte er die Tür abgeschlossen, mir befohlen, meinen Slip auszuziehen und den Sessel ans Fenster gerückt.« O war voller Bewunderung gewesen für das, was sie Marions Mut nannte, und voll Abscheu, und sie hatte energisch abgelehnt, sich vor Marion zu berühren und geschworen, dass sie das nie, niemals vor den Augen eines anderen tun würde. Marion hatte gelacht und gesagt: »Warte nur, bis dein Geliebter es von dir verlangt.« René hatte es nie von ihr verlangt. Hätte sie gehorcht? Bestimmt, aber mit welcher Angst, in Renés Augen den gleichen Abscheu erwachen zu sehen, den sie vor Marion empfunden hatte. Was absurd war. Und bei Sir Stephen war es noch absurder, denn was machte sie sich aus dem Abscheu Sir Stephens? Nein, sie konnte einfach nicht. Zum dritten Mal flüsterte sie: »Ich kann nicht.«

Lanh Ba

Einladung zur Liebe *

BILANZ mit 17 Jahren: Einen Mann im Bett; ein Heiratsversprechen schwarz auf weiß; genug Geld, um meine eigene Überfahrt in die Vereinigten Staaten zu bezahlen; einen neuen, sauberen Namen (in Saigon kann man alles kaufen); eine Mitgift von meinen Eltern (ein Teil der 500 Dollar, die mein Vater von Don erpresst hatte); neue Garderobe und Reisekoffer; verbesserte Englischkenntnisse (wenn Don mich in Ruhe ließ, las ich); große Loyalität und Liebe zu den Vereinigten Staaten; keine kommunistischen Verwandten (nicht einmal Ho Tschi Minh, weil es zwischen mir und der jungen Prostituierten der Tu-Do-Straße keine Verbindung mehr gab).

All das hatte ich, und noch viel mehr.

Jetzt halten Sie mich wohl für ein glückliches Mädchen. Jetzt glauben Sie wohl, dass alles ganz einfach war?

Sie irren sich schwer!

Bis zur Heirat vergingen Monate (ich zweifle immer noch ein wenig, ob er mich *wirklich* geheiratet hat; vielleicht hat er mich angeschwindelt... doch reden wir später davon). Schuld an der Verzögerung waren ›Vorschriften‹.

Vorschriften, die den Zweck verfolgen, jedem von der Liebe abzuraten. Dem amerikanischen Soldaten zum Beispiel, der schließlich einsieht, dass es besser ist, Junggeselle zu bleiben. Oder dem armen vietnamesischen Mädchen, das schließlich einsieht, dass es besser ist, als Hure zu sterben (oder als Jungfrau).

Formulare, die ausgefüllt werden müssen.

Tausende Fragen, die beantwortet werden sollen.

Ärztliche Untersuchungen.

Verhöre. Demütigungen. Versteckte Anspielungen. Offene Beschimpfungen. Billige Versuche, einen aufs Sofa zu legen, damit sie dem künftigen Gatten Beweise vorlegen können, dass man eine Hure ist und dass es sich nicht lohnt, einen zu heiraten.

Dies und viel mehr. Immer und immer wieder.

Eine Folter.

Bis man am liebsten die Wände hochgehen möchte.

Sie machten fünf Fehler.

Fünf hübsche Jungen versuchten mich zu überreden, mit ihnen ins Bett zu gehen (wahrscheinlich hatte Don sie bezahlt).

Das hätten sie dann dazu benutzt, mich zu erpressen.

Mich? Es ist sehr einfältig, einen Erpresser erpressen zu wollen.

Ich ging nicht in ihre Falle.

Aber ich machte trotz aller Vorsicht einen Fehler (der mich beinahe Erfolg und Karriere kostete).

Ich bin es so gewöhnt, jedermann in meinem Land zu bestechen, dass ich es auch mit einem amerikanischen Offizier versuchte;

Lieber Gott, steh mir bei!

Er war so empört, dass er alle seine Kollegen zusammenrief.

Ein neues Verhör begann.

»Woher haben Sie das Geld?«

»Wer hat es Ihnen gegeben?«

»Wie haben Sie es verdient?«

»Haben Sie noch mehr?«

»Haben Sie je gearbeitet?«

»Was für eine Stellung?«

»Wer kann für Sie bürgen?«

»Wer bezahlt Sie, damit Sie einen Amerikaner heiraten?«

»Haben Sie jemals subversive Ideen verfochten?«

»Sind Sie jemals in China gewesen?«

»Ist Ihr Vater reich?«

»Wovon lebt Ihre Mutter?«

Ich heulte wie ein Springbrunnen.

Ich versuchte mich zu rechtfertigen und schwor hundert Eide, dass ich nur diesen einen Geldschein hatte. (Das Leben ist oft grausam: Wenn man kein Geld hat, ist man nur ein armseliges Stück Scheiße. Wenn man Geld hat, muss man seinen Reichtum verleugnen. Denn sonst glaubt jeder, dass man eine Hure ist.)

Sie ahnten nicht, dass ich einen stählernen Willen habe.

Sie hätten mich bei lebendigem Leib häuten können.

Don würde mein Gatte sein. Ich hatte es schwarz auf weiß. Ich glaube fest an das Schriftliche.

Don hatte natürlich die Idee des Heiratens beim ersten Auftauchen von Problemen fallen gelassen.

Aber ich war hinter ihm her. (Das stimmt eigentlich nicht ganz: *Er* war hinter mir her; körperlich. Ich war nur moralisch hinter ihm her.)

Ich war zäh.

»Sei geduldig, mein Lieber. Es wird schon klappen. Sie werden es niemals schaffen, uns zu trennen. Ich werde dich glücklich machen.«

Er hasste mich.

Erst bot er mir Geld an, soviel Geld, wie ich nur wollte, wenn ich auf die Heirat verzichtete.

»Und die Erpresser? Möchtest du unseren Todfeinden eine Propagandawaffe zuspielen?«

»Hure!«, sagte er, wenn er gut gelaunt war.

Was er sagte, wenn er schlecht gelaunt war, möchte ich gar nicht wiederholen.

Offensichtlich versuchte er, mich zu entmutigen, mir Angst einzujagen. Aber er unterschätzte meine asiatische Widerstandskraft gegen Schmerz und Leid.

Eine Beschimpfung, die mich sehr beleidigte, war seine ständige Beteuerung, dass er ›jüngeres Fleisch, engere Löcher‹ bevorzuge. Das ist eine Beleidigung, die wohl jede Frau treffen würde, glaube ich (egal, ob Asiatin oder nicht).

Eine Beschimpfung, die mir hingegen überhaupt nichts ausmachte, lautete: ›Nie mehr werde ich mit dir schlafen! Nie wieder!‹ Das sollte mir recht sein: Wer braucht schon einen Mann, wenn man einmal einen Gatten hat? (Bitte beachten Sie den Feinsinn dieser Bemerkung und denken Sie darüber nach.)

Endlich fand er etwas, mit dem er mir wirklich Angst einjagen konnte: Krankheit.

Plötzlich zwang er mich, alle Arten von Medikamenten einzunehmen: Antibiotika (50 Millionen Einheiten Penicillin, 100 Gramm Streptomycin); Chlorochinin-Pillen (eine purpurfarbene Anti-Malaria-Droge), Penicillin-Injektionen und ähnliches Zeug.

»Was soll mir denn fehlen?«, fragte ich besorgt.

Er benahm sich sehr geheimnisvoll, was das Ganze nur verschlimmerte. Ich hatte wirklich Angst.

Dann zeigte er mir sein Medikamentenpäckchen zur Vorbeugung gegen Geschlechtskrankheiten.

Ganz hämisch bemerkte er einmal, dass er so viele Freundinnen habe, dass er nicht mehr wisse, welche es gewesen sei ... aber eine von uns hätte ihn mit Syphilis infiziert. Und nun würde er sich rächen, indem er die Krankheit ›uns allen‹ zurückgäbe.

Der Schreck fuhr mir durch alle Glieder.

Ich geriet in Panik.

Aber wenn man Geld hat, kann man mit allen Arten

von Feinden fertig werden: Hunger, Terror und sogar Tod.

Ich ging zum teuersten Doktor in der Stadt (einem Franzosen, wie meine erste große Liebe Pater Raymond).

Sie haben es wahrscheinlich schon erraten: Ich hatte gar nicht Syphilis. Keine Spur.

Um eine lange Geschichte kurz zu machen: Meine Gegner gaben auf. Der Heirat stand nichts mehr im Wege.

Wissen Sie, wie viel wir für unsere Heiratsgenehmigung zahlten? Nur 2.50 Dollar (Amerika ist ein großartiges Land: Man könnte riesige wirtschaftliche Hindernisse aufbauen, um Ausländer zu entmutigen, ein so wichtiges Dokument wie eine Heiratsurkunde zu bekommen; aber man macht es nicht. Ein gutes Zeichen für Macht und Reichtum: Wenn man die moralischen, medizinischen und politischen Hürden bewältigt, kann man für läppische 2.50 Dollar die Gattin eines Amerikaners werden. Sehr demokratisch. Jedermann kann sich das leisten!)

Endlich also heirateten wir!

Hoffe ich.

Ich sage: ›Hoffe ich‹, weil die Zeremonie so einfach war. Viel zu einfach eigentlich.

Ich, meine Mutter und mein Vater im Sonntagsstaat. Don war angezogen wie ein Soldat, der in wenigen Stunden auf dem Schlachtfeld fallen würde (ist die Ehe nicht ein Schlachtfeld?). Zwei gewöhnliche Soldaten in schneidiger Uniform (schneidiger als die Dons). Ein amerikanischer Offizier, der sich als römisch-katholischer Priester ausgab, der aber weder römisch noch priesterlich wirkte. Ich antwortete: »Ja!« (Laut und stolz.) Don antwortete: »Ja.« (Schwach und verzweifelt.) Es war soweit.

Für alle Zeiten, laut römisch-katholischem Gesetz.

Sogar wenn er mich hassen sollte, würde er niemals wieder entkommen.

Auch das Mittagessen war recht einfach.

Ein bisschen Büchsenfleisch, das die beiden Soldaten mitgebracht hatten.

Eine Torte, die mein Vater eilig besorgte.

Eine Flasche französischen Champagner, die ganz überraschend aus der Tasche unseres heiligen Priesters gezaubert wurde. (Ich war dankbar, dass der Champagner französisch war. Er erinnerte mich an Pater Raymond.)

In dieser Nacht hat er mich in Ruhe gelassen.

Bis zwei Uhr morgens dachte ich an meine erste Liebe. An Pater Raymond.

Das Licht brannte immer noch.

Er erwachte und stieß mich aus dem Bett.

Egal. Ich war die Frau eines Amerikaners. Ich war glücklich.

Im Ganzen gesehen bin ich Don dankbar. Schließlich ist er in Gottes Augen mein wahrer und einziger Gatte. Recht oder Unrecht – mein Vaterland (sagen die Engländer). Recht oder Unrecht – mein Gatte (sage ich).

Endlich kam der langersehnte Tag.

Unsere Reise nach San Francisco.

Meiner weinenden Mutter (und dem Strolch, der das Glück hatte, ihr und mir zu begegnen, sodass er heute der ›Vater‹ einer amerikanischen Staatsbürgerin sein darf) hinterließ ich eine Menge Geld.

Zum letzten Mal fuhr ich durch die Tu-Do-Straße.

Schweigend fuhren wir zum Flughafen. (Nach der Hochzeit redete Don kaum noch mit mir.)

›Pan American gibt den ersten Aufruf für den Flug Nr. 2 nach Hongkong bekannte

War es Traum oder Wahrheit?

Wahrheit.

Ich erinnere mich an alle Einzelheiten ... Farben, Namen ... Boeing 707 ...

Meine erste Reise ...

Und jetzt hören Sie einmal gut zu.

Meine katholischen Freunde unter den Lesern sind ja an Wunder gewöhnt. Daher werden sie mir sofort glauben.

Die anderen werden sagen, dass es reiner Zufall war.

Da ist ... ich weiß gar nicht, wie ich anfangen soll, weil es sich so unwahrscheinlich anhört ...

(Einige Leser werden vielleicht meinen, dass ich eine Lügnerin bin. Das passt mir gar nicht. Ich weiß aber, wie das so ist. Denn ich habe zum Beispiel Pasternaks antikommunistischen Roman ›Doktor Schiwago‹ gelesen. Herrliches Buch. Ich lernte eine Menge neuer englischer Wörter, und ich hatte viel Spaß daran. Trotzdem ... etwas fiel mir auf: Alle diese Zufälle. Jeder trifft jeden, wie es gerade zur Handlung passte. Ich meinte daher, Pasternak wäre eine Lügner. Aber jetzt glaube ich ihm. Zufälle sind möglich. Ich habe es selbst herausgefunden.)

Raten Sie einmal, wer im Flugzeug war?

Meine Freundin Libelle (jenes Mädchen, das meinen süßen Pater Raymond im Liebesdienst an meiner zarten Perle abgelöst hat). Glücklich verheiratet mit einem Amerikaner aus San Francisco! Und da saß sie!

Sie können sich unsere Küsse, unsere Aufregung, unsere Freude vorstellen! Beide waren wir sehr gerührt.

Wo wir doch so viel gemeinsam hatten: Eine Vergangenheit, die wir vor unseren Gatten verstecken mussten. Eine Liebe, die wir geteilt und genossen hatten. Einen Traum, den wir nun beide verwirklicht hatten! Beide waren wir mit Amerikanern verheiratet! Beide unterwegs in die Vereinigten Staaten!

Der Flug nach Hongkong ist recht kurz.

So viel schwatzten wir, so sehr waren wir in Erinnerungen versunken, dass wir den Flug gar nicht bemerkten.

Der Flughafen Kai Tak in Hongkong ist noch schöner als der in Saigon. (Ich war weg aus Saigon! Weg aus Vietnam! Herrlich!)

Alle vier stiegen wir im Clover Hotel ab.

Don war feindseliger als je zuvor.

Und zum ersten Mal gestand er mir ganz offen, dass er Knaben mochte. (Er war wieder recht ordinär, mit seiner Schwelgerei vom ›jungen Fleisch und den engen Löchern‹.)

Diesmal ging er sogar so weit, dass er mir sagte, was er vorhatte.

Er kannte den Platz genau: Ein Haus, in dem man ganz junge, unschuldige Kinder kaufen kann (Mädchen und Knaben).

Er ging allein, ohne Libelles Gatten. (Was mir eines beweist: Libelles Gatte war ganz normal.)

Libelle und ich konnten es kaum abwarten, wieder zusammen zu sein.

Es gelang uns auch. Durch ein geschicktes Manöver schob Libelle ihren Gatten ab (in irgend so eine Bar, deren Beschreibung ganz exotisch und anregend klang).

Endlich allein.

Unsere Wiedervereinigung. So viel zu reden, so viel zu schwatzen und zu berichten!

Nachdem sie von Madame gefeuert wurde, arbeitete sie als Taxi-Mädchen in der Tu-Do-Straße.

Dort lernte sie auch ihren Gatten kennen.

Er verliebte sich sofort wahnsinnig in sie.

Er holte sie aus diesem Beruf heraus, mietete eine Wohnung für sie und stellte gleich den Antrag auf eine Heiratsgenehmigung.

Sie hatte dieselben Probleme wie ich.

Ein monatelanger Amtsweg. Fragen, Versuche, sie ins Bett zu locken (dieselben Kerle, die es auch bei mir versucht hatten), ärztliche Untersuchungen, Leumundszeugnisse, politische Unbedenklichkeit, endlose Formulare.

Die gleiche quälende Prozedur.

Aber jetzt war sie glücklich.

Ich erzählte ihr meine Ho-Tschi-Minh-Geschichte. (Sie hatte schon davon gehört: Ich war eine Berühmtheit. Sie war überrascht zu erfahren, dass *ich* dieses Mädchen war.) Ich erzählte ihr von den neunhundert normalen Kunden.

Von den zweiundzwanzig Verrückten. (Das überraschte sie gar nicht.)

Zärtlich schaute sie mich an. Zärtlich schaute ich sie an.

Eine herrliche Wärme zwischen uns beiden.

Sie liebkoste mein Gesicht, ich liebkoste ihr Gesicht...

Ein langes Vorspiel...

Liebevoll, zärtlich, äußerst behutsam.

Genauso, wie meiner Empfindung nach jeder Liebesakt beginnen sollte.

Ein langes Gespräch, vertrauliches Geflüster, sanfte Zärtlichkeit, und dann...

Es war unvermeidbar, dass wir wieder zusammenfanden...

Herrlich wild...

Unvergesslich.

Sie begann mich auszuziehen ... Zärtlich küsste sie meinen Mund.

Ich begann sie auszuziehen. Ihr Körper stand in voller Blüte ... reif, beneidenswert, anbetungswürdig...

Nackt, wir beide ... in Bewunderung unserer Körper.

Jetzt liegt sie auf ihrem Rücken – die Beine leicht geöffnet: eine Einladung zur Liebe.

Mit zärtlich verschleiertem Blick schaut sie mich an.

Sie schiebt ein Kissen unter ihre Hüften.

Wie immer. Einladung zur Liebe.

Seit Monaten war meine Perle trocken. Sie schlief. Untätig. Tot.

Vielleicht auch ihre.

Ich springe auf sie wie ein hungriger Löwe auf seine Beute.

Wie ein hungriger Häftling auf seine erste Mahlzeit.

Wie Romeo nach Jahrhunderten sexueller Enthaltsamkeit auf Julia springen würde.

Das göttliche *soixante-neuf*, das mich mein geliebter Raymond lehrte.

Mund und Nase versenke ich in ihrem wohlriechenden Schoß.

Auf gleiche Weise nimmt sie sich meiner Perle an.

Wie ein elektrischer Schlag.

Furcht erregend, verheerend. Göttlich!

Auf gierige, großzügige, hingebungsvolle Art sauge ich.

Als wäre es mein letzter Liebesakt, mein letztes Abendmahl.

Und je großzügiger, je aktiver, je leidenschaftlicher ich bin, desto mehr ist sie es an mir.

Ich liebe sie, ich liebe ihre Art des Liebens, die mich so sehr an meine erste große, verlorene Liebe erinnert.

Ohne Selbstsüchtigkeit.

Wir geben, geben, geben.

Wir geben so gerne.

Jetzt sind wir müde, ich spüre es schon, aber wir möchten noch nicht aufhören, wir möchten noch nicht den Zauber brechen.

Ihre Nässe wird zur Quelle.

Auch ich spüre meine Nässe überall, als wäre mein Schoß zu einem riesigen Teich süßer, verwirrender Gefühle geworden.

Stunden gehen dahin.

Wir wissen, dass es das letztemal ist. Und in den verzweifelten Abschiedsstunden kosten die Liebenden jede Minute aus.

Unermüdlich. Grenzenlos großzügig.

Ich würde sagen: rührend.

Eine Ewigkeit lang sprachen wir nicht miteinander.

Sterile, nutzlose Worte wurden durch Taten ersetzt.

Erst lag ich auf ihr.

Dann lag ich auf meiner linken Seite – immer noch an ihrer Perle tätig. Sie lag auf ihrer linken (oder war es die rechte? Es ist nicht einfach, im *soixante-neuf* die Seiten zu benennen) – emsig mit meiner Perle beschäftigt.

Ein berauschender, schwindelerregender Himmel.

Dann tauschten wir. Diesmal lag sie auf mir.

Ihre rosafarbene, sanfte, nasse Pussy vor meinen Augen.

Wirklich einladend: Sie will, dass man sie ausfüllt. Sie verlangt, dass man etwas hineinsteckt.

Aber ich stecke nichts hinein (nicht einmal meine Finger); auch sie steckt nichts in mich.

Warum nicht?

Die Gründe sind unbeschreibbar ...

Nein, als Schriftsteller darf man es sich nicht so leicht machen.

Ich muss versuchen, sie zu beschreiben ...

Zunächst meine Gründe:

Sie ist verheiratet. Das bedeutet: ihr Inneres ist Privatbesitz. Ich möchte nichts anrühren, was *er* anrührt. Natürlich ist ein bisschen Eifersucht dabei ... Neid, weil er viel tiefer hinein kann ... weil er die inneren Wände vollständiger berühren kann. Und dann möchte ich auch gar nicht wissen, wie weit sie innen geworden ist, wie sehr sie die Männer verdorben haben.

Und ihre Gründe: Wahrscheinlich dieselben ...

Als ich ihr von meinen neunhundert normalen Kunden erzählte, blitzte etwas in ihren Augen auf ... vielleicht Eifersucht ... ein bisschen Wehmut ...

Auch sie möchte nicht ›herausfinden‹, wie sehr mich die Männer verletzten, indem sie so rücksichtslos meine Pussy missbrauchten.

Erschöpft und glücklich begannen wir zu reden ...

Über ein sehr wichtiges Thema: Meine Ehe.

Ich gestand ihr, dass mir Sex nur Vergnügen

machte, wenn sie (wie einst Pater Raymond) mit meiner Pussy spielte, meine Perle schleckte.

Wenn Männer in mich eindringen, spüre ich nichts.

Oder doch, um genau zu sein: Ich spüre Schmerz, Abscheu, Feindseligkeit.

Ganz gleichgültig wie sanft, rücksichtsvoll, leidenschaftlich oder attraktiv sie auch sein mögen.

Ganz gleichgültig, wie groß auch ihre Glieder sein mögen.

Libelle weiß eine Menge über das Leben, über Sex und über die Zusammenhänge ... Ich vertraue ihr.

Daher hat mich das, was sie mir erzählte, sehr beunruhigt.

Es scheint, dass ...

Es könnte sein, dass ...

Ja: Meine große Liebe Pater Raymond ist vielleicht an meiner gegenwärtigen sexuellen Blockade schuld.

Es scheint nämlich, dass sich die Lust-Nerven (oder wie sie sonst heißen mögen) auf jene Stelle konzentrieren, die man am Anfang bevorzugt hat. Und nur auf jene Stelle. Der Rest der Geschlechtsorgane stirbt allmählich (daran gibt es bei mir keinen Zweifel).

Dennoch war ich skeptisch.

Daher gab sie mir ein anderes Beispiel, das mich überzeugte:

Das Gleiche geschieht mit Knaben, die von Homosexuellen als ›Mädchen‹ benutzt werden. Wenn jemand ihr Loch ein paar Mal gebraucht hat, beginnt ihr Lustgefühl zu wandern und lässt sich dort nieder. Ein solcher Junge wird sein ganzes Leben lang ein passiver Homosexueller sein, weil seine Lust-Nerven nur an jenen Dingen Spaß haben können, die ihnen irgendein Sittenstrolch am Anfang beigebracht hat. (Das klingt logisch. Ich halte diese Erklärung für richtig, weil ich niemals irgendein Vergnügen spüre, wenn etwas in meiner Pussy steckt; dafür spüre ich ein bisschen – aber nur ein kleines, kleines bisschen –, wenn sie in meinem Hintern sind.)

Eine traurige Offenbarung.

Eine traurige Erkenntnis.

Meine große Liebe Pater Raymond ist also für meinen ›Mangel an normaler, sexueller Reaktion‹ verantwortlich.

Er brachte mich auf Abwege.

Ohne es zu wissen. Da bin ich ganz sicher. Niemals würde er bewusst ein solches Verbrechen begehen. Im Gegenteil: Er versuchte ja nur, das Verbrechen des Beischlafs zu vermeiden. Und das zeigt den Edelmut eines Gottesmannes, der es für seine Pflicht hält, den religiösen Geboten gegen den Beischlaf zu gehorchen.

Wenn er daran schuld ist, dass sich mein Körper heute nicht mehr normal verhält, dann verzeihe ich ihm.

Ich verzeihe ihm und liebe ihn noch immer. Ewig.

Der erste Mann im Leben ist der einzige Mann. Die einzige und wahre Liebe.

Das ist das Gesetz der römisch-katholischen Kirche, dem ich gehorche. Mit ganzer Hingabe.

Ein Jammer, dass ich es gerade an diesem Tag herausfinden musste – diesem herrlichen Tag mit Libelle.

Eine bittere Wahrheit …

Anfang schlecht, alles schlecht.

Hubert Selby

Harry und Alberta *

Am nächsten Morgen wollte Mary wissen, wo Harry am vergangenen Abend hingegangen und wo er am Sonnabendabend gewesen sei und ob er heute Abend zu Hause sein würde und ob er dächte, dass dies eine Absteige sei und er kommen und gehen könne, wie es ihm gerade passe; seit Beginn des Streiks benehme er sich, als ob er wunder was wäre und sie habe nicht vor, sich diesen Scheiß länger bieten zu lassen ...

Harry klatschte sich, während sie redete, immer weiter Wasser ins Gesicht und nahm keine Notiz von ihr, als er an ihr vorbei ins Schlafzimmer ging und sich anzog; als er fertig und bereit war zu gehen, sagte er, sie solle ihr verdammtes Maul halten oder sie bekäme eine gewischt. Mary starrte ihn an, entschlossen, diese seine gänzliche Indifferenz nicht länger zu dulden. Sie sah ihm in die Augen und wartete darauf, dass er den Blick senke oder den Kopf abwende und sagte ihm, sie habe nicht vor, sich diesen Scheiß länger bieten zu lassen. Harry stand da und starrte sie immer noch an, doch wurde er sich ihrer Augen, ihrer ganzen Person immer mehr bewusst; es begann in ihm zu flackern und der Wunsch, ihr ins Gesicht zu spucken und das Haus zu verlassen, nahm langsam Gestalt an, in gleichem Maße wie seine Gedanken und seine Unentschlossenheit ihm zum Bewusstsein kamen und er fing fast an sie zu fürchten, als ihre Stimme all dieses in ihn hineinhämmerte. Es war nicht das, was sie sagte – er nahm die einzelnen Worte nicht auf, hörte bloß ein langes durchdringendes Geräusch –, sondern die bloße Bewegung ihrer Lippen und das fast greifbare Geräusch erzeugten ein Etwas, das seinem Zaudern ein Ende setzte. Sie hatte gerade aufgehört zu reden und starrte ihn immer noch an, als er ihr ins Gesicht schlug. Häng dich auf. Mary starrte ihn weiterhin an, mit offenem Mund, und berührte ihre Wange mit den Fingerspitzen. Harry verließ die Wohnung, lächelte sein Lächeln und ging rasch ins Büro, bereit, einen weiteren Streiktag zu beginnen.

Die Männer griffen sich ihre Schilder und gaben Harry ihre Bücher zum Stempeln oder sie füllten eine Tasse mit Kaffee oder ein Glas mit Bier; sie taten all dieses ungewöhnlich schweigsam und mit einer gewissen Resignation. Sie hatten nicht jeden Humor verloren, waren jedoch nicht in Stimmung, Witze zu reißen. Harry fühlte sich in guter Verfassung und frei, war jedoch in sich gekehrt und dachte an *Mary's Bar*, saß ruhig da, nickte und sagte nur gelegentlich etwas, ohne jemand auf die Schulter zu klopfen oder laut zu lachen; er schien die Beklommenheit und den Kleinmut der Männer zu teilen.

Harry ging erst am Freitagabend wieder zu *Mary*. Er füllte wie immer sein Spesenformular aus, sprach mit den Jungs, die wie immer vom Griechen herüberkamen, um Bier zu trinken, blieb, nachdem sie fort waren, noch ein Weilchen im Büro und ging dann zu *Mary*. Er betrat das Lokal ohne zu zögern, stellte sich an die Ecke der Bar und hielt Ausschau nach Ginger, dann bestellte er sich einen Drink. Es war noch voller als neulich und die Musicboxen und die kreischenden Leute machten so viel Lärm, dass er den Barkeeper nicht verstand, als der ihn fragte, ob er Soda in seinen Drink wolle. Er beugte sich über die Bar, um zu verstehen, nickte, dann fuhr er auf einen Pfiff hin herum. Ein hübscher femininer junger Schwuler sah ihn an, lächelte, schüttelte den Kopf und sagte irgendetwas, doch Harry kriegte es in dem Lärm nicht mit. Harry wandte den Kopf ab, sah ihn jedoch hin und wieder aus dem Augenwinkel an. Er stützte sich ein wenig schwerer auf die Bar, ließ den Blick über die Bar und durch den dahinterliegenden Raum wandern, sah Leute vorbeigehen, sah ihre Gesten und warf ab und zu einen Blick auf den jungen Hübschen, der immer noch an derselben Stelle an der Bar stand. Harry versuchte sich vorzustellen, was die Hände dort hinten unter den Tischen taten und was an den Tischen geschah, die er nicht sehen konnte.

Er leerte jedes Glas mit 2 Schlucken, die sich mittlerweile rascher folgten. Ihm war wohl, als der Streik begann. Als er damals auf der Versammlung zu den Männern sprechen musste, war er nervös gewesen, doch hatte das seinem Wohlbefinden keinen Abbruch getan; auch in der Zwischenzeit hatte er sich ein paar Mal sehr wohl gefühlt ... wenn die Jungs vorbeikamen und sie sich unterhalten und getrunken hatten und bei ähnlichen Anlässen und ganz groß hatte er sich gefühlt, als die Laster in die Luft gejagt worden waren, ja ... ja, an jenem Abend war ihm prima zu Mute gewesen und auch am nächsten Tag, als das Bild in der Zeitung erschien ... jawohl, damals wurde ihnen langsam klar, wer er eigentlich war. Sie hatten schon vorher gewusst, dass etwas an ihm dran war, doch so richtig wussten sie es erst nachher. Ja, es war prima, mehr Geld zu haben, auszugeben, wie viel man wollte und bloß zu unterschreiben, genau wie diese Stinker in der Fabrik und diese trübe Tasse von Wilson, der sich einbildete, sie wären was Besonderes mit ihren beschissenen weißen Hemden; er war genauso viel wert wie die und ließ sich nicht für dumm verschleißen und konnte es sich leisten, ein paar Dollars auf den Tresen zu werfen. Sie konnten ihn gernhaben, diese Schinder. Er ließ sich von denen nicht mehr rumschubsen ... ja, und auch Mary konnte ihn gern haben. Schluss mit der ewigen Vögelei ... übrigens, seit der Streik anfing hab ich diesen Traum nicht mehr gehabt.

Wenn noch ein paar Lastwagen in die Luft fliegen werd ich ihn nie mehr haben. Zum Teufel damit. Das is jedenfalls vorbei ... und wenn der Streik eines Tages zu Ende is wird auch alles anders aussehen. Darauf kannstu Gift nehmen – er sah den hübschen Schwulen wieder an und als der den Blick erwiderte, wandte Harry den Kopf nicht ab. Er sah ihn weiterhin an und sein Gesicht entspannte sich ein wenig und verzog sich zu dem bewussten Lächeln, doch dieses Mal glich es fast einem wirklichen Lächeln und der Hübsche lächelte und kniff ein Auge zu – ja, seit Streikbeginn sah alles freundlicher aus. Er hätte für sein Leben gern gesehen, wie diesen großkotzigen Scheißkerlen und Schindern Wilson und Harrington der Angstschweiß ausbrach. Sicher hatten sie die Hosen gestrichen voll, als die Laster in die Luft flogen. Und Harrington weiß, was ihm blüht, wenn er mich weiter so piesackt – der Hübsche stand neben ihm. Harry lächelte zu ihm hinunter. Sie wand sich kokett. Darf ich Ihnen was bestellen? Jaa. Harry spülte den Rest seines Drinks herunter und sie bestellte einen neuen für ihn. Harry war etwas unsicher auf den Beinen. Ich bin wohin bisschen betrunken. Hab schon ziemlich viel gekippt. Sie sehen aus wie ein Mann, der jede Menge harte Sachen verträgt, sie streifte seinen Arm und rückte näher. Ich hab sicher schon n ganzen Liter intus, abgesehen von dem, was ich am Nachmittag getrunken habe, er hielt sich an der Kante der Theke fest und bog den Arm ein wenig ab, damit die Muskeln sich spannten. Ist dies Lokal nicht himmlisch? Ja, er bemühte sich gerade zu stehen und dadurch größer zu wirken. Ich *liebe* Männer, die hart arbeiten, ich meine mit den Händen. Ja, ich hasse Tintenkulis. Ich bin Dreher. Qualifizierter Facharbeiter. Aber eigentlich arbeite ich für die Gewerkschaft. Oh, Gewerkschaftsfunktionär sind Sie auch, sie lächelte. Bei all ihren Freiern und sonstigen Kerlen war es das Gleiche. Alle waren sie irgendwas Besseres. Ja, ich hab in der Gewerkschaft ziemlich viel zu sagen. Ich kümmere mich um den Streik. Oh, das muss sehr interessant sein, sie hatte nichts gegen diese Art der Konversation, wenn sie bloß nicht zu lange anhielt. Es ist doch ziemlich voll und laut hier, nicht, sie lächelte und legte anmutig den Kopf zurück. Jaa, es gefällt mir aber trotzdem ganz gut. Hätten Sie etwas dagegen fortzugehen? Wir könnten zu mir gehen und dort in Ruhe noch etwas trinken. Harry starrte einen Augenblick vor sich hin, dann nickte er.

In der Wohnung angekommen, ließ Harry sich auf die Couch fallen. Er spürte, dass er betrunken war. Alles war in Ordnung. Ich heiße Alberta, sie reichte ihm ein Glas. Und du? Harry. Sie setzte sich neben ihn. Warum ziehst du dein Hemd nicht aus. Es ist ziemlich warm hier. Ja, klar, er mühte sich mit den Knöpfen ab. Ich helf dir, sie beugte sich über ihn, knöpfte langsam sein Hemd auf, hob den Kopf und sah Harry an, zog sein Hemd aus der Hose, streifte es ihm von Schultern und Armen und ließ es hinter die Couch fallen. Während sie sein Hemd aufknöpfte, sah Harry sie an und spürte den leichten Druck ihrer Finger. Er dachte flüchtig an die Jungs und was sie wohl sagen würden, wenn sie ihn jetzt sähen, doch der Gedanke löste sich im Alkohol auf, bevor er Gestalt annehmen konnte und er schloss die Augen und genoss Albertas Nähe.

Sie blieb neben ihm sitzen, legte die eine Hand leicht auf seine Schulter, sah ihn an, ließ die Hand über die Schulter zu seinem Hals gleiten und versuchte, seinem Gesichts- und Augenausdruck irgendeine Reaktion zu entnehmen; sie fühlte sich Harry gegenüber ein wenig unsicher; sie wusste nicht genau, wie er reagieren würde. Gewöhnlich wusste sie, wie die Kerle sich verhalten würden, ehe sie etwas mit ihnen anfing, doch bei Harry wusste sie es nicht genau; etwas Sonderbares stand in seinen Augen. Sie glaubte zu wissen, was sich dahinter verbarg, war jedoch lieber ein wenig zurückhaltend als allzu draufgängerisch. Dazu kam, dass dieses hier aufregend war. Gelegentlich musste sie sich einfach einen Kerl suchen, der gefährlich aussah und ihn mit nach Hause nehmen, doch während sie seinen Hals und Rücken liebkoste und ihm dabei in die Augen sah, ging ihr langsam auf, dass sie Harry nicht zu fürchten brauchte, ebenso wie sie verstand, dass dies hier eine neue Erfahrung für Harry bedeutete. Sein verwunderter, erwartungsvoller Gesichtsausdruck erregte sie. Sie hatte sich einen Novizen eingefangen. Es prickelte in ihr. Sie strich mit der anderen flachen Hand über seine Brust. Deine Brust ist so breit und behaart, ihre Zungenspitze erschien zwischen den Lippen; sie strich ihm leicht über den pickligen und vernarbten Rücken. Du bist so stark, sie rückte näher heran und berührte seinen Hals mit den Lippen, ihre Hand glitt von seiner Brust zum Bauch, zum Gürtel, zum Reißverschluss, ihr Mund vom Hals zur Brust, dann zum Bauch. Harry hob den Oberkörper ein wenig, als sie an seiner Hose zerrte, ließ sich wieder zurückfallen und spannte sich erneut, als sie seine Schenkel küsste und sein Glied in den Mund nahm. Harry stemmte sich gegen das Kopfende der Couch und wand sich vor Lust; er schrie fast vor Lust bei der Vorstellung, dass seine Frau von einem Riesenschwanz entzweigerissen wurde, der sich in einen dicken, mit Stacheldraht umwundenen Pfahl verwandelte, dann sah er sich ihr seine Faust ins Gesicht schlagen und lachen und sie anspucken und zuschlagen, bis das Gesicht nur noch ein undeutlicher Fleck war, aus dem es hervorsickerte, dann wurde sie zu einem alten Mann und er hörte auf zu schlagen und dann war es wieder Mary oder doch eine Frau, die fast so aussah wie Mary und sie brüllte, als ihr ein weiß glühender Schwanz mit Gewalt in die Möse gestoßen und dann langsam herausgezogen wurde, herausgezogen mitsamt ihren Gedärmen und Harry saß da und sah zu, lachte sein Lachen und stöhnte, stöhnte vor Lust und dann hörte er das Stöhnen, hörte es nicht bloß von innen her, sondern es drang von außen in seine Ohren und er öffnete die Augen und sah Albertas Kopf sich heftig bewegen und Harry ächzte und wand sich in Verzückung.

Alberta hielt ihren Kopf viele Minuten lang still, ehe sie aufstand und ins Badezimmer ging. Harry sah sie fortgehen und richtete den Blick dann auf sein Glied, das halbsteif zwischen seinen Beinen hing. Er war wie hypnotisiert davon und starrte es einen Augenblick an; er wusste, dass es ihm gehörte und erkannte es doch nicht wieder, als habe er es nie zuvor gesehen, obwohl er zugleich wusste, dass es ihm bekannt war. Wie oft hatte er es in der Hand gehabt, wenn er pisste; warum erschien es ihm nun so unbekannt? Warum faszinierte es ihn plötzlich in dieser Weise? Er blinzelte und hörte im Badezimmer das Wasser laufen. Wiederum sah er seinen Penis an und die Fremdheit schwand. Er überlegte flüchtig, woran er einen Augenblick zuvor gedacht hatte, konnte sich jedoch nicht daran erinnern. Er fühlte sich wohl. Er sah zum Badezimmer hinüber und wartete darauf, Albertas Gesicht zu sehen.

Ihr Gesicht glänzte wächsern und ihr langes Haar war sorgfältig gekämmt. Sie tänzelte auf ihn zu und lächelte. Sie lachte in sich hinein, über Harrys erstaunten Blick, als er bemerkte, dass sie bloß ein Spitzenhöschen anhatte. Sie füllte die Gläser und setzte sich neben ihn. Harry nahm einen Schluck aus seinem Glas und berührte ihr Höschen. Gefallen sie dir? Harrys Hand fuhr zurück. Er spürte Albertas Hand auf seinem Nacken. Sie führte seine Hand behutsam zu ihrem Bein. Sie sind wunderbar. Sie sind so weich, sie hielt seine Hand auf ihrem Bein fest und küsste seinen Hals, seinen Mund, ließ ihre Zunge in seinen Mund gleiten, suchte nach der seinen und spürte die Unterseite seiner Zunge, da er sie zurückgeschlagen hatte, liebkoste die Zungenwurzel mit ihrer Zunge, während Harrys Zunge sich langsam streckte und sich mit der ihren verband; seine Hand griff nach ihrem Glied; Alberta schob seine Hand fort und zurück auf ihr Bein, während sie ihren Speichel von der Zungenspitze auf Harrys Zunge tropfen ließ; sie wand sich, als er ihr Bein fest umfasste und spürte fast, wie die Speicheltropfen von seinem Mund aufgesaugt wurden, spürte, wie seine Zunge sich gewaltsam in ihren Mund drängte, als wolle er sie ersticken; sie sog an seiner Zunge und ließ darauf ihn an der ihren saugen, warf den Kopf, wie er, von der einen Seite auf die andere und ließ ihre Hand über seinen massigen Rücken gleiten. Dann legte sie den Kopf langsam zurück, fort von dem seinen. Wir wollen ins Schlafzimmer gehen, Schätzchen. Harry zog sie an sich und sog an ihren Lippen. Sie löste langsam ihren Mund von dem seinen und zog ihn am Nacken hoch. Wir wollen ins Bett gehen, sie erhob sich langsam, die Hand mit leichtem Druck an seinem Nacken. Harry stand auf und torkelte ein wenig. Alberta sah hinunter und lachte. Du hast immer noch Schuhe und Strümpfe an. Harry blinzelte. Er stand mit gespreizten Beinen und steifem Glied da, nackt bis auf seine schwarzen Socken und Schuhe. Alberta kicherte, dann streifte sie ihm Schuhe und Strümpfe von den Füßen. Komm Süßer. Sie packte ihn bei seinem Pint und führte ihn ins Schlafzimmer.

Harry ließ sich aufs Bett fallen, warf sich herum und küsste sie, ihren Mund verfehlend, aufs Kinn. Sie lachte und wies ihm den Weg zu ihrem Mund. Er puffte sie in die Seite, was Alberta zunächst verwirrte und sie bemühte sich zu verstehen, was er vorhatte; dann wurde ihr klar, dass er versuchte, sie umzudrehen. Wieder kicherte sie. Dummchen. Du hast wohl noch nie n Schwulen gebumst wie? Harry brummte irgendwas, puffte immer noch an ihr herum und küsste sie auf Hals und Brust. Wir machens genau wie die anderen, Süßer, sie war zunächst ein wenig irritiert, genoss jedoch dann aufs neue den Reiz, einen Neuling vor sich zu haben. Bleib ruhig liegen, sie drehte sich auf die Seite, küsste ihn und flüsterte ihm etwas ins Ohr. Als sie ihre Vorbereitungen beendet hatte, drehte sie sich wieder auf den Rücken, Harry rollte sich über sie und sie bewegte sich, Beine und Arme um ihn geschlungen, im gleichen Rhythmus mit Harry, warf sich hin und her, wand sich und stöhnte.

Harry stieß zu, jedoch, nach einem Blick auf Alberta, verlangsamte er seine Bewegungen, sodass sie noch erregender wurden. Er war sich seiner Bewegungen, seiner Erregung und seiner Lust völlig bewusst und wünschte, all das nähme kein Ende und obwohl er vor Wollust die Kiefer aufeinander presste, sie in den Rücken kniff und in den Hals biss, fühlte er sich eher entspannt und gelockert; seine Anspannung und die krampfartigen Zuckungen entsprangen seiner Lust und dem Wunsch, dort zu sein, wo er war und zu tun, was er tat. Er hörte, wie ihrer beider Stöhnen sich miteinander vermischte, spürte sie unter sich, spürte ihr Fleisch in seinem Mund; da war viel Fassbares und doch blieb ein Rest von Verwirrtheit, die der Unerfahrenheit entsprang, der plötzlichen, überwältigenden Sensation eines Genusses, den er nie kennen gelernt, eines Genusses, dessen erregende Zartheit er nie erfahren hatte – er wollte dieses Fleisch, das er in Händen hielt, packen und pressen, wollte hineinbeißen, jedoch ohne den Wunsch, es zu zerstören; er wollte, dass es da sei, wollte zu ihm zurückkehren können. Harry fuhr fort, sich im gleichen, Befriedigung verheißenden Rhythmus zu bewegen, fuhr fort, sein Stöhnen durch den Wirbel von Verwirrung hindurch mit dem ihren zu vermengen; die ungekannten Empfindungen, die in seinem Hirn eine aus der anderen entsprangen, verwirrten ihn, lenkten ihn jedoch weder ab noch störten sie ihn; er konzentrierte sich völlig auf den Genuss und überließ sich ihm wie vorher Alberta. Als er aufhörte sich zu bewegen, lag er einen Augenblick still und hörte ihrer beider schweres Atmen, dann küsste er sie und liebkoste ihre Arme, worauf er sich langsam und sachte von ihr herunter aufs Bett gleiten ließ und bald schlief. Harry war glücklich.

Als Harry erwachte, öffnete er nicht sogleich die Augen, sondern lag da und grübelte, dann riss er die Augen auf, drehte sich um und sah Alberta an. Harry setzte sich auf. Der ganze vergangene Abend drängte sich gewaltsam in sein Hirn und seine Augen umwölkten sich in furchtbarer Angst und Verwirrung. Für einen kurzen Augenblick suchte er Deckung hinter dem Alkohol und den sich überschneidenden Bildern, die er vor sich sah, bevor sie zerfielen. Dann ließ er sich aufs Bett zurückfallen und schlief wieder ein. Als er später wieder erwachte, hatte er nicht mehr den Wunsch zu fliehen. Die beängstigende Klarheit, die er im Augenblick des ersten Erwachens verspürt hatte, ging in Harrys üblichen wirren Gedankengängen auf und er war nun im Stande, Alberta anzusehen, sich der Nacht auf allgemeine vage Weise zu erinnern und ohne Angst da zu sein – obwohl er immer noch die Folgen fürchtete, falls jemand dahinter kam –; das Glücksgefühl deckte die Verwirrtheit und die Ängste zu.

Doch eben dieses Glücksgefühl war es, das Harry, mehr als irgendetwas anderes, in dem Augenblick beunruhigte, als er sich im Bett aufsetzte, Alberta ansah und mit Vergnügen an die vergangene Nacht dachte. Er wusste, dass ihm wohl war, und doch konnte er dieses Gefühl nicht genau definieren. Er konnte nicht sagen: Ich bin glücklich. Es gab in seinem Leben nichts, womit er dieses Gefühl hätte vergleichen können. Ihm war wohl, wenn er Wilson Bescheid stieß, ihm war wohl, wenn er mit den Jungs zusammen trank; bei diesen Gelegenheiten hatte er sich gesagt er sei glücklich, doch sein jetziges Gefühl ging soweit darüber hinaus, dass es ihm unverständlich wurde. Er begriff nicht, dass er nie zuvor glücklich, so glücklich gewesen war.

Er sah Alberta wieder an, stieg aus dem Bett und goss sich einen Drink ein. Zu vieles begann auf ihn einzustürmen. Er konnte es nicht darauf ankommen lassen, nüchtern dazusitzen und den Gedanken zu gestatten, dass sie, aller Bande ledig, Besitz von ihm ergriffen. Er steckte sich eine Zigarette an, trank das Glas, so rasch es ging, leer und füllte es wieder. Diesmal trank er ein wenig langsamer, ging darauf ins Schlafzimmer zurück und setzte sich mit seinem 3. Drink auf den Bettrand.

Er wollte Alberta gern wecken. Er wollte nicht allein und verwundbar dasitzen, er wollte mit ihr reden, wusste jedoch nicht, ob er ihren Namen rufen oder sie schütteln oder vielleicht bloß auf dem Bett auf und nieder hopsen sollte. Er nahm einen Schluck aus dem Glas, einen Zug aus der Zigarette, dann drückte er die Zigarette aus und ließ den Aschbecher auf dem Tisch klappern. Alberta bewegte sich und Harry wandte rasch den Kopf ab, damit er sie nicht ansah und gähnte laut. Alberta drehte sich um und murmelte irgendwas und Harry wandte sich ihr rasch zu, wobei er dem Bett vorsätzlich einen Stoß gab, was sagtest du? Alberta murmelte wieder etwas und öffnete die Augen. Harry lächelte sein Lächeln und trank noch einen. Ein neuer Tag hatte begonnen.

Es dauerte geraume Weile, bis Alberta wirklich wach war, obwohl sie aufstand, sich wusch und ihre gewohnten morgendlichen Verrichtungen vornahm und so brauchte es seine Zeit, bis sie aufnahm, was Harry sagte und sich der Tatsache bewusst wurde, dass er immerzu hinter ihr her ging. Er kam ihr körperlich nicht nahe, folgte ihr jedoch dauernd in gewissem Abstand und sobald sie sich umdrehte, war Harry da und lächelte sein Lächeln. Während sie Kaffee tranken, war das erste Wort, das sie wirklich hörte, *Streik* und obwohl sie immer noch nicht wach genug war, um jedes Wort zu verstehen, verstand sie doch so viel, dass er ihr erzählte, wie er einen Streik leite oder so was Ähnliches und dass irgendjemand ihn am Arsch lecken könne. Sie hoffte, er würde damit aufhören oder weniger aufgeregt reden oder dass sie die Energie aufbrächte, irgendetwas zu sagen, das zumindest das Thema änderte, doch nach einigen weiteren Drinks beruhigte Harry sich und sie genossen gegenseitig ihr Beisammensein. Am Nachmittag gingen sie ins Kino, danach essen und dann saßen sie einige Stunden in einem Lokal. Als sie nach Hause kamen, schliefen sie miteinander, dann saßen sie und tranken und hörten Musik. Alberta fand Harry unterhaltend und war gern mit ihm zusammen, solange er nicht versuchte, sie davon zu überzeugen, dass er ein großes Tier sei – obwohl sie nichts dagegen hatte, dass er mit Geld um sich warf oder ein Taxi nahm, wenn sie bloß ein paar Blocks weit zu gehen hatten – und wenn er damit anfing, gab sie dem Gespräch eine andere Richtung; auch gefiel es ihr, wie Harry sie küsste. Nicht dass er besser geküsst hätte oder weniger launisch gewesen wäre als die anderen, doch sie spürte seine Erregung über das ungewohnte Erlebnis. Sie saßen stundenlang auf der Couch, hörten mit halbem Ohr auf die Radiomusik, hielten sich an der Hand und küssten sich. Alberta lehnte ihren Kopf mit halbgeschlossenen Augen an Harrys Schulter, summte vor sich hin und hob den Kopf von Zeit zu Zeit, um Harry anzusehen. Harry lächelte sein Lächeln, das jetzt ein wenig weicher schien und selbst seine Augen zeigten einen Schimmer von Zärtlichkeit. Er berührte leise ihr Haar und seine Hand umfasste ihre Schulter mit leichtem Druck. Sie sprachen wenig und wenn, dann leise, wobei Harrys Stimme sogar etwas von Ihrer Rohheit verlor. So saßen sie stundenlang aneinander gekuschelt da, Alberta wippte mit dem Fuß im Takt zur Musik; Harry genoss es, sie im Arm zu haben und ihre Nähe zu spüren. Als Alberta ihn fragte, ob er Lust habe, zu Bett zu gehen, nickte er; sie standen auf und gingen, sich nach wie vor an der Hand haltend, langsam ins Schlafzimmer.

Als Harry Alberta am Sonntagnachmittag verließ, war er wie betäubt. Er hatte nicht vorgehabt fortzugehen. Wenn sie ihm nicht gesagt hätte, sie müsse an diesem Nachmittag einen Besuch machen und es sei besser, wenn er jetzt ginge, wäre er geblieben, ohne jedes Zeitgefühl, und ohne daran zu denken, dass morgen Montag war und er Gewerkschaftsbücher abzustempeln hatte. Er entsann sich des Wochenendes und all dessen, was geschehen war, konnte es jedoch nicht fassen, dass jetzt schon Sonntag sein sollte. Die Zeit konnte einfach nicht so rasch vergangen sein. Das Holpern des Taxis und der Straßenlärm zwangen ihm die Wirklichkeit auf und er wusste, dass er nach Brooklyn zurückfuhr. Er hatte sie fragen wollen, ob er sie wiedersehen könne, hatte jedoch nicht gewusst, wie; sein Mund blieb stumm, ja, die Worte hatten nicht einmal in seinem Kopf feste Gestalt angenommen. Er hatte sich sehr darum bemüht, die Frage zu formulieren und sie auch auszusprechen, doch dann war die Tür geschlossen und er ging die Straße hinunter und jetzt war er auf dem Weg nach Brooklyn. Wen wollte sie besuchen? Wahrscheinlich würde er sie bei *Mary* treffen. Er würde wieder dort hingehen.

Er ging nicht direkt nach Hause, sondern zunächst für einige Stunden in ein Lokal. Als er heimkam, saß Mary vor dem Bildschirm. Er sagte nichts, entkleidete sich und ging zu Bett, rauchte und dachte an Alberta und immer wieder an den letzten Kuss in der Tür. Bevor er einschlief, erwachte das Kind und begann zu schreien und endlich kam Mary herein und sprach mit ihm und machte sich mit seinem Bettchen zu schaffen. Der Klang ihrer Stimmen kam wie aus einem Traum und störte weder seine Gedanken noch die Erinnerung an den Kuss.

Jacqueline Susann

*Das Wochenende
in West Hampton* *

Wie zwei Schulmädchen, die sich auf einen Ausflug freuen, kamen sie fünf Minuten nach sieben vor dem Plaza an. Als sie das Foyer betraten, blieb January plötzlich wie angewurzelt stehen. So viele Erinnerungen stürmten auf sie ein. Linda zog sie weiter zum Fahrstuhl. »Beweg dich. Sonst kommen wir zu spät.«

»Linda, ich bin seit –«

»January ... das ist keine Reise in die Vergangenheit. Wach auf! Tom Colt ... Hugh Robertson ... na, bist du wieder da?« Sie zerrte January in den Fahrstuhl.

Hugh Robertson empfing sie an der Tür. January erkannte ihn nach Fotos, die sie von ihm gesehen hatte. Er stellte sich vor und bat sie, einzutreten. »Tom ist im Schlafzimmer und telefoniert mit seinem Agenten in München wegen der Auslandsrechte. Ich soll Ihnen inzwischen etwas zu trinken geben. Ich brauche Sie nicht erst zu fragen, was Sie haben wollen, denn anscheinend ist nur Jack Daniels vorrätig.«

Linda nahm einen Drink, aber January lehnte dankend ab. Sie ging zum Fenster. Es war unglaublich ... Tom Colt in *diesem* Appartement – das Gleiche, das Mike früher das ganze Jahr über gemietet hatte. Vor den Fenstern stand noch der gleiche Tisch. Sie strich leicht mit der Hand darüber, fast als ob sie erwartete, dass irgendeine Vision sich materialisierte. Wie oft hatte sie hier gesessen und beobachtet, wie er telefonierte und Anweisungen gab. Manchmal hatten alle Telefone gleichzeitig geklingelt. Sie wandte sich ab. Und wie von einer Geisterhand berührt, läuteten plötzlich alle Telefonapparate auf einmal, und Tom Colt kam ins Zimmer und sagte: »Zum Teufel damit ... sollen sie ruhig klingeln, ... heute ist Samstag, und kein Mensch kann mich zwingen zu arbeiten.« Dann trat er auf sie zu und nahm ihre Hände in die seinen. »Hallo, Prinzessin. Haben Sie den gestrigen Abend gut überstanden?«

»Ja.« Sie fühlte sich plötzlich gehemmt und unsicher, als sie ihn beobachtete, wie er zu Linda ging, um sie zu begrüßen.

Sie gingen ins 21. Tom trank in vernünftigen Grenzen. Als er merkte, dass January den Bourbon, den er für sie bestellt hatte, nicht anrührte, ließ er die Weinkarte kommen. »Weißwein, möchte ich wetten. Stimmt's?«

»Aber gestern Abend haben Sie doch gesagt –«, begann Linda.

»Jetzt ist heute Abend«, sagte Tom. »Ich sage jeden Abend etwas anderes.«

Es war ein gemütlicher Abend, aber January brachte es plötzlich nicht fertig, sich mit Tom zu unterhalten. Sie überlegte jeden Satz, bevor sie ihn aussprach, formte ihn in Gedanken um, und dann war der geeignete Moment vorbei, und sie sagte gar nichts. Sie kam sich wie eine Idiotin vor. Linda schwatzte unbefangen drauflos, erzählte über ihre ersten Jahre bei *Gloss* und über das Wunder, das sie bewerkstelligt hatte. January versuchte an etwas zu denken, das sie sagen könnte. Warum war sie plötzlich so schüchtern und wich jedes Mal seinem Blick aus? Vielleicht sollte sie ihm sagen, wie sehr ihr sein Buch gefallen hatte. Wie sollte sie sich am besten ausdrücken – »Mr. Colt, ich glaube...« Nein. »Tom, ich war von Ihrem Buch hingerissen...« Nein, das klang albern. »Tom, Ihr Buch *muss* Nummer eins auf der Bestsellerliste werden...« Zu anmaßend. Wer war sie schon, dass sie ihm sagen sollte, wie es beim Publikum ankommen würde? Wie wäre es mit...

»Übrigens, Tom«, sagte Linda, »Sie müssen unbedingt mein Exemplar Ihres Buches signieren. Es ist einfach sensationell.«

(Damit war das Buch als Aufhänger für eine Unterhaltung erledigt.)

Tom versprach, für sie beide je ein Exemplar bei Doubleday zu besorgen. »Die haben auch abends geöffnet. Ich freue mich, dass es Ihnen gefällt. Der Verlag hat mir mitgeteilt, dass es nächste Woche auf der Liste der *New York Times* auf dem sechsten Platz erscheint. In Wirklichkeit ist es nicht halb so gut wie einige meiner früheren Bücher, die Ladenhüter waren. Aber es ist verkaufsgerecht – und heute zählt nur das.«

January beobachtete Tom unauffällig. Sein Gesicht wirkte so gesammelt und beherrscht, als ob es in Stein gehauen sei. Und doch fühlte sie, dass er etwas Verwundbares an sich hatte, ein Charakterzug, der Mike völlig fehlte. Mike war immer ein Gewinner. Wenn man Mike ansah, wusste man instinktiv, dass niemand und nichts ihn jemals verletzen könnte. Aber bei Tom hatte man trotz seiner äußeren Härte seltsamerweise das Gefühl, dass er verwundet worden war. Tom war nicht so stark wie Mike. Und doch war er in mancher Hinsicht vielleicht sogar stärker. Er gab zu, dass ein paar seiner besten Bücher – die letzten vier – Misserfolge gewesen waren, trotzdem hatte er sich hingesetzt und ein neues geschrieben. Mike hatte aufgegeben, weil er überzeugt war, dass die Würfel kalt geworden waren. Offensichtlich glaubte Tom Colt nicht an Würfel.

»Sind Sie ein Spieler?«, fragte sie plötzlich.

Beide Männer hörten zu sprechen auf und blickten sie an. Sie wäre am liebsten unter den Tisch gekrochen. Die Frage war ihr einfach herausgerutscht. Tom starrte sie eine Sekunde lang an, dann sagte er: »Nur wenn die Chancen für mich günstig sind. Warum?«

»Ach, nur so. Ich ... Sie erinnern mich an jeman-den.«

»Eine längst verflossene Liebe?«, fragte Tom.

»Ja ... ihr Vater!«, sagte Linda bissig.

Tom lachte. »Das ist ein ganz schöner Dämpfer für jeden Mann. Und wenn er noch Ende fünfzig ist und sich einbildet, er könne zwei schöne junge Mädchen unterhalten, dann sollte er in die Wirklichkeit zurück-gebracht werden.«

»Sie können unmöglich schon Ende fünfzig sein«, sagte Linda.

»Versuchen Sie ja nicht, mir zu schmeicheln«, sagte Tom lächelnd. »Jawohl, ich bin siebenundfünfzig – ein paar Jahre älter als Mike Wayne. Stimmt's, January? Und Sie, Hugh, sind jung genug, um zu wissen, dass wir die beiden Damen mit all unserem Gerede gelang-weilt haben.«

»Ich habe mich nicht im geringsten gelangweilt«, widersprach Linda. »Es war faszinierend.«

Sie verließen das 21. gegen elf Uhr. Die Nacht war klar, und es ging nur ein schwacher Wind. »Bringen wir die Mädchen zu Fuß nach Hause«, sagte Tom. »Sie teilen sich in eine Bude.«

»Wir wohnen zwar im gleichen Haus, aber jede hat ihre eigene Wohnung«, sagte Linda betont.

Tom schickte den Wagen weg, und sie gingen zu Doubleday. Alle Verkäufer begrüßten ihn, und er kaufte Bücher für January und Linda, schrieb seinen Namen hinein und gab unwillig ein paar andere Auto-gramme für das Geschäft, dann machte er, dass er wegkam. Sie gingen in östlicher Richtung weiter. Linda versuchte es so einzurichten, dass January und Hugh vorangingen, während sie sich fest bei Tom ein-gehakt hatte, aber er unterhielt sich ständig mit Hugh, und wann immer es möglich war, gingen alle vier nebeneinander. Dann wurde der Bürgersteig schmaler, und sie mussten paarweise hintereinander gehen. Linda und Tom gingen voran. January sah, dass er Lindas Hand hielt. Plötzlich wurde ihr bewusst, dass Hugh sie etwas gefragt hatte.

»O Verzeihung ... ich habe Sie nicht gehört«, sagte sie. »Das Taxi da hat soviel Lärm gemacht ... ich ...«

Er lächelte. »Ärgern Sie sich nicht über Ihre Freundin. Tom ist verheiratet ... und Sie scheinen mir nicht der richtige Typ für eine schnelle Affäre zu sein.«

»Ich bin nicht verärgert. Wie kommen Sie darauf?«

»Das schließe ich aus der Art und Weise, wie Sie auf die Hände der beiden gestarrt haben, während ich zu Ihnen sprach.«

»Ehrlich gesagt ... ich glaube, ich habe mit offenen Augen geträumt. Das ist eine schlechte Angewohnheit von mir.«

»Wir sind beide ungeeignete Objekte für eine Liebelei ... ich und Tom. Ich habe meine Sterne und das Meer ... und Tom hat seine junge Frau und das Baby. Er hat noch nie ein eigenes Kind gehabt ... Verstehen Sie? Vier Ehen und dann mit siebenundfünfzig das erste Kind. Wenn Ihre Freundin also irgendwelche ernsteren Absichten hat, die über –«

»Nein, Linda kennt die Spielregeln.«

»Es passt gar nicht zu Ihnen, so darüber zu sprechen.«

»Woher wollen Sie wissen, was zu mir passt oder nicht?«

»Weil ich weiß, wer Sie sind und was Sie sind. Ebenso wie ich weiß, was Linda ist. Tom landet immer bei den Lindas. Zwei von dieser Sorte hat er sogar geheiratet. Und wissen Sie, warum? Weil er nie hinter einem Mädchen her ist. Er ist ein fauler Kerl – er

nimmt nur die, die hinter ihm her sind. Das ist bequemer. Außerdem glaube ich nicht, dass er fähig ist,
jemanden zu lieben ... außer vielleicht die Menschen,
die er sich in seinen Büchern ausdenkt. Für ihn ist es
also immer das Mädchen, das ihn wählt. Aber jetzt hat
er einen Sohn ... er wird für immer bei seiner neuen
jungen Frau bleiben.«

»Wie ist sie denn?«

»Bildschön ... rothaarig ... hat sich ein paar Jahre
lang als Filmschauspielerin versucht, kam aber nie
über Nebenrollen hinaus. Aber sie war hübsch. Und
eines Tages lernte sie Tom kennen ... machte sich an
ihn heran ... gab ihren Beruf auf und schenkte ihm
einen Sohn.«

»Wie hieß sie früher ... ich meine, als Schauspielerin?«

Er blieb stehen und sah sie ernst an. »January«,
sagte er sanft, »wollen Sie einen guten Rat hören?
Überlassen Sie ihn den Lindas. Sie würden nur Schaden nehmen.«

Mehr hörte January nicht. Sie ging schnurstracks
zum Lift und fuhr nach oben. Ihre Gefühle waren in
Aufruhr ...

Sie zog sich aus und legte sich ins Bett. Sie fragte
sich, ob es Linda gelungen war, mit ihm zum Plaza
zurückzufahren ... zu dem Schlafzimmer, das einmal
Mike gehört hatte. Sie versuchte, nicht daran zu denken.

Wenn Linda unbedingt eine Affäre mit Tom Colt
haben wollte – warum nicht? Sie schüttelte das Kissen
zurecht und versuchte, sich zum Einschlafen zu zwingen. Rundum war es so still. Sie konnte die Uhr ticken
hören ... den Fernseher von nebenan ... von der anderen Seite des Hofs her einen Mann und eine Frau,
die sich stritten ... dann klingelte das Telefon. Das

Geräusch war so unerwartet, dass sie auffuhr. Beim zweiten Klingeln nahm sie den Hörer ab.

»Habe ich Sie etwa aufgeweckt?«

Sie starrte das Telefon an – unfähig, etwas zu sagen. Es war Tom Colt.

»January ... sind Sie da?«

»Nein ... ich meine, ja ... nein, Sie haben mich nicht aufgeweckt.«

»Gut«, sagte er. »Ich wollte gerade der Vermittlung sagen, wann ich geweckt werden will, als mir plötzlich einfiel, dass ich morgen Abend frei bin. Haben Sie schon ›Gingerbread Lady‹ gesehen?«

»Nein.«

»Ich bin ein großer Verehrer von Maureen Stapleton, also werde ich drei Karten besorgen, dann gehen wir morgen ins Theater. Sagen Sie bitte Linda Bescheid?«

»Vielleicht hat sie es schon gesehen«, sagte January.

»Na und? Aber wir doch nicht. Das macht zwei von dreien. Und so werden wir es in Zukunft halten. Mehrheitsbeschluss. Ich hole Sie beide um sieben ab. Gute Nacht.«

Nach dem abschließenden Klicken starrte sie noch einen Moment auf das Telefon. Dann legte sie langsam den Hörer auf. Linda war nicht bei ihm. Sie lag im Dunkeln und dachte immer wieder dasselbe ... Linda war nicht bei ihm! Warum machte sie das so glücklich? *Weil sie ihn selbst haben wollte!* Sie lag ganz still, so erschrocken war sie über diese plötzliche Erkenntnis. Aber es war die Wahrheit ... Sie war dabei, sich in einen Mann zu verlieben, der älter war als ihr Vater. Ein Mann, der eine Frau und ein Baby hatte. Und auch sie war ihm nicht gleichgültig!

Warum hätte er sonst sie und nicht Linda wegen der

»Gingerbread Lady« angerufen? Fühlte er wirklich etwas für sie? Aber hatte Hugh nicht gesagt, dass er träge sei ... dass er sich lieber von einer Frau auffordern ließ, als sich die Mühe zu machen, sich um sie zu bemühen? Und hatte Linda ihn nicht sehr deutlich aufgefordert? Trotzdem hatte er *sie* angerufen. Sie streckte sich aus und ließ sich von ihrer Fantasie Wunschbilder vorgaukeln ... dass zum Beispiel seine Frau zu ihm kam und die Scheidung verlangte, oder ... oder, dass sie plötzlich starb und ... nein ... das war unrecht ... so etwas durfte sie nicht denken. Aber wenn er sich nun wirklich verliebte und sich scheiden lassen wollte ... nein ... er würde nie auf seinen Sohn verzichten ... Tom Colt junior bedeutete ihm zu viel. Aber wenn nun seine schöne junge Frau zu ihm käme und ihm sagte, dass es gar nicht sein Sohn sei ... dass er von irgendeiner Strandbekanntschaft gezeugt worden sei ... und sie sich scheiden lassen wollte. Dann hätte er keine Schuld ... er würde für das Kind sorgen ... weil es seinen Namen trug ... und dann könnte er January heiraten ... und sie könnten miteinander in dem Haus am Strand wohnen ... und sie würde seine Manuskripte tippen und ... es würde wundervoll sein ... und ...

Das war ja Wahnsinn!

Ja, es war Wahnsinn ... Aber sie umschlang das Kissen und dachte noch im Einschlafen daran, wie er sie diesen einen Augenblick lang im Wagen angesehen hatte.

Sie schlief nicht gut. Aber als der Wecker klingelte, sprang sie aus dem Bett, voller Freude auf den kommenden Tag. Sie stand unter der Dusche und fing plötzlich an zu singen: »Ich bin verliebt, ich bin verliebt, ich bin verliebt in einen wundervollen Mann.« Dann fiel ihr ein anderes Lied von Rodgers und Hammerstein ein: »Der Gentleman ist ein Idiot, er ist nicht mein Glas Bier, doch was weine ich mir die Augen aus, er gehört ja gar nicht mir.« Nur dass sie sich nicht die Augen ausweinte. Sie stand wie ein Idiot unter der Dusche und sang alte Show-Melodien ... und hatte sich in ihrem ganzen Leben nie so wohl gefühlt.

Aber er *war* verheiratet. Sie dachte darüber nach, während sie sich anzog. Wo blieb ihr Gewissen? Sie wusste doch, wie ihre Mutter gelitten hatte, als ihr Vater Affären mit anderen Frauen hatte. Aber sie hatte ja nicht die Absicht, mit Tom Colt ins Bett zu gehen. Es war nur so wundervoll, etwas für einen Mann fühlen zu können ... für einen Mann, der nicht Mike war; den Wunsch zu verspüren, mit ihm zusammen zu sein ... von ihm bewundert zu werden. Konnte das ein so großes Unrecht sein? Nur mit ihm zusammen sein zu wollen? Besonders, wenn niemand etwas von ihren Gefühlen erfahren würde ...

Es war fast über ihre Kraft gegangen, Linda gegenüber harmlos zu tun. »Was soll das heißen, wir wollen uns ›Gingerbread Lady‹ ansehen?«, hatte sie empört ausgerufen. »Ich möchte viel lieber in ›No, No, Nanette‹ gehen. Außerdem, warum hat er *dich* angerufen?«

»Das weiß ich nicht ... Vielleicht, weil wir bisher immer zu dritt waren. Vielleicht dachte er, es würde besser aussehen, wenn er unparteiisch bleibt.«

»Meine Liebe, du bist schon jetzt im Weg. Unglücklicherweise kann ich wegen heute Abend nichts tun ... aber genieße es ruhig, so sehr du kannst. Denn danach ist einer von uns dreien überflüssig.«

Sie saßen im dunklen Zuschauerraum. Tom hatte

gesagt, in seinen Augen sei Maureen Stapleton die beste Schauspielerin weit und breit. January hatte Maureen schon in ein paar anderen Stücken gesehen und stimmte ihm zu. Aber zum ersten Mal in ihrem Leben konnte sie sich nicht auf das Geschehen auf der Bühne konzentrieren. Sie war sich zu sehr der Gegenwart des Mannes neben ihr bewusst. Obwohl seine ungeteilte Aufmerksamkeit auf das Stück gerichtet war, gab es ihr ein merkwürdiges Gefühl der Intimität, in einem dunklen Theater neben ihm zu sitzen. Ein paar Mal, als sein Arm versehentlich den ihren streifte, hatte sie den verrückten Wunsch, die Hand auszustrecken und ihn zu berühren. Seine Hände waren so stark … und sauber … ihr gefiel die Form seiner Finger. Er duftete nach etwas, das ihr irgendwie bekannt vorkam. Sie schnupperte und versuchte, den Duft zu identifizieren. Er wandte sich zu ihr. »Das ist das Eau de Cologne von Chanel Nummer Fünf«, sagte er. »Ich nehme es immer nach dem Rasieren. Manche Leute scheint das zu irrigen Ansichten zu verleiten.«

»Nein, ich rieche es gern«, sagte sie.

»Gut. Ich werde Ihnen eine Flasche schicken.« Dann widmete er seine Aufmerksamkeit wieder der Bühne.

Am nächsten Morgen läutete es an der Tür, gerade als der Wecker klingelte. January schlüpfte in ihren Morgenrock und lugte durch das Guckloch. Es war ein Bote. Sie machte die Tür einen Spalt breit auf, ohne die Sicherheitskette abzunehmen, quittierte den Empfang, gab dem Boten ein Trinkgeld und sagte ihm, er solle das Päckchen auf den Fußboden stellen. Sie nahm die Sicherheitskette erst ab, als der Bote im Fahrstuhl nach unten fuhr. (Sie hatte Mike versprechen müssen, diese Vorsichtsmaßregel immer zu befolgen – sie war ein Muss für jede Frau, die allein in New York lebte.) Sobald der Fahrstuhl sich in Bewegung gesetzt hatte, öffnete sie die Tür und griff nach dem Päckchen. Sie nahm es mit ins Zimmer und machte es vorsichtig auf. Es war die größte Flasche Chanel No. 5, die sie je gesehen hatte. Eine Karte lag nicht dabei. Sie hielt die Flasche an die Wange – er hatte also wirklich an sie gedacht –, aber wo hatte er um halb neun Uhr morgens eine Flasche von dieser Größe bekommen? Hatte er zwei geschickt? War der Bote in diesem Moment auf dem Weg zu Linda?

Üppig nach Parfüm duftend, erschien sie in der Redaktion. Linda bemerkte es sofort. »Was ist das?«

»Chanel Fünf.« January wartete gespannt auf Lindas Antwort.

Aber sie zuckte nur mit den Schultern. »Ich habe hier eine Kurzgeschichte für dich. Lies sie ... mir hat sie gefallen. Lass mich wissen, was du davon hältst. Ich habe vielleicht nicht den richtigen Abstand dazu. Sie handelt von einem Mädchen, das sich die Nase korrigieren ließ, um ihren Freund zu behalten ... sieht nachher fabelhaft aus ... und verliert ihn an ein Mädchen, das so aussieht wie sie selbst *vor* der Operation. Es ist eine sehr komische Geschichte ...«

January nahm das Manuskript mit in ihr Büro. Sie setzte sich an ihren Schreibtisch, zündete sich eine Zigarette an und begann zu lesen.

Er hatte Linda kein Chanel geschickt ...

Sie las den ersten Absatz des Manuskripts noch einmal. Sie konnte sich nicht konzentrieren. Und dann ein drittes Mal.

Aber vielleicht hatte er auch das Gefühl, dass sie das fünfte Rad am Wagen sei ... und das Parfüm war in diesem Fall sozusagen ein Trostpflaster.

Sie fing wieder an zu lesen. Dann sah sie auf die Armbanduhr. Gestern hatte Tom sie zu Hause angerufen ... am Morgen. Jetzt war es zehn Uhr ... Vielleicht hatte er wieder bei ihr angerufen. Sie musste ihren Apparat auf Auftragsdienst schalten lassen. Bisher war das nicht nötig gewesen. Mike wusste immer, wo er sie finden konnte. Gewöhnlich rief er jeden Tag nach dem Golfspiel im Büro an. Sogar David wusste, wo er sie erreichen konnte. Aber wenn Tom Colt sie wirklich finden wollte, würde er wohl intelligent genug sein, die Telefonnummer von *Gloss* nachzuschlagen. Er hatte ja auch ihre private Telefonnummer herausgefunden, obwohl sie noch nicht im Telefonbuch stand. Er musste sich also bei der Auskunft erkundigt haben. Vielleicht hatte er inzwischen Linda angerufen ...

Am nächsten Tag regelte sie alles mit dem Auftragsdienst. Aber als eine Woche vergangen war, ohne dass er sich gemeldet hatte, verlor sogar Linda die Hoffnung. »Ich glaube, ich kann die ganze Pressetournee abschreiben. Sein Buch steht auf der Liste in *Time* an vierter Stelle. Vermutlich macht er seine Fernseh-Interviews von dort aus. Warum auch nicht? Johnny Carson ist oft genug dort. Merv Griffin ist dort ... Steve Allen ... Er hat genug zu tun, um einen Monat voll ausgelastet zu sein. Aber er hätte mich mindestens anrufen und es sagen können.«

January beschloss, Tom Colt aus ihrem Gedächtnis zu streichen. Sie sagte sich, dass es ein Zeichen war. Vielleicht wollte Gott ihr damit zu verstehen geben: Halte ein, bevor etwas geschieht.

Trotzdem fragte sie jeden Tag beim Auftragsdienst

an und erfand alle möglichen Ausreden, um nicht mit Linda essen gehen zu müssen.

★

Mehr als eine Woche später rief Linda January in ihr Büro. »Ich habe gerade mit Tom gesprochen«, sagte sie. »Und ich halte mein Wort. Wir gehen heute Abend alle drei in ›No, No, Nanette‹.«

»Oh.«

»Willst du dich nicht bei mir bedanken?«

»Linda, ich muss wirklich nicht dabei sein. Ehrlich gesagt, ich glaube, ich will gar nicht.«

»Nein. Das ist schon in Ordnung. Er sagte, ›Letztes Mal habe *ich* die Show ausgesucht … jetzt sind Sie dran‹. Und als ich sagte, ›No, No, Nanette‹, sagte er, fein, Patsy Kelly sei immer eine seiner Lieblingsschauspielerinnen gewesen. Dann fragte er: ›Wollen Sie auch January einladen?‹ Und ich sagte: ›Ja, ich glaube, das sieht besser aus. Schließlich sind Sie verheiratet. Und dabei sind wir verblieben. Aber ich glaube, dass es heute Abend klappen wird. Deshalb lass uns nicht zu Sardi gehen, sondern irgendwoanders hin, wo er wirklich trinken wird. Und du kannst dann im geeigneten Zeitpunkt verschwinden. Oder, falls ich ihn dazu bringe, dass er noch zu mir heraufkommt – dann kommst du nicht mit.«

Sie trafen um sechs im Plaza ein. Rita Lewis war auch da, zusammen mit einem schüchternen jungen Mann von *Life*. Ein Glas Bourbon in der Hand haltend, machte Tom sie miteinander bekannt. Rita traf fast der Schlag, als sie Linda und January sah. Tom machte ihnen einen Drink, und dann saßen beide ruhig da, während das Interview weiterging. January beobachtete, dass Tom ein paar Mal auf die Uhr, die auf dem Kaminsims stand, blickte. Um halb sieben stellte der junge Mann immer noch Fragen. Um Viertel vor sieben sagte Tom: »Wie lange wird es noch dauern? Wir haben Karten für eine Show.«

»Mr. Colt –« In Ritas Stimme schwang mühsam unterdrückte Hysterie mit. »Dieses Interview ist für *Life*. Mr. Harvey bleibt noch eine ganze Weile hier. Das heißt ... wir haben keine Zeitgrenze vereinbart. Und um halb neun kommt ein Fotograf.«

»Sieht so aus, als ob wir unsere Sitzung vertagen müssen«, sagte Tom. »Tut mir Leid, junger Mann, aber –«

Rita fuhr in die Höhe. »Mr. Colt ... das können Sie nicht machen! Sie haben unser Programm schon um zwei Wochen auf den Kopf gestellt. Ich habe alle Termine ändern müssen – die Mike-Douglas-Show, Kup in Chicago ...«

»Wenn Sie mir das nächste Mal sagen, dass ich um fünf Uhr ein Interview habe, dürfen Sie eben keine weiteren Überraschungen auftischen.«

»Aber ich habe Ihnen gestern Abend das heutige Programm gegeben. Da steht ganz deutlich ›Reporter von *Life* und Fotos um fünf Uhr ... erste Sitzung‹. Jeder Mensch weiß, dass eine Sitzung mehrere Stunden bedeutet. Und einen Fotografen kann man auch nicht zur Eile antreiben. Wir haben Rocco Garazzo verpflichtet – er ist einer der Besten.«

»Tut mir Leid, Mädchen«, sagte Tom. »Wir müssen es eben ein andermal machen. Passen Sie auf – da drüben steht der Schnaps. Amüsieren Sie sich damit.«

»Mr. Colt –« Ritas Stimme brach. Ihre Augen schwammen in Tränen. »Ich werde Ihretwegen meinen Job verlieren. Man wird mir vorwerfen, ich hätte alles vermasselt. Und ich würde keine andere Stellung finden können, weil es sich herumsprechen würde, dass ich nicht kompetent genug war, einen berühmten Autor zu betreuen. Ich werde auch alle meine persönlichen Kontakte verlieren ... wie zum Beispiel zu *Life* ... denn Ihr Benehmen ist eine Beleidigung für den Reporter. Schließlich tut er sein Bestes, und –«

»Das reicht«, sagte er ruhig. »Ich habe verstanden.« Er wandte sich an Linda. »Die Karten sind auf meinen Namen bestellt. Ihr beide geht euch die Show ansehen. Nachher kommt ihr wieder her. Nehmt meinen Wagen, er steht draußen.« Dann zog er das Jackett aus, schenkte sich einen generösen Drink ein und sagte zu dem Reporter: »Okay, Mr. Harvey. Ich entschuldige mich für das Missverständnis. Trinken wir einen Schluck miteinander, und lassen Sie sich so viel Zeit, wie Sie für nötig halten.«

Auf der Fahrt zum Theater war Linda hell entzückt über die Entwicklung der Dinge. »Ich fahre allein zurück. Ich habe das Gefühl, dass der richtige Zeitpunkt gekommen ist.«

Nach der Show verlor Linda etwas von ihrer Sicherheit. »Vielleicht sind Rita und die Leute von *Life* noch bei ihm. Es ist besser, wenn du mitkommst. Wenn er allein ist, bleib auf einen Drink da und verschwinde dann. Ich werde dir das Stichwort geben. Wenn ich sage: ›January, ich glaube, deine Katzen-Geschichte wird fabelhaft‹, dann kannst du antworten: ›Da fällt mir ein, dass ich heute Abend noch etwas daran arbeiten wollte. Ich glaube, es ist besser, wenn ich mich jetzt verabschieden Okay?«

»Okay. Aber Linda, bist du nicht –«, sie unterbrach sich.

»Bin ich nicht was?«

»Bist du nicht so hinter ihm her, wie eigentlich ein Mann hinter einem Mädchen her sein sollte?«

Linda lachte. »January, ich wette, wenn du mit einem Mann geschlafen hast, würdest du erwarten, dass er dir am nächsten Morgen Blumen schickt.«

»Nun ... ja ... David hat es getan.«

»Vielleicht ist das der Grund, weshalb David sich nur alle zehn Tage blicken lässt. Aber zufällig weiß ich, dass das Mannequin, mit dem er ziemlich oft schläft, nicht nur keine Blumen von ihm bekommt, sondern ihm das Frühstück macht und ihm ans Bett bringt. Und wenn man bedenkt, dass Kim vielleicht nur jeden zweiten Tag einen Stängel Sellerie isst, damit sie ja weiterhin so schön schwindsüchtig aussieht ... es ist nicht leicht, zuzusehen, wie ein Mann Eier mit Speck isst, wenn man selbst am Verhungern ist.«

»Was willst du damit sagen?«

»Dass die alte Rollenverteilung zwischen Mann und Frau passé ist. Die Frau darf heute so aggressiv sein wie sie will. Sie kann den Mann anrufen. Sie kann ihn auffordern, mit ihr ins Bett zu gehen. So sieht es heute aus. Wir leben in den Siebzigerjahren und nicht mehr in den fünfzigern.«

»Aber muss man nicht irgendetwas *fühlen*, wenn man mit einem Mann ins Bett geht?«

»Ja ... scharf.«

»Linda!«

Linda starrte sie im Dunkel des Wageninnern an. »Soll ich dir was sagen, January? Tom Colt ist siebenundfünfzig, aber er passt in die heutige Zeit. *Du* stehst auf der anderen Seite der Kluft zwischen den Generationen.«

Rita Lewis und der Reporter wollten gerade gehen, als January und Linda zurückkamen. Tom begrüßte die beiden Mädchen äußerst herzlich, fragte, wie die Show gewesen war, und bestand darauf, dass alle, einschließlich der total erschöpften Rita Lewis, noch ein

Gläschen tranken. Rita musste nach Hause, aber der Reporter blieb noch auf einen Drink da. Dann sagte er: »Jetzt muss ich aber wirklich gehen. Ich habe meiner Frau gesagt, dass ich bis zehn zu Hause sein würde. Sie hat das Abendessen warm gestellt.«

Tom schüttelte bekümmert den Kopf. »Mann Gottes, warum haben Sie denn nichts gesagt? Nur weil ich das Essen vergesse, wenn ich trinke, brauchen Sie doch nicht zu verhungern. Großer Gott, ich habe Sie verhungern lassen ... und das arme P.R.-Mädchen vom Verlag auch. Wo wohnen Sie?«

»In der Nähe von Gramercy Park.«

»Mein Wagen steht draußen. Nehmen Sie ihn und schicken Sie ihn wieder zurück, und dann können die Mädchen damit nach Hause fahren.«

»January, ich finde die Katzen-Geschichte, die du gerade schreibst, ganz fabelhaft.«

January ging auf die Tür zu. »Da ist noch eine ganze Menge daran zu tun. Eigentlich hatte ich ja vor, heute Abend noch daran zu arbeiten ... Ich fahre mit Mr. Harvey ... er kann mich unterwegs absetzen.«

»Der arme Kerl ist am Verhungern«, sagte Tom. »Und er muss in die entgegengesetzte Richtung. Das hieße, er müsste erst nach Norden fahren und dann zurück nach Süden, und alles wegen eines Artikels über Katzen. Hat das nicht bis morgen Zeit?«

»Ich sollte aber wirklich ...«

»January kann nachts am besten arbeiten«, sagte Linda schnell.

»Wie wir alle. Aber diesmal wird ihre Muse warten müssen. Gehen Sie ruhig, Bob.«

Der junge Mann zögerte. »Es würde mir wirklich nichts ausmachen.«

»Verduften Sie«, sagte Tom scherzend. »Machen Sie, dass Sie zu Ihrer Frau und zu Ihrem Abendessen kommen.« Dann wandte er sich an Linda und streckte ihr sein Glas entgegen. »Na, wie war's mit einer Nachfüllung, Baby? Und geben Sie unserem Katzen-Mädchen ein Glas Gingerale.«

Tom kippte noch zwei Drinks hinunter. Dann sah er den Umschlag, der auf dem Tisch lag. Er nahm ihn in die Hand. »Die Instruktionen für morgen, von meiner Presse-Lady.«

»Sie sollten sie gleich lesen«, sagte Linda. »Ich meine, vielleicht haben Sie einen frühen Termin.«

»Oh, darüber weiß ich Bescheid. Ich muss nach Philadelphia ... zur Mike-Douglas-Show. Dann nach Washington.«

»Sie fahren weg?«, fragte Linda.

»Nur für zwei Tage. Dann komme ich für eine Woche wieder her. Danach Chikago, Cleveland, Detroit ... dann wieder ein paar Tage hier. Zum Schluss Los Angeles.«

»Um welche Zeit müssen Sie morgen weg?«, fragte Linda.

Er deutete mit einer Kopfbewegung auf den Briefumschlag. »Machen Sie ihn auf und sehen Sie nach.«

Linda riss den Umschlag auf. »Sie müssen erst mittags weg. Hier steht, dass der Wagen Sie dann abholt. Aber Sie sind um neun Uhr zum Frühstück mit Donald Zec verabredet.«

»Ja. Er kommt aus London ... will über mich einen Artikel für den Londoner *Daily Mirror* schreiben.« Er stand auf. »Es ist besser, wenn ich jetzt ins Bett gehe. Ich möchte für Donald frisch sein. Er ist nämlich ein guter alter Freund von mir.« Er ging auf das Schlafzimmer zu.

»January, ich glaube, deine Katzen-Geschichte ist –«

»Ich muss jetzt gehen. Ich kann mir ein Taxi nehmen«, sagte January.

Er drehte sich um. »Ihr werdet beide zusammen mit meinem Wagen fahren. Ich ziehe mich jetzt aus, und wenn ich rufe, könnt ihr kommen und mich schön zudecken, und dann trinken wir noch einen zum Abschied.«

Er verschwand im Schlafzimmer. January sah Linda an und zuckte hilflos mit den Schultern. Linda war wütend. »Ich muss rauskriegen, wann die Reise nach Chikago, Cleveland und Detroit losgeht. Da fahre ich nämlich mit. Nach Philadelphia und Washington kann ich nicht mitkommen ... es ist zu spät für Hotelreservationen und so weiter. Außerdem wird er wahrscheinlich die Leute von *Life* dabei haben.« Unvermittelt sah sie January an. »Hör mal ... geh jetzt ... sofort.«

»Du meinst, ich soll einfach verschwinden?«

»Ja. Und wenn ich zu ihm reingehe, sage ich einfach, dass du wirklich nicht bleiben wolltest.«

»Aber, Linda, das wäre so unhöflich ...«

»Er will dich ja gar nicht hier haben. Er ist nur höflich. Und bisher hast du wirklich nicht so getan, als ob du tatsächlich gehen wolltest. Bob Harvey hätte ohne weiteres den kleinen Umweg gemacht. Du hast dich nicht sonderlich dagegen gesträubt, hier zu bleiben.«

»Du meine Güte, Linda, ich will doch nicht, dass Tom Colt denkt, dass ich ihn nicht leiden kann. Wenn ich mich von ihm ins Theater einladen lasse, kann ich hinterher nicht so tun, als ob er die Pest hat. Er würde mich für schrecklich unhöflich halten.«

»Was kümmert's dich, was er denkt? Wenn er erst einmal mit mir im Bett ist, denkt er sowieso nichts mehr. Also los, January – nimm deinen Mantel und geh.«

Plötzlich brüllte Tom aus dem Schlafzimmer: »He, ihr zwei – bringt die Flasche und drei Gläser.«

»Geh schon«, zischte Linda.

»Linda, machst du ihm auch wirklich klar, dass ich noch eine dringende Arbeit erledigen musste?«

»Ja ... und jetzt mach endlich, dass du rauskommst!«

Plötzlich erschien er im Wohnzimmer. Er hatte einen Hausmantel an und offensichtlich nichts darunter. »He, warum steht ihr da rum wie Bücherstützen? Holt den Schnaps und kommt rein.«

Linda warf January einen mörderischen Blick zu und griff nach der Flasche. Dann gingen beide ins Schlafzimmer. Tom Colt legte sich bequem aufs Bett, den Kopf gegen die Lehne gestützt. »So, und jetzt trinken wir alle einen zum Abschied. Dann könnt ihr euch auf Zehenspitzen hinausschleichen und das Licht ausmachen.« Als er sah, dass Linda nur zwei Gläser mitgebracht hatte, machte er eine Handbewegung in Richtung auf das Badezimmer. »Da drin ist ein Glas. Ich möchte, dass Sie diesmal mit uns trinken, January. Um mir Glück für die Reise zu wünschen.«

Sie ging gehorsam ins Badezimmer und holte das Glas. Er schenkte jedem der Mädchen einen generösen Drink ein und für sich selbst ein halbes Glas puren Bourbon.

»So, und jetzt setzt sich jede an eine Seite.« Er klopfte einladend auf das Bett. Die Mädchen setzten sich. Er zerzauste Linda das Haar. »So, meine Liebe, jetzt trinken wir auf den großen Dichter, der in die Welt hinauszieht und sich wie eine neue Haferflockenmarke verkaufen wird. Immer rein, meine Herrschaften ... Kommen Sie und schauen Sie sich den Dichter an ... lachen Sie über ihn ... zischen Sie ihn aus ... tun Sie alles, wozu Sie Lust haben ... wenn Sie ihn nur *kaufen*.« – Er trank die Hälfte des Glases in einem Zug aus. Linda leerte ihr Glas mit einem Schluck und sah Tom Beifall heischend an.

Er blinzelte ihr zu, schenkte ihr nochmals ein, füllte sein eigenes Glas nach und blickte dann auf January. Sie hatte erst einmal ganz kurz genippt … plötzlich kippte sie den Drink in einem Schluck hinunter. Er grinste und schenkte ihr einen neuen Drink ein. Eine Sekunde lang dachte sie, dass es das gleiche Gefühl sein müsste, als wenn man Gift schluckte. Dann verwandelte sich das feurige Brennen in ihrer Brust in eine sanfte Wärme. Sie nahm einen Schluck von dem neuen Drink … und stellte fest, dass der zweite viel leichter hinunterrutschte. Sie trank in kleinen Schlucken weiter. Das war besser, als wenn sie sich mit einem großen Schluck die Kehle verbrannte. Sie fragte sich, ob Tom sich bewusst sei, dass auch sie und Linda heute Abend nichts gegessen hatten. Sie verspürte ein Gefühl der Leichtigkeit, als ob sie sich selbst aus der Entfernung betrachten würde. Langsam rückte sie ans Ende des Bettes. Linda hatte den Kopf auf Toms Brust gelegt. Fast geistesabwesend streichelte er ihr über das Haar. Plötzlich fasste er ihr unter das Kinn und hob ihr Gesicht hoch. Ihre Augen waren nur Zentimeter voneinander getrennt. January überlegte, wie sie unauffällig verschwinden könnte. Er beugte sich vor und küsste Linda auf die Stirn. »Du bist ein bildschönes Geschöpf«, sagte er langsam.

January wusste, dass sie verschwinden sollte … aber sie war wie gelähmt. Linda starrte Tom in die Augen. Sie sah aus, als ob sie jede Sekunde dahinschmelzen würde.

»Linda«, sagte er in dem gleichen langsamen Ton wie vorher, »du musst mir helfen.«

Linda nickte wie hypnotisiert.

Er streichelte ihr über das Haar. »Linda ... ich bin verrückt nach January. Was soll ich tun?« Einen Augenblick herrschte im Zimmer Totenstille. Es war, als ob die Zeit plötzlich stehen geblieben wäre ... sie erstarrten in ihrer Haltung wie Puppen in einem Wachsfigurenkabinett. Lindas Gesicht war immer noch dicht vor dem seinen, und sie blickte ihn nach wie vor hingebungsvoll an; January saß wie versteinert am Ende des Bettes, das Glas in der Hand. Ein paar Sekunden verstrichen. Dann wurde sie plötzlich lebendig. Sie sprang auf.

»Ich muss mal ins Badezimmer«, sagte sie plötzlich. Sie rannte hinein und sank auf dem Fußboden nieder, stützte einen Arm auf den Rand der Badewanne und vergrub ihr Gesicht in der Ellbogenbeuge. Das Ganze war so unwirklich. Saß Linda immer noch da und starrte Tom in die Augen? Wie konnte er das nur sagen! Oder war es nur ein Witz gewesen ... ein privater Witz zwischen den beiden? Natürlich! Das war es! Wahrscheinlich lagen sie sich jetzt in den Armen und lachten über sie ... Nun ... sie würde so tun, als sei sie nicht drauf reingefallen; als ob sie wirklich ins Badezimmer gemusst hätte. Sie ließ die Toilette ein paar Mal rauschen. Sie drehte den Wasserhahn auf und wusch sich geräuschvoll die Hände. Dann öffnete sie die Tür und ging resolut ins Schlafzimmer zurück.

Tom saß in die Kissen gelehnt da und sah ihr entgegen. Linda war verschwunden. Eine Sekunde lang blickten sie einander an. Dann, mit einem fast traurigen Lächeln, winkte er sie heran. Sie kam langsam näher und setzte sich vorsichtig auf die Bettkante.

»Wo ist Linda?«, fragte sie.

»Ich habe sie nach Hause geschickt.«

Sie wollte aufstehen, aber er fasste mit sanftem Griff nach ihrer Hand, und sie setzte sich wieder. »Sei nicht so nervös. Ich werde dich nicht vergewaltigen. Es ist nicht meine Art, mich in ein Mädchen zu verlieben, dessen Vater jünger ist als ich. Ich kann so viele Mädchen haben, wie ich will – unkomplizierte Mädchen. Ich heirate sie sogar. Viel zu oft ... das ist ja mein Unglück. Ich glaube, die jungen Leute haben Recht, wenn sie die Ehe abschaffen wollen. Zwei Menschen sollten zusammenbleiben, solange sich einer aus dem anderen etwas macht, nicht weil es ihnen auferlegt wird wie ein Gerichtsurteil. Nein. Ich bin nicht wild in meine Frau verliebt. Das war ich eigentlich nie, aber sie hat mir ein Kind geschenkt, und das ist etwas, das ich mir immer gewünscht hatte. Wenn ich sie verließe, würde sie das Kind behalten, und das könnte ich nicht ertragen. Es ist Wahnsinn ... dass ich dich so sehr begehre. Mit Linda wäre es leichter gewesen. Keine Probleme ... einfach miteinander ins Bett gehen. Ich habe versucht, Linda begehrenswert zu finden ... aber du bist dazwischengekommen. Ich musste ständig an dich denken. Es wäre für mich nicht nötig gewesen, hierher zurückzukommen und die Tournee durch den Osten zu absolvieren. Das Buch verkauft sich fantastisch – bis jetzt fünfzigtausend Exemplare, und fünfundzwanzigtausend weitere gehen in Druck. Aber ich bin deinetwegen wieder hergekommen und habe mich bereit erklärt, die Tournee doch noch zu machen.« Er zog sie an sich und küsste sie zärtlich. »Heute Nacht wird nichts geschehen, January. Es wird auch weiterhin nichts geschehen, bis du für mich dasselbe fühlst wie ich für dich.«

»Tom, ich ... O Tom, ich liebe dich so sehr ... und ich war so entsetzt, als ich mir darüber klar wurde ... weil du doch eine Frau und ein Kind hast.«

»Aber was wir füreinander fühlen, hat nichts mit

meinem Kind zu tun. Wie ich zu meiner Frau stehe, habe ich dir schon gesagt.«

»Tom, ich könnte es nicht nur für eine Woche ... oder ein einziges Mal ... begreifst du das nicht?«

»January ... keine Liebe dauert ewig. Danke deinem Schicksal und nimm sie, wo immer du sie findest.«

Sie sah ihn fest an. »Liebst du mich, Tom?«

Er sagte nachdenklich: »Das ist ein sehr gewichtiges Wort. Und ich muss zugeben, dass ich es oft gesagt und niemals wirklich gemeint habe. Aber ich glaube allmählich, wenn ich es zu dir sage, dann müsste es wohl endgültig sein.«

»Ja ... nur so könnte ich...« Sie suchte verzweifelt nach den richtigen Worten. »Verstehst du, ich würde mich so schuldig fühlen ... ich meine, ich fühle mich schon schuldig, hier zu sitzen und so mit dir zu reden, wenn ich doch weiß, dass du verheiratet bist, dass du ein Kind hast. Was wir tun, ist unrecht ... ganz und gar unrecht ... aber wenn ich genau wüsste, dass du mich wirklich liebst ... und dass es niemanden verletzen würde ... außer uns beiden ... nur dann könnten wir überhaupt eine Chance haben, dass Gott uns vielleicht nicht allzu sehr zürnt, weil wir einander wirklich lieben –« Sie fühlte, wie sie errötete und schlug die Augen nieder. »Du hältst mich sicherlich für eine Idiotin ... und ...«

Er hob ihr Gesicht hoch und blickte sie sanft und zärtlich an. »January, du bist noch wundervoller, als ich gedacht habe.« Dann nahm er sie in die Arme und streichelte ihr über das Haar, als ob er ein Kind trösten würde. Nach einer kleinen Weile schob er sie sacht weg, stand auf und führte sie ins Wohnzimmer. Er griff nach ihrem Mantel, und plötzlich warf sie sich ihm in die Arme. Der Mantel fiel auf den Fußboden, und er zog sie fest an sich und küsste sie. Und zum ersten Mal begriff sie die Intimität eines wirklichen Kusses. Ihre Körper berührten sich. Sie presste sich eng an ihn, wollte mit ihm verschmelzen ... Plötzlich schrillte das Telefon. Es war der Chauffeur, der sich zurückmeldete.

»Du musst jetzt gehen«, sagte er, während er ihren Mantel aufhob.

»O Gott, Tom, ich wünschte, du würdest nicht wegfahren.«

»Es ist ja nur für ein paar Tage. Vielleicht ist es das beste ... es gibt uns beiden eine Chance, über alles nachzudenken.« Dann gab er ihr einen leichten Kuss und sah ihr nach, wie sie den Flur entlang zum Fahrstuhl ging.

Den nächsten Tag lang über war sie von quälenden Gedanken geplagt. Angenommen, Tom rief sie nie wieder an. Angenommen, er wollte lieber sofort Schluss machen. Hatte sie alles verpfuscht? Um vier Uhr verließ sie die Redaktion. Wenn sie versuchte, darüber zu schreiben, wenn sie eine Schreibmaschine und ein leeres Blatt vor sich hatte, vielleicht könnte sie dann nüchterner über ihr Treffen mit Tom berichten ... und es dann auf Band sprechen. Sie beschloss, zu Fuß nach Hause zu gehen, um einen klaren Kopf zu bekommen. Sie versuchte sich einzureden, dass alles in Ordnung sei. Aber immer wieder hörte sie die Worte: »Vielleicht ist es das beste. Es gibt uns beiden Zeit, über alles nachzudenken.«

»Über alles nachzudenken.« Was sollte das bloß heißen? Doch nur, dass er sich zurückziehen wollte ...

Zu Hause fragte sie sofort beim Auftragsdienst an. Nichts. Das Zimmer schien sie zu erdrücken. Plötzlich fühlte sie, dass sie aus der Wohnung raus musste. Sie musste mit irgendjemandem reden.

Sie nahm hastig den Telefonhörer ab und wählte Davids Nummer. Nach dem zweiten Läuten meldete er sich. »January, das ist eine nette Überraschung. Diesen Tag werde ich im Kalender rot anstreichen. Das ist das erste Mal, dass du mich angerufen hast.«

»Ich ... ja, weißt du ... ich habe mich sehr mit einer Story abgeplagt, und jetzt weiß ich nicht weiter. Ich brauche den Standpunkt eines Mannes. David ... könntest du heute Abend mit mir essen gehen? Ich muss mit jemandem darüber reden.«

»Mein armer Engel ... ausgerechnet heute. Um halb acht bin ich mit einem Kunden zum Essen verabredet. Aber hör mal, bis dahin könnte ich auf einen Drink zu dir kommen. Es ist erst halb sechs.«

»Nein, treffen wir uns irgendwo. Ich muss hier raus.«

»January, ist irgendetwas nicht in Ordnung?«

»Nein, ich bin nur zu lange mit meinem Geschreibsel in der Wohnung eingesperrt gewesen.«

Er lachte. »Ich bin zutiefst beeindruckt. Paß auf. Ich muss um halb acht irgendwo auf der East Side sein. Wollen wir uns im Unicorn treffen? Dann würden wir Zeit sparen.«

»Gut. Ich kann in zehn Minuten dort sein.«

»Sagen wir fünfzehn«, erwiderte er lachend. »Ich bin gerade nach Hause gekommen und möchte mich ganz schnell rasieren.«

Sie saßen an einem kleinen Tisch im Unicorn. David war höchst erstaunt, als sie einen Jack Daniels bestellte. Sie verabscheute zwar den Geschmack, aber irgendwie brachte er ihr Tom näher.

»So«, lächelte er, »und jetzt erzähle, was für Schwierigkeiten Amerikas neueste und schönste Autorin hat.«

»Ich versuche mich an einer Kurzgeschichte. Und mir ist soeben klar geworden, dass ich nur aus der Sicht der Frau geschrieben habe und unbedingt wissen muss, wie ein Mann darüber denkt.«

Er nickte ernst. »Sehr vernünftig.« Er blickte auf seine Armbanduhr. »Also los. Erzähle mir den Inhalt.«

»Also, meine Heldin hat sich in einen verheirateten Mann verliebt, der sehr viel älter ist als sie ...«

»Oh, mit Enkelkindern und so?«

»Nein, er hat ein Baby und eine Frau. Keine Enkel.«

»Wie alt ist er?«

»Ende fünfzig.«

»Dann hast du es falsch gemacht. Ein Mann von Ende fünfzig sollte Enkelkinder haben, kein Baby. Mach Enkelkinder draus, und schon ist es dramatischer.«

»Darauf kommt es nicht an. Der Angelpunkt meiner Geschichte ist die Beziehung zwischen dem Mann und dem Mädchen.«

»Wie alt ist das Mädchen?«

Sie trank einen großen Schluck. »Es ist ... das weiß ich noch nicht genau.«

»Mach es ungefähr zweiunddreißig Jahre alt. Ein Mann in den Fünfzigern heiratet selten eine Frau, die jünger ist. Andernfalls würde die Ehe nicht gut gehen. Und wenn er mit der anderen Frau ein Baby hat ... na, dann müsste auch sie in den Dreißigern sein.«

»Warum könnte das Mädchen nicht in den Zwanzigern sein?«

»Nur, wenn der Mann ein ausgesprochener Schuft ist. Dann kannst du aus ihr sogar eine Vierzehnjährige machen. Aber wenn er eine Frau und ein Baby hat und sich in eine andere verliebt, muss diese andere eine Frau und kein Mädchen sein.«

»Also gut, nehmen wir an, sie ist in den Dreißigern, sie verlieben sich ineinander, und die Frau hat Schuldgefühle wegen der Ehefrau und dem Baby ... und will sich nicht auf eine flüchtige Affäre einlassen. Aber sie ist ganz verrückt nach ihm und sagt ihm, dass sie gar nicht die Absicht hat, seine Ehe zu zerstören, aber wenn es jemals zwischen ihnen zu einer intimen Beziehung kommen sollte, dann nur aus Liebe ...«

»Und was ist nun dein Problem?«

»Glaubst du, es wäre falsch, wenn sie ihm das sagte?«

Er betrachtete sein Glas. »Warum sollte das falsch sein? Jedes Mädchen sagt das, auch wenn es nur eine Eine-Nacht-Affäre ist.«

»So meine ich es nicht, David. Ich meine, wenn sie zum Beispiel ein paar Tage lang zusammen wären ... ohne Sex ... nur einfach zusammen ... und sich dann aus irgendeinem Grund für kurze Zeit trennen müssten, und wenn er dann zurückkäme und ihr sagen würde, dass er sie begehre, und sie würde antworten: ›Du musst sagen, dass du mich liebst und –‹«

»O nein«, stöhnte er. »January, für welches Heft schreibst du das – *Screen Romances?* Jedes Mädchen würde sich hüten, von einem Mann zu verlangen, dass er sagt, er liebe sie.«

»Wirklich?«

»Natürlich. Das ist die schnellste Methode, ihn zu verscheuchen.«

»Okay. Das Mädchen in meiner Geschichte ist eben eine Idiotin. Und außerdem sagt sie es gerade, als er auf eine Geschäftsreise gehen will. Sie sagt ihm, dass für sie nichts anderes als Liebe in Frage kommt und dass sie ihn in den paar Tagen bis zu seiner Rückkehr sehr vermissen wird. Und er sagt: ›Es ist ja nur für ein paar Tage. Vielleicht ist es das beste. Es

gibt uns beiden eine Chance, über alles nachzudenken.‹«

Er schwieg eine Sekunde lang. Dann lächelte er.
»Großartig.«

»Wie bitte?«

»January, vielleicht hast du wirklich Talent zum
Schreiben. Was für ein Schluss! Ich sehe es richtig vor
mir. Das ist die letzte Zeile, gefolgt von drei Punkten.
Den Rest überlässt du deinen Lesern.«

Sie nippte wieder an dem Bourbon. »Was würdest
du denn denken, wenn du das liest?«

Er lachte, während er nach der Rechnung winkte.
»Sie hat alles versaut. Sie wird ihn nie wiedersehen.«

»Wird jeder so denken?«

Er kritzelte seinen Namen auf die Rechnung und
schüttelte den Kopf. »Nein. Und deshalb finde ich es
ja so gut. Frauen werden wahrscheinlich glauben,
dass er zurückkommt, aber ein Mann würde es besser
verstehen. Das ist der schönste Abgang, den man
sich vorstellen kann, dieses ›das gibt uns beiden eine
Chance, über alles nachzudenken‹.«

»Wenn man dich reden hört, dann klingt es so endgültig.«

Er stand auf und half ihr in den Mantel.

»Mein Schatz, du bist diejenige, die es geschrieben
hat.«

Um Mitternacht fiel sie in ihr Bett und war so erschöpft, dass sie sofort einschlief. Sie schlief immer
noch, als um halb neun der Auftragsdienst anrief.

»Miss Wayne, ich fange gerade meinen Dienst an
und sehe, dass Sie gestern Abend nicht bei uns nach-
gefragt haben.«

»Ach herrje ... ich war so müde ... ich habe sogar

vergessen, den Wecker zu stellen. Vielen Dank, dass Sie mich angerufen haben. Ich muss sowieso aufstehen.«

»Möchten Sie nicht wissen, wer angerufen hat?«

»Oh ... doch ... ja.«

»Sara Kurtz rief an. Sie sagte, dass sie bis heute Nachmittag ein paar Tonbänder erwartet. Sie würden schon wissen, um was es sich handelt.«

»O ja. Danke.«

»Und ein Mr. Colt rief aus Washington an.«

»*Wer?*«

»Ein Mr. Colt hat um acht Uhr dreißig und dann noch einmal um zehn Uhr angerufen. Er bittet, dass Sie ihn im Shoreham Hotel anrufen.«

»O vielen Dank! Vielen Dank!«

»Tut mir Leid, wenn ich Sie aufgeweckt habe.«

»Nein ... nein, das ist ganz wunderbar. Ich ... ich hätte sowieso schon auf sein sollen. Haben Sie herzlichen Dank.«

Sie erreichte Tom im Shoreham, als er gerade im Gehen war. »O Tom ... ich bin um zwölf nach Hause gekommen und hatte ganz vergessen, beim Auftragsdienst nachzufragen. Es tut mir so Leid.«

»Sachte, sachte.« Er lachte. »Als erstes ... wie geht es dir?«

»Gut ... nein, das stimmt nicht ... ich vermisse dich. Und wie geht es dir? Hast du auch Sehnsucht nach mir?«

»Ja ... nach allem.«

»Wann kommst du zurück?«

»Freitagabend. Hast du Lust, mit mir zu Abend zu essen?«

»Ob ich ... o toll ... ich meine, ja, sehr gern.«

»Okay. Ich rufe dich an, sobald ich da bin.«

»Fein. Hör mal, Tom ... vielleicht ist es besser, wenn

ich dich anrufe. Ich könnte ja in regelmäßigen, Abständen im Plaza anrufen ... du könntest mich verfehlen, wenn ich gerade auf dem Nachhauseweg bin.«

»Ich finde dich schon, January, keine Sorge.« Und dann legte er auf.

Sie verbrachte den Vormittag damit, einen möglichst sachlichen Bericht über eine Cocktailparty auf Band zu sprechen.

Als Linda später das Band abhörte, nickte sie. »Klingt okay. Ich werde es Sara geben.« Dann blickte sie January prüfend an. »Was ist mit dir los? Du siehst jämmerlich aus.«

Sie zögerte einen Moment, dann sagte sie. »Linda, ich weiß nicht, was ich tun soll ... Ich habe solche Angst.«

»Wovor?«

»Tom kommt morgen zurück.«

»Sag mir bloß nicht, dass du weiterhin die jungfräuliche Königin spielen willst.«

»Nein ... ich ... möchte ja mit ihm ins Bett gehen. Aber was ist, wenn ich ihn nicht erregen kann?«

»Ein Mann wie Tom Colt wird todsicher erregt sein. Da brauchst du dir keine Sorgen zu machen.«

January starrte auf ihre Hände hinunter. »Linda, als er mich damals im Plaza eng an sich presste ... er ... hatte unter dem Hausmantel nichts weiter an ... und ...«

»Und?«

»Es war nichts da«, sagte January.

Linda pfiff leise. »Daran habe ich gar nicht gedacht. Natürlich. Er ist Ende fünfzig und ein starker Trinker. Eine mörderische Kombination. Du musst eben gleich französisch anfangen.«

»Ich glaube nicht, dass ich das könnte. Ich weiß nicht mal, wie man das macht.«

»Stell dir vor, dass es ein Bonbon ist ... oder ... herrje, das ist etwas, das eine gewisse Übung verlangt. Ich will nicht übertreiben, aber ich bin auf diesem Gebiet die Beste in der ganzen Stadt. Das sagt jeder Mann. Aber irgendwann musst du mal anfangen. Es ist teilweise eine Sache des Instinkts. Und ein Mann wie Tom wird dir bestimmt helfen.«

January sprang auf. »Linda, ich kann das nicht hören! Ich –«

»Setz dich hin! Ich bin mir durchaus bewusst, dass du drei Jahre völlig von der Welt abgeschnitten in der Schweiz verbracht hast. Und Miss Haddons Internat war auch nicht gerade ein Ort, den Masters und Johnson für ihre Untersuchungen auswählen würden. Niemand verlangt von dir, dass du irgendetwas tun *musst*. Aber es ist Zeit für dich, zu lernen, dass Leute, die so etwas tun, keineswegs abartig sind ... und du kannst dich nicht einfach auf den Rücken legen und ihm das Vergnügen gestatten, in dich einzudringen. Es *ist* eine Sache auf Gegenseitigkeit.«

»Aber was soll ich tun?«

»Reagieren!«

»Wie?«

»Grundgütiger Himmel!« Linda stand auf und ging im Zimmer hin und her. Dann lehnte sie sich über den Schreibtisch, sodass ihre Augen direkt vor January waren. »Du hast ihn doch zurückgeküsst, als er dich küsste, stimmt's?«

»Ja.«

»Braves Mädchen! Also, wenn du mit ihm im Bett liegst und er deine Brüste küsst, dann fang an, ihn zu streicheln.«

»Wo?«

»O mein Gott, January ... Überall. Streichle sein Genick, küss ihn auf den Hals ... auf die Ohren ... auf die Wangen ... nur um ihm zu zeigen, dass du da bist. Dass dir gefällt, was er tut. Zapple ein bisschen und stöhne vor Vergnügen, beiß ihn ...«

»Ihn beißen?«

»Nicht bis aufs Blut ... nur spielerisch ... wie ein Kätzchen ... kratz seinen Rücken ... dann lass deine Hände über seinen Körper wandern ... und dann deine Zunge ...«

»O Gott!« January lehnte sich in ihrem Stuhl zurück. »Und wenn ich nun nicht kann? Angenommen, ich werde vor Nervosität steif wie ein Brett, wenn ich mit ihm im Bett liege?«

Linda starrte sie einen Moment an.

»Hör mal, January, du bist einundzwanzig Jahre alt, und du hattest eine Affäre, die dich anwiderte. Mit einem höchst verführerischen Mann ... aus dem du dir nichts gemacht hast. Also verschwand David in der Versenkung. Jetzt kannst du Tom Colt haben ... und da sitzt du hier und erzählst mir, dass du Angst hast, zu versagen. Mein Gott, wenn ich mit ihm verabredet wäre, würde ich die ganze Madison Avenue abklappern und nach einem himmlischen Kleid suchen und nicht herumsitzen und darüber nachdenken, wie ich es anstellen kann, dass er einen Steifen kriegt. *Das* ist das einzige, dessen ich mir sicher wäre ...«

January lächelte. »Wenn man dich reden hört, könnte man meinen, ich sei ein bisschen zurückgeblieben – in sexueller Hinsicht.«

Linda lachte.

Um fünf Uhr verließ January die Redaktion und hastete nach Hause. Sie badete ausgiebig, dann besprühte sie sich mit Parfüm. Sie legte sich zwei

Anzüge zurecht: Hosen und eine Hemdbluse und einen langen Rock mit einer Seidenbluse, je nachdem, wo er hingehen wollte. Sie zog den neuen Büstenhalter von Pucci an und fragte sich dabei, ob Linda wohl sagen würde, Pucci-Büstenhalter seien out. Aber Linda pflegte zu sagen, Büstenhalter seien überhaupt out.

Um sieben saß sie immer noch in Büstenhalter und Höschen da und starrte auf das Telefon. Sie hatte ein halbes Päckchen Zigaretten geraucht und einen Schluck Jack Daniels getrunken. Sie hatte auch richtigen Kaffee und ein paar Eier gekauft. Sie wusste nicht, was sie zu erwarten hatte – aber sie wollte auf alles vorbereitet sein.

Bis acht Uhr hatte sie dreimal im Plaza angerufen. Jedes Mal bestätigte die Vermittlung: Ja, sie hatten eine Reservierung für Mr. Colt, aber er sei noch nicht eingetroffen.

Um neun Uhr rief er an. »January ... entschuldige bitte. Der Flugverkehr war wegen dem Wetter eingestellt. Ich musste also mit dem Zug kommen. Er hätte um sechs Uhr hier sein sollen. Deshalb habe ich dich nicht angerufen. Aber wir blieben in Baltimore eine Stunde lang stehen. Und ob du es glaubst oder nicht – in Trenton hatten wir eine halbe Stunde Aufenthalt, weil eine Frau in den Wehen lag –«

»O Tom ... das darf doch nicht wahr sein!« Sie war so erleichtert, seine Stimme zu hören, dass sie tatsächlich lachte.

»Hör zu, ich bin halb tot ...« (Ihr Herz sank.) »Wärst du damit einverstanden, wenn wir hier im Plaza in meinem Appartement essen?«

»Tom, wenn du zu müde bist, mich heute zu treffen, habe ich volles Verständnis dafür.« (Was sagte sie da!)

»Nein, ich muss etwas essen. Ich bin schon fast verhungert ... es sei denn, es ist dir zu spät.«

»Ich komme sofort.«

»Gut. Mein Wagen steht vor deinem Haus.«

»Du hast also gewusst, dass ich kommen würde?«

»Natürlich. Bist du nicht diejenige, die gesagt hat, keine Theaterspielerei?«

Als sie durch den Korridor zu seinem Appartement ging, wartete er schon an der Tür. Sie warf sich ihm in die Arme, und er küsste sie leicht. »Du siehst wunderbar aus«, sagte er. »Komm herein ... die Steaks sind schon unterwegs. Ich dachte mir, einem verliebten Mädel ist es egal, was es zu essen bekommt.«

Er erzählte ihr temperamentvoll von der Reise. Er hatte jede einzelne Minute widerlich gefunden. Er war sich wie ein dressierter Affe vorgekommen, besonders bei den Fernsehsendungen. Alle Mitwirkenden hatten ihm erklärt, dass sie große Verehrer von ihm seien, er aber war voller Bewunderung gewesen, mit welcher Leichtigkeit sie vor die Kamera gingen, die Ungezwungenheit, mit der sie im Licht der Scheinwerfer saßen und ein Gespräch improvisierten. Als er dann hinzukam, hatte er sich wie ein prähistorisches Tier gefühlt – zu groß, zu sehr ohne Beziehung zu dem, was sich abspielte, total fehl am Platz. Aber seine Gesprächspartner bei den Shows hatten ihm alle geholfen, und irgendwie war er durchgekommen. »Man muss sich jedes Buch verdienen, das man verkauft«, sagte er. Dann fügte er hinzu, dass er jetzt den dritten Platz auf der Bestsellerliste in der *New York Times* geschafft habe.

Nach dem Essen saßen sie beide auf der Couch, sahen sich die Spätnachrichten an, und er trank Bourbon. Sie nippte langsam an ihrem Drink. Tom schien überrascht gewesen zu sein, dass sie auch einen gewollt hatte. Aber sie wusste, dass sie in gelöster

Stimmung sein musste, wenn sie in das Schlafzimmer da drüben gingen. Plötzlich sagte er zu ihr: »Sag mal ... wie wäre es, wenn wir an die Küste fahren?«

»Nach West Hampton?«

»Ja. Hugh hat mich eingeladen. Wir können bei ihm übernachten. Er schläft sowieso die halbe Nacht draußen am Strand. Und er sagt, er würde einfach auf der Couch kampieren, falls er ins Haus kommen wollte.«

»Wann?«, fragte sie.

»Morgen. Wir könnten um drei Uhr losfahren. Ich habe am Vormittag zwei Interviews.«

»Das wäre wundervoll«, sagte sie.

Er stand auf, nahm sie in die Arme und küsste sie sanft. Seine Hände glitten unter ihre Bluse und dann unter den Büstenhalter. Sie dachte an das, was Linda ihr geraten hatte: »Tu etwas, zeig ihm, dass es dir etwas bedeutet.« Versuchsweise ließ sie ihre Hand wandern ... zuerst den Rücken hinunter ... dann nach vorn. Plötzlich bewegte er sich von ihr weg. »Es ist schon spät, und ich bin zum Umfallen müde. Wir haben das ganze Wochenende für uns.«

Er half ihr in den Mantel und begleitete sie zur Tür. »January«, sagte er, »du hast das Wort den ganzen Abend nicht ein einziges Mal ausgesprochen.«

»Welches Wort meinst du?«

»Liebe.« Er lächelte. »Liebst du mich noch?«

»O mein Gott, Tom ... das weißt du doch.«

Er lächelte und küsste sie leicht auf den Mund. Sie fragte sich, warum er das gesagt hatte. Plötzlich blickte sie zu ihm auf. »Tom ... liebst du mich?«

Er nickte langsam. »Ich glaube ja ... ich glaube es wirklich.«

★

413

Tom hatte eine Flasche mitgenommen und bot ihr einen Drink an. Sie schüttelte den Kopf. »Du genügst, um mich high zu machen«, wehrte sie ab. Und als sie in West Hampton ankamen, stürzte sie sich in Hugh Robertsons Arme. Falls er über diese überschwängliche Begrüßung überrascht war, ließ er es sich nicht anmerken. Aber sie hatte sich so oft an den Tag erinnert, den sie alle in West Hampton verbracht hatten, dass es ihr vorkam, als sei sie nach Hause zurückgekehrt. Die breite Couch und der Kamin waren genauso, wie sie beides im Gedächtnis behalten hatte. Das Rauschen der Brandung schien von weit her zu kommen, obwohl man das Meer von dem großen Fenster im Wohnzimmer aus sehen konnte. Sie saßen vor dem Feuer. Tom nippte an seinem Drink und Hugh briet die Steaks. Sie schmiegte sich eng an Tom, und ab und zu sprang sie auf, um Hugh beim Kochen zu helfen.

Um zehn Uhr stand Hugh auf. »Es ist Zeit, dass ich mich in die Dünen haue.«

»Sie werden erfrieren«, sagte January.

»Ach, ich bleibe heute Nacht nicht lange draußen. Hinter der Küche ist ein Arbeitsraum mit einer Liege. Ich schlafe oft dort. Manchmal habe ich keine Lust, all die Stufen hochzusteigen, um ins Bett zu gehen. Also könnt ihr euch meines Schlafzimmers ohne Gewissensbisse erfreuen.«

Nachdem Hugh gegangen war, saßen January und Tom noch eine Weile vor dem Feuer, betrachteten die krachenden Holzscheite und lauschten dem Donnern der Brandung. January wurde es nie müde, die Wellen zu beobachten – es lag etwas Hartnäckiges in der Art und Weise, wie sie an Höhe und Stärke gewannen, auf dem Strand in sich zusammenfielen, sich wieder formierten und es von neuem versuchten. Die Wellen erinnerten sie an mutwillige kleine Kinder, die immer wieder zum Strand krabbelten, nur um von ihrer Mutter ständig wieder zurückgezerrt zu werden.

Sie kuschelte sich enger an Tom und zeichnete mit den Fingerspitzen sein Profil nach. Er beugte sich zu ihr hinunter und küsste sie. Dann griff er nach der Bourbon-Flasche, nahm January bei der Hand und führte sie hinauf.

Das Zimmer war ein ausgebauter Dachboden. Sein Besitzer war offensichtlich ein großer Patriot. Wände und Decken waren weiß, die Möbel leuchtend blau und rot lackiert. Die Mitte des Raumes wurde von einem riesigen Bett eingenommen. January ließ sich auf das Bett plumpsen, stieß die Schuhe von den Füßen und wippte auf und ab. »Tom ... komm her ... o herrlich ... so weich. Als ob man schwebt.« Dann sprang sie vom Bett herunter und lief zu ihm hin. »Ich liebe dich«, sagte sie, während sie die Bluse aufknöpfte. Ihre Blicke versanken ineinander, während sie ihre Jeans zu Boden fallen ließ. Langsam machte sie den Büstenhalter auf und stieg aus dem Höschen. »Hier bin ich«, sagte sie leise.

Er starrte sie einen Augenblick an und begann ganz langsam zu lächeln. Sie schlang die Arme um seinen Hals. »Komm schon, du Faultier«, flüsterte sie und knöpfte sein Hemd auf. »Lass uns ins Bett gehen.«

Er drehte sich zur Kommode um und schenkte sich einen Drink ein. Er kippte ihn hastig hinunter, dann langte er nach dem Schalter und machte das Licht aus. Sie lag auf dem Bett und sah zu, wie er sich auszog. Es war nicht ganz dunkel im Zimmer, und sie konnte den Kontrast zwischen seinen hellen Gesäßbacken und dem sonnengebräunten Rücken erkennen. Er hatte muskulöse Oberschenkel ... dann drehte er sich um und sprang mit solcher Wucht auf das Bett, dass es in allen Fugen krachte. Sie lachten und umarmten sich ganz fest. Er lag auf ihr und stützte sein Gewicht mit den Ellbogen ab. Er streichelte ihr über das Haar und flüsterte in der Dunkelheit: »O mein Liebes, ich möchte dich so gern glücklich machen.«

»Ich bin glücklich, Tom.« Sie schlang die Arme um seinen Hals und zog seinen Kopf zu sich herunter, damit er sie küssen konnte. Er ließ sich auf die Seite rollen und presste sie an sich, während sie sich küssten. Sie ließ die Finger spielerisch über seinen Rücken wandern. Sie fühlte sich wohlig gelöst, als ob ihre Körper einander immer so nahe gewesen wären. Sie wollte ihn berühren, von ihm genommen werden.

Dann rückte er ein Stückchen ab, und sie fühlte seine Zunge über ihren Körper gleiten ... über ihre Brüste ... ihren Leib ... sie umklammerte seinen Kopf ... es war so ein warmes, herrliches Gefühl. Aber sie wollte *ihm* Genuss bereiten ... alles tun, was er sich wünschte ... seine Zunge war auf ihrem Oberschenkel ... seine Finger erforschten sie ... jeder Nerv in ihrem Körper reagierte ... seine Zunge schien überall zu sein ... und dann geschah in ihr etwas Unwirkliches, etwas unerträglich Wundervolles. Sie konnte nicht begreifen, was geschah ... sie hatte noch niemals ein solches Gefühl gehabt. Sie stöhnte auf. Ihr ganzer Körper verging in einer explosionsartigen Ekstase ... sie hielt seinen Kopf fest und zitterte ... und dann fiel sie ausgehöhlt und erschöpft in die Kissen zurück. Er streckte sich neben ihr aus und streichelte ihre Brüste. »Habe ich dich glücklich gemacht?«

»O Gott, Tom ... ich habe noch nie solch ein Gefühl gehabt ... aber wir haben nicht ... ich meine ... du ...«

»Ich wollte nichts weiter, als dich glücklich

machen«, sagte er. »Und jetzt –« Ihre Kräfte kehrten zurück. Jetzt würde er sie nehmen. »Und jetzt werden wir einander ganz still in den Armen halten.«

Sie war wie erstarrt. Irgendetwas stimmte nicht. Er hielt sie in seinen Armen ... und doch war sie von Panik erfasst. Sie hatte ihn nicht erregen können. Sie begann seinen Hals zu küssen, seinen Körper zu streicheln. Sie wusste nicht genau, wie sie es machen sollte – vielleicht sollte sie ihn einfach imitieren. Sie hob den Kopf und begann seine Brust zu küssen. Dann glitten ihre Lippen an seinem Körper entlang nach unten. Aber dort war nichts Großes, Starkes wie bei David ... zwischen seinen Schenkeln lag irgendetwas Schlaffes ... Sie konnte es nicht glauben. Wie war es möglich, dass ein Mann von Tom Colts Statur – ein Supermann wie Tom – einen so winzigen Penis hatte. Sie begann das kleine Ding zu streicheln, aber es zeigte keine Reaktion. Dann liebkoste sie es mit den Lippen. Plötzlich durchströmte sie ein Gefühl der Zärtlichkeit und des Beschützenwollens. Tom Colt, dessen Romane von knisterndem Sex erfüllt waren ... Tom Colt, der Mann, den die Frauen anbeteten, der Mann, der für andere Männer ein Vorbild war ... Tom Colt, diese Personifikation alles Männlichen – mit dem Penis eines kleinen Jungen! Wie musste ihn das sein ganzes Leben lang gequält haben. Sie hatte sich in der Schule Sorgen gemacht, weil ihre Brüste nicht groß genug wurden ... aber zumindest hatte sie doch etwas. Aber wenn ein Mann nichts hatte ... Das war also der Grund für all die Boxkämpfe ... das Tiefsee-Tauchen ... die Golf- und Tennismeisterschaften ... die Schlägereien in Bars. Ihre Zärtlichkeit wuchs, während sie ihn liebkoste. Armer, armer Tom, der seine sexuellen Fantasien niederschreiben musste, weil er sie nicht selbst verwirklichen konnte.

Plötzlich zog er ihren Kopf sacht nach oben. »January, du darfst nicht das Gefühl haben, dass du mir gegenüber versagt hast. Wenn ich dich glücklich machen kann, ist das für mich der vollkommenste Genuss.«

Sie lag ganz still neben ihm. Wie vielen Frauen mochte er wohl das gleiche gesagt haben? Und plötzlich war sie fest entschlossen, ihm das Gefühl zu geben, dass er ein Mann sei. Sie streichelte ihn. Sie ließ ihre Zunge über seinen Arm hin- und hergleiten ... dann über seine Hüften. Sie reizte ihn ... kam immer näher ... streichelte ihn und zog ihre Zunge ganz schnell wieder weg ... und dann sah sie, wie er steif wurde ... sie setzte das Spiel fort ... ihre Finger spielten mit ihm ... und plötzlich wälzte er sich auf sie ... begann sich rhythmisch zu bewegen ... immer schneller ... immer drängender ... Dann hörte sie ihn stöhnen und fühlte, wie sein Körper erschlaffte. Ein paar Sekunden lang blieb er auf ihr liegen. Dann blickte er ihr in die Augen und sagte: »Ich danke dir, January.«

»Ich danke dir, Tom.«

Er rollte sich auf die Seite und nahm sie in die Arme. »January, ich liebe dich.«

»Und ich liebe dich«, flüsterte sie.

Er streichelte ihr über das Haar. »Weißt du eigentlich, was du für mich getan hast?«, fragte er. »Ich habe es zum ersten Mal seit zehn Jahren geschafft.«

»Ich bin so glücklich, Tom.« Sie küsste ihn auf die Wange und schmeckte etwas Salziges. Dann sah sie die Tränen in seinen Augen. »Tom ... ist irgendetwas nicht in Ordnung?« Er vergrub sein Gesicht an ihrem Hals, und sie hielt ihn eng umschlungen und tröstete ihn, als ob er ein Kind sei. Nach ein paar Minuten stand er auf und ging zur Kommode hinüber. Er trank einen großen Schluck Bourbon und blieb mit dem Rücken zu ihr stehen. »January, es tut mir Leid … ich…«

Sie sprang aus dem Bett und lief zu ihm hin. »Tom … ich liebe dich.«

Er drehte sich um und sah sie an. »Tut mir Leid, dass ich mich so gehen ließ. Ich glaube, ich habe seit zwanzig Jahren nicht mehr geweint.«

»Habe ich irgendetwas getan, das dich traurig macht?«, fragte sie.

Er streichelte ihr über das Haar. »Nein, mein Liebes …« Er führte sie zum Bett zurück, und dann lagen sie nebeneinander. Er zog sie an sich und sagte: »Du hast mich sehr glücklich gemacht, January. Ich glaube, die Tränen waren für uns beide. Für mich, weil ich ein so wundervolles Mädchen gefunden habe … und für dich, weil du nur das bekommst, was von Tom Colt übrig geblieben ist. Was Größeres hatte ich zwar nie zu bieten … ein Mann kann nur das benützen, was er hat … aber zumindest hatte es immer funktioniert. Nur in den letzten zehn Jahren habe ich es mit Call-Girls und Anregungsmitteln … mit allem, was es gibt, versucht – aber ohne Erfolg. Bis heute Abend … mit dir.«

»Aber Tom, du hast doch ein Kind.«

»Ich möchte, dass du die Wahrheit kennst. Alle Frauen, die ich kannte, fanden sich damit ab – akzeptierten die Tatsache, dass ich nicht wie ein Hengst gebaut war. Ihnen lag hauptsächlich daran, sich in der Öffentlichkeit mit mir zu zeigen. Und außerdem konnte ich sie auf andere Art und Weise befriedigen. Aber vor ein paar Jahren begann ich nachzudenken … meine ganze Arbeit, all die Jahre, die ich mit Schreiben verbracht habe … wem sollte ich das alles hinterlassen … wem würde es etwas bedeuten? Ich hatte nie-

manden. Meine beiden Brüder sind im Zweiten Welt-
krieg gefallen. Meine ältere Schwester ist kinderlos.
Und plötzlich erkannte ich, dass ich ein Kind haben
wollte. Ich beschloss, eins zu adoptieren. Aber das
geht nur, wenn man verheiratet ist. So begann ich
alle Frauen, die ich kannte, auszuhorchen, versuchte
herauszufinden, welche von ihnen die beste Mutter
abgeben würde. Keine von ihnen war geeignet. Entweder hatten sie selbst Kinder aus einer früheren
Ehe – oder sie sagten ganz offen, dass sie Kinder hass-
ten. Es war einfach keine da, die für diese Rolle passte.
Und dann, vor ungefähr anderthalb Jahren, lernte ich
auf einer Party in Malibu das Filmsternchen Nina Lou
Brown kennen. Für ein Starlet war sie schon ein bisschen über der Kippe … sie war damals siebenundzwanzig … und sie hatte so ziemlich alle Hoffnung
aufgegeben. Sie machte Werbefilme für das Fernse-
hen. Sie interessierte sich sofort für mich, und wir
kamen ins Gespräch. Sie erzählte mir, dass sie aus
Georgia stammte, zwölf Geschwister hatte und erst
mit zwölf Jahren zum ersten Mal Schuhe trug. Sie
liebte Kinder und sagte, sie würde vielleicht nur aus
dem Grund ihren Freund, einen Kameramann heiraten, weil sie Kinder haben wollte und mit siebenundzwanzig das Gefühl hatte, dass sie langsam älter
wurde. Zuerst klang alles zu schön, um wahr zu
sein … aber dann sagte ich mir, dass sie kein Theater
spielte, weil sie ja nicht wissen konnte, dass ich ein
Kind wollte. Unser Gastgeber hatte zwei kleine Söhne,
und kurz nach unserem Gespräch jagte sich der jün-
gere, der ungefähr fünf Jahre alt war, einen Splitter in
den Fuß. Ein hässliches Ding, das von einem Stück
Treibholz stammte. Er ließ seine Mutter nicht an sich
herankommen. Plötzlich ergriff Nina Lou die Initiative. Sie begann mit ihm ein Spiel zu spielen, sagte

ihm, sie würde wetten, dass er ihr helfen könnte, den Splitter herauszuziehen. Sie verlangte ein Glas Scotch und brachte ihn dazu, dass er die Nadel in den Scotch tauchte, um sie zu sterilisieren. Und das gelang ihr, indem sie ihm erzählte, sie wolle seinen Fuß betrunken machen. Und ob du es glaubst oder nicht, er ließ es zu, dass sie das verdammte Ding mit der Nadel herausholte, obwohl es ziemlich tief ins Fleisch eingedrungen war. Als es vorbei war, gab ihr der Kleine einen Kuss. Und da wusste ich, dass sie die Mutter meines Kindes sein würde.

Wir gingen ungefähr einen Monat lang miteinander aus. Ich bin während dieser Zeit nicht einmal mit ihr ins Bett gegangen. Dann machte ich ihr einen Heiratsantrag und erklärte ihr mein Problem. Und es war Nina Lou, die auf die richtige Idee kam. Künstliche Befruchtung. Ich hatte noch nie daran gedacht. Wir heirateten ... gingen sofort zu einem Arzt ... es dauerte ein paar Monate, aber dann war es soweit. Vor sechs Monaten hat sie mir einen Sohn geboren.«

January rührte sich nicht. Tom zündete eine Zigarette an und gab sie ihr. »Jetzt kennst du die Geschichte meines Lebens.«

»Und was für eine Geschichte!«, sagte January. »Du musst sie wirklich lieben.«

»Richtiger gesagt, ich bin ihr dankbar. Verliebt bin ich nie in sie gewesen. Aber ich liebe sie für das, was sie mir gegeben hat. Als Gegenleistung habe ich ihr völlige sexuelle Freiheit zugestanden ... solange sie diskret ist. Sie hat irgend so einen jungen Schauspieler, der ab und zu kommt. Aber sie ist eine wundervolle Mutter. Und es gefällt ihr, Frau Tom Colt zu sein – das Prestige, die Partys, zu denen sie eingeladen wird, das Haus in Malibu ... Und unsere Ehe ist gut, wenn man es eine Ehe nennen kann. Aber schließlich kann ich von einer Neunundzwanzigjährigen nicht erwarten, dass sie für den Rest ihres Lebens auf normale sexuelle Beziehungen verzichtet. Sie liebt das Baby und –«

»Tom, aber bei uns beiden hat es doch geklappt. Hast du es wirklich jemals mit ihr versucht? Ich habe den Eindruck, dass du es auch nicht einmal mit mir versuchen wolltest.«

Er schüttelte den Kopf. »Natürlich habe ich es versucht. Sie war fest davon überzeugt, dass sie ein Wunder bewirken könnte. Ich nahm die Demütigung auf mich und ließ sie alles machen … Nacht für Nacht … bis wir endlich kapieren mussten, dass keine Aussicht auf Erfolg bestand. Ich habe nie erwartet, dass heute Nacht etwas zwischen uns geschehen könnte … aber ich habe dich so gern, dass ich dich wissen lassen wollte, wie die Dinge liegen.« Er drückte sie an sich. »January, du siehst, was du für mich getan hast. Auch wenn es nie wieder geschieht, werde ich dir bis ans Ende meines Lebens dankbar sein.«

»Es wird wieder geschehen.«

»January, ich kann mich nicht scheiden lassen. Nina Lou wäre niemals einverstanden – und ich kann nicht auf meinen Sohn verzichten. Ich will, dass er alles hat.« Er stand auf und holte die Flasche. »Wie wär's mit einem Schlaftrunk?«

Sie schüttelte den Kopf. »Ich bin auch ohne glücklich«, flüsterte sie.

Er trank einen großen Schluck. »Ich weiß nicht, wie ich es in Worte fassen soll … ich liebe dich … wie ich noch nie eine Frau geliebt habe. Ich bin keiner Frau gegenüber jemals aufrichtig gewesen, mit Ausnahme von dir und Nina Lou. Bei ihr musste ich es sein, aber bei dir wollte ich es. Den meisten Frauen gegenüber habe ich mich wie ein Schuft benommen. Ich erzählte ihnen einfach, dass *sie* mich nicht reizen könnten. Hör zu, ich weiß nicht, wie lange du mich haben willst, aber solange du mich willst ... wird es so sein, wie du gesagt hast ... kein Theaterspielen. Ich liebe dich von ganzem Herzen ... und wenn du das haben willst, was von mir da ist ... dann ... gehöre ich dir.«

Sie umarmte ihn mit aller Kraft. »O Tom, ich liebe dich und ich begehre dich ... und ich werde immer für dich da sein, wenn du mich haben willst ... und solange du mich haben willst ... für immer. Wir *sind* für immer eins. Das schwöre ich.«

Eine Weile lagen sie schweigend nebeneinander, dann sagte ihr sein regelmäßiger Atem, dass er eingeschlafen war. Sie war immer noch hellwach und sehnte sich nach einer Zigarette. Außerdem wollte sie über alles in Ruhe nachdenken. Sie liebte ihn – die Größe des Penis eines Mannes war kein Barometer der Liebe. Davon musste sie ihn überzeugen.

Vlas Tenin

Russische Nächte*

Awdotja Sacharowna hatte ein langes und schweres Leben hinter sich. Sie war in der Krim, im Ort Alupka geboren, als Frucht einer ebenso starken wie kurzen Liebe zwischen einem jungen Brigadekommandeur der Ersten Reiterarmee Budjonnys und einer jungen Schauspielerin aus Moskau. Als sie kaum zwei Monate alt war, musste der Bühnenstern auf Tournee und sie übergaben das Kind zur Pflege einer Familie von Krim-Tataren. Die kleine Dunja bekam ihre richtige Mutter nie mehr zu Gesicht und sie konnte sich auch nicht an sie erinnern. Der Vater arbeitete zu dieser Zeit als Zirkusreiter und Hypnotiseur und konnte nichts Besseres tun, als sie der Sorge der tatarischen Bäuerin zu überlassen. Und so sprach Dunja ihre ersten Worte in tatarischer Sprache. Als sie vier Jahre alt war, kam ihr Vater, holte sie ab und brachte sie nach Batum. Der Vater war ein kräftiger, bärtiger, schöner Mann aus Tscherkesk, der Nachfahre von Pferdezüchtern und Pferdehändlern. Er gefiel den Frauen und fand in Batum eine intelligente Frau, eine Chemikerin, die er heiratete. Aber die Verbindung von Wissenschaft und Tscherkessenschönheit misslang. Die junge Absolventin des N.-Institutes widmete ihre Nächte den Reagenzgläsern des ersten Fünfjahresplanes und der ehemalige Held des Bürgerkrieges den Sirenen von Poti und Kabuletti und kehrte dabei auch regelmäßig in die Batumer Schenken ein. Dunja wuchs, dem Schicksal und dem Mitleid der Nachbarinnen überlassen, heran. Bald wurde die Stiefmutter von den Sanatorien gefressen, sie war von der Liebe zur produktiven Chemie und von der Tuberkulose zerstört worden. Der Vater aber, der sich in den Schwarzmeerschmuggel engagiert hatte, verschwand spurlos. Dunja erfuhr nie, ob er in die Türkei entkommen war oder ob man ihn mit der nächsten Partie asozialer Elemente nach Sibirien geschickt hatte. Eine wirkliche Mutter fand Dunja in der georgischen Prostituierten Tamara, als sie acht Jahre alt war. Dank ihrem Berufsinstinkt erriet Tamara sogleich, dass dieses halbrussische und halbtscherkessische Mädchen ein wirkliches As war. Aber Tamara begann sie auch wirklich mütterlich zu lieben. Sie nahm sie mit nach Tiflis und erklärte sie für ihre leibliche Tochter. In dem Mädchen sah sie die einzige, ihr vom Schicksal gewährte Chance, durch die sie ihrem verlorenen Leben eine neue Bedeutung geben konnte. Sie bemühte sich, Dunja zu einem Menschen zu machen, indem sie das, was ihr die Natur geschenkt hatte, am nutzbringendsten ausnützte und Schwächen und Sentimentalitäten, an denen sie selbst gescheitert war, vermied. Tamara, die noch in den Zwanzigerjahren in Moskau ihr »Handwerk« ausgeübt hatte, sang Dunja keine Pionierlieder vor, sondern das, was Prostituierte sangen, wenn man sie in die Zwangsarbeiterlager verfrachtete:

Mit dem silbernen Staub Kokain
Hat es all meinen Weg verschüttet ...

Das in ihr gesäte Samenkorn fiel bei Dunja auf fruchtbaren Boden, denn von dem Tscherkessenhengst hatte sie entfesselte Leidenschaft und männliche Wesensart und von der Mutter Hartnäckigkeit und Pedanterie geerbt. Außerdem hatte sie Glück: noch als Halbwüchsige kam sie in den Kreis des mächtigsten und schrecklichsten Menschen im ganzen Kaukasus und dann im ganzen Land. Wie viele andere Mädchen griff man sie im Auftrag des bebrillten Ministers auf, der – ständig auf der Suche nach frischem Fleisch für seinen Harem – mit dem Auto durch die Straßen und Gassen der Stadt fuhr. Aber das, was für andere eine Tragödie und Sklaverei bedeutete, wurde für Dunja zum Sprungbrett für eine große Karriere.

Sie lebte in Moskau, dann in Taschkent, dann wieder in Moskau. Sie erwies sich nicht nur als unersetzliche Gefährtin der Ausschweifung, sondern auch als geschickte Geschäftemacherin und Organisatorin. Dann führten sie die großen Veränderungen an der Spitze wieder in den Kaukasus zurück. Hier, an der Schwarzmeerküste, machte sie die Bekanntschaft eines jungen Testpiloten aus Mittelrussland, mit dem legendären Namen Pugatschew. Er war für die Kurse zur Ausbildung von Kosmonauten ausgewählt worden und verbrachte vor seiner Abreise zum Ausbildungsort einen Urlaub in dem Badeort Gagry.

Zwischen Dunja und dem zukünftigen Kosmonauten entbrannte heiße Leidenschaft. Bald wurden sie Mann und Frau. Einige Jahre lang war Dunja eine liebende und gefühlvolle Ehefrau, und vielleicht wäre ihr Leben anders verlaufen, wenn ihr Leonid nicht auf dem gefährlichen Weg zur Eroberung des Kosmos den Heldentod gestorben wäre. Für Dunja war dies das Ende jeder Hoffnung, mit der Welt noch eine gemeinsame Sprache zu finden. Um sie herum herrschte Chaos, Ungerechtigkeit, Willkür, Sinnlosigkeit; es blieb ihr nur, sich kopfüber in den Strudel und ins Abenteuer zu stürzen, sich an allen für alles zu rächen. Die Rolle der Witwe eines berühmten Fliegers zu spielen, war nichts für sie. Leonid hatte seinen Weg auch im Zeichen des Verzichts auf die Gegenwart gewählt – er hatte dieser Welt eine Herausforderung entgegengeschleudert. Dunja erinnerte sich, wie sie zusammen Jessenin gelesen hatten, nicht den lyrischen Autor für sentimentale Verliebte, sondern den verzweifelten, tragischen, aufrührerischen Jessenin.

Dunja kehrte in den Kaukasus zurück, zurück in die Welt, aus der sie auf der Suche nach einem Leben ohne Hoffnung, aber mit Hass und Berechnung und mit

grenzenloser Befriedigung darüber, was sie tat, ge-
flüchtet war. Sie erlebte ihre dritte Jugend in voller
Kraftentfaltung, ausgerüstet mit Erfahrungen und
Bekanntschaften, die dort ihren Einfluss noch nicht
verloren hatten. Da sie Protektionen geschickt aus-
zunutzen verstand, ohne dabei sich oder andere zu
kompromittieren, befand sie sich bald im Zentrum
einer verbotenen und dennoch bequemen Tätigkeit.
Es war diejenige, die das Gesetzbuch mit folgenden
Worten definiert: »Unterhalt von Spelunken zur Ein-
nahme von Rauschmitteln und Lasterhöhlen«, »Pro-
pagierung des Lasters« oder »Aufbewahrung von
Rauschmitteln in größeren Mengen nach vorheriger
Vereinbarung oder durch Gruppen besonders gefährlicher Süchtiger«.

Jetzt hatte sich in Awdotja Sacharowna neben der
aktiven Nüchternheit eine Gier entwickelt, die ihrer
unersättlichen Leidenschaft nicht nachstand. Sie stellte
ihre Bauern geschickt auf, um nicht sinnlos hochzu-
gehen, und immer hatte sie jemand im Hintergrund,
der bereit war, sie zu decken, natürlich ohne dabei
alle Aspekte und die wirklichen Ausmaße ihrer Tätigkeit zu kennen. Bei all ihrem Mut überschritt sie doch
niemals die Grenze, hinter der Mut zur Unvernunft
wird – und das von ihr angesammelte Kapital war nicht
gering.

Gleichzeitig konnte sie mit denen, die ihr nahe standen, großzügig sein: der Wohlstand galt ihr nur als
ungefähres Maß der Bedeutung, die sie in der Gesellschaft errungen hatte. Ihre Teilnahme an dem Unternehmen hielt sich in ähnlichem Rahmen. Sie war fast
zufällig, nachdem sie Timur kennen gelernt hatte, zu
ihnen gestoßen. Er war auf einer Geschäftsreise für
das »Kooperativ« durch Tiflis gekommen und hatte
Dunja in einem Café des Parkes Wake erblickt. Dank

dem untrüglichen Instinkt und dem unerklärlichen Gefühl, das einen triebhaften Menschen zu seinem Opfer und Mittäter führt, zögerte er keinen Augenblick, seine exhibitionistische Geste zu vollführen. Der Akt an sich musste Dunjas Wohlwollen hervorrufen, in der Zusammenstellung der Unwahrscheinlichkeit, ja fast Abnormität des »Werkzeugs« mit dem hellen Gesicht Timurs, in dem sie sofort die Haltlosigkeit und Anzeichen einer verspäteten Jugendlichkeit, neben denen vorzeitigen Alters entdeckte, wurde er für sie zu etwas Exklusivem. So entstand ihre zärtliche und zweideutige Freundschaft, in der sie für Timur sowohl Mutter wie Prostituierte war. Dunja ihrerseits fühlte sich von ihm jedes Mal so vergewaltigt, wie sie es schon lange nicht erfahren hatte, und dieses Gefühl hatte überdies noch den bitteren Geschmack von Blutschande. Auf diese Weise trat Awdotja Sacharowna natürlich dem »Kooperativ« bei und nahm dort, dank ihrer Eigenschaften und jener Dienste, die sie den Geschäftsteilnehmern leisten konnte, eine ziemlich bedeutende Stellung ein. Seit dieser Zeit kam sie häufig nach Moskau: dieses Mal war ihr Besuch mit der für morgen vorbereiteten Sitzung ihres blühenden Unternehmens verbunden, das Fehler verhinderte, die sowjetischen Organisationen bei der schnellen, befriedigenden und qualitativ einwandfreien Bedienung der Bürger und ihrer Familien unterlaufen konnten.

Die »Wolga« Timurs hatte schon die ganze Hauptstadt von Südwesten aus zum anderen Ende durchquert. Awdotja Sacharowna wollte ihre »Nichte« mit dem unerwarteten und erstaunlichen Anblick der großen Stadt beeindrucken. Das Mädchen saß berauscht und in sich gekehrt auf dem Hintersitz des Wagens, weder Dunja noch Timur mischten sich in ihre Einsamkeit, sondern ließen sie völlig in Frieden. Während Timur, den Wagen steuernd, Dunja halblaut in großen Zügen seinen Plan darlegte, sah er von Zeit zu Zeit in den Rückspiegel. Ihr unreifer, magerer Körper, der einem zarten Pflanzenstängel glich, der sich zum Lichte drängt, um Kraft und Leben zu gewinnen, hatte sich leicht an der Kante des Sitzes niedergelassen. Er zitterte und atmete selbstständig: das Gesicht blieb dabei unbeweglich ganz in seine Träume versponnen. Nicht das Mädchen sah aus dem Fenster, sondern umgekehrt: die Gebäude, die Alleen, die Menschen und die Straßen drangen durch das Wagenfenster in seine riesigen, breit geöffneten Augen.

Das Auto fuhr durch die Dmitrow-Chaussee. Sie waren gerade am Butyrki-Gefängnis vorbeigekommen. Links blieben die unscheinbaren kasernenförmigen Häuserblocks des neuen Wohnbezirkes Nowochowrinskoje zurück. Sie durchquerten den Ring und fuhren in Richtung Dmitrow. Das Sommerhaus des Advokaten Valerij Borissowitsch Tarakanow, wohin sie fuhren, befand sich in einem angenehmen bewaldeten Ort, einige Kilometer von diesem Städtchen entfernt.

Awdotja Sacharowna wandte sich zu dem Mädchen:

»Geht es dir gut, meine Liebe?«

»Lildor ist müde!«, erwiderte das Kind singend, machte einen runden Mund und öffnete die Augen noch mehr.

»Das macht nichts, meine Kleine, schlaf ein bisschen. Wir sind bald an Ort und Stelle und du musst schön und strahlend sein, wie die Sterne Bakus.«

Timur lächelte spöttisch: die alte Kuppelmutter, wie sie ihrem Kätzchen zu schmeicheln versteht!

Das Sommerhaus befand sich an einer einsamen Stelle, weit von allen anderen Behausungen entfernt, zwischen weißschwarzen Birken, deren Stämme fast wie Tiere aussahen und an die lang ausgestreckten Hälse von Giraffen erinnerten.

Sie wurden erwartet. Ein großer, hell schimmernder Wolfshund sprang ihnen entgegen und setzte mit freudigen Begrüßungsgebell über die grüne Wiese vor dem Haus. Auf der Schwelle stand hochaufgerichtet eine ältere, große und dünne Frau mit byzantinischem Gesicht. Sie hatte ein lila Kleid mit schwarzen Blumen aus schwerer Seide an und um den Hals eine Bernsteinkette. An beiden Handgelenken trug sie kaukasische Armbänder aus geschwärztem Silber. Das war Olga Borissowna, die Schwester des Gastgebers.

Sie führte sie in einen großen Salon, in dem die Dämmerung des Frühlings herrschte, der in die Natur der Moskauer Vororte eingezogen war. Sie hatte sie zurückhaltend, ohne viel Worte zu machen, empfangen. Nur Lildor wandte sie sich liebevoll zu, küsste sie zärtlich und zog sie an sich. Und das Mädchen ging vertraulich zu ihr, als sei gerade sie jene Person, die sie am Ende ihrer langen Reise vom Kaukasus erwartet hätte. Das große Zimmer erweckte den Eindruck einer angenehmen, wenn auch strengen Bequemlichkeit. Eine Einheit des Stils fehlte, die Möbel waren zumeist altertümlich-russisch: die Chaiselongue stammte aus der Zeit Alexanders III., die Bibliothek war paulinisch, ein kleiner Schreibsekretär, Mahagoni und Ebenholz, karelische Birke. Auffallend unter all dem war ein Klavier (Olga Borissowna hatte einst am Konservatorium studiert), aber um den runden Tisch aus dem russischen Empire standen moderne Stühle aus den Anfängen dieses Jahrhunderts. Vom gleichen Stil waren der Lampenschirm über dem Tisch und die Stehlampe neben der Chaiselongue. An den Wänden – ein früher Kontschalowski, Skizzen von Sudejkin

und Sapunow, Petersburger Landschaften von Ostru-
mowa-Lebedjewa. Auf zwei Borden des verglasten
Bücherschrankes stand seltenes Jusupow-Porzellan.

Niemand beachtete diese Kostbarkeiten: Timur und
Dunja waren sie bekannt, und Lildor konnte ihren
Wert einfach noch nicht abschätzen. Olga Borissowna
reichte Tee und wandte sich, nachdem sie mitgeteilt
hatte, der Gastgeber wäre zu Hause und würde gleich
zu ihnen kommen, dem Mädchen zu: »Für dich habe
ich Halbgefrorenes mit Früchten. Hast du Eis gern?
Komm mit mir, Schwarzäugige!«

Wie immer war der Tisch, den Olga Borissowna mit
erlesenem Porzellan und Kristallen gedeckt hatte, voller vortrefflicher russischer Gerichte, die man in den
heutigen Restaurants nur noch selten finden kann.

Das Abendessen war keineswegs fein, wie man es
in einem Haus von solchem Geschmack hätte erwarten können, sondern bäuerlich gediegen und reichhal-
tig: die selbst eingelegten Pilze stellten alle anderen
Vorspeisen in den Schatten, dann gab es Borschtsch
mit Pilzen und Pflaumen, im Rohr gebackenes Fleisch
und herrliches Eis mit Himbeerkonfitüre. Nach dem
Essen setzten sie sich zum Preference-Spiel. Valerij
Borissowitsch liebte die leider zu seltenen Besuche
Dunjas in Moskau nicht zuletzt deswegen, weil Dunja
mit Temperament und Leidenschaft, mit aller Kraft
ihres männlichen Charakters spielte. Timur war
Berufsspieler, aber er verspielte sich zweimal. Olga
Borissowna war vorsichtig: sie gewann nicht, aber sie
verlor auch nicht.

Schließlich beschlossen sie, schlafen zu gehen.
Obgleich alle von den intimen Beziehungen zwischen

Dunja und Timur wussten und Olga Borissowna eine Frau von freien Sitten war, hatte sie ihnen getrennte Zimmer hergerichtet. Das geschah nicht aus Heuchelei, sondern aus Achtung vor der persönlichen Freiheit ihrer Gäste.

Selbstverständlich war Timur sofort in Dunjas Zimmer. Sie erwartete ihn, mitten im Zimmer stehend, hatte die Jacke ausgezogen und die vollen Arme entblößt – ihre Brust lag frei und nackt unter der Bluse.

»Ach, du bist schon hier!«, sagte sie triumphierend – »und ich dachte, du ekelst dich vor mir, wo ich doch schon so alt bin!«

»Du bist dumm, Dunja«, ärgerte sie Timur, »ich habe einfach für heute Nacht nichts Besseres gefunden.«

»Und das Mädchen? Hat es dir nicht gefallen?«

»Nein, ich mag ältere Frauen«, erwiderte Timur in demselben Ton. Dunja sah ihn von der Seite ironisch und selbstsicher an.

»Na, dann schau es dir nur an, das alte Weib!« und sie ließ eine ihrer vollen Brüste aus dem Ausschnitt der Bluse gleiten. Einen Augenblick lang hielt sie inne, um Timur die Möglichkeit zu geben, sich an dem Anblick dieser reifen weiblichen Schönheit satt zu sehen, dann beugte sie den Kopf herab, fasste mit den Lippen nach der breiten dunklen Brustwarze und flüsterte: »Gleich werde ich daran saugen. Könnte ein Mädchen so etwas auch?«

»Es genügt, dass du daran saugen kannst«, sagte Timur und zeigte mit der Hand dorthin, wo sich der Stoff seiner Hose wölbte.

Dunja ließ die Brust gehen und sagte: »Nein, mein Junge, das genügt nicht! Komm einmal her.«

Ohne auf ihn zu warten, trat sie selbst zu ihm, stieß ihn zum Bett und zwang ihn, sich zu setzen.

»Gleich hole ich ihn heraus, wenn du dich nicht entschließen kannst. Dunja gehört nicht zu denen, die lange warten. Ich bin schon ganz nass. Fass einmal hierher, fühlst du es?« Sie nahm seine Hand und zog sie unter ihren Rock, wo die Hand unter dem Schlüpfer auf etwas Weiches und Heißes stieß.

Timurs Finger gerieten in Bewegung: sie schoben das Nylon zurück und berührten leicht die etwas harten Haare, dann versanken sie sofort in weichen, gierigen Tiefen.

»Fühlst du, was das für ein Tier ist?«, flüsterte Dunja, die Beine spreizend, mit tonloser Stimme. »Ersticke es, vernichte es« – und sie nahm Timurs andere Hand, steckte sie sich in den Mund, leckte warm über die Finger und griff mit den Lippen nach ihnen.

Über ihn gebeugt, öffnet sie seine Hose und nahm seinen riesigen Penis heraus; er war noch nicht erigiert, aber angeschwollen und gestreckt. In diesem Zustand kam er ihr noch unanständiger und wollüstiger vor. Timur zog seine Hand von Dunjas Mund fort, nahm seine Rute zwischen Daumen und Zeigefinger, hob ihn etwas und begann langsam zu masturbieren. Seine andere Hand wühlte weiter zwischen den Beinen der Frau. Dunja beugte sich hinunter, um das große Glied näher zu betrachten, das in die Länge und in die Breite wuchs und hart wurde. Dann wandte sie sich plötzlich von Timur ab – seine Hand, die im Inneren der Frau verschwunden war, glitt nass bis zur Hälfte der Handfläche heraus.

»Und jetzt alle Lumpen herunter!«, schrie Dunja mit erstickter Stimme. Sie riss sich die Kleider vom Leib und ließ sich jetzt, wieder mitten im Zimmer stehend, anschauen, überzeugt davon, dass ihr ganzer Körper nicht weniger schön war als ihr von der Sinnenlust verschöntes Gesicht. Dann ging sie zum Toilettentisch und stellte das Bein auf ein kleines Stühlchen, das daneben stand.

»Hier, vor dem Spiegel« – sagte Dunja jetzt fast flüsternd. Sie beugte sich, ihm den Rücken zukehrend, etwas nach vorn: »Ich will, dass du es langsam machst, ganz langsam … von hinten – ich will sehen, wie dein Riesenschwanz in meine schreckliche Fotze hineinsteigt. So, mein Timuschka, so … so ists gut … Schau nur, wie sie sich öffnet und ihn schluckt …« Im Spiegel schaukelten ihre bleiernen Brüste mit den breiten Warzenringen am Ende, in dem schwarzen Fleck zwischen den Schenkeln sah man undeutlich ein schleimiges, lilafarbenes Etwas durch die Haare schimmern, das gezwungen war, sich der Form des fleischigen Zylinders, der es durchstieß, anzupassen, mit ihm zu identifizieren, vor- und rückwärts zu bewegen und, mit ihm verschmolzen, einen einzigen lebendigen Körper zu bilden.

Timur bearbeitete sie schweigend weiter. Sein jungenhaftes, von goldenen Locken umrahmtes Gesicht mit dem grausamen Mund, das frech und tragisch war und der Maske eines mittelmäßigen Hamlet einer Provinzbühne glich, hing im Spiegel bewegungslos über dem Körper der Frau. Die Augen, jetzt weiß wie die Glut eines dampfenden Eisstückes, waren das einzige Anzeichen von Leben in diesem sonst völlig unbeweglichen Gesicht. Diese Augen durchbohrten die glänzende Oberfläche des Spiegels und drangen verletzend in das hin- und herschwankende, wilde und schreckliche Fleisch der Brüste und des nackten Bauches, aber in ihnen schmolz die fiebrige Materie, die den Schleim dort unten, wo die Vereinigung der Geschlechter erfolgte, zum Leben erweckte.

»Oh, Timuschka, ich bin fertig! Ich bin fertig!« –

stöhnte Dunja, erfasst von dem erschöpfenden, obwohl erwarteten und erkannten Krampf, der sie mit seiner unvorstellbaren Intensität bezwang.

Timur fuhr im gleichen Tempo fort. Über seine Lippen huschte ein Lächeln – er wusste, was Dunja jetzt von ihm wollte. Ihr Körper wurde für einen Augenblick passiv, und er verlangsamte seine Bewegungen, dann hielt er mit unglaublicher Anstrengung aller Muskeln seines Körpers, den er weiterhin beherrschte, mit seinem Eindringen in ihren Leib ein und war in diesem Augenblick stärker als die Frau.

Dann begann er erneut, vor und zurück zu stoßen. Mit der Hand streichelte Timur eine der großen Hinterbacken Dunjas, mit der anderen hielt er den weiblichen Körper von unten umfangen und befingerte die breite und harte Brustwarze.

Sie nahm seine Gier an und war bemüht, absolute Vollkommenheit fordernd, ihren schweren Atem zurückzuhalten und ihm aus allen Kräften und mit allen Fibern zu helfen. Ihre Hand zerrte in Raserei an dem gespannten Kitzler. Er war groß und angeschwollen, wie eine harte Eichel. Dunja war stolz auf ihn, er war das Zentrum ihrer ganzen Kühnheit und Kraft, die es Dunja erlaubte, sich den Männern überall – im Bett und auf der Straße – gleichberechtigt zu fühlen. Dieser Kitzler war die Quelle starker Empfindungen, die von ihrem Körper unabhängig waren, aber auch die Ursache für ihren alles verschlingenden Orgasmus.

Timur nahm sie voller Leidenschaft und Wut, schüttelte ihren Körper, seine Lippen stießen grobe und unzüchtige Worte aus. Dunjas leises Stöhnen, das von Zeit zu Zeit von tiefen wollüstigen und gierigen Seufzern unterbrochen wurde, war das Echo darauf. Dunjas Körper spannte sich, erzitterte, sie gab einen langen, tierischen Schrei von sich. Timur zog sein Glied heraus und schleuderte den Samen seiner Leidenschaft über ihr dunkelhäutiges Hinterteil. Sein Gesicht verwandelte sich in eine undurchdringliche, grausame Maske.

Der Kolchos »Ähren der Zukunft« gehörte nicht zu denen, die von Sonderkorrespondenten der zentralen Presse ausgewählt werden, um die Erfolge der sozialistischen Landwirtschaft zu preisen. Ungeachtet der Tatsache, dass er sich nicht mehr als hundert Kilometer von Moskau entfernt befand, konnte er sich noch vor kurzem rühmen, ein fast unberührter Fleck des alten Russland zu sein, wie wir es von den Bildern der »Peredwischniki« her kennen. Wer sich auf dem einzigen Weg näherte, der das Dorf mit der Zivilisation verband, sah von der Wegbiegung, die den Blick auf das Dorf freigab, schon von weitem, wie der Weg zwischen zwei niedrigen Hügeln verschwand und dass auf dem einen von ihnen eine Hütte und ein Wagen mit zum fast immer grauen Himmel erhobener Deichsel neben einer Garbe verfaulten Heus stand. Dieses Bild (das so oft in der russischen Literatur – von Turgenjew bis Tschechow – beschrieben wurde und zum Symbol des russischen Dorfes geworden ist) war bis vor kurzem charakteristisch für den Kolchos »Ähren der Zukunft«. Die Kolchosbauern trösteten sich über ihr von Gott – solange es ihn gab – und später von den Kremlherren vernachlässigtes Leben mit der Überlegung: »Der Vogel, dem sein Nest nicht lieb ist, ist dumm.« Und da die gute Hoffnung niemals stirbt, hofften auch sie, dass einmal bessere Zeiten anbrechen würden. Nicht umsonst trug ihr Kolchos doch den

Namen »Ähren der Zukunft«: einmal würden diese legendären Ähren doch heranreifen!

So träumend und hoffend, trösteten sie sich damit, dass nicht sie dem Kolchos einen solchen Namen gegeben und auch den Kolchos nicht selbst erfunden hatten – sie hätten so etwas niemals schaffen können. All das war das Werk einiger bevollmächtigter Parteiführer, die die Obrigkeit repräsentierten. Es musste doch irgendeine Ursache dafür geben, warum sie den Ort Suchow Brod, wo auch früher nur wenig Ähren, allenfalls noch Kartoffeln und Kohl, reiften, so umbenannt hatten. Die Obrigkeit ist bekanntlich weise und weitsichtig.

So lebten die Bauern des ehemaligen Suchow Brod, wie übrigens das ganze Land, immer im Glauben an die »Ähren der Zukunft« und ertrugen alle Schicksalsschläge und Misserfolge, die der Kolchos ständig durchmachte, voller Zuversicht und diese Zuversicht verließ sie nie, wie sie nie der beruhigende Glaube an die Weisheit der Obrigkeit verließ. Viele Vorsitzende hatte der Kolchos inzwischen kommen und gehen sehen. Es waren verschiedene Menschen gewesen, nur zwei Dinge hatten sie gemeinsam: erstens teilten sie voll und ganz den Glauben der Kolchosmitglieder an die »Ähren der Zukunft« und hielten es für ihre wichtigste Aufgabe, sie zum Glauben zurückzuführen, wenn verschiedene Abgaben an Getreide und Fleischprodukten –, Steuern und Pflichtleistungen an landwirtschaftlichen Erzeugnissen, die Bauern an der Gerechtigkeit dieser Welt zweifeln ließen, und zweitens suchten alle Vorsitzenden, von dem Widerspruch zwischen der Wirklichkeit und der Hoffnung zerrissen, vorübergehenden Trost und vergängliche Illusionen im Schnaps, in dem sie dann endgültig ertranken. Aber die Hoffnungen derjenigen, die zu hoffen verstehen, gehen schließlich in Erfüllung. Seit einiger Zeit war das Schicksal des Kolchos »Ähren der Zukunft« tatsächlich beneidenswert geworden und erschien sogar seinen prophetischen Namen nicht mehr Lügen zu strafen. Die Kolchosbauern konnten nicht verstehen, welchen geheimnisvollen Geschicken sie ihren jetzigen Wohlstand zu verdanken hatten. Aber wie es ihnen auch in der Vergangenheit schwer verständlich war, aus welchen geheimnisvollen Gründen immer neues Unglück über sie hereinbrach, so wäre es unpassend gewesen, sich gerade jetzt, wo es ihnen besser ging, in die Einzelheiten zu vertiefen.

Die um das Johannisfeuer Versammelten registrierten mit Sorge, dass Timur sich verspätete. Sie hatten den uralten symbolischen Brauch vertagt, laut dem ein erstgeborenes, unschuldiges junges Mädchen, die junge Königstochter des Festes, am Feuer für den Sonnengott Jarilo einen Span entzündet. Aber jetzt beschlossen Matza und Marina (der erste – als der Initiator und Zauberer der Zeremonie, die er auf Grund uralter Tradition arrangierte, die zweite – als ihre Seele und Verkünderin), dass man nicht mehr warten könne, weil in der Nacht noch viel geschehen müsse.

Marina beugte sich zu Dunja und flüsterte ihr etwas ins Ohr. Dunja flüsterte ihrerseits Lildor etwas ins Ohr.

Lildor stand auf, unter dem weißen bestickten Kleid schimmerte ihr noch kindlicher, aber schon Weiblichkeit ausstrahlender Körper. Sie trug ihr bekränztes Köpfchen hoch und war von der Feierlichkeit des Augenblickes erregt; ihr volles, wie bei einer Zigeunerin ungebändigtes Haar fiel auf die Schultern hinab und verdeckte ihren dünnen Hals. Ihr ganzes Wesen konzentrierte sich in den großen, glänzenden Augen, die zarten Lippen und das Oval des Gesichtchens verriet alte iranische Herkunft. Wer sie jetzt sah, wurde an Stenka Rasin und seine unglückliche persische Fürstentochter erinnert.

Alle schwiegen. Das Reisig knisterte in den Klauen des Feuers. Lildor näherte sich dem Feuer und hob die Hand, in der sie den Span hielt, zum Himmel. Die Augen ins Feuer gerichtet, wartete sie, bis die Flammen stärker emporschossen und senkte dann den trockenen Span hinein, der sich sofort in eine brennende Fackel verwandelte. Da begannen alle zu schreien und zu singen: der altslavische, Leben spendende Feuergott war geboren.

Matza und Tarakanow sahen wie verzaubert auf Lildor. Aber dabei behielten sie das nüchterne Gleichgewicht wissender und erfahrener, aber gleichzeitig mitfühlender Menschen, was für alte Männer charakteristisch ist, die vom Alter noch nicht besiegt sind und das Leben an der Nase herumführen können, weil sie alle seine Tricks kennen.

»Warum ist Timur noch nicht da?«, dachte Marina unruhig, und Jelena Filippowna, der Matza aus der Hand geweissagt, aber niemand sonst etwas gesagt hatte, und die durch nichts auch nur im entferntesten an den Menschen erinnert wurde, der alle ihre Gefühle erobert hatte und dann in alltäglicher Gestalt vor ihr aufgetaucht war, nicht als Faun oder Gott, sondern als ein gewöhnlicher Bürger – wenn auch als König der Straße – war von derselben Unruhe erfasst wie Marina: sie erwartete jemand, ihr fehlte jemand. Auch Dunja wunderte sich, dass Timur sich derart verspätete.

»Und jetzt« – rief sie aufstehend – »lasst uns im See baden. Lasst uns im kalten Quellwasser schwimmen! Komm, Lildor!«

Sie nahm das Mädchen bei der Hand und lief mit ihr über die Wiese zum mondbeschienenen Wasser, das in silbernem Glanz leuchtete. Dunja warf die Kleider ab, Lildor folgte ihrem Beispiel.

»Seht die Bäume an!«, rief Matza – »in dieser Nacht wechseln die Bäume ihre Plätze und sprechen miteinander.«

Er ging auch ins Wasser und gab sich glücklich in die Gewalt der freundlichen Frische. Den Kopf erhoben, sah er hinauf zu den Kronen der Bäume, die sich im Mondschein bewegten, zu den Wolken, die langsam über ihm am Himmel der Johannisnacht schwebten.

Er schwamm herumspritzend, scherzend und manchmal singend. Dunja streichelte unter dem Wasser liebevoll Lildors Körper: unter der Oberfläche waren die Berührungen stark und durchdringend. Jelena Filippowna schwamm langsam auf dem Rücken und bot ihren jungen Hexenkörper dem Mondlicht dar. Matza freute sich und verschlang sie mit den Augen. Eine seiner Hände berührte das müde, von der Last der Jahre erschöpfte Glied. Tarakanow prustete im Wasser und griff nach seiner trockenen, byzantinischen Schwester Olga.

In diesen glücklichen Rausch, in die Träume des Quellsees, der Gräser, Gewächse und lebendiggewordener Bäume hinein ertönte plötzlich ein Banditenpfiff, der wie Kriegsalarm wirkte. Alle schwiegen auf einmal. Ihre Herzen schlugen dumpf.

Das war der Lerchenpfiff eines Banditen, und er wiederholte sich zwei-, dreimal.

Der weiße Leib von Jelena Filippowna ertrank, verschwand leise und geräuschlos unter der Wasseroberfläche und nur ihr Gesicht tauchte mit erstarrten Augen und zitternden Lippen hin und wieder auf.

Man hörte ein Rascheln, das Knacken trockener Zweige, die Sträucher am See wurden auseinander gebogen und das freche, von blonden Haaren umrahmte Gesicht von Timur tauchte aus ihnen hervor. Dann erschien, die Dunkelheit wie ein Messer durchschneidend, sein geschmeidiger, nervöser Körper. Hinter ihm traten wie Schutzengel zwei dunkle, schweigende Gestalten aus der Dunkelheit.

Timur blieb plötzlich stehen. Er richtete sich über dem Wasser auf. Seine Augen suchten im Wasser nach Bundesgenossen. Er konnte nicht wissen, dass dort andere Augen waren, die er einmal irgendwo gesehen hatte und die jetzt erschrocken und glücklich auf ihn blickten.

»Valerij Borissowitsch«, sagte er flüsternd, aber so, dass jener ihn im Wasser hören konnte, »schlechte Nachrichten!«

Tarakanow trennte sich von seiner Schwester und ging nackt und dunkel wie eine Wasserschlange an Land. Timur sprach mit leiser Stimme auf ihn ein. Vadik und Gora standen unbeweglich hinter ihm. Im Wasser setzten die anderen ihre fröhlichen Spiele fort. Nur Jelena Filippowna zitterte am ganzen Leib, sie versank immer tiefer im Wasser, und nur ihr unbewegliches Gesicht war auf der kalten silbernen Oberfläche zu sehen.

»Wir werden sehen«, sagte Tarakanow zu Timur, nachdem er seinen Bericht angehört hatte, »kein Wort zu den anderen darüber. An dieser Stelle wird uns kaum jemand suchen. Hier sind wir sicherer als bei uns zu Hause.«

»Bald ist Mitternacht!«, schrie Matza mit hoher

Stimme in der Mitte des Sees. »Es ist Zeit, die Wunderblume des Farnkrautes zu suchen, die Gabe des Gottes Jarilo, die feurige Blume des Glücks. Wer sie findet, wird die Sprache jedes Grases, jedes Baumes und jedes Tieres verstehen und den Schlüssel zum Leben besitzen. Lildor wird die Blume des Farnkrauts sein, und unsere Leiber werden das Licht in der Nacht gebären!« Alle verließen das Wasser und zerstreuten sich in den Büschen, zwischen den Bäumen, im Gras. Nur Jelena Filippowna blieb weiter allein im See, vom Wasser bedeckt, aus dem ihr leichenblasses, maskenartiges Gesicht hervorragte, das den strengen tragischen Ausdruck eines letzten unanständigen Bedauerns darüber trug, was ihr entgangen war.

Timur, der unbeweglich dreißig Meter von ihr entfernt mit seinen Schutzengeln am Ufer hinter den Büschen saß, bemerkte den Körper und den Frauenkopf und erkannte endlich das Gesicht. Davor fühlte er Jelena förmlich mit seinem Glied, das er in den letzten Stunden völlig vergessen hatte, und das plötzlich, wie von einem Stoß, heiß und lebendig wieder erweckt wurde. Er verstand die Ursache und erkannte Jelena Filippowna sofort. Sie sah ihn, blickte ihn aber nicht an. Ihre Augen strahlten nicht, sie glichen zwei Splittern eines Spiegels. Ihr ganzes Wesen rief nach Timur. Aber Timur durchbohrte mit seinem Blick dieses Gesicht, das sich jetzt zwischen seinen Beinen befand und sein Gehirn durchdrang. Mit seinem Glied streichelte und beschmutzte er dieses Gesicht. In ihm entbrannte das kalte fiebrige Feuer, mit der er sie einst auf dem Friedhof vernichtet hatte.

Zwischen ihnen lag nur eine unbedeutende Entfernung, aber eben hier verlief die Grenze: Jelena Filippowna war in der unsichtbaren Märchenstadt Kitesch, die für die Ungerechten unerreichbar und daher für das gegenwärtige Russland tot ist. Sie war in einer verschwundenen Stadt, die nur mit einer neuen gerechten und humanen Zivilisation wiedererstehen kann. Timur befand sich ungeachtet der ihn zerreißenden Leidenschaft zum Echten, ungeachtet seines Dranges zur Freiheit, die er sich auf diesem von Dummköpfen besiedelten Planeten nahm, wo er konnte – auf der anderen Seite. Er war auf der anderen Seite, weil in seinen Ohren immer noch der Hubschrauber dröhnte, weil er sich, am Johannisfeuer angelangt, trotz seines Banditenpfiffs zuerst an den Advokaten gewandt hatte, weil seine verdammte Ruhelosigkeit viel zu oft über seine guten Ansätze siegte.

Singend kehrten alle, nackt – mit Wassertropfen wie mit Tau bedeckt – mit Grasbüscheln oder Wurzeln in der Hand im Mondlicht vom Wasser zurück. Sie sammelten sich wieder am Feuer und die Flammen erleuchteten ihre glänzenden, von Begierde erfüllten Körper. Dann begannen die Tänze, und die Paare gaben sich der Wollust hin. Timur sah drei Möglichkeiten, sich mit der Ewigkeit zu vermählen: Marina, Lildor und Jelena Filippowna. Aber Jelena Filippowna war unerreichbar, sie war abwesend, versenkt in ihren sonderbaren Tod, der für Timur eine unüberwindliche Mauer darstellte.

Dort im Kolchos zappelten die verängstigten, von den grauen Uniformen mit mechanischen Fangarmen erfassten Menschen im Netz. Der Kolchos war von der Razzia hinweggefegt worden, verschwunden. Vielleicht bedeutete es das Ende des Unternehmens F. Auf keinen Fall konnte das Unternehmen jedoch unversehrt aus dieser Geschichte hervorgehen.

Aber Timur war nicht das am wichtigsten. Hinter seinem Rücken ertönten im Wald die Schreie und Ausrufe der Festteilnehmer: vor ihm blickte ihn unbeweglich der Kopf an. Er streckte sein Glied wie ein Rettungszeichen aus – sie ging unter und er fühlte, dass seine Geste vor allem von Mitleid diktiert war. Alles würde erst geschehen. In dieser vergänglichen Welt des Zufälligen erfüllte sich die Gegenwart erst mit dem Zukünftigen.

Er trat ins Wasser. Die schwarze, unbewegliche Wasseroberfläche verschlang sofort seine Füße. Während er sich vorwärts bewegte, leuchtete sein aufgerichtetes Glied wie ein gezücktes Schwert über der Oberfläche des Wassers, es schien in Richtung ihres Kopfes auf dem Wasser zu schwimmen, sie erreichen zu wollen und wurde immer breiter und länger – endlos – wie die Schnur, die der asiatische Fakir in eine gigantische Säule verwandelt, die sich allen Naturgesetzen zum Trotz in den Himmel schraubt.

So stellte es sich jedenfalls den Augen von Jelena Filippowna dar. Das Licht, das sich in diesen Augen entzündete, verschmolz mit dem milden Mondschein über dem Wasser und bildete eine Brücke zwischen ihrem weißen Leib, der heiß unter dem Wasser bebte, und Timurs jungem, männlichem Körper. Der magische Augenblick, der auf dem Friedhof Leben in ihr entfacht hatte und der jetzige, der sich so von der Leere der Tage abhob, die der Stunde gefolgt waren, da der herrliche Phallus verschwunden war und nur ein glitschiges Klümpchen als reale Spur seiner Anwesenheit auf den grünen Blättern zurückließ, die nicht mehr in der Sonne glänzten und da er selbst in der alltäglichen Maske automatischer Gesten aus dem Blätterwerk hervorgetreten war – zwar erkennbar, doch ohne seine vorherige Macht. Vorhin hatte er seine

Ankunft mit einem Pfiff angekündigt und war am Ufer erschienen – aber als Bandenführer und Organisator aufgemacht. Er liebte es, so aufzutreten, aber es fiel ihm nicht leicht, sich ihr so zu zeigen. Jetzt war alles anders:

Er hatte sich von der toten Hülle seines gewöhnlichen Erdendaseins getrennt und trat ihr in seiner wundervollen, nackten Männlichkeit entgegen – ganz wie an jenem Tag auf dem Friedhof, als habe er sich ganz in das lebendige, glitschige Glied aus Fleisch und Blut, in etwas Gigantisches verwandelt, was jetzt sie und den ganzen See beherrschte. Vom Mondschein aus dem Dunkel des für sie nicht erkennbaren gegenüberliegenden Ufers gerissen, erfüllte es den ganzen Horizont, schrecklich, unglaublich lang glänzte es matt über dem dunkel glitzernden Wasser.

»Kein Glied, sondern ein ... Schwanz!«, dachte Jelena Filippowna, wieder erstaunt über sich selbst, und ein freudiger Schauer lief über ihren Körper, während sie ihren Gedanken in diesem einzig möglichen Wort formulierte. In demselben Augenblick bewegte sich ihr Körper fast unbewusst unter dem Wasser, vollführte jene rettende Bewegung, die sie fähig machte, sich aus dem Wasser zu erheben. Aber von der Seite war nur ihr Kopf zu sehen, der langsam über der Oberfläche des Wassers glitt und in dem die Augen dunkel leuchteten, die all das widerspiegelten, was der Blick auf dem Weg fand. Es war noch keine Sekunde vergangen, seit die verzauberte Wirklichkeit, der Traum sich zusammengezogen, verkürzt hatte und dadurch der Realität die Möglichkeit wiedergegeben hatte, durch die Berührung zweier menschlicher Körper Leben zu werden.

Timur war ganz nahe vor ihr, sein ausgestrecktes Glied, dem die Eier als Piedestal dienten, berührte kaum das Wasser. Er hielt es in der Hand, die regelmäßig an ihm auf und ab glitt, während es unaufhaltsam ihrem Gesicht immer näher kam. Jelena Filippownas Augen blieben an ihm haften, erfüllten sich mit ihm, und sie fühlte seine Macht mit ihrer Haut, mit ihrem ganzen Leib; ihr schien, dass das verdoppelte, verzehnfachte Glied sie berührte, sie erfasste, sie gleichzeitig überall durchdrang, am Unterleib, unter den Hinterbacken, zwischen den Beinen, so wie sich unter dem Wasser verbarg und verteidigte. Dieses unerwartete Gefühl brachte sie fast um ihr Bewusstsein, sie gab sich ihm passiv hin. Von ihren Lippen kam ein leiser Seufzer.

Da senkte sich die zweite Hand Timurs zu ihr, griff unter der Wasseroberfläche nach ihrer Schulter, drückte sie und zwang sie in der Lage zu bleiben, in der sie sich befand. Ein tieferer Seufzer entrang sich ihren Lippen, während Timur, immer noch masturbierend, unauffällig aber unaufhaltsam sein riesiges Glied dem weißen, über dem Wasser hinausragenden Gesicht mit den unbeweglichen glühenden Augen näherte.

Das riesige, angeschwollene Organ, das mit einer indigofarbenen Emaille bedeckt schien, befand sich auf der Höhe des Mundes von Jelena Filippowna im Umkreis ihres Atems, wärmte sich in diesem Atem, nährte sich von ihm und erhielt neue Kraft. Ihr schien, dass diese glänzende runde, keilartige Schnauze mit der einzigen geheimnisvollen Öffnung in der Mitte, eine Ewigkeit unbeweglich vor ihr verharrte, während sie sich unmerklich rhythmisch seiner ganzen Oberfläche entlang verkürzte, die so glatt und so gespannt war, so dünn, dass sie die Farbe des Blutes annahm, das unter ihrer Haut pulsierte und jeden Augenblick herauszuspritzen drohte. Es war unbegreiflich, was weiter geschehen würde; verbarg diese Schnauze mit der geheimnisvollen Öffnung eine unbekannte Gefahr oder würde sie gleich einem Pfeil abschießen oder ein tödliches Gift verspritzen oder sich selbst als eine ekelhafte Nascherei anbieten? Ehe sie ihre Zweifel gelöst hatte, näherte sich die Schnauze noch mehr und berührte ihre Lippen. Timur drückte mit aller Kraft auf das knotenhafte, lange, zitternde Tier mit der geheimnisvollen Schnauze, das in seiner Hand lag. Jelena Filippowna gab nach und ließ es ihren Mund ausfüllen. In der Suche nach Rettung wollte sie es schlucken und damit vernichten. Aber ihre Arme klammerten sich um Timurs gebogenen nervösen Rücken, denn sie fühlte, dass ihr Körper nach hinten fiel. Das Glied drang in ihre Kehle und erfüllte sie mit dumpfem Schmerz, als hätte es sie von innen her gebissen. Sie zuckte zurück. Aber im gleichen Moment empfanden ihre Lippen den aufregenden Kontakt mit dem pulsierenden, lebendigen, gespannten Leben. Da schmiegte sie sich mit den Lippen, die die ihm gemäße Form annahmen, eng an das Glied. Es zitterte und wand sich in ihr und brachte ihr tiefe atavistische Befriedigung. Jelena Filippowna hatte noch nie etwas derartiges erlebt, niemand hatte es je gewagt, ihr einen solchen Akt aufzuzwingen und dazu noch auf solche grobe, gewalttätige Art, und noch nie hatte sie ihn mit solcher tiefen Wollust, mit solch intensiver Teilnahme und mit solchem Genuss ausgeübt. Früher beschränkte sich der Akt für sie auf einen Scherz, einen Kuss, einer immer verschmähten Hingabe an den Geliebten. Dass es dieses Mal anders war, hatte viele Ursachen: vielleicht hatte die Leidenschaft der Gefühle, die Timur bei seinem ersten Erscheinen in ihr entfachte, mit lautem Sirenengeheul ihre Weiblichkeit erweckt; vielleicht waren es die außergewöhnlichen Maße seines Gliedes oder ihre eigene bewusste und eindeutige Annahme dessen, was er ihr stillschweigend versprach und was ihr möglich und erwünscht erschien; vielleicht die unge-zügelte, von Zauber umgebene Erotik, die an diesem Abend herrschte, vielleicht die Tatsache, dass sie heimlich hierher gekommen war oder alles zusam-men. Jedenfalls nahm dieses Mal Jelena Filippowna selbst das männliche Glied in den Mund und sie tat es mit bewusster Freude, mit Wollust, mit einem Gefühl, in dem sich Schrecken, Abscheu, Mitleid, der Wunsch, das Ding zu besitzen, es sich anzueignen und vor allem die völlige Hingabe an die eigenen Instinkte und die eigene Lüsternheit mischten.

Ihr Mund griff rhythmisch an und zog sich ebenso rhythmisch zurück, er sog sich fest, und sie selbst hielt sich weiter mit beiden Händen an der Taille Timurs, während sie sich mit den Knien auf den Grund des Sees aufstützte. Das Glied erfüllte dick und hart ihren Mund, aber sie begann es in ihre Gewalt zu bekom-men, indem sie es mit der Zunge bearbeitete – es tiefer schob, dann wieder zum Ausgang dirigierte und dabei mit der Zungenspitze leicht an sein gedunsenes, glitschiges Köpfchen stieß. Sie sah, wie der Zylinder glänzte, der in der Dunkelheit des dicht mit Haaren bewachsenen Bauches von Timur verschwand, und dort unten erriet sie die schwankende Masse der Eier. Sie hielt es nicht aus und berührte sie mit der Hand, ihre Finger griffen nach ihnen und begannen diese sat-ten, schwingenden Zutaten der Männlichkeit zu drü-cken und zu streicheln.

Unter der schwarzen, undurchdringlichen Wasser-oberfläche befand sich ihr Körper in einer einzigen kalten und unbeweglichen Umarmung, aber Jelena fühlte, wie ihre Haut von den Füßen bis zum Hinterkopf von Millionen heißen brennenden Stichen durchdrungen wurde, und zwischen ihren Beinen glühte der flüssig – feuchter als das Wasser – der weichgewordene und offene Sex. Das Gefühl schmerzender, hoffnungsloser Leere, die von der verzweifelten Spannung des kleinen erhobenen Kitzlers, der im Geschlecht aufgeblüht war, nicht verringert, sondern im Gegenteil verstärkt wurde – erfüllte sie. Und nur die Gewissheit, dass alles, was da vor sich ging, nur ein Vorspiel zu dem sein konnte, was sie noch zur völligen gegenseitigen Befriedigung tun würden, verwandelte den Akt des Vorspiels selbst in ein Vergnügen und befreite sie von den Qualen der Ungeduld.

Erst jetzt bemerkte sie, dass sie nicht allein waren. Hinter dem Rücken Timurs und rechts von ihr leuchteten in der Dunkelheit weiße, nackte Körper, die sich auf der Wiese bewegten. Man sah die athletische Figur von Gora, der, von den Beinen Dunjas in der Taille umschlungen, auf seinen kräftigen, ausgestreckten Beinen schaukelte. Dunja presste ihren ovalen Hintern an seinen Bauch, sie schaukelten im gleichen Rhythmus – sie erzitterte unter den Stößen seines Schafts, auf den ihre weiblichen Geschlechtsorgane gespießt waren. Obwohl sie sich mit den Händen auf die Erde stützte, was ihm half, sein Geschlecht in sie zu versenken, und ihr das Gleichgewicht zu behalten, gelang es der Frau nur mit Mühe, auf der gleichen Stelle zu bleiben, und sie bewegte sich immerzu weiter nach vorn, wie eine unschickliche, fleischliche Schubkarre, und Goras kräftige Hände stützten ihren weichen Bauch oder drückten ihre großen, festen Brüste.

Tarakanow saß, seine Schwester Olga, die ebenso wie er nackt war, umarmend da und beachtete sie nicht; beide waren in den Anblick der Paarung von Lildor und Vadik versenkt. Der dünne, vertrocknete, wie in gegerbtes Leder gezwängte Körper Olgas war von Keuschheit erfüllt und erinnerte an den von Pfeilen durchbohrten heiligen Sebastian, wie er auf alten Gemälden dargestellt wird. Aber die Pfeile, die sie verwundend durchbohrten, waren in Wirklichkeit mitleidige Strahlen, Abgesandte der Schönheit und des reichen Jubels der Liebe, der von dem jungen Paar ausging. Um seinen Leib gewunden verging das Mädchen vor Lust und Genuss. Sie hatte sich mit der Liebe des Mannes ausgesöhnt. Die schöne Stimme Vadiks hatte sie bezaubert, sie nährte sie mit ihrer Trauer; seine herzlichen Manieren, seine Fähigkeit zärtlich zu sein, beglückten sie. Und so gab sie sich ihm jetzt, alles andere in der Welt vergessend, hin.

Jelena Filippowna erblickte sie erst jetzt. Aber sie konnte oder wollte nicht sehen, was dort auf dem dunklen Ufer vor sich ging und was die Gestalten machten, die kleine Gruppen zu zwei oder drei menschlichen Körpern bildeten. Sie wollte nicht wissen, wer sie sind. Das Bewusstsein, dass ihre Handlungen sich durch nichts von dem unterschieden, was sie mit Timur tat, genügte ihr. Aber selbst wenn es anders gewesen wäre, würde sie sich nicht um sie kümmern, weil jetzt alles in ihr sich auf ihren Körper konzentrierte, der auf den Knien im Wasser lag, auf dem Glied Timurs und seiner mächtigen Gestalt, die sich über ihr erhob, den Horizont und das umliegende Leben vor ihr verbergend.

Wenn jedoch für sie die tobende Sinneslust der anderen nur einem fernen Orchester glich, das unaufdringlich im Gleichklang mit ihrer eigenen Musik ertönte, so war es bei den übrigen oder bei einigen der übrigen ganz anders. Matza saß mit seinem eiförmigen Glatzkopf und den abstehenden Ohren nackt und grau wie eine Eidechse im Dunkeln am Rand des Sees zwischen Marinas mächtigen Schenkeln. Sein Gesicht war Jelena Filippowna und Timur zugewandt, aber seine kurzsichtigen Augen vermochten im blassen Mondlicht nicht zu erkennen, was sie taten. Marina, die halb ausgestreckt auf einem geblümten, auf dem Gras ausgebreiteten Schal lag, sah, den Kopf auf die Hand gestützt, den beiden zu und erzählte ihm, was sie machten. Die weißblonden Haare Marinas, die wie immer ordentlich in einen Zopf geflochten waren, glänzten im Mondlicht. Ein Widerschein lief von ihnen auf die hohe Brust, die runden Schultern und den Bauch auf ihren ganzen milchweißen Körper.

»Jetzt hat sie aufgehört an ihm zu saugen, hat es aus dem Mund genommen, und sich mit all ihrer Schwere an seinen Körper gehängt. Schau, sie ist aus dem Wasser aufgetaucht, ihre Brust ist ganz über der Wasseroberfläche. Sie hat sich mit den gespitzten, nach oben gestellten Brustwarzen an seinem Penis gerieben, ihn dann zwischen die beiden Brustwarzen platziert und leckt jetzt an seinem Köpfchen. Timur schiebt seine Hand unter ihre Achseln, um sie zu stützen. Jetzt nimmt sie ihre Brüste in die Hände und bietet sie Timur wie zwei Schüsseln dar, zwischen denen der dicke Stängel der flammendroten Blüte hin und her schwankt...«

Marina wandte für einen Augenblick die glänzenden Augen von dem Paar im Teich ab und richtete sie auf Matza. Ihre gleichmäßigen Zähne leuchteten in einem leidenschaftlichen Lächeln auf: »Die Blume, die du uns wiederzuerringen halfst, Gleb!« Matza lag wie ein alter, von der Zeit ausgedörrter und von Wind und Regen schwarzgewordener Stamm zwischen ihren rosigen fleischigen Schenkeln. Seine trockene, griffige Hand legte sich auf Marinas Hand, die willenlos in der Furche zwischen ihrem Becken und ihrem Bein lag und drückte sie leicht zum Zeichen des Einverständnisses und der Anerkennung. Mit der zweiten Hand hielt er sein wie bei einem Ziegenbock spitzes Glied, unter dem ein sonderbar großer, bärtiger Hodensack mit den Eiern baumelte. Er glich seinen großen Ohren, und wenn man der Volksweisheit Glauben schenkte, musste Matza ein Mann von großer Energie sein, der gewiss hundert Jahre alt werden würde.

»Aber die Blume der Fruchtbarkeit existiert nicht und sie blüht niemals, deswegen kann sie niemand finden«, seufzte er. »Diese Blume erblüht in Wirklichkeit nur hier«, fügte er hinzu und legte die Hand an die großen Schamlippen Marinas – »hier erblüht sie in Fleisch und Blut und hier zersetzt sie sich auch wie eine verfaulte Rose des Lebens, kraftlos geworden, durch die Lust, hier biegt sich ihr Stängel und stirbt.«

»Nein, so weit ist es noch nicht gekommen«, sagte Marina, nahm ihn am Handgelenk und drückte Matzas Hand stärker an ihre Scham. »Schau, Gleb, sie saugt schon wieder an ihm. Sie ist wunderschön! Ihr unendlich reines Gesicht mit diesem Stierschwanz im Mund! Und er windet sich in ihr und die Hände der Frau strecken sich ihm entgegen, sie sind auch rein und wunderschön, fast durchsichtig und körperlos neben diesem primitiven Tier mit seiner blind herausgestreckten Anhäufung von Urzellen. Ihre Brüste schaukeln auf dem Wasser, wunderschön wie ihre Hände, etwas länglich mit aufgestülpten Spitzen, sinnlicher als meine ... Oh, ich würde sie auch küssen! ...« Marina zuckte zusammen, sie hatte Matzas Finger auf ihrem Kitzler gespürt. »Jetzt will er, glaube ich, dass sie aufsteht, aber sie widersetzt sich. Er ist stärker und zieht sie zu sich. Sein Glied ist aus ihrem Mund geglitten, sie versucht es zu fassen, führt es sich im Gesicht herum, gibt es nicht her, reibt es an ihre Stirn, an die Ohren, an die Nase. Siehst du sie nicht, Gleb? Er will sie hochheben, aber sie ist wie trunken, will ihm das Glied nicht wiedergeben, versucht es an ihrem Kinn, an ihrer Kehle zu zerquetschen, während er sie hochzureißen bemüht ist. Jetzt hat sie es loslassen müssen. Er hat sie hochgezogen und sein Schwanz ist über ihre Brust geglitten, zwischen ihnen hindurch auf den Bauch, zwischen die Beine, in die Fotze, Gleb ... er steckt es in sie hinein und sie hängt an ihm ... Nein, er hat sie auf die Arme genommen und trägt sie fort. Siehst du sie, Gleb? Er trägt sie aus dem Wasser...« Marina hatte sich hochgestreckt und saß fest, während sie versuchte, Timur mit dem Blick zu folgen, der mit Jelena Filippowna auf den Armen in Richtung des dichten Buschwerks am anderen Ufer des Sees davonging. Sie folgte ihnen mit den Blicken bis sie verschwunden waren, dann fiel sie zu Boden, spreizte die Beine und öffnete, die Hand Matzas fortstoßend, selbst mit ihren Fingern die großen Schamlippen so weit wie möglich und zeigte so die ganze Höhle ihrer Vagina.

»Sieh mich an«, sagte sie mit heiserer Stimme. »Sieh, was ich, glücklich über meine Unanständigkeit, tue. Ich genieße es, dass man mir zusieht. Dein Blick öffnet mich, vergewaltigt mich schlimmer als ein Glied, er ist ein schlimmerer Vergewaltiger als der Schwanz Timurs. Sieh mich an, sieh meine Finger ... wie sie arbeiten. Jetzt, sieh, ich nehme meine Beine noch weiter auseinander, ich zeige sie dir ganz, bis zum Ende ... Geh hinein in sie, geh hinein mit deinem wissenden Blick ... verurteile mich ... Ja ich bin geil! Verurteile mich, Widerliche! Verurteile! Ich gebe mich der Onanie hin, ich gebe mich hin, ich übergebe mich dir, du kannst mich töten, wenn du willst. Sieh die

wollüstige Blume der Unanständigkeit, meine unzüchtige Blume, die Blume des heidnischen Gottes,
sieh meine schändliche Fotze an, wie sie fließt, wie sie
fließt ... Deine Augen zersetzen sie, ich weiß, wie
widerlich sie jetzt ist, du hat sie zerrissen und trittst in
meine Seele ein ... Du verschlingst meine Seele, Gleb,
ich werde fertig für dich, ich gehe zu dir, fühlst du es?
Fühlst du, wie ich fertig werde? Sieh! Oh, oh, das ist
unerträglich, ich sterbe ... Der Dolch deines Blickes ...« Erschüttert von konvulsivischem Zittern, gab
Marina ein wollüstiges Röcheln von sich, während
sich ihre Finger immer noch an der geöffneten Vagina
zu schaffen machten. Dann beruhigte sie sich, lag
unbeweglich da und gab sich mit gelockerten Muskeln einer süßen Erstarrung hin. Und da ließ sich
Matza, aufgewühlt von der Opferung, die vor seinen
Augen und als Anerkennungsakt für ihn vollzogen
worden war und dessen Blut fiebrig in seinen Schläfen
pochte – ein unmenschlicher Hammer, der seinen
Schädel zu zerschlagen drohte – der vor Erregung zitternde Matza, zwischen den Beinen Marinas nieder,
sodass sich sein Gesicht nur einige Zentimeter von der
in Feuchtigkeit getauchten Scham befand. Sie lag, den
Kopf im Nacken, den Blick unbeweglich in den Himmel gerichtet, da und ihr herrlicher Körper badete im
Mondlicht. Aber vor dem Gesicht Matzas, der zwischen ihren Beinen lag, stand nur die durch die Nähe
vergrößerte, von der Wollust angeschwollene Scham
des jungen Frauenkörpers, der, vom Spiel der Schatten unterstrichen, gewellt aus den blonden Haaren
hervortrat.

Matza war wieder einmal von der Richtigkeit einer
Feststellung verblüfft, die er schon vor langer Zeit in
Bezug auf die weiblichen Geschlechtsorgane gemacht
hatte, die seiner Meinung nach die Eigenschaften

zweier entgegengesetzter Körper vereinen, weil sie gleichzeitig eine reine Höhlung sind und eine plastische Konstruktion und auf beiden Gebieten maximale Möglichkeiten erreichen: eine unermessliche Aufnahmefähigkeit als Höhle und eine grenzenlose Veränderungsfähigkeit der Formen als plastische Konstruktion.

Matza quälte sein Ziegenbock-Glied, bis es sich von der geistigen Sinnlichkeit entflammt, aufrichtete und der komplizierten, ständig veränderten Formen erfreute. Sie glichen Bakterien, die sich unter dem Mikroskop vereinen und wieder zerfallen. Er sog den Anblick dieser Zellenkolonien in sich auf, die von Empfindungen in Bewegung gesetzt, Bilder bildeten; versenkte sich ganz in die Chemie des von Neigungen, Reaktionen, Anziehung und Abstoßung dirigierten Organismus. Er versuchte, das undurchdringliche Geheimnis der erotischen Erregung zu lüften, die nicht im Organ an sich existiert, sondern in den magischen Momenten durch das Zusammenkommen einer zahllosen Menge von Elementen entsteht. Und da weder Gesicht noch Gehör ihn befriedigen konnten – obwohl ihm Formen und Geruch durchaus Freude bereiteten – griff er zur Berührung – der in diesem Fall unmittelbarsten Erkennungsform, zum Kontakt der Sexualität mit dem sexuellen Fleisch, dem Fleisch der Zunge. Seine Zunge berührte leicht die Lippen von Marinas Scham und genoss alle Empfindungen, die das ergab, langsam, ohne Ungeduld. Seine Zunge war so heiß, dass ihm diese Lippen zunächst kalt erschienen. Vor ihm hatte sie in jenen Augenblicken, die dem Orgasmus folgten, bereits die nächtliche Frische berührt. Dann ging er daran, sie mit seinem Atem zu erwärmen, und erst nach einigen Sekunden begann er sie zart und nachdrücklich zu lecken. Aber nach und nach begann sein Rückenmark, sein bebendes Glied, sein ganzer Körper – ein Bündel gespannter Nerven – herrische Signale des Begehrens auszusenden, um das Vergnügen endlich konkret zu gestalten, den Kontakt zu vertiefen. Das fiel mit dem Wunsch der Frau zusammen, die vor Wollust verging: zwei Wellen trafen sich und verdoppelten vereint ihre Kraft. Matza ging von der leichten Berührung zum sinnlichen Lecken über und wühlte mit der Zunge in der Tiefe des weiblichen Organs herum, das wieder genussvoll pulsierte. Der Leib Marinas erzitterte, von dieser Liebkosung durchdrungen, und sie streckte ihr Becken angestrengt nach vorn, um Matzas Mund ganz nahe zu sein. Er leckte sie noch einmal mit der breiten flachen Zunge und bedeckte die Vagina von unten herauf, dann kitzelte er mit der Zungenspitze leicht den Kitzler. Seine Erregung erreichte ihren Höhepunkt, der lange Zeit mit aller Nervenanspannung zurückgehaltene Orgasmus klopfte in den Schläfen und hielt den ganzen Körper gefangen. Nur seine schnelle, trunkene Zunge setzte seine Bewegung um Marinas Kitzler fort, die ihre Hand auf seinen Kopf gelegt hatte und ihn begeistert bis aufs Blut kratzte. Sie stöhnte, stieß durch ihre Unanständigkeit aufreizende Worte aus und ihr Orgasmus kündigte sich bereits in der wachsenden Kraft ihrer glatten, weiblichen, vollen Beine an. Sie bogen sich allmählich zusammen und Matzas Kopf wurde auf diese Weise ihr Gefangener. Es fiel ihm immer schwerer, zu atmen, sein Mund presste sich an Marinas Vagina, der Kopf verheddderte sich zwischen Marinas Beinen, aber seine Zunge setzte ihre Tätigkeit unermüdlich fort – allem anderen, was nicht mit der in ihm angehäuften wahnsinnigen Wollust zusammenhing, gegenüber gleichgültig. Sie drohte seinen ganzen Körper in sich aufzunehmen, seine ganze Energie und sein Herz schlug verzweifelt, ihr Blut nährend und sein Geist explodierte, bemüht, ihr alles Licht zu geben, zu dem er fähig war. Die eisernen Schenkel Marinas umklammerten ihn weiter wie eine Zange. Matza fühlte, wie er in einen dunklen Abgrund stürzte und versuchte mit der verzweifelten Kraft des Selbsterhaltungstriebes den Fall zu vermeiden, doch in diesem Moment wurde er vom Kopf bis zur Spitze seines Geschlechtsorgans von dem Dolch des Orgasmus durchstoßen und mit ihm kam der Siegesrausch der Freude, des Lebens, der Lust. Während er bar jeglicher Wünsche seinen Widerstand aufgab, schloss die Frau im Zustand des unabänderlich eintretenden Orgasmus die Schenkel-Zange und drückte Matzas kleinen Kopf unwiederbringlich zwischen ihren runden Knien zusammen. Er hörte das trockene Knacken nicht mehr, das Marina entsetzte und mit dem jähen Erzittern, das sie daraufhin durchlief, ihren Orgasmus verhundertfachte, er fühlte nur eine neue Welle zerschmelzender Lust, die durch das Gehirn weitergeleitet, über seinen Körper lief und mit dem Leben lebendigen Samens aus ihm trat. Sein Kopf fiel willenlos in Marinas Schoß und erstarrte bewegungslos.

Jackie Collins

Eine scharfe Waffe *

Rio zog Freaks und Lesbierinnen an wie eine läufige Hündin Rüden. Sie umschwärmten sie in kleinen, aufgeregten Gruppen, extravagant ausländisch gekleidet, *high* von allem, was ihnen so in die Hände fiel, tratschsüchtig, boshaft.

Rio störte es nicht. Sie kam mit jedem gut aus, wenn die gegenseitige Beziehung nur einigermaßen warm und großzügig war. Sie suchte in jedem nach dem Guten, und wenn sie nichts fand, dann suchte sie noch einmal.

Rechtschaffene Männer waren ihre einzige Schwierigkeit. Wie Larry Bolding zum Beispiel. Sie fand, dass sie so voll lächerlicher Rücksichtnahmen waren, so voll Unaufrichtigkeit und anderem derartigen Schiet. Es widerte sie an. In ihrer Gesellschaft wurde sie kratzbürstig und hart.

Rio war vorher noch nie in London gewesen, aber sie hatte dort Freunde, die sehnsüchtig auf ihre Ankunft warteten: Peaches, das sagenhaft schöne, blonde Modell, das einst ein Mann gewesen war, und Perry Hernando, ein homosexueller mexikanischer Sänger, stets in London auf Achse, um neue Talente zu entdecken.

Sie kamen zusammen mit anderen in ihr gemietetes Apartment, brachten Champagner mit und rauchten irgendein unglaubliches Zeug, das eine mittelalterliche amerikanische Lady in tief ausgeschnittenem Schwarz zu Tage beförderte. Dann brachten sie in Autos und Taxen Rio triumphierend ins *Tramp*, laut Peaches und Hernando der einzige Ort, wo man in London hingehen konnte.

Genau dort wollte Rio auch hingehen. Es war genau der Ort, an dem Angelo Bassalino nachts mit seiner Lady der Woche auftauchte.

Sie kannte all die Orte, wo er hinging, all seine

Gewohnheiten. Im Moment schlief er mit einer dünnen, blonden, unbekannten Schauspielerin und mit einer verheirateten Frau, die vier Kinder und einen fetten, reichen Ehemann hatte, außerdem mit einem weiblichen Blackjack-Croupier von einem der Casinos.

Er liebte die Frauen, egal von welcher Figur, Größe oder Farbe. Er hatte keine speziellen Vorstellungen.

Rio hatte sich keinen Aktionsplan zurechtgelegt. Sie fühlte sich sehr sicher und zuversichtlich. Sie kannte sich mit Leuten aus, sie wusste, dass sie sich in ihrem Kopf festsetzen konnte, wenn sie nur wollte: Es würde ein leichtes sein, die richtige Entscheidung zu treffen, wie Angelo zu zerstören war.

Hätte sie doch alle drei für sich gehabt, Frank, Nick *und* Angelo. Es war ihr Plan. Sie hätte niemals jemandem etwas davon erzählen sollen, sie wäre ganz gut allein damit fertig geworden.

Beth und Lara, was wussten die beiden schon, wie man jemanden erledigte, aus jemandem ein Wrack machte, wie man die schwachen Punkte fand und so lange bohrte, bis das Gehäuse zusammenfiel.

Sie wussten, wie man einen Kerl so weit brachte, dass er mit einem ins Bett ging, aber, verdammt noch mal, das war auch schon alles. Nicht so Margaret, sie hätte es tun können. Margaret war eine Hexe, sie wusste alles.

Rio konnte sich noch gut daran erinnern, wie sie sich zum ersten Mal gesehen hatten. Es war Winter gewesen, ein eisig kalter Winter, und sie erinnerte sich noch sehr deutlich daran, wie sie zunächst daran gedacht hatte, das Gebäude in Brand zu setzen. Es war ein absolut irrer Gedanke, aber zu jener Zeit war sie zu allem fähig gewesen.

Das wäre ein Abgang gewesen! Ein großes, loderndes Flammenmeer! Aber dann hatte sie an all **die**

Leute gedacht, die darin wohnten, und außerdem, wozu sollten die Abschiedszeilen an Larry Bolding gut sein, wenn auch sie in Flammen aufgingen? Dieser Scheißkerl sollte es büßen! Sie wollte ihn und seine gottverdammte politische Karriere ruinieren.

Sie hatte sich ihr Gesicht sehr sorgfältig, sehr extravagant mit exotischen Farben geschminkt und sich ein langes, eng anliegendes rotes Halston-Kleid übergestreift. Schließlich war sie ein Superstar, und es war ganz sicher nicht ihre Absicht, still und heimlich von der Bildfläche zu verschwinden.

Sie war *high*. Ein bisschen LSD sollte ihr beim letzten Trip helfen.

Es war drei Uhr morgens, als sie irgendeine irre Musik anstellte und auf volle Lautstärke drehte. Sie nahm das Rasiermesser, das Larry bei ihr liegen gelassen hatte – er mochte keine elektrischen Rasierapparate – und ließ die scharfe Rasierklinge herausgleiten. Damit schnitt sie sich eine tiefe Linie in die Innenseite ihres rechten Handgelenks, dann am anderen. Es tat nicht weh. Es war schön, wie das Blut hervorsprudelte. Es hinterließ Flecken auf ihrem Kleid. Sie lachte. Seit Monaten hatte sie sich nicht mehr so großartig gefühlt. Keine Verpflichtungen, keine Sorgen, nichts.

Sie lachte, bis sie in Ohnmacht fiel, das Blut sprudelte aus den Schnittwunden auf den sauberen weißen Teppich.

Was danach geschehen war, hatte sie nur durch einen Nebel wahrgenommen: Margarets Gesicht, sehr nahe, sehr besorgt. Dann das Gefühl, hochgehoben und getragen zu werden. Stimmen, immer gedämpft und weit weg. Und dann das Aufwachen – wie viele Tage später? Zwei, drei? Und Margaret Lawrence Brown saß am Tisch und schrieb. Langes schwarzes

Haar, von einer Brille mit getönten Gläsern aus einem markanten Gesicht zurückgehalten.

Rio konnte sich nicht rühren. Sie lag in einem seltsamen Bett in einem seltsamen Raum, ihre Arme waren bis zu den Ellbogen hinauf bandagiert.

»He«, brachte sie über die Lippen. Margaret hob den Kopf und blickte sie mit einem direkten Blick aus ihren grünen Augen an. Ungeschminktes Gesicht, volle Lippen – kein schönes Gesicht, nicht einmal hübsch, aber ein Gesicht von solch enormer Wärme und Attraktivität, dass Rio sie auf den ersten Blick mochte. Ein seltsames Gefühl, denn was sollte der ganze Blödsinn eigentlich – sie wollte ja gar nicht hier sein.

Über Margarets Gesicht huschte ein Lächeln. Sie stand auf. Groß, kleinbusig, in einem lockeren T-Shirt und Jeans. »Ich glaube, du hast's geschafft«, sagte sie mit rauer Stimme. »Eine Zeit lang stand es Spitz auf Knopf, aber mein Gefühl sagte mir, dass du durchkommen würdest. Ich bin Margaret, ich wohne neben dir, und zufälligerweise bin ich durch das Gedröhne schier aus dem Bett gefallen. Und weil es sonst immer bei dir so ruhig war, bin ich rübergegangen, um mal nachzusehen. Du hättest ein umwerfendes Bild für die Zeitungen abgegeben – das rote Kleid und das Blut und der weiße Teppich. Fast war es schade, dich zu retten, aber Kindchen, so was darfst du wegen eines Kerls nicht tun!« Margaret schüttelte vorwurfsvoll den Kopf. »Larry Bolding ist 'n Scheißkerl. Ich brauche ihn gar nicht erst zu kennen, um dir zu sagen, dass er 'n Scheißkerl ist. Kindchen, wir werden uns doch nicht wegen solcher Scheißkerle das Leben nehmen!«

Margaret pflegte sich immer deutlich auszudrücken.

Rio blieb zwei Wochen bei ihr, bevor sie wieder in ihr eigenes Apartment zog, und sie lernte in diesen zwei Wochen mehr, als sie bisher in ihrem Leben gelernt hatte.

Margaret war eine dieser seltenen Ausnahmen, eine wirklich selbstlose Person. Sie wollte im Leben nichts anderes als Gutes für andere tun. Sie gab ihre Zeit, ihre Energie, ihr Leben her für jede Sache, die sie für wert hielt. Und es packte sie ein beißender, wütender Zorn über die Art, wie Frauen als Bürger zweiter Klasse behandelt wurden. Sie wollte verändern, und sie saß nicht wie die meisten anderen Leute nur herum und redete darüber, sondern sie ging hinaus und tat, was sie konnte.

Im Schummerlicht des *Tramp* beobachtete Rio von einer Nische aus, wie Angelo Bassalino hereinkam. Sie ließ ihren Blick lange forschend auf ihm ruhen. Er war mit einer mageren kleinen Blonden gekommen.

Rio hatte nicht vor, Zeit zu vergeuden. Sie ging zu seinem Tisch hinüber und ließ sich dort nieder.

»He, Angelo«, sagte sie, »was stimmt an dem Gerede, dass du der stadtbeste Hengst bist?«

Angelos Wohnung in Mayfair war klein. Wohnzimmer, Küche, Bad. Bei der Einrichtung war er im Schlafzimmer etwas verschwenderischer gewesen. Die schwarzen Wände waren mit Leoparden- und Tigerhäuten behangen, der Boden mit sieben Zentimeter dicken Fellen belegt, die Decke war ein Kaleidoskop verschiedenfarbiger Spiegel. Das Bett dominierte. Alles daran funktionierte elektrisch: Auf Knopfdruck begann es langsam zu kreisen, auf Knopfdruck stellte sich der Fernseher oder die Stereoanlage an, sogar die Kaffeemaschine setzte sich auf Wunsch in Gang.

Stolz fragte Angelo : »Gefällt dir meine Bude?«

Rio ließ einen vernichtenden Blick über das Ganze gleiten. »Du solltest dir ein Wasserbett anschaffen, Baby«, war ihr einziger Kommentar.

Sie waren beide blau. Auf Rios einleitende Bemerkung hin hatte sich Angelo beeilt, seine kleine blonde Gefährtin loszuwerden, und hatte sich unter Rios Gruppe gemischt. Sie behandelte ihn aber kühl, schob ihn auf Peaches ab und machte laute Bemerkungen über italienische Sexualprotze.

Mit ihrer exzentrischen Aufmachung, ihren schreienden, fünfzehn Zentimeter hohen Nuttenschuhen, die ihre ein Meter dreiundachtzig große Statur in lächerliche Proportionen streckte, war sie der absolute Mittelpunkt. Sie überragte alle. Ihr dünner, sehniger Körper bewegte sich inmitten der winzigen, überfüllten Tanzfläche in einem Kleid aus durchsichtiger indischer Baumwolle – ein Kleid von der Art, das an manchen Stellen aufsprang und um den Körper gewickelt und gebunden getragen wurde. Silberne Armreifen klimperten reihenweise an beiden Armen, und um ihren Hals baumelten Fruchtbarkeitssymbole. Sie war sehr auffallend geschminkt, und ihre langen, schwarzen Indianerhaare waren aufgesteckt und unter einer leuchtend roten Afroperücke versteckt.

Sie tanzte mit jedem, und von ihr ging eine Sinnlichkeit und Erregung von geballter Ladung aus. Angelo gab sich damit zufrieden, herumzusitzen und sie zu beobachten. Er wusste, dass sie später mit ihm nach Hause gehen würde. Ihre anfängliche Bemerkung war eine eindeutige Aufforderung gewesen.

Er lehnte sich zurück und genoss die Show. Erinnerungen stiegen in ihm auf. New York vor ein paar Jahren. Damals arbeitete er bei seinem Bruder Frank, und eines Tages hatte man ihn zu Billy Express geschickt, um dort ein Paket abzuliefern. »Persönlich«, hatte Frank ihm eingeschärft, »gib's nur ihm persönlich.«

Billy Express war nicht zu Hause, und man sagte ihm, er solle warten. Er war verärgert, denn er hatte keine Lust, den Laufburschen zu spielen. Aber dann hörte er Geräusche, unmissverständliche Geräusche, und er ging der Sache nach. Leise schlich er sich in den weißen Turnschuhen näher an. Die Geräusche kamen aus dem Raum neben dem Arbeitszimmer, wo er warten sollte. Er öffnete die Tür einen Spalt breit und spähte hinein.

Rio und ein Chinese lagen auf dem Boden. Sie war nackt, lang hingestreckt, und der Chinese über ihr hielt sich ganz ruhig, wogegen sie laut stöhnte. Dann und wann bewegte sich der Chinese, grub sich tief in sie hinein, zog sich wieder zurück und verharrte bewegungslos bis zum nächsten kurzen Stoß. Es brachte Rio von Sinnen, und plötzlich warf sie sich ihm entgegen, umschlang seinen Hals mit ihren langen weißen Beinen und begann hemmungslos zu schreien.

Angelo schloss schnell die Tür. Er war scharf wie tausend Chinesen, und sobald er das Paket bei Billy Express abgeladen hatte, ging er schnurstracks zu Claritas Haus, um dort noch eine andere Ladung abzulassen.

»Schon 's vierte Mal die Woche«, hatte Clarita geschimpft, »mit Frank is ausgemacht, zweimal ficken gratis die Woche. Was, zum Donnerwetter, meint er wohl, was ich bin? Ich hab' 'n Geschäft, nich 'n Wohlfahrtsinstitut!«

Angelo hatte diese Geschichte niemals vergessen.

Und nun war Rio Bravo in London, in seiner Wohnung und er war genauso scharf wie an dem Tag, als er Billy Express das Paket ins Haus geliefert hatte. Rio streckte sich, und mit ein paar geschickten Bewegungen glitt das Kleid zu Boden. Sie hatte darunter nichts an und war jetzt nur noch mit den hochhackigen Schuhen und der Perücke bekleidet. Sie war sehr dünn, fast knochig, fast flachbrüstig, aber mit unglaublich schwarzen, harten Nippeln, die weit abstanden. In den Blue-Movie-Kreisen waren ihre Nippel recht berühmt, hatte Billy Express sie doch von allen Seiten gefilmt. Ihre Nippel waren fast genauso berühmt wie Andy Warhols Campbell-Suppendose.

Darauf bedacht, seinen Steifen zu behalten, schlüpfte Angelo aus seinen Kleidern. Er dämpfte die Beleuchtung zu einem roten Dämmerlicht, setzte eine James-Brown-Kassette in Gang.

Rios Blick glitt an ihm hinunter. »Ist es das?«, fragte sie und fing an zu lachen.

Angelo lächelte, nicht ganz sicher, was sie meinte. Sein Schwanz stand gut, ihn konnte sie nicht meinen – immer hatte er ›Oohs‹ und ›Aahs‹ geerntet, kein spöttisches Lachen.

»Also, mein Junge, wo sollen wir anfangen?«

Angelo näherte sich ihr. Er wollte, dass sie ihre Schuhe auszog, ohne Schuhe waren sie ungefähr gleich groß. Die Schuhe gaben ihr den Vorteil, den er nicht mochte. Er fühlte sich klein dadurch.

Mit gespreizten Beinen bewegte sie ihren Körper im Rhythmus der Musik, ihr Becken zu den irren Klängen von *Sex Machine*.

»He«, sagte er, »zieh deine Schuhe aus.«

»Ich mag meine Schuhe aber, Süßer«, gab Rio in übertrieben breitgezogenem südlichem Akzent zurück, »sie geben mir das Gefühl, groß und gemein zu sein, genau die richtige Stimmung, um ungezogene kleine Jungen wie Angelo Bassalino zu verschlingen.«

Er fasste sie um die Taille.

»Zeig mir, was für ein toller Hahn du bist«, fuhr sie im gleichen Slang fort.

Sie bewegten sich im gleichen Rhythmus.

»Get up – get on up – get up – get on up – get up – get up – stay on the scene – get on up – like a sex machine.« Rio stimmte in James Browns Gesang ein, während Angelos Griff immer fester wurde, bis er sie endlich aufs Bett beförderte. Auch als er sie zurückstieß, sang sie immer noch – »get on up«, sang sie, »get up – get it together – right on, baby.«

Er warf sich auf sie, und bevor er wusste, was mit ihm geschah streckte sie ihre langen Beine gerade nebeneinander aus, hielt ihn in sich fest, und mit einer einzigen Bewegung stieß sie ihr Becken nach oben. Und der Druck war so stark, so unglaublich fest, dass er sofort kam.

»He, Baby«, sagte sie, »was bist du – ein Kaninchen?« Ihr Gelächter schwoll an, während Angelo sich wegdrehte und sich klarzumachen versuchte, was geschehen war. Er war eben erst in ihr gewesen, und schon war's passiert. Ein schraubstockartiger Druck hatte mit einemmal alles aus ihm herausgepumpt.

Rio rollte sich auf dem Bett herum. »Wie lange dauert die Erholungspause?«, fragte sie vorwurfsvoll, und mit einem Griff riss sie sich die rote Perücke vom Kopf und schüttelte das glänzende, schwarze Haar frei.

Zu seinen Gunsten muss gesagt werden, dass sein Schwanz bereits wieder steif war. Er war auf die Kontrolle, die er über sich hatte, schon immer stolz gewesen. Er konnte stundenlang so weitermachen, wenn er wollte. Den Körper dem Verstand unterordnen, das war das Geheimnis. Und sein Verstand hatte wahrscheinlich ausgiebig über sie nachgedacht, als er sie das erste Mal gesehen hatte.

Er fuhr mit seiner Zunge über ihre Brüste. »Los, lass uns ficken«, sagte sie direkt, »deshalb bin ich doch hier. Die Sache mit der Zunge können wir später machen.« Sie rollte sich auf den Bauch, und er drang von hinten in sie ein. Als er richtig gut in ihr war, presste sie ihre Beine zusammen und stieß sich ein paar Zentimeter nach oben. Und wieder dieses unglaubliche Gefühl, wieder ein so unnachgiebiger Druck, dass er sich nicht zurückhalten konnte. Und es kam mit großer Macht, mit solcher Stärke, dass aller Verstand nichts mehr half.

»Gott«, rief Rio ärgerlich, »wie lange hast du mit niemandem mehr geschlafen?«

Angelo war erschöpft, wie benommen lag er auf dem Bett. Er schloss die Augen, fünf Minuten Schlaf, und er war wieder bei Kräften. James Brown sang: »It's a Man's Man's Man's World.« Angelo schlief.

Lächelnd stand Rio auf und zog sich an. Ein guter Anfang. Sie stülpte sich ihre Perücke über und tanzte leise vor sich hin summend in ihren verrückten Schuhen im Zimmer herum. Dann schrieb sie mit braunem Lippenstift auf den Badezimmerspiegel: »Das sollte wohl ein Scherz sein!!« Dann ging sie.

Irvin Wallace

*Verbrennen in
verzehrenden Flammen* *

Im Schlafzimmer der Wohnung in der Rue de Téhéran, unbeleuchtet bis auf den Schein von einer kleinen Lampe, warf Hazel Smith ihren Morgenmantel ab, zog sich das durchsichtige Nachthemd über den Kopf und kroch rasch ins Bett, wobei sie sich die Decke bis zu den Schultern hochzog. In dieser Stunde zwischen Mitternacht und Tagesanbruch, als es draußen noch stockdunkel war, wirkte die Stille um sie her unheimlich auf sie. Als sie jetzt auf dem Rücken unter der Decke lag, war sie hellwach.

Das Geräusch des Wassers, das im Badezimmer ins Waschbecken lief, ging ihr auf die Nerven. Rostow erfrischte, bevor er sich auszog, sein vom Wodka erhitztes Gesicht.

Unruhig bewegte sich Hazel unter der Decke und versuchte, sich im Bett zu entspannen. Aber sie wusste, dass es für sie keine Entspannung gab. Jeder Muskel ihres Körpers war vor Erregung verkrampft. Und vor Furcht. Doch unterschied sich diese Furcht, die sie in diesen spannungsgeladenen Minuten vor der Enthüllung des Geheimnisses fast lahmte, von der Angst, die sie vor Nikolai Rostows Ankunft verspürt hatte.

Gestern hatte er ihr im Jardin d'Acclimatation versprochen, gegen neun Uhr zu kommen, um mit ihr einen gemütlichen Abend und eine Liebesnacht zu verbringen. Aber zweimal hatte er angerufen, das erste Mal, um ihr hastig mitzuteilen, er würde sich ein wenig verspäten, und das zweite Mal, um ihr zu sagen, er werde noch immer in der russischen Botschaft aufgehalten, würde aber bestimmt vor Mitternacht bei ihr sein.

Diese Verzögerung hatte Hazel die Abendstunden als endlos empfinden lassen. Sie wollte ihn bei sich haben und die Sache hinter sich bringen, aber als sie ihn schließlich kommen hörte, den unverkennbaren Schritt in den dicken, schweren Schuhen, wünschte sie sich, er hätte überhaupt nicht kommen können. Diese Furcht war wie ein Krampf, der sie befiel.

Als sie ihm zwanzig Minuten vor zwölf entgegenging, um ihn zu begrüßen, war diese Angst, die sie empfand, am ehesten jener unaussprechlichen Angst vergleichbar, die ein Mensch empfindet, der einen langjährigen Freund erwartet, von dem er insgeheim erfahren hat, er sei ein schon seit langem gesuchter Mörder. Dieser Argwohn, der sie quälte, war durch das Wissen in ihr geweckt worden, dass jemand versucht hatte, Matt Brennan gewaltsam aus dem Weg zu räumen, und dass sie allein – ohne es zu wissen –, jemandem das Motiv zu dieser Tat geliefert hatte. Und dieser Jemand war kein anderer als Rostow.

In dem Augenblick, in dem Nikolai Rostow die Wohnung betreten, die Tür abgeriegelt, sie zärtlich in seine Arme genommen und sich mit leisen Worten bei ihr entschuldigt hatte, waren ihre Befürchtungen zunächst wie mit einem Schlag verflogen. Er war noch immer ihr Freund, ihr Geliebter, Gefährte bei hunderten von Verabredungen, und er war hier kein anderer, als er es in all den Jahren in Moskau gewesen war.

Anfänglich war Rostow überreizt und ruhelos gewesen. Überarbeitet, hatte er gebrummt. An diesem Abend hatten die Debatten über die weitere politische Linie der Sowjetunion an seinen Nerven gezehrt, und er hatte sich ihnen nicht früh genug entziehen können. Und selbst dann war er noch nicht sicher, nun frei zu sein. Marschall Sabbin hatte ihn gefragt, ob er jederzeit im Hotel Palais d'Orsay zu erreichen sei, was Rostow verneint hatte, da er einen alten Freund besuchen wolle. Marschall Sabbin, der Hazel in Moskau mehrmals begegnet war, hatte verstanden und nur die

Telefonnummer verlangt, unter der Rostow zu erreichen sein würde. Aber Rostow hatte Hazel gegenüber erklärt, es sei unwahrscheinlich, dass der Marschall ihn in dieser Nacht stören werde, da er selber sehr nach Schlaf verlangte.

In den Stunden, die dann folgten, hatte Rostow sich allmählich entspannt. Einen Arm um Hazel gelegt, hatte er löffelweise Kaviar auf Crackers verspeist und unaufhörlich reinen Wodka hinuntergestürzt. Hazel wusste zwar, dass er unendlich viel Alkohol vertrug, aber nach seinem sechsten Glas hatte sie angefangen, sich zu überlegen, ob es ihr wohl gelingen mochte, ihn völlig betrunken zu machen. Darin könnten einige Vorteile liegen, hatte sie gedacht. Vielleicht konnte sie ihn auf ganz natürliche Weise über die Vergangenheit im allgemeinen und in Wien im besonderen zum Reden bringen.

Nach dem siebten Glas hatte sie versucht, ihn in die Vergangenheit zurückzuführen, aber ihn interessierte im Augenblick nur die unmittelbare Zukunft.

Er betrachtete seinen Wodka und sagte: »Wodka ist der Feind der Liebe nach einem gewissen Punkt.« Er hatte einen Schluck getrunken und fröhlich hinzugefügt: »Aber diesen Punkt habe ich noch nicht erreicht.«

Als das siebte Glas geleert war, hatte er es ein wenig unsicher abgestellt. Dann hatte er sie in seine Arme genommen und angefangen, sie leidenschaftlich zu küssen und zu liebkosen. Leise sprach er ihr von ihrer gemeinsamen Zukunft. Dabei wurde es Hazel bewusst, dass die paar Gläser, die sie getrunken hatte, eins auf zwei oder drei der seinen, nicht genügt hatten, um ihre Schuldgefühle zu dämpfen. Jetzt sagte er: »Meine Milotschka, wir werden noch mehr solche Nächte haben wie diese, das verspreche ich dir. Schon sehr bald solche Nächte, wenn wir wieder in Moskau sind. Ich werde meinen Urlaub nehmen, und du, Milotschka, wirst mit mir zusammen sein.«

»Aber deine Frau, Niki ...?«

»Diesmal nicht. Sie kehrt nicht mit mir nach Moskau zurück. Nach der Konferenz reist sie mit Marschall Sabbins Frau und noch drei Frauen anderer Delegierter nach Bombay. So schnell kommt sie nicht zurück. Natascha wird mindestens drei Wochen in China bleiben.«

»Ich dachte, du hättest Bombay gesagt?«

Seine Augen hatten sie in einer vorübergehenden Verwirrung glasig angeblickt. »Habe ich das gesagt? Bombay? Ach ja, aber doch nur, um all die neugierigen Leute zu täuschen. Nach Bombay, um dort ein Flugzeug nach Peking zu nehmen. Drei Wochen werden wir zusammen sein, Milotschka.«

»Wohin fahren wir?«

»Wieder ans Schwarze Meer. Odessa. Oder Batuni oder, noch besser, Jewpatoria. Weißt du noch, der schöne Strand?«

»Ja, das wäre herrlich.«

»Abgemacht.« Er hatte sie wieder losgelassen. »Ich kann nicht mehr warten.«

»Ich auch nicht. Aber es sind doch nur noch höchstens zwei Wochen.«

»Ich habe nicht gemeint, dass ich den Urlaub nicht erwarten kann – ich meine, jetzt kann ich nicht warten, bis ich meine kleine Milotschka bekommen kann. Gehen wir ins Bett.«

Sie stand auf. »Ich werde zuerst ins Badezimmer gehen.«

»Aber nicht zu lange ... Milotschka, bevor du gehst, gib mir noch einen kleinen Tropfen Wodka.«

Jetzt, fünfzehn Minuten später, lag sie im Bett und

wartete auf ihn. Sie horchte auf das Wasser im Badezimmer. Jetzt hatte er es abgedreht. Er zog sich aus,
und das Gefühl der Angst in ihr verstärkte sich.

Ja, ihre Furcht unterschied sich sehr von der, die sie
zuvor verspürt hatte. Denn bei seiner Ankunft an
diesem Abend war es die Furcht vor dem Unbekannten gewesen. Nun aber war es die Furcht vor dem
Bekannten.

Das Bekannte waren Rostow und sie, Doyle und sie
und das furchtbare Geheimnis, das sie miteinander
verband. Das Bekannte lag auch darin, dass sie sich
zum ersten Mal seit Jahren ohne jede Liebe Rostow hin-
gab. Das Bekannte lag für sie auch darin, dass sie ihn
statt eines anderen in ihre Arme nahm und doch vor-
täuschte, es handele sich um ihn. Das Bekannte waren
Wien und die seit so langer Zeit nicht mehr erwähnte
Verschwörung, die jedoch bald wieder erwähnt werden würde. Darin lag unverkennbar eine Gefahr.

Hinter Rostows bäurischem Äußern verbargen sich
eine scharfe Intelligenz, eine rasche Auffassungsgabe.
Sollte er in ihrer ungenügenden Reaktion auf Liebe
oder in ihren Bemühungen, in die Vergangenheit einzudringen, ein Zeichen seelischer Spionage erkennen,
wäre ihre Zukunft so gut wie tot – nicht notwendiger-
weise sie persönlich, aber ihre Zukunft. Es gab in
ihrem Leben nur zwei Männer, und da sie den einen
noch nicht hatte, wagte sie es nicht, den anderen aufs
Spiel zu setzen. Aber um einen der beiden zu gewinnen, blieb ihr nichts anderes übrig, als den anderen zu
riskieren. Darin lag, wie sie nun glaubte, ihre eigentliche Furcht begründet – ein einziger Fehler, und sie
wurde unwiderruflich zu ewiger Einsamkeit verurteilt.

Aus dem Badezimmer fiel ein Lichtstrahl herein.
Dann lag das Schlafzimmer wieder im Halbdunkel da

wie zuvor. Plötzlich tauchte sein kraftvoller, breit-schultriger, behaarter nackter Körper aus dem Schatten auf. Das Bett senkte sich unter ihm, die Decke wurde von ihrem Körper gerissen, und er zog ihren bebenden Körper an sich und umschlang ihn.

Sie spürte seinen Atem auf ihrem Gesicht, fühlte die Härte seiner Glieder und versuchte nicht, vor ihm zurückzuweichen.

Sie ließ seine heftigen Liebkosungen über sich erge-hen, fürchtete dann aber, er könnte argwöhnen, dass sie ihn nur erduldete, ohne selber teilzunehmen, und da berührte sie ihn mit ihren Händen, denn sie wusste, er liebte diese Liebesspiele.

»Wie schön, Niki«, flüsterte sie. »Du erregst mich. Errege ich dich auch? Wie ist das möglich – nach so vielen Jahren? Was siehst du eigentlich in mir, Niki?«

Seine Hand streichelte ihre Brüste, ihren Leib, und seine Lippen küssten ihren Hals. »Da siehst du, wie ich dich liebe«, sagte er schließlich.

Sie hatte ihm nur ihren Körper bieten, insgeheim jedoch ihre Seele in Keuschheit für Doyle bewahren wollen, aber die Leidenschaft seiner Lippen, seiner Hände wühlte sie auf, riss sie von Doyle los, ach, Jay, halt mich fest, überlass mich ihm nicht, Jay, hilf mir! Aber es war schon zu spät. Ihr Geist, alle ihre Sinne hatten ihn verlassen, der nicht da war. Ihr Geist ergab sich ihm.

Sie stöhnte, sie wand sich, sie umschlang ihn, ihr Leib wogte, sie verlangte nach ihm und wollte ihn doch nicht, liebte ihn, hasste sich selber und brauchte ihn doch. Verschwommen sah sie das primitive Gesicht über sich und dann schloss sie die Augen und gab sich ihm hin.

Sie verlangte nach keinerlei Raffiniertheit, nach kei-

nerlei Perversitäten, und sie erhielt auch keine. Sie ließ
sich von ihm erfüllen, sie loderte auf, und sie verbrannte mit ihm in den verzehrenden Flammen. Ihre
Schenkel bebten, und sie schlug mit den Armen um
sich, sie schrie auf, im Verlangen nach Freiheit. Als er
sie nicht entkommen ließ, schrie und fluchte sie, und
ihr Fluchen verwandelte ihn in ein entfesseltes Tier,
und plötzlich fühlte sie, wie er sich ihr ergab, und da
gab auch sie sich ihm hemmungslos, und miteinander
wurden sie erlöst, waren sie frei.

Keuchend sank er neben ihr nieder und versuchte
ihr trotz seiner völligen Erschöpfung Zärtlichkeiten
zuzuflüstern, doch unfähig dazu, da ihm der Atem
versagte.

Sie lehnte sich in ihr Kissen zurück, ließ ihre müden
Arme schlaff sinken und streckte ihre Beine kraftlos
aus. Gesättigt und glücklich lag sie da, aber doch nur
zur Hälfte beglückt in der Klarheit, die der Liebe
folgte. Sie fühlte sich zwischen Lust und Scham hin
und her gerissen. Das Wissen war ihr schrecklich, dass
Doyle unweigerlich ihr Verhalten verurteilen würde,
und es war ihr doppelt schrecklich, weil sie sich im
Grunde für ihn geopfert hatte.

Sie hatte Lust, sich mit Doyle zu streiten, denn sie
hasste diese Scheinheiligkeit und dieses Schuldbe-
wusstsein. Für wen hielt er sich eigentlich? Sie wollte
ihn erniedrigen, weil er sie als Hure einstufte. Sie
wollte ihm sagen, dass eine Frau zuweilen eine echte
männliche Liebe brauchte, wirkliche Liebe und nicht
ein ganzes Leben lang jene weichliche, kraftlose Leidenschaft. Aber sie konnte ihn nicht so erniedrigen,
das brachte sie nicht über sich, weil sie ihn so von Herzen liebte. Auch wollte sie ihm sagen, dass seine Liebe
am Ende besser sei, weil sie rücksichtsvoller und
weniger schmerzlich war. Und sie war auch deshalb

die beste, weil sie ihn liebte und jene Sicherheit, die er und sein Name ihr geben konnten, ersehnte.

Ihr Zwiegespräch mit sich selber erinnerte Hazel daran, dass sie für Doyle eintrat und dass sie um seiner und ihrer gemeinsamen Sache willen diesen Schmerz einer ihr fremden Liebe ertragen hatte. Die Zeit für das kühne Wagnis war nun endlich gekommen.

Sie war zuversichtlich. Rostows Geist war durch den Alkohol genügend betäubt, um ihm jeden Argwohn zu nehmen. Nach Alkohol und Orgasmus war Rostow stets leicht zu behandeln. Nach einer Liebesstunde, und bevor er einschlief, gab er sich gern dem kurzen Zwischenspiel eines kleinen Gesprächs hin.

Sie legte sich auf die Seite. Rostows Keuchen war verstummt. Er atmete nun regelmäßiger, aber seine Augen hatten schwere Lider, und er erstickte ein Gähnen. Er wandte ihr das Gesicht zu und bedachte sie mit einem müden Lächeln. »Milotschka, wenn ich zu fest schlafe, vergiss du nicht das Telefon.«

Sie glitt zu ihm hinüber und schmiegte sich an ihn. »Du wirst mich doch nicht etwa jetzt schon allein lassen? Reden wir noch ein bisschen miteinander.«

»Worüber?«

»Über uns. Ich spreche so gern von uns.«

Sie küsste seine Lippen, und er erwiderte ihren Kuss. »Gern«, antwortete er, »aber erst bring mir noch etwas zu trinken.«

»Gleich.«

Sie stand auf und ging zum Toilettentisch, auf dem nun das Tablett mit den Flaschen, den Gläsern und dem Eis stand. Sie goss Wodka auf zwei Eiswürfel und ahmte die trippelnden Schritte und die Unterwürfigkeit einer japanischen Geisha nach, als sie ihm sein Glas brachte. Lachend richtete er sich auf, lehnte sich gegen das Kopfbrett des Bettes und nahm das Glas Wodka entgegen. Sie kehrte ins Bett zurück, stieg über ihn hinweg, fühlte sich dabei wie eine der nackten Frauen von Rubens, genauso fleischlich, und schmiegte sich wieder an ihn, die Beine angezogen und den Kopf inmitten ihres herabfallenden roten Haars an seine Brust gelehnt.

Er trank einen großen Schluck Wodka, und sie hörte den Alkohol durch seine Kehle rinnen. »Und jetzt sprechen wir von uns«, sagte er, seine Stimme vom Trinken und von Schläfrigkeit gedämpft.

»Weißt du noch damals, als wir uns kennen gelernt haben? So lange her«, sagte Hazel. »Mir ist diese Woche noch heute völlig gegenwärtig. Als ich vorhin auf dich wartete, habe ich wieder daran gedacht. Niemals werde ich Wien vergessen. Denkst du jemals daran zurück, Niki?«

Er gähnte. »Oft. Wie könnte ich es vergessen.«

»Ich weiß noch, wie du mir in der Bar des Bristol vorgestellt wurdest. Ich war so von dir beeindruckt. Ein von Geheimnis umwitterter sowjetischer Diplomat. Ich hatte mir eher ein Wesen mit Hörnern vorgestellt.«

Er lachte leise auf. »Vielleicht tragen sie auch welche ... Ich war damals ein ganz kleiner Mann. Berater des Pressesekretärs von Ministerpräsident Chruschtschow.«

»Für mich warst du mehr als ein kleiner Mann. Ich war damals nichts weiter als eine Anfängerin, eine Korrespondentin mit ihrem ersten Auftrag im Ausland. Ich war völlig außer Rand und Band und zog mit dir in Wien herum. Ich glaube, wir haben die halbe Nacht getanzt. Ich hatte Angst, du würdest dich niemals mehr mit mir treffen wollen. Ich war betrunken und eine elend schlechte Tänzerin.«

»Nicht für mich, Milotschka.«

»Ich bin nur froh, dass du mich damals nicht aufgegeben hast. Was wäre mir alles entgangen. Weißt du noch, das Hotel, in dem wir uns als Mann und Frau eingetragen hatten?«

Er nickte schläfrig.

»Eine Frau vergisst diese Augenblicke nicht. Aber ich weiß, dass Männer andere Sorgen haben.«

»Nein, ich erinnere mich auch noch genau daran.«

Sie vergrub ihren Kopf tiefer in ihrem Haar und an seiner Brust. Jetzt kommt er, Jay, dachte sie, der Todessprung!

»Es macht mir nichts aus, wenn du dich nicht mehr an jede Kleinigkeit erinnerst«, fuhr sie fort. »Wir haben viel getrunken, und du hattest allen Anlass dazu, weil es soviel gab, woran du denken musstest. Ich erinnere mich sogar – war es dieser Abend, oder ein anderer? –, als du so erregt warst, mein Armer, weil ein Freund von dir, mit dem du zur Schule gegangen warst – er war wohl Vertreter der *Prawda* in Wien –, versuchte, dich für diese Verschwörung zu gewinnen. Das war für dich sehr schwer, denn du hattest ja noch an so viel anderes zu denken. Erinnerst du dich daran, Niki?«

Seine etwas glasigen Augen begegneten verständnislos ihren Blicken. »Verschwörung?«

»Aber du weißt doch noch, Niki«, sagte sie leichthin, »dieser verdrehte Plan, unsern Präsidenten zu ermorden, und diese Leute, wer immer sie waren, wollten dich mit dabei haben.«

»Ermorden?« Er kniff die Augen zusammen. »Wovon redest du eigentlich?«

Sehr dünnes Eis, dachte sie. »Ja, vielleicht hast du es

vergessen«, sagte sie hastig. »Wie ich schon sagte: du hattest an so viel anderes zu denken, um die Besprechungen zwischen Kennedy und Chruschtschow vorzubereiten, und da war das eben nur einer von vielen Eindrücken, und du hast mir damals so Leid getan. Wahrscheinlich hat dir auch die Tatsache zu schaffen gemacht, dass es ein alter Schulfreund von dir war, der versuchte, dich für die Sache zu gewinnen. Ich kann es sehr gut verstehen, dass du in dieser Nacht so getrunken hast, und obwohl du mich damals mir selber überlassen hast, habe ich dich mehr geliebt als jemals zuvor. Ich hatte doch das Gefühl, deine Probleme mit dir zu teilen.«

Er blickte etwas verstört drein, und als er wieder sprach, klang seine Stimme belegt. »Nein, ich erinnere mich an nichts von alldem«, sagte er und rieb sich die Stirn. »Vielleicht war ich wirklich, wie du sagst, zu betrunken. Von was für einer Verschwörung redest du eigentlich?«

Sie hob ihren Kopf von seiner Brust und stützte sich auf einem Ellbogen auf. »Du bist niemals näher darauf eingegangen, aber niemals werde ich diese Nacht vergessen, allein diese Idee – du wurdest dadurch zu einer aufregenden, abenteuerlichen Erscheinung in meinen Augen. Ich war doch noch so unerfahren.«

»Von was für einer Verschwörung in Wien redest du eigentlich?«, wiederholte er.

»Du hast mir damals erzählt, es wäre ein alter Schulkamerad an dich herangetreten, du sollst dich einer selbstständig operierenden Gruppe internationaler Kommunisten anschließen, die der Ansicht waren, dass unser Regierungschef Russland im Weg stände und euren Bestrebungen in Zukunft noch gefährlicher werden könnte. Er müsste dort in Wien sofort liquidiert werden oder, sollte das unmöglich sein, irgendwoanders in naher Zukunft. Du hast ihnen damals rundheraus erklärt, du wärst gegen einen solchen Plan, da durch ihn nichts zu gewinnen sei. Du hast jede Beteiligung abgelehnt. Ich war so stolz auf dich. Aber auf jeden Fall hat dich damals die ganze Sache sehr aufgeregt.«

Rostow blickte an Hazel vorbei, seine Augen verengten sich, als wollte er die Erinnerung einfangen. Dann funkelten sie auf. »Ja?«, sagte er, aber es war im Grunde keine Frage.

»Sicherlich hast du seitdem Schlimmeres durchgemacht«, sagte sie. »Ich habe ja alles miterlebt, Niki, und habe gelernt, dein Leben zu verstehen. Und ich habe es gelernt, deine Probleme und deine vertraulichen Äußerungen so zu behandeln, als wäre ich deine Frau. Aber du weißt ja auch, wie meine Fantasie mit mir durchgehen kann, und ein paar Mal habe ich mich gefragt, warum eigentlich diese Verschwörer, die du abgewiesen hattest, ihn nicht gleich damals in Wien, wie sie es geplant hatten, umgelegt haben. Dort wäre es so einfach gewesen. Warum haben sie gewartet – immer vorausgesetzt, dass es dieselben waren –, warum haben sie es erst in Dallas getan? Immer habe ich . . .«

»Dallas?«, rief Rostow ungläubig. Er beugte sich jäh vor. »Milotschka, wovon in aller Welt redest du eigentlich?«

Beunruhigt zögerte sie. Dann sagte sie: »Ja, ich habe mich immer wieder gefragt, warum diese Gruppe, wenn es die gleiche war, Präsident Kennedy nicht gleich in Wien ermordet hat, anstatt zwei Jahre zu warten und es dann in Dallas zu tun. Das alles . . .«

»Kennedy!«, stieß Rostow hervor. »Kennedy?« Plötzlich war er hellwach. Ein Lächeln hellte sein breites Gesicht auf; er warf den Kopf zurück, brach in schallendes Gelächter aus und konnte nicht mehr aufhören, während seine Schultern vor Vergnügen bebten. Er blickte auf Hazel hinab, schüttelte den Kopf, und die Tränen traten ihm in die Augen, so spaßig fand er das alles.

Erschrocken und verwirrt wich sie zurück und versuchte sich aufzurichten, aber er legte seine Hand in ihren Nacken und zog ihr Gesicht dicht vor das seine. Noch immer von Lachen geschüttelt, küsste er sie auf die Stirn.

Empört lehnte sie sich zurück. »Was ist denn daran so komisch?«

»Du, meine kleine Milotschka«, antwortete er und versuchte, seiner Belustigung Herr zu werden. »Du, meine kleine, naive Amerikanerin im Ausland!«

»Vielleicht erklärst du mir einmal, was daran so komisch ist«, erwiderte sie abweisend.

»Oh, ich bitte dich, bitte«, rief Rostow und kitzelte sie herausfordernd unter dem Kinn. »Ich habe dich nicht in deinem Stolz verletzen wollen. Nimm es nicht so ernst. Aber für mich ist es eben doch komisch, dass du all die Jahre hast glauben können, dass irgendwelche Russen oder Kommunisten von irgendwoher auch nur mit dem Gedanken gespielt haben, Kennedy oder irgendeinen amerikanischen Präsidenten zu ermorden. Warum sollten sie? Wenn man einen erledigt hat, kommt schon der nächste. Sind alle aus dem gleichen Holz geschnitzt. Es wäre albern…«

Hazel hatte sich endlich aufgesetzt und bedeckte ihren nackten Körper mit einem Kissen. »Niki, willst du etwa behaupten, ich könnte nicht mehr zwei und zwei zusammenzählen? Als nächstes wirst du leugnen, dass du mir jemals von einer solchen Verschwörung in Wien erzählt hast.«

»Das leugne ich keineswegs, jetzt fällt mir auch alles wieder ein...«

»Oder willst du mir etwa erzählen, es hätte niemals die Absicht bestanden, Kennedy zu ermorden?«

Rostow lächelte noch immer. Nachsichtig legte er den Kopf auf die Seite und betrachtete Hazel, als sei sie ein Kind mit allzu viel Fantasie. »Wenn du dich erst einmal beruhigt hast und dir mit etwas mehr Gelassenheit jene Nacht in Wien vergegenwärtigst, überleg dir einmal genau die Worte, die ich damals zu dir gesagt habe. Glaubst du, du kannst dich ihrer entsinnen?«

»Allerdings«, antwortete Hazel gereizt. »Kannst du es denn? Du warst damals ziemlich betrunken.«

»Du auch«, erwiderte Rostow freundlich.

»Aber mir ist alles noch ganz klar.«

»Lass mal hören. Erzähl mir genau, was deiner Erinnerung nach die so genannten Verschwörer zu tun beabsichtigten.«

»Ich werde dir sagen, was du mir damals gesagt hast.«

»Und das wäre?«

»Wir haben in einem Hotel auf einem Bett gesessen, so wie hier, nur dass wir angezogen waren. Da hast du mir erzählt, es wäre jemand an dich herangetreten...«

»Nur weiter, Milotschka.«

»Und du hast gesagt: ›Diese Wahnsinnigen wollen K aus dem Weg räumen, sie wollen ihn liquidieren, weil sie ihn für einen Feind Russlands halten.‹ Das hast du gesagt.«

»Richtig. ›K aus dem Weg räumen.‹« Er hob warnend den Finger, als sei sie ein Schulmädchen. »Denk ein bisschen nach, Milotschka. In Wien gab es im Jahr 1961 zwei Männer, die dafür in Frage kamen. Für dich als Amerikanerin gab es natürlich nur einen, auch nur einen mit einem K, euren Kennedy. Aber da wir englisch miteinander sprachen, war es nur natürlich, dass ich von einem K redete, denn im Englischen schreibt sich Chruschtschow mit einem K, und an ihn war dabei gedacht.«

Hazel vermochte es kaum zu fassen. »Aber du hast doch erklärt, die anderen wollten einen Feind Russlands aus dem Weg räumen, einen Mann, der Russland im Weg stände und ihm in Zukunft gefährlich werden könnte. Damit aber konnte nur der amerikanische Präsident gemeint sein, nicht jedoch der eure.«

»Unser eigener war damit gemeint, es ging wirklich um unsern eigenen«, entgegnete Rostow mit Entschiedenheit. »Es hat immer Leute gegeben, die von dem fanatischen Glauben besessen waren, Chruschtschow sei der Feind Russlands und stehe Russlands künftigem Wohlstand und seinem Fortschritt im Wege. Diese Menschen machten sich um Russlands Führung Sorgen und nicht um Amerikas, denn bei euch Kapitalisten wechselt sie ja ohnehin alle vier oder acht Jahre. Es gab Leute, die in Opposition zu Chruschtschows antichinesischem Kurs standen, zu seinem Bestreben, Russland von China zu trennen, und zu seinen Bemühungen, Russland den westlichen Demokratien anzunähern. Es gab genug von denen, die der Ansicht waren, er sei der schlimmste Feind seines Landes und führe uns auf den Weg der Katastrophe. Ich konnte mich dieser Meinung nicht anschließen und glaubte, diese Leute hätten Unrecht, während Chruschtschow Recht habe. Ich gebe auch gern zu, dass ich zu denjenigen gehörte, die versuchten, Chruschtschow darauf aufmerksam zu machen, dass es innerhalb der Regierung eine Opposition gegen ihn gäbe. Wie du weißt, wurde meine Loyalität auch gut belohnt. Ich wurde befördert. Ich wurde nach Zürich entsandt, um den Chinesen auf die Finger zu klopfen. Aber als Brennan, dieser Idiot, Varney nach China ausreißen ließ und damit Chinas Macht uns gegenüber stärkte, musste ich für seine Dummheit den Kopf hinhalten. Ich wurde verdächtigt, auf beiden Schultern zu tragen und mit den chinafreundlichen Verschwörern in Wien unter einer Decke zu stecken; ich hätte einige von ihnen nur deshalb verpfiffen, weil ich auf der Regierungsleiter aufsteigen wollte, bis ich von Zürich aus unsere Regierung sabotieren konnte. Wir wissen beide, dass das nicht stimmt, aber ich hatte einiges durchzumachen, bis ich das Vertrauen der führenden Leute zurückgewonnen hatte und wieder in Gnaden aufgenommen wurde.« Rostow zuckte die Achseln. »Aber dies alles nur nebenbei. Kehren wir zu deiner naiven, aber vielleicht verständlichen Annahme zurück, dass jene Gruppe in Wien es auf deinen Kennedy abgesehen hatte. Du irrst. Diese Leute wollten nur Chruschtschow loswerden – *aus dem Weg räumen*, nicht etwa ermorden –, und wie du weißt, ist es ihnen schließlich gelungen. Auf lange Sicht allerdings war es auch ein Misserfolg, denn sie haben niemals einen Ministerpräsidenten einsetzen können, der mit ihnen der Meinung war, man sollte Russland den Demokratien entfremden und es in ein Bündnis mit China zurückführen. Seit jener Zeit hat jeder Ministerpräsident, auch unser heutiger Talansky, mit eurem Land zusammen eine Front gegen China gebildet, um China zur Vernunft zu bringen. Das ist auch unsere heutige Politik.« Er hielt inne und bedachte Hazel mit einem freundlichen Lächeln. »Es tut mir Leid, dir diesen dramatischen Höhepunkt verdorben zu haben, Milotschka. Aber du musst auch die gute Seite der Sache sehen. In all diesen Jahren ist dir die Freude vergönnt gewesen, über diese Dinge nachzugrübeln. Und das ist doch immerhin etwas.«

»Ja«, antwortete sie dumpf.

Er zog die Decke über sie beide. »Aber jetzt haben wir genug von Märchen geredet. Am Ende ist doch die Wirklichkeit das beste. Was wir damals in Wien hatten, in all den Jahren danach und heute Nacht – das ist die Wirklichkeit, und auf sie allein kommt es an.« Er glitt tiefer unter die Decke und ließ seinen Kopf auf das Kissen sinken. »Ich bin von Müdigkeit ganz benommen. Schlafen wir, Milotschka.«

»Ja«, sagte sie, blieb jedoch regungslos sitzen, als könnte sie es noch immer nicht fassen.

Nur wegen einiger Bruchstücke eines Bettgesprächs vor langer Zeit in Wien hatte Jay Thomas Doyle Jahre seines Lebens dafür geopfert, ein großartiges Mosaik zusammenzutragen, durch das er sich Unsterblichkeit verdienen würde. Und hier in Paris hatte ein zweites Bettgespräch diese Arbeit ihres Geliebten zerschlagen, damit auch seine Träume und vielleicht ebenfalls die ihren.

Während sie dort saß, überkam sie die furchtbare Erkenntnis, dass diese Wahrheit nicht nur Doyles ganze Arbeit zerstören, sie in einen wertlosen Haufen Papier verwandeln, sondern ihm auch noch das Herz brechen würde. Am liebsten hätte sie um ihn und sich selber geweint.

Sie hörte Rostows leise Stimme vom Kissen her: »Milotschka, das Licht. Mach das Licht aus und schlaf.«

»Ja, gleich, Niki.«

Schwerfällig stieg sie aus dem Bett, hob ihr Nachthemd auf und ging zur Lampe. Sie hatte noch keine zwei Schritte gemacht, als das Telefon klingelte und sie erschreckt stehen blieb.

»Geh ran«, befahl Rostow.

Sie eilte um das Bett herum, drückte das Nachthemd an sich und griff beim vierten Klingeln nach dem Hörer.

»Hallo?«

»Miss Smith?« Der Akzent war russisch. »Hier Marschall Sabbin. Ist der Minister noch dort?«

»Ja...« Sie wandte sich um. Rostow war bis an den Rand des Bettes gerückt und streckte die Hand nach dem Hörer aus.

Zitternd schlüpfte sie hastig in ihr Nachthemd, während sie hinter sich Rostow sagen hörte: »Jawohl... selbstverständlich... in zwanzig Minuten bin ich da.«

Er legte auf, rieb sich seine geschlossenen Augen, erhob sich und streckte sich. Als er die Augen öffnete, erblickte er sie und betrachtete sie zärtlich.

»Es tut mir Leid, Hazel. Ich muss mich anziehen und sofort gehen.«

»Ach, mir auch.«

Sie ließ sich von ihm umarmen. In seinen harten, muskulösen Armen wurde sie schwach und legte ihren Kopf an seine nackte Brust. Dabei hatte sie nur einen Gedanken: Doyle sollte nicht aufgeben, sich nicht durch Mitleid mit sich und durch seinen Kummer selber zu Grunde richten.

»Ich will versuchen, dass wir uns noch einmal treffen können, bevor wir endlich ganz zusammen sind«, sagte Rostow.

Sie hörte seine Worte wie aus großer Ferne.

»Ach, bitte – bitte – bitte«, flüsterte sie, aber es war Doyle zugedacht. In ihrem Innern flehte sie darum, dass er, was sie ihm zu sagen hatte, überlebte. Damit sie beide überleben könnten.

Sie war fast überrascht, dass Rostows Stimme ihr antwortete. »Du brauchst nichts zu befürchten, Milotschka. Ich werde schon für dich sorgen, immer.«

Bei seinen Worten erschauerte sie, denn für sie war es eine Verurteilung zu ewiger Verdammnis.

Harold Robbins

Flitterwochen *

Von ihrem Fenster im ersten Stock von Reardon Manor sah Janette, wie die ersten Hochzeitsgäste eintrafen. Sie warf einen Blick auf ihre Armbanduhr. Es war zehn, und die Trauung war für zwölf angesetzt.

Sie schaute zum Himmel. Das reinste Blau, nicht von einem einzigen Wölkchen getrübt. Glück für die Braut, der heute die Sonne scheint. Sie lächelte unwillkürlich. Und das zu allem auch noch an einem englischen Sonntag. Sie trat vom Fenster zurück und griff nach der Gästeliste, die auf dem Toilettentisch lag.

Keine wirklich große Hochzeit, nur sechzig Gäste. Doch die Liste las sich wie ein Aushang aus einem Verzeichnis des britischen Adels und Geldadels. An der Spitze stand die königliche Familie, repräsentiert durch Prinzessin Margaret und Lord Snowdon. Dann folgte eine Fülle weiterer Lords und Ladys. Auch der Lord Mayor von London würde anwesend sein. Frankreich wurde repräsentiert durch den Grafen von Paris, den Marquis de la Beauville sowie den französischen Botschafter. Aus Amerika waren Johann und Heidi gekommen, und auch der amerikanische Botschafter würde erscheinen.

Sie legte das Blatt beiseite, nahm ein anderes zur Hand. Auf ihm war der von ihr ausgearbeitete persönliche Programmfahrplan festgehalten. Aus Paris war Alexandre eingeflogen worden, der – Janette zuliebe – die Braut frisierte, und Janette selbst hatte Madame St. Cloud mitgebracht, damit diese das Ankleiden der Braut besorge beziehungsweise überwache. Laut Zeitplan mussten sich jetzt beide in Laurens Zimmer befinden.

Sie schlüpfte in ein Paar lange Hosen und ging dann durch den Korridor zu Laurens Zimmer, wo hektische Aktivität herrschte. Auch Heidi befand sich bereits dort. Janette küsste sie auf die Wange. »Wie geht's der Braut?«, fragte sie und drehte den Kopf. Lauren war nirgends zu sehen:

»Sie ist nervös.« Heidi lächelte. »Aber nicht so nervös wie ich. Momentan befindet sie sich im Bad, wo ihr das Haar gewaschen wird.«

»Gut«, sagte Janette. »Dann ist Alexandre also bereits zur Stelle.«

»Ja.« Heidi nickte. »Er ist mit zwei Assistentinnen gekommen, und er hat mir versprochen, auch mich zu frisieren.«

»Wunderbar«, sagte Janette. Sie blickte zu Madame St. Cloud, die das Hochzeitskleid gerade auf eine Art Schneiderpuppe gehängt hatte. »Wie gefällt dir die robe de mariage?«

»Ich finde sie hinreißend!«, rief Heidi. »Es ist das schönste Kleid, das ich je gesehen habe.«

Aufmerksam betrachtete Janette Heidis Gesicht. An ihrer Aufrichtigkeit konnte es keinen Zweifel geben. »Danke«, sagte Janette. »Es sollte auch etwas Besonderes sein.«

»Das ist es wahrhaftig«, versicherte Heidi, während sie beide den Raum durchquerten. »So etwas habe ich noch nie gesehen.«

Janette blieb an der Schneiderpuppe stehen und blickte Madame St. Cloud an. »Tout va vien?«

»Oui, Madame«, erwiderte sie. »Très bien.«

Janette betrachtete wieder das Kleid. An diesem Vormittag gingen in Paris der Presse Fotos davon zu. Was Heidi gesagt hatte, entsprach der Wahrheit. Ein solches Hochzeitskleid hatte es noch nie gegeben.

Sie nickte beifällig. »Ruft mich bitte, wenn sie angekleidet ist«, sagte sie.

»Oui, Madame.«

Alexandre kam aus dem Bad. Als er Janette sah, trat

er auf sie zu und küsste sie auf die Wange. »Deine Schwester ist reizend«, sagte er.

»Und es war reizend von dir, dass du dich persönlich hierher bemüht hast, chéri«, erklärte Janette. »Ich bin dir sehr dankbar.«

»Nicht der Rede wert.« Er lächelte. »Ist mir ein Vergnügen.«

»Befindet sie sich noch im Bad?«, fragte Janette.

»Ja. Meine Mädchen sind gerade im Begriff, ihr eine Maniküre und eine Pediküre zu geben.«

»Ich möchte nur kurz einen Blick hineinwerfen«, erklärte sie. »Und dann könnten wir vielleicht gemeinsam eine Tasse Kaffee trinken.«

»Aber gern«, erwiderte er.

Lauren saß im Badezimmer, um den Kopf ein Handtuch gewunden, die Füße in einer kleinen Wanne. Sie hob den Kopf, und als sie Janette sah, lächelte sie. »Ich hab mir nicht mal träumen lassen, dass es *so* sein würde.«

Eine knappe Stunde später befand sich Janette auf ihrem Zimmer, als es an der Tür klopfte. »Wer ist da?«, rief sie.

»Lord Patricks Kammerdiener, Ma'am«, lautete die Antwort.

Sie öffnete die Tür, blickte durch den Spalt. »Was gibt es?«

»Lord Patrick möchte Sie sehen, Ma'am«, erklärte der Mann.

»Guter Gott, ich bin ja noch nicht einmal angezogen. Sagen Sie ihm, dass wir uns nachher unten treffen werden.«

Das Gesicht des Dieners war ausdruckslos. »Ich glaube, es wäre wirklich das Beste, Sie entsprächen seinem Wunsch sofort, Ma'am.«

Janette musterte ihn aufmerksam, nickte dann. »Ich bin gleich soweit.« Sie schloss die Tür, schlüpfte wieder in ihre langen Hosen und verließ den Raum. Der Diener ging voran, Janette folgte ihm. Schließlich blieb der Diener stehen. »Lord Patricks Räumlichkeiten, Ma'am«, sagte er, während er eine Tür öffnete.

Sie betrat das kleine Ankleidezimmer, welches zwischen dem Bad und dem Schlafzimmer lag. »Zur linken Hand«, erklärte der Kammerdiener.

Durch eine Art Türbogen gelangte sie ins Schlafzimmer. Patrick, in kurzen Unterhosen, hockte auf einem Stuhl, ein Glas Whisky in der Hand. Er hob den Kopf. »Aus der Heirat wird nichts«, verkündete er. »Sag denen allen das.«

»Du bist wohl übergeschnappt. Was ist los?«

Er nahm einen Schluck aus seinem Glas. »Ich hab's mir anders überlegt.«

Sie musterte ihn kurz, blickte dann zum Kammerdiener. »Wenn Sie uns bitte entschuldigen wollen.«

»Sehr wohl, Ma'am.« Er ging hinaus.

Sie trat ganz dicht an Patrick heran. »Und jetzt nenne mir deine Gründe«, sagte sie mit kalter, beherrschter Stimme.

Er sah sie an. »Lauren will so schnell wie möglich ein Kind haben. Ihre Pillen, hat sie gesagt, wird sie gleich am Hochzeitstag wegwerfen.«

»Das ist doch kein Grund, die Hochzeit abzusagen.«

»Für mich schon. Ich will keine krähenden Bälger in meiner Nähe.«

»Nun gut.« Sie schlug ihm auf die Wange. »Was wirst du jetzt tun?«, fragte sie.

»Alles, was Mutter will. Ich möchte nur nicht, dass sie mich verlässt, weil ich heirate.«

»Mutter wird dich nicht verlassen«, versicherte sie.

»Sie wird immer für dich da sein. Und jetzt sei ein braver Bub, dusche dich und zieh dich an.«

Er wälzte sich vom Bett hoch und ging ins Bad. Sie sah, wie er die Dusche aufdrehte. Dann trat sie auf den hinteren Korridor hinaus, wo der Kammerdiener wartete.

»Lord Patrick duscht sich«, sagte sie. »Sie können jetzt hineingehen und ihm beim Ankleiden helfen.«

»Sehr wohl, Ma'am. Danke, Ma'am.« Er zögerte einen Augenblick. »Wird die Hochzeit stattfinden, Ma'am?«

»Das wird sie.«

Er wirkte erleichtert. »Danke, Ma'am. Es hätte einen furchtbaren Skandal gegeben, wo doch Prinzessin Margaret und all die hohen Herrschaften hier sind.«

»Ganz recht.«

»Finden Sie den Weg allein zurück, Ma'am?«

»Bestimmt. Kümmern Sie sich nur um Lord Patrick.«

Als – anderthalb Stunden später – die Trauung vorüber war, blickte Patrick kurz zu Janette. Mit einem sonderbaren Lächeln hob er Laurens Schleier, um sie zu küssen. Dann drängten die Gäste sich um das Brautpaar.

»Sie haben sich selbst übertroffen, Janette. Es ist ein überaus schönes Kleid.«

Janette drehte sich um zu der Frau, die auf Französisch zu ihr gesprochen hatte. Es war Hebe Dorsey, die berühmte Kolumnistin der International Herald Tribüne, eine recht attraktive Erscheinung: dunkeläugig, rotblond, stets sonnengebräunt. Sie war eine der wichtigsten Modejournalistinnen der Welt, und ihre Berichte wurden von vielen Zeitungen gebracht. In der Vogue hatte sie eine monatliche Kolumne. Die Reardons hatten niemanden von der Presse haben wollen, doch machten sie in diesem Fall eine Ausnahme, weil es sich um eine gute Freundin von Janette handelte.

»Danke dir, Hebe«, sagte sie.

»Wo hast du nur die Idee dafür hergenommen?«, wollte Hebe wissen. »Ich habe so etwas noch nie gesehen. Die Rüschen am Rockteil scheinen zu wogen, ja zu schäumen, während sie sich bewegt.«

Janette lächelte. »Das ist genau der Effekt, den ich erzielen wollte. Der Gedanke kam mir, als ich vor ein paar Monaten in Kalifornien war und Lauren beim Surfen beobachtete. Plötzlich ging mir auf, wie wunderschön es sich machen würde, sozusagen die sie umsprühenden weißen Schaumkronen optisch einzufangen.«

»Gibt es ein Foto des Kleides, das ich verwenden könnte?«

»Müsste sich inzwischen bei euch im Büro befinden.«

»Gut.« Hebe blickte über die Menge hinweg zum Brautpaar, sah dann Janette an. »Ich bin eine unverbesserliche Romantikerin«, sagte sie. »Stimmt es wirklich, dass sie einander zum ersten Mal bei der letztjährigen Kollektion begegneten und dass es Liebe auf den ersten Blick war?«

Janette lachte. »Ja.«

Hebe seufzte. Mit einem Lächeln sagte sie: »Ich glaube, ich habe einen Titel für meine Story.«

»Nämlich?«

Hebe sah sie an. »Ein Märchen wurde wahr.«

Lauren war verwirrt, da die Flitterwochen so gar nicht mehr ihren Erwartungen entsprachen. Der Anfang schien märchenhaft. Am Tag nach der Hochzeit flogen sie in Patricks Flugzeug nach Mykonos. Dort wartete schon der Hubschrauber, um sie zur »Fantasist« zu bringen, die vor der Insel ankerte. Es kam ihr vor wie in einem romantischen Film. Doch alles schien schief zu gehen, kaum dass sie den Lear-Jet in Devon bestiegen hatten.

Bald nach dem Start brachte der Steward eine Flasche Champagner und zwei Gläser. Er schenkte ein und zog sich wieder hinter den Vorhang zur Bordküche zurück.

Lauren nahm ein Glas, reichte Patrick das andere. »Auf uns.« Sie lächelte. »Ist es nicht wunderschön?«

Während sie einen Schluck nahm, stellte er das Glas ab, ohne auch nur daran zu nippen, und blickte zum Fenster hinaus.

»Was ist denn? Warum trinkst du denn nicht?«

Er drehte ärgerlich den Kopf zu ihr herum. »Schon beim Bankett habe ich von dieser Brühe mehr als genug in mich reinkippen müssen.« Er drückte auf einen Knopf. Sofort erschien der Steward. »Bringen Sie mir Whisky pur.«

»Sehr wohl, M'lord.« Wenig später servierte der Steward ein Glas Whisky auf einem kleinen Tablett.

Patrick warf einen flüchtigen Blick darauf. »Wie oft muss ich Ihnen noch sagen, dass ich eine volle Flasche haben will, wenn ich Whisky bestelle?«, fauchte er.

»Sorry, M'lord«, entschuldigte sich der Steward. »Wird umgehend geschehen, M'lord.«

Patrick leerte sein Glas und füllte es sofort wieder aus der Flasche nach, die der Steward inzwischen gebracht hatte. Patrick trank, ohne Lauren eines Blickes zu würdigen.

»Was ist denn?«, fragte sie verwirrt. »Habe ich irgendwas Verkehrtes gesagt oder getan?«

Bevor er antwortete, leerte er das Glas auf einen Zug und schenkte sich gleich wieder nach. »Nein«, lautete seine schroffe Antwort.

»Du wirkst nicht gerade glücklich«, sagte sie.

Er musterte sie giftig. »Was soll ich denn tun? Oben an der Decke einen Stepptanz aufführen?«

»Nun, du könntest wenigstens so tun, als ob wir in die Flitterwochen reisen.«

»Mittelklassescheiß«, zischte er.

»Die Arrangements hast du getroffen«, sagte sie. »Ich habe nicht darum gebeten.«

Wieder leerte Patrick sein Glas und füllte es erneut.

Sie legte ihre Hand auf seinen Arm. »Bitte, hör auf zu trinken, Patrick«, sagte sie sanft.

Er starrte sie an. »Was bleibt mir denn sonst?«, fragte er störrisch.

»Wir könnten doch nach hinten gehen und uns lieben. Ich wollte immer schon gern wissen, wie's ist, wenn man's in einem Flugzeug miteinander treibt.«

»Nun, ich kenne das«, erwiderte er. »Ist nicht so toll.«

»Aber ich hab's noch nie getan«, sagte sie. Sie lächelte und griff nach seiner Hand. »Ich werde ganz geil, wenn ich bloß daran denke.«

»Hör auf, so zu reden«, sagte er kalt und zog seine Hand zurück. »Vergiss nicht, wer du jetzt bist.«

»Ich weiß, wer ich bin«, erklärte sie; doch deutlich war herauszuhören, dass seine Bemerkung sie tief verletzte. »Ich bin Lauren. Wer sonst sollte ich deiner Meinung nach sein?«

»Lady Reardon«, erwiderte er fast hämisch. »Oder ist das zu viel erwartet?«

Sie starrte ihn an. Antworten konnte sie nicht. Das Würgen in ihrer Kehle war so stark, dass es ihr die Tränen in die Augen trieb. Hastig erhob sie sich und ging nach hinten zur Couch.

Während des restlichen Fluges wechselten sie kein

Wort miteinander. Als die Maschine auf Mykonos landete, hatte Patrick fast zwei Whiskyflaschen geleert, und man musste ihm vom Flugzeug in den Hubschrauber hinüberhelfen. Als sie an Bord der »Fantasist« eintrafen, blieb nichts anderes übrig, als ihn ins Bett zu stecken, damit er seinen Rausch ausschlafen konnte.

Lauren zog sich auch aus und kroch nackt zu ihm ins Bett. Sie legte ihm die Hand auf die Schulter, doch er regte sich nicht. Eine Stunde später hatte sie noch immer keinen Schlaf gefunden. Schließlich gab sie es auf, schluckte zwei Valiumtabletten und war im Nu eingeschlafen.

Zwei Wochen später ankerten sie vor Korfu. Lauren lag nackt auf dem Sonnendeck und wartete darauf, dass Patrick seine geschäftlichen Telefonate beendete, die er allmorgendlich führte.

Als er schließlich auftauchte, war sie gerade dabei, sich mit Sun Earth, wie Janette Harveys Tonerde getauft hatte, einzureiben. Janette arbeitete auch bereits an einem Design für die Verpackung dieses neuen Produktes, das sie Anfang des kommenden Jahres auf den Markt bringen wollte.

Ganz sparsam rieb sie sich damit ein. Gar kein Zweifel, dass das Zeug wirkte. Noch nie war ihr Körper so gleichmäßig und tief gebräunt gewesen.

»Ich habe mir einen Drink bestellt«, verkündete Patrick. »Möchtest du auch einen?«

»Nein, danke«, antwortete sie lächelnd. »Aber du kommst gerade zur richtigen Zeit, um mir den Rücken einzureiben.«

Sie rollte sich auf den Bauch, und er kniete neben ihr nieder. Lauren gab ihm die Sprühflasche mit Wasser. Patrick feuchtete erst ihren Rücken an und dann seine

Hände. Anschließend begann er, ein Quantum Sun Earth dünn auf ihrer Haut zu verteilen.

»Bwana.« Es war die Stimme des Negers. Rasch bedeckte Lauren sich mit einem Badetuch. Der Schwarze brachte auf einem Tablett ein geeistes Glas mit Orangensaft und Wodka.

Patrick nahm den Drink und blickte zu Lauren. »Na, möchtest du vielleicht nicht doch einen Drink?«

Sie schien sich noch fester in das Tuch zu hüllen. »Nein, danke.«

»Das war's dann, Noah«, sagte Patrick.

»Ja, Bwana.« Der Afrikaner drehte sich um und ging wieder.

Patrick nippte an seinem Glas. »Ganz ausgezeichnet.« Er reichte Lauren das Glas. »Da, probier mal.«

Sie schüttelte den Kopf.

Er betrachtete sie. »Herrgott, du bist fast so schwarz wie er.«

Sie setzte sich auf, schlang das Tuch um ihre Schultern. »Ich wünschte, du würdest ihn entlassen«, sagte sie. »Irgendwie fühle ich mich in seiner Gegenwart unbehaglich.«

»Das liegt bloß an deinen amerikanischen Vorurteilen«, behauptete er mit einem Lachen. »Du kannst Farbige nicht ausstehen.«

»Das ist es nicht«, erwiderte sie hastig. »Aber Noah starrt mich dauernd an. Ich kann geradezu fühlen, wie er mich mit seinen Augen überall abtastet.«

»Was erwartest du denn, wenn du dauernd nackt durch die Gegend spazierst? Und was, glaubst du, macht der Rest der Crew? Genau das gleiche. Nur tun sie's unauffälliger als er.«

»Wenigstens Unterwäsche sollte er tragen. Unter seinen engen Hosen zeichnet sich alles ganz deutlich ab.«

Das Lächeln verschwand aus Patricks Gesicht. »Du brauchst ja nicht hinzusehen.«

»Tu' ich ja auch nicht. Das fällt einem auf, ob man will oder nicht.«

Patrick stellte sein Glas ab und ließ, völlig überraschend, seine Hand zwischen ihre Schenkel gleiten. »Ich möchte dich haben«, sagte er.

»Dann halte keine Volksreden, sondern tu's«, erwiderte sie.

Sie lag auf dem Bett und sah zu, wie er sich auszog, als die Maschinen zu vibrieren begannen und die Jacht sich in Bewegung setzte. Lauren richtete sich auf und griff nach der kleinen Reisetasche, in der sie ihren Vorrat von Harveys »Speziellen« aufbewahrte.

»Wohin geht's diesmal?«, fragte sie.

»Nach Hydra. Die Insel liegt etwa einhundertfünfzig Meilen von hier entfernt. Am Morgen werden wir dort sein. Sie soll übrigens sehr schön sein.«

»Für mich sehen alle griechischen Inseln gleich aus«, sagte sie, während sie noch immer in der Tasche mit den diversen Zellophanbeuteln herumkramte. »Und vom Sirtakitanzen habe ich Schwielen an den Füßen bekommen.«

»Du hast eben empfindliche Hühneraugen«, witzelte er. Und als sie darauf nicht reagierte: »Wonach suchst du eigentlich?«

»Harvey hat gesagt, er hätte eine neue Sorte Gras mit eingepackt. Da haben wir sie ja schon.« Sie hielt einen Beutel hoch. »Nummer sechzehn.«

»Und wie nennt er's?«

»Fantasiegras«, erwiderte sie und begann, einen Joint zu drehen. »Harvey meint, man wird davon fast auf die gleiche Weise high wie von Meskalin oder Peyote.«

504

»Fantasie«, wiederholte er. Das Wort schien ihn zu faszinieren. Er setzte sich auf den Bettrand und beobachtete, wie sie mit der Zunge das Zigarettenpapier befeuchtete. »Das sollten Flitterwochen immer sein, eine Zeit für Fantasie.«

»Ich beklage mich auch gar nicht.« Lauren zündete den Joint an, nahm zwei Züge und reichte ihn an Patrick weiter. »Probier mal.«

Er machte mehrere Züge. »Fantasierst du manchmal?«, fragte er. »Ich meine, träumst du dir was zurecht? Zum Beispiel, dass du dir dein Möschen rasierst, sodass es ganz weich und rosa ist wie bei einem kleinen Mädchen.«

Sie kicherte. »Würdest du das gerne machen?«

Er nickte.

Sie hüpfte aus dem Bett und ging ins Bad. Wenig später kam sie zurück, das Schamhaar hatte sie mit Rasierschaum eingeseift, in der Hand hielt sie einen Rasierapparat. »Okay«, sagte sie. »Dann tu's.«

Einige Minuten später stand sie vor dem Spiegel, betrachtete sich und musste lachen. »Mein Kitzler sieht aus wie eine kleine Zunge, die zwischen den Lippen hervorguckt.« Sie drehte sich zu ihm herum. »Magst du das?«

»Ich finde es wunderschön«, meinte er und reichte ihr den Joint. »Und was stellst du dir gern vor?«

Lauren rauchte und kicherte dann. »Das wird dir nicht gefallen.«

»Nun sag schon.«

»Wie du ohne deinen Bart aussiehst« Sie kicherte wieder. »Komisch. Da bin ich mit dir verheiratet und weiß nicht mal, wie du wirklich aussiehst.«

Er schwieg, schien seine Gedanken zu sammeln. Und hatte offenbar Mühe, sie in Worte zu kleiden. »Ich sehe genauso aus«, erklärte er schließlich.

»Was heißt das – genauso?« Erneut kicherte sie.

»Genauso, wie ich immer ausgesehen habe.« Er begann zu lachen. »Ist komisch, nicht? Ich meine genauso.«

»Ist wirklich komisch.«

»Ich werde dir zeigen, was ich meine«, sagte er und ging ins Bad. Sie folgte ihm und beobachtete genau, wie er die eine Hälfte seines Bartes abrasierte. »Siehst du«, sagte er, während er den Rasierapparat aus der Hand legte. »Ich sehe genauso aus.«

»Patrick, du bist wirklich ein schöner Mann.«

»Hab's dir ja gesagt.« Er griff nach einem Handtuch, um sich das Gesicht abzuwischen.

»Du kannst doch jetzt nicht einfach aufhören«, sagte sie.

»Wieso nicht?«

»Na, willst du etwa mit einer rasierten und einer bärtigen Gesichtshälfte herumspazieren?« Sie kicherte. »Wäre albern.«

Er betrachtete sich im Spiegel und lachte. »Da hast du unbedingt Recht.« Rasch seifte er die andere Gesichtshälfte ein und rasierte sie glatt. Dann fuhr er sich mit den Fingern nachdenklich über die Wangen. »Ein ganz sonderbares Gefühl ist das«, bekannte er. »Acht Jahre lang hatte ich diesen Bart. Ich wusste kaum noch, wie es ›ohne‹ ist.«

»Du siehst jünger aus.«

»Gefällt's dir wirklich?«

»Ja, wirklich. Ich habe nie gewusst, dass du ein so gut aussehender Mann bist. Jetzt werde ich mir Sorgen machen müssen, weil sämtliche Frauen hinter dir her sein werden.«

Wieder strich er sich übers Gesicht. »Es ist tatsächlich ein ganz merkwürdiges Gefühl.«

»Ist bei meiner Muschi nicht anders.« Sie kicherte.

»Wie war's, wenn wir die beiden Fremden miteinander bekannt machten?«

Ein paar Minuten später zog sie seinen Kopf hoch. »Ich halt's nicht länger aus«, sagte sie und versuchte, ihn über sich zu ziehen. »Ich möchte dich in mir spüren.«

Er rollte auf dem Bett so herum, dass sie sich halb schon über ihm befand. »Steig auf.«

»Ja«, sagte sie, während sie sich auf die Knie hochstützte. Mit der Hand führte sie sein Glied ein, ließ sich dann langsam auf ihm nieder. »Oh, das ist gut.« Langsam begann sie, sich auf ihm zu bewegen. »O Mann, ich kann's ganz toll spüren.«

»Schneller«, sagte er.

»Gefällt's dir so?« Sie presste seine Arme aufs Bett. »Jetzt kannst du dich nicht bewegen.«

Erschöpft sank sie über ihm zusammen. Beide rangen sie angestrengt nach Luft. Nach einigen Sekunden schien er sich bewegen zu wollen. Sie hinderte ihn daran. »Lass ihn noch drin.«

»Ich möchte eine Zigarette«, sagte er. Sie löste sich von ihm, und er stieg aus dem Bett und ging zum Frisiertisch, um seine Zigaretten zu holen. Im Spiegel sah er sein Gesicht und starrte es einen Augenblick an. Dann drehte er sich herum und strich mit den Händen über seine Wangen. »Ach, Scheiße«, sagte er und blickte zu Lauren. »Was, zum Teufel, hat Harvey nur in dieses Gras getan? Ich habe mir ja wirklich den Bart abrasiert.«

»Und ich habe dich wirklich meine Muschi kahlrasieren lassen.« Sie lachte, stieg aus dem Bett und trat auf ihn zu. Dann zog sie eine Zigarette aus seinem Päckchen, steckte sie an und reichte sie ihm. »Wir sollten das Fantasiegras öfter rauchen.«

Er zog an der Zigarette und lächelte. »Na, wenn sich das so weiterentwickelt, könnte es schon wirklich komisch werden. Ich meine, mit rasiertem Schädel würde ich mich denn doch etwas absonderlich ausnehmen.«

»Hast du keine besseren Fantasien auf Lager?«, fragte sie mit einem Lächeln.

»Ich glaube schon«, versicherte er und erwiderte ihr Lächeln. »Ich kann mit etwas Besserem aufwarten.« Er musterte sie. »Wenn mich nicht alles täuscht, hast du die griechischen Inseln bis obenhin satt.«

Sie nickte.

Er griff zum Telefon, sprach mit der Brücke. »Hydra interessiert nicht mehr«, sagte er zum Kapitän. »Nehmen Sie Kurs auf Saint-Tropez.« Er legte auf und blickte zu ihr. »Nun, wie gefällt dir das als Fantasieprobe?«

Sie lachte. »Du kommst allmählich wirklich in Schwung.«

»Dachte ich mir, dass dir das gefallen würde.« Er lächelte. »In drei Tagen werden wir dort sein. Und gerade zurechtkommen, um an Janettes alljährlichem Supersonntagabend teilzunehmen. Was meinst du, was die für Augen macht, wenn wir so mir nichts, dir nichts bei ihr aufkreuzen?«

Es war fast drei Uhr früh, und die Party lief auf vollen Touren. Lauren hatte das Gefühl, dass ihr vor lauter Lärm der Kopf zu platzen drohte. Das Gras und den Schnee vertrug sie ja, aber der Champagner, den Patrick ihr laufend aufnötigte – das war einfach zu viel. Doch lachend überging er ihre Proteste und sorgte dafür, dass ihr Glas ständig nachgefüllt wurde. Inzwischen drehte sich alles in ihrem Kopf, und ein Gefühl der Übelkeit stieg in ihr auf. Sie begann in der Menge nach Patrick zu suchen. Lauren hatte nur einen Wunsch: zurück zur Jacht und schlafen.

Der August war in Saint-Tropez der Partymonat, und Janette hatte für ihre Party weder Kosten noch Mühen gescheut. Das riesige Büfett auf der Terrasse stammte von Felix, dem berühmten Koch des L'Escale. Auf den Tischen brannten Kerzen, und in den Baumästen im Garten hingen flackernde chinesische Lampions. Vor und während des Dinners spielten Los Paraguayos Flamenco, und anschließend spielten eine Rockgruppe und eine Popband abwechselnd zum Tanz.

Lächelnd unterhielt Janette sich mit einer Gruppe von Leuten, die sie buchstäblich umringten. Ihr Gesicht wirkte erhitzt, und gewiss brauchte ihr niemand zu sagen, dass ihre Party ein voller Erfolg war. Den Beweis dafür hatten ihr die Nachtschwärmer geliefert, die eigens aus Monte Carlo hergekommen waren, in ihren langen Abendkleidern und ihren Smokings. Nie und nimmer hätten sie die zweistündige Fahrt auf sich genommen, wenn sie die Party nicht als wichtig eingestuft hätten. Sogar Jack Nysberg, der Starfotograf von Vogue, war da und fotografierte, was das Zeug hielt – was sozusagen das amtliche Siegel der Anerkennung bedeutete.

Lauren berührte ihre Schwester am Arm.

Janette drehte ihr den Kopf zu. »Oui, chérie?«

»Hast du Patrick gesehen?«, fragte Lauren.

Janette ließ ihren Blick durch den Raum schweifen. »Nein. Vielleicht ist er draußen auf der Terrasse. Soll ich jemanden losschicken, um ihn zu suchen?«

»Nein, danke. Ich werde ihn schon finden.«

»Gut.« Lächelnd wandte Janette sich wieder ihrem Hofstaat zu, während Lauren auf die Terrasse trat.

Patrick war nirgends zu sehen. Vom Swimmingpool klang schrilles Gelächter herüber, und sie ging in den Garten hinaus.

Bäume und Büsche umsäumten den Pool, und Lauren sah mehrere Pärchen, die sich dort miteinander amüsierten, wobei sie zu vergessen schienen, dass man sie beobachten konnte. Oder aber es war ihnen gleichgültig.

Ungefähr zwanzig nackte Männlein und Weiblein plantschten vergnügt im Pool herum. Etwa die gleiche Anzahl stand am Rand und bog sich vor Gelächter. Keines dieser Gesichter gehörte Patrick.

Am anderen Ende des Pools stand noch eine weitere Gruppe, und dort, inmitten von einem knappen Dutzend Gäste, entdeckte sie ihn schließlich.

Lächelnd sah er sie an. »Ich habe auf dich gewartet«, sagte er mit schwerer Zunge und reichte ihr sein Glas hin. »Da, trink was und genieße die Show.«

Sie schüttelte den Kopf. »Ich habe genug zu trinken gehabt. Und ich glaube, du auch.«

»Sei keine Spielverderberin«, sagte er und schob sie vor sich. »Sieh wenigstens zu.«

Zuerst nahm Lauren nur die drei Mädchen wahr, die sich übereinander auf dem Boden gleichsam wälzten. Doch dann wurde ihr bewusst, dass da noch jemand war. Wenn sie ihn erst so spät sah, dann lag es wohl daran, dass er auf Grund seiner schwarzen Hautfarbe in dem Halbdunkel nur schwer zu erkennen war. Unter den nackten Mädchenleibern war zudem ohnehin nicht viel von ihm zu sehen.

»Wie kommt er hierher?« Ihr wütender Blick traf Patrick.

»Ich habe ihn herbeordert. Auch er hat ein Recht auf ein bisschen Spaß.«

Sie wollte fort, doch er hielt sie fest. »Schau doch nur«, sagte er lachend. Eines der Mädchen ließ sich auf Noah nieder. »Ich wette einhundert Pfund, dass sie ihn nicht in sich reinkriegt. Er ist zu groß für sie«, rief er.

»Halte dagegen«, sagte einer der Männer.

Patrick blickte zu Lauren. »Na, wie gefällt dir so was? Hättest du nicht Lust, dabei mitzumachen?«

Zornig riss sie sich von ihm los. »Ich möchte zurück zur Jacht. Mir ist nicht gut.«

Er starrte sie an. »Das Auto und der Chauffeur sind dort draußen. Fahr nur, wenn du willst. Ich bleibe jedenfalls hier. Zum ersten Mal seit einem Monat komme ich richtig auf meine Kosten.«

Sie lief zum Haus zurück, unterdrückte die Tränen. Eigentlich wollte sie sich durch die Menge drängen, um zu den Parkplätzen zu gelangen. Doch als sie dann im Haus war, wurde ihr vom Lärm und der Wärme noch mehr übel. Sie merkte, dass sie es niemals bis zum Auto schaffen würde. Und so lief sie die Treppe hinauf, zu dem Zimmer, in dem sie im vergangenen Jahr geschlafen hatte, und von dort gleich weiter ins Bad.

Lauren kniete sich rasch vor die Toilettenschüssel und erbrach sich, während unaufhörlich Krämpfe ihren Körper schüttelten. Endlich war es überstanden, und sie sank erschöpft zurück.

Nach einer Weile erhob sie sich, trat ans Waschbecken und betrachtete sich im Spiegel. Mit ihrem verschmierten Make-up und dem schweißnassen, blassen Gesicht sah sie fürchterlich aus. Sie drehte den Kaltwasserhahn auf und wusch sich das Gesicht. Anschließend drückte sie den feuchten Waschlappen gegen ihr Genick und spülte sich den Mund aus, um den furchtbaren Geschmack loszuwerden. Dann öffnete sie schlaff ihre Handtasche und begann sich neu zu schminken. Doch sie kam damit nur mühsam voran. Noch immer fühlte sie sich schwach und erschöpft. Das lag sicher an dem vielen Champagner, den sie getrunken hatte. Noch nie war ihr so übel gewesen. Selbst das Auftragen des Lippenstifts schien unendlich viel Kraft zu kosten.

Schließlich war sie mit dem Schminken fertig. Als sie das Bad verließ, zitterte sie vor Schwäche noch immer am ganzen Körper. Sie betrat das Schlafzimmer und sah das Bett. Ein paar Minuten der Ruhe, und sie würde sich bestimmt besser fühlen.

Sie setzte sich auf den Bettrand, zog die Schuhe aus und legte sich hin. Sogleich fühlte sie sich ein wenig besser. Sie schloss die Augen und spürte, wie das Zittern ihres Körpers langsam nachließ. Und dann war sie mit einem Male eingeschlafen.

Lauren erwachte vom Stimmengeräusch im Nebenzimmer. Es dauerte einen Moment, ehe sie wusste, wo sie sich überhaupt befand. Im Zimmer war es noch dunkel, doch hinter den Fenstern zeigte sich bereits das erste schwache Morgengrauen. Langsam stand sie auf und ging ins Bad. Dort wusch sie sich das Gesicht erneut mit kaltem Wasser und blickte anschließend in den Spiegel. Ihr Gesicht wirkte längst nicht mehr so blass. Die Ruhe hatte ihr gut getan.

Sie öffnete ihre Handtasche. Was sie jetzt brauchte, war ein Upper, um richtig in Schwung zu kommen. Dann fiel ihr ein, dass sie ihr Pillendöschen auf der Jacht gelassen hatte. Wieder hörte sie aus dem benachbarten Raum Stimmen. Janette war noch wach. Von ihr konnte sie bekommen, was sie brauchte.

Lauren zog ihre Schuhe an und ging zu Janettes Zimmer, aus dem ein seltsames Stimmengewirr drang. Sie klopfte an, doch niemand schien es zu hören. Zögernd öffnete sie die Tür einen Spaltbreit und sah hinein. Da die gegenüberliegende Wand des Schlafzimmers aus Spiegeln bestand, konnte Lauren praktisch den gesamten Raum überblicken. Lauren glaubte, ihren Augen nicht trauen zu können.

Patrick mit Noah. Und Stéphane sah zu.

Für einen Augenblick hatte Lauren das Gefühl,

ohnmächtig zu werden. Doch dann war es ihr Zorn, der ihr unerwartete Kraft verlieh. Langsam schloss sie die Tür, lehnte sich dagegen und versuchte, Kontrolle über sich selbst zu gewinnen. Plötzlich begriff sie vieles. Patricks Wunsch, dass sie beim Liebesakt die dominierende Position einnahm. Seine Weigerung, sich von dem Afrikaner zu trennen. Alles fügte sich zu einem Bild zusammen. Und sie Närrin hatte die Wahrheit nicht schon früher erkannt.

Als Folge des Begreifens kam der Schmerz, und ihre Augen begannen sich mit Tränen zu füllen. Langsam stieg sie die Stufen hinab und ging zur Haustür.

Im selben Moment kam Janette herein. Überrascht sah sie Lauren an. »Ich komme gerade vom Frühstück im La Gorilla«, sagte Janette. »Man sagte mir, du hättest relativ früh die Party verlassen und seist zur Jacht zurück.«

Plötzlich fühlte sich Lauren irgendwie beschämt und senkte den Blick. »Nein«, sagte sie.

»Wo bist du denn gewesen?«

»Ich bin in meinem alten Zimmer eingeschlafen«, erwiderte Lauren und starrte weiterhin auf den Boden.

»Oh!«, rief Janette aus.

Lauren hob die Augen. »Weißt du, dass Patrick zusammen mit dem Neger und deiner Freundin in deinem Zimmer steckt?«

»Nein«, log Janette, ohne auch nur mit der Wimper zu zucken. Natürlich wusste Janette Bescheid, denn sie hatte das Ganze ja arrangiert. Sie wandte sich in Richtung Treppe. »Ich werde sie hinauswerfen.«

Laurens Stimme hielt sie zurück. »Spar dir die Mühe«, sagte ihre Schwester. »Es ändert doch nichts.«

»Was möchtest du dann, dass ich tue?«, fragte Janette.

»Bring mich bitte zur Jacht«, sagte Lauren. »Ich werde packen und nach Hause zurückkehren.«

Schweigend gingen sie zum Auto und stiegen ein. Als sie vom Fahrweg in die schmale Straße zum Ort einbogen, war es fast schon heller Tag.

»Warum hast du mir nie gesagt, wie er ist?«, wollte Lauren wissen.

»Er hatte versprochen, sich zu ändern«, erwiderte Janette, ohne ihre Augen von der Straße zu lösen. »Und er hat ja auch mit der Arbeit angefangen.«

Lauren begann zu weinen. »Trotzdem hättest du es mir sagen sollen. Ich komme mir einfach idiotisch vor. Alle wussten Bescheid, nur ich nicht. Und ich wette, die halten mich alle für das größte Rhinozeros aller Zeiten.«

»Sie sind alle auf dich neidisch«, versicherte Janette. »Und es gibt wohl keine einzige Frau, die nicht mit Kusshand mit dir tauschen würde, selbst jetzt.«

»Das begreife ich nicht«, sagte Lauren leise weinend.

»Wenn du erst einmal älter bist, wirst du's begreifen. Solche Dinge passieren dauernd. Männer sind sonderbare Tiere, und sie benehmen sich sonderbar. Aber so nach und nach werden sie dann so leidlich normal.«

»Er bestimmt nicht«, sagte Lauren mit Nachdruck. »Und das wird er niemals los.«

»Das würde in Europa jede zweite Frau in Kauf nehmen, wenn sie ihn nur kriegen könnte«, meinte Janette. Wieder musterte sie Lauren. »Patricks Vater und auch sein Großvater waren zu ihrer Zeit notorische Päderasten. Ihre Frauen wussten und akzeptierten das. Es hat sie nicht im mindesten daran gehindert, eine erfolgreiche Ehe zu führen und ihre Kinder großzuziehen.«

Lauren hörte allmählich auf zu weinen. Wortlos starrte sie durch die Windschutzscheibe auf die Straße.

»Vielleicht hat Patrick weniger seinen Vater gehasst als vielmehr seinen Vater in sich selbst. Jedenfalls versuchte er, aus dem Verhaltensmuster auszubrechen.« Janette musste kurz bremsen, weil eine Katze über die Straße lief. »Mit dem Entschluss, ihn zu heiraten, hast du dir ein Jahr Zeit gelassen. Ich finde, du solltest deshalb jetzt nicht alles so mir nichts, dir nichts übers Knie brechen.«

»Du meinst also, ich sollte nicht auf der Stelle die Scheidung einreichen?«, fragte Lauren direkt.

Janette zögerte kurz, blickte ihre Schwester dann an. »So ist es.«

»Und warum?«

»Weil es eine gute Ehe sein könnte. Patrick entstammt einer der angesehensten und reichsten Adelsfamilien Englands. Und wenn seine Mutter eines Tages stirbt, wird er einer der reichsten Männer der Welt sein.«

»Wenn eine gute Ehe wirklich möglich wäre, warum hast du ihn dann nicht geheiratet? Er hat zuerst um deine Hand angehalten.«

Janette warf ihr einen kurzen Blick zu und sah dann wieder zur Straße, ehe sie eigentümlich heiser antwortete: »Weil ich ihm das nicht geben kann, was eine Ehe letzten Endes erfolgreich macht. Erben. Ich hatte als junges Mädchen einen Unfall und kann deshalb keine Kinder bekommen.«

Impulsiv strich Lauren ihrer Schwester über die Hand. »Das habe ich nicht gewusst, Janette. Tut mir Leid.«

»C'est la vie.« Janette zuckte die Achseln. »Aber bei dir ist alles in Ordnung, du hast die Wahl. Und wenn du nur willst, kannst du's schaffen.«

Lauren erwiderte den Blick ihrer Schwester. »Mag sein, dass du mich für naiv hältst. Oder für dumm.

Oder für beides. Aber das Geld und der Titel haben mir nie etwas bedeutet. Und sie tun's auch jetzt nicht.« Sie schwieg, während das Auto durch die engen Gassen des Ortes zum Hafen fuhr. »Ich bin vermutlich amerikanischer, als ich selbst geglaubt habe. Die Spiele, die ihr Europäer spielt, kann ich nicht mitspielen. Für mich ist eine Ehe ohne Liebe überhaupt keine Ehe.«

Lauren schaffte es, noch den Acht-Uhr-Flug von Nizza nach Paris zu erreichen. Drei Stunden später saß sie bereits in der Maschine nach Kalifornien. Doch erst sechs Wochen später, nachdem das Gericht von Santa Monica das Scheidungsurteil ausgesprochen hatte, entdeckte sie, dass sie seit zwei Monaten schwanger war.

Anne-Marie Villefranche

*Madame Nimmersatt**

Ihre selbstverständliche Art beruhigte ihn. Außerdem kam es ihm nicht in den Sinn, dass eine erwachsene Frau wie Madame Gaumont das geringste Interesse an seinem Körper haben könnte. Langsam drehte er sich auf den Rücken. Sein steifes Glied stand steil von seinem Körper ab, doch Marcelle schien es nicht zu beachten – sie lag bequem ausgestreckt neben ihm auf der Matratze, die Beine ein wenig gespreizt, die Hände unter dem Kopf verschränkt. Jean-Louis konnte sich nicht zurückhalten, auf ihre nackten Brüste und rosa Nippel zu schielen. Als er sah, dass sie die Augen fest geschlossen und ihren Kopf zurückgelegt hatte, um die Sonne auch unter ihr Kinn scheinen zu lassen, traute er sich, ihre Brüste unverhohlener zu betrachten.

»Spürst du, wie gut die Sonne deinem Körper tut?«, fragte sie wie beiläufig.

»O ja«, erwiderte er, »aber kann es nicht auch gefährlich sein? Ich habe am Strand manchmal Leute gesehen, die einen schrecklichen Sonnenbrand hatten.«

»Gott sei Dank, dass du mich daran erinnerst!«, rief Marcelle. »Ich hatte völlig vergessen, dass du gar nicht an die Sonne gewöhnt bist – ich hätte dich gleich zu Anfang mit Sonnenöl einreiben müssen.«

Sie sprang auf und ging zum Schrank hinüber. Mit verzweifelter Bewunderung betrachtete Jean-Louis ihren langen, schmalen Rücken, ihre schwingenden Hinterbacken und – als sie wieder zurückkam – ihre wippenden Brüste. Sie kniete neben ihm nieder, goss etwas duftendes Öl auf seine Haut und strich es sanft mit den Handflächen ein.

»Fast fertig«, sagte sie. »Gleich wirst du vollkommen geschützt sein.«

Diesmal konnte er sich nicht mehr beherrschen und

stöhnte laut auf, als sie sein zitterndes Glied in die Hand nahm und fest massierte.

»Aber Madame Gaumont...«, stammelte er mit puterrotem Gesicht.

»Halt still, und sei nicht so albern. An dieser empfindlichen Stelle holt man sich am ehesten einen Sonnenbrand. Und da ist er auch besonders unangenehm.«

Ihre Hand glitt an seinem steifen Pfahl auf und ab, um ihn gründlich einzuölen. Gebannt schaute er ihr zu, wie sie ein wenig Öl auf die Spitze seines Zepters goss, es herunterlaufen ließ und dann gleichmäßig verteilte.

»Wenn ich dich fertig eingeölt habe, möchte ich, dass du das Gleiche für mich tust und mich von oben bis unten einölst. Ob am Rücken oder an den Brüsten – das macht keinen Unterschied.«

»Ja, das macht keinen Unterschied«, wiederholte er keuchend. Sein steifes Glied zuckte bei der Vorstellung, die weichen Brüste zu massieren, die jetzt zum Greifen nah vor seinen Augen baumelten.

»Den Rücken, den Busen und die Beine...«, sagte Marcelle mit bebender Stimme, während sie seinen Penis kräftig weiterbearbeitete. »Und besonders zwischen den Beinen, wo die Haut am empfindlichsten ist ... Auf die Haut zwischen den Beinen musst du ganz besonders Acht geben...«

»Das werde ich!«, rief Jean-Louis laut, während seine Hüften sich wild nach oben stemmten und eine jungenhafte Fontäne in die Luft verspritzte.

»Ich hätte nicht gedacht, dass du so leicht die Kontrolle verlierst«, sagte sie etwas vorwurfsvoll. »Du musst ein sehr sinnlicher Junge sein, wenn du so heftig auf einen so unbedeutenden Reiz reagierst.«

519

Jean-Louis setzte sich auf. Sein Kopf schwirrte, er wollte sich für sein ungebührliches Benehmen entschuldigen.

»Du brauchst dich nicht zu entschuldigen«, erwiderte sie lachend. »Das kommt bei Männern eben manchmal vor. Völlig bedeutungslos. Im Schrank sind Handtücher. Reib dich trocken, und dann komm zu mir und öl mich ein, meine Haut ist heiß und sehr empfindlich.«

Langsam arbeitete er sich an ihrem Rücken herunter und widmete sich dann ganz ihren vollkommenen Hinterbacken. Ihre Haut fühlte sich an wie weicher Satin, und sein erschlafftes Glied zuckte bedrohlich.

Er zitterte, als er ein wenig Öl in die Spalte zwischen ihren Hinterbacken tropfen ließ und es mit den Fingerspitzen sanft einmassierte. Als er den kleinen Knoten tief zwischen ihren Backen berührte, durchlief ein Schauer ihren schönen Körper.

Jean-Louis drückte mit einer Hand die runden Backen auseinander und liebkoste mit den Fingern seiner anderen Hand die sanfte Spalte dazwischen. Dabei glitt er immer tiefer und tiefer, bis er weiches Haar und den Ansatz weicher Lippen spürte. Seit mehr als einer Woche schon hatte er versucht, Madeleine Leroy dazu zu überreden, ihm zu erlauben, seine Hand in ihr Höschen gleiten zu lassen – und hier war Madame Gaumont und ließ ihn frei mit ihren Schätzen spielen!

»Was ist los?«, fragte Marcelle, ohne die Augen zu öffnen. »Hast du das ganze Öl verbraucht?«

»Nein, es ist noch eine halbe Flasche da.«

»Dann reib meine Oberschenkel ein, bevor sie rot und hässlich werden.«

Er benutzte beide Hände, um ihren Oberschenkel

einzuölen, wagte sich jedoch nicht weiter als zwei Fingerbreit an ihre braunen Locken heran. Dann war der andere Schenkel dran, und wieder kamen seine Hände in die Nähe ihrer Lockenpracht. Ihre Beine spreizten sich auf der gelben Matratze, und Jean-Louis stieß den längsten Seufzer seines Lebens aus, als er ihre rosabraunen Schamlippen entdeckte.

»Zwischen meinen Beinen musst du besonders viel Öl benutzen«, murmelte Marcelle. »Es ist ein Irrtum, wenn man meint, das Haar würde die zarte Haut darunter schützen.«

Jean-Louis atmete heftig, als er etwas Öl auf seine Handfläche goss und es auf Marcelles runden Hügel auftrug. Zuerst massierte er es mit der ganzen Hand in ihre Locken ein, doch seine natürlichen Instinkte waren zu übermächtig, um sich noch länger zügeln zu lassen, und bald benetzte er seine Fingerspitzen, um die empfindlichen Lippen zu berühren.

»So ist es richtig«, sagte sie mit sachlicher Stimme. »Massiere es sanft ein.«

Sein steifer Riemen zuckte heftig, als er ein wenig Öl in die weiche Spalte laufen ließ, die er durch sein sanftes Reiben geöffnet hatte. Einen Augenblick später waren seine Finger auch schon in ihr und rieben langsam hin und her. Marcelle sagte nichts, aber es war unmöglich, dass sie nicht bemerkte, was er mit ihr tat. Sie wand sich unter seinen Händen, und ihr Mund war leicht geöffnet. Jean-Louis starrte auf ihre Brüste. Ihre rosa Nippel waren größer und fester als vorher, als sie sich zum ersten Mal auf den Rücken gedreht hatte.

»Ja, du musst das Öl sanft einmassieren«, seufzte Marcelle.

Sanft führte sie ihn ein Stück nach oben, bis er einen kleinen Knopf unter seinen Fingerspitzen fühlte.

»Das ist die allerempfindlichste Stelle«, flüsterte sie. »Massiere das Öl ganz sanft und zart ein.«

Marcelles Hüften zuckten. Sie stöhnte laut auf, ihre Fersen hämmerten gegen die Matratze. Dann lag sie wieder still.

»Es ist ein sehr großes Privileg für dich, mich nackt zu sehen«, sagte sie. »Ich verlasse mich darauf, dass du diskret bist und ein Geheimnis bewahren kannst.«

»Ich würde mir eher die Zunge abbeißen, als ein Wort von dem zu erzählen, was geschehen ist«, versicherte er ihr.

Er kniete neben ihr, während er mit ihren Brüsten spielte und so tat, als wolle er sie nur einölen. Seine Begierde wurde immer größer, und sein Glied ragte steif in die Luft.

»Mein armer Jean-Louis, das war gedankenlos von mir«, sagte Marcelle. »Ich liege hier so oft nackt in der Sonne, dass es für mich nichts Besonderes mehr ist. Ich hätte daran denken müssen, was es für einen jungen Mann bedeutet, mich so zu sehen.«

»Aber es ist herrlich, Sie nackt zu sehen!« protestierte er. »Ich bin derjenige, der sich entschuldigen muss, weil ich mich nicht beherrschen kann.«

»Nein, dich trifft keine Schuld. Ich bin untröstlich. Ich habe dich durch reine Gedankenlosigkeit in diese Situation gebracht.« Dabei ergriff sie wie beiläufig seinen harten Stamm und umschloss ihn mit beiden Händen.

Sie setzte sich auf, und ohne zu wissen, was er tat, kletterte Jean-Louis über ihr Bein und kniete sich zwischen ihre Schenkel, sodass ihre Körper sich fast berührten. Sie hielt noch immer sein steifes Glied in der Hand.

Jean-Louis hatte das Gefühl, jeden Moment sterben

zu müssen. Er war völlig benommen vor Lust und Vorfreude, als er sich auf ihren warmen, weichen Körper legte und mit den Händen ihre Brüste knetete. Marcelle zog an seinem steifen Freund. Er spürte, wie er etwas Feuchtes berührte und ahnte, dass er kurz vor der Schwelle stand.

»Stoß langsam zu«, flüsterte sie, den Mund dicht an seinem Ohr.

In diese weiche, heiße Grotte zu schlüpfen war für Jean-Louis wie der Eintritt ins Paradies; Engel bliesen auf goldenen Trompeten, um ihn willkommen zu heißen.

Ihre Worte drangen nur schwach an sein Ohr, so laut pochte ihm das Herz. Doch er hatte verstanden: Sie hatte ihm erlaubt zu tun, was immer er wollte. Er stöhnte heftig, während er sich in Marcelles gutgeölter Öffnung hin und her bewegte. Seine Bewegungen waren ein wenig ungelenk und so grob, dass Marcelle ebenfalls vor Vergnügen keuchte und die Beine spreizte, um ihn ganz tief in sich hineinzulassen. Wenige Augenblicke später wurde Jean-Louis auch schon von Ekstase geschüttelt; hart rammte er gegen ihren Bauch, während er sie mit seinem Saft überflutete. Er hörte ihre orgastischen Schreie nicht, so überwältigt war er von seinen eigenen Gefühlen.

Danach lagen sie nebeneinander auf der gelben Matratze. Durch die offenen Fenster fiel die Sonne auf ihre erhitzten Körper.

»Darf ich Sie etwas fragen?«, ergriff er die Gelegenheit.

»Was denn, mein lieber Jean-Louis?«

»Fühlt es sich für eine Frau auch so herrlich an wie für einen Mann?«

»Ja, wenn sie selbst es auch will. Sonst nicht. Für

verheiratete Frauen wird es manchmal zu einer öden Pflicht.«

»Hat es Ihnen gerade gefallen?«

»Die Frage, die jeder Liebhaber stellt!«, lachte sie. »Ja, es hat mir gefallen.«

Marcelle ließ eine Hand sanft über seinen Schenkel gleiten. »Du bist heute Morgen zweimal zum Höhepunkt gekommen«, erinnerte sie ihn. »Findest du das schon übertrieben?«

Mit der Hand berührte sie nun sein erschlafftes Glied und spielte damit. Seine jugendliche Spannkraft machte sich sofort bemerkbar und ließ es unter ihren Berührungen zu voller Größe wachsen.

»Ach!«, seufzte Marcelle entzückt. »Wie schnell du deine Kraft wieder gefunden hast! Das ist sehr eindrucksvoll. Gefallen dir meine Brüste?«

»Sie sind wunderbar!«

»Dann solltest du sie küssen.«

Ihr Vorschlag eröffnete Jean-Louis neue, bisher ungeahnte Perspektiven. Er beugte den Kopf, um ihre Brüste zu beschnuppern, während sie mit seiner jungen, steifen Männlichkeit spielte, und es dauerte nicht lang, da hatte er herausgefunden, wie er ihre zarten Nippel am wirksamsten mit der Zunge reizen konnte.

»Du machst das sehr gut«, flüsterte Marcelle. »Du hast schnell gelernt. Leg deine Hand zwischen meine Beine.«

Seine Finger kraulten das dichte braune Vlies ihrer Schamhaare und fanden wenig später den Weg zwischen ihre weichen, halbgeöffneten Lippen.

»Gefällt dir das?«, fragte sie.

»O ja – sie sind so weich und warm!«, schwärmte er. »Wenn ich meine Finger in sie stecke, habe ich das Gefühl, eine Hand in einem weichen Handschuh würde mich umschließen.«

Seine steife Männlichkeit zuckte in ihrer Hand.

»Wie meine Hand, die dich jetzt umschlossen hält?«

»So ähnlich – bloß viel weicher und wärmer.«

»Es wird Zeit, dass du deine Finger herausnimmst und dies hier an ihre Stelle tust«, sagte sie und versetzte seinem Glied einen liebevollen Klaps. »Leg dich wieder auf mich, Jean-Louis.«

Er nickte und beugte sich dem Rhythmus, den sie mit den Händen bestimmte. Es waren feste, kräftige Stöße, die sie nach einer Weile laut aufstöhnen ließen: Ja, ja, ja! Jean-Louis zwang sich, einzelne Empfindungen als solche wahrzunehmen und nicht zu einem formlosen Gefühl der Erregung verschmelzen zu lassen, das ihn nur wieder allzu rasch überwältigt hätte. Er spürte, wie sich ihr warmer Bauch und ihre weichen Brüste gegen ihn pressten, wie ihr Innerstes ihn sanft umschlossen hielt, während er aus ihr heraus- und wieder hineinglitt. Diesmal war es Marcelle, die zuerst den Gipfel der Lust erreichte. Sie stöhnte und keuchte und wand sich unter ihm, bis er von ihrer Leidenschaft mitgerissen wurde, ganz in ihrer schlüpfrigen Wärme versank und seine heiße Opfergabe in sie verspritzte.

»Das hast du sehr gut gemacht, mein Lieber«, sagte sie zufrieden. »Du bist ein guter Schüler, und ich bin offenbar eine gute Lehrerin.«

»Wie ist das, wenn Sie Ihren Höhepunkt erreichen?«, fragte Jean-Louis. »Ich meine, wie fühlt sich das an?«

»Ah, du glaubst wohl, der Unterricht ginge noch weiter? Aber es ist unmöglich, diese Gefühle in Worte zu fassen. Es ist, als würde ich von einer großen Flutwelle fortgetragen und müsste ertrinken – näher kann ich es dir leider nicht beschreiben.«

Seine Hand lag auf Marcelles Bauch. Langsam ließ

er sie über ihre geölte, von der Sonne erhitzte Haut nach unten gleiten, um sie zwischen den Schenkeln zu streicheln.

»Lassen Sie mich eine hübsche kleine Melodie auf Ihrer Geige spielen«, flüsterte er. »Ich möchte diesmal genau zuschauen, was dann mit Ihnen passiert.«

»Was für ein kleines Ungeheuer du doch bist!«, erwiderte sie kichernd.

Sie spreizte die Beine, und seine Finger glitten sanft in ihre feuchte Muschel.

»Ein wenig höher«, murmelte sie. »Such die Knospe, die ich dir vorhin gezeigt habe, und streichle sie sanft. So musst du es machen, wenn du eine Frau erregen willst. Ja, jetzt hast du sie. Und sei immer zärtlich und liebevoll. Du darfst niemals grob zu ihr sein.«

»So?«

»Ja, genau so. Und küss meine Brüste, während du mit meiner Knospe spielst.«

Jean-Louis brauchte keine Anweisungen mehr, um Marcelles kleine rotbraune Nippel fachmännisch zwischen die Lippen zu nehmen und mit der Zunge zu reizen. Und in den folgenden Minuten lernte er auf gründliche und höchst anschauliche Weise, wie man eine Frau zum Gipfel der Erregung führt. Marcelles leidenschaftliche Explosion machte einen bleibenden Eindruck auf den Jungen. Ihre Hüften hoben sich von der Matratze, sie balancierte nur noch auf den Schultern und Fersen, bebte heftig und stöhnte laut.

Staunend schaute er ihr zu. Von ihm aus hätte es ewig so weitergehen können, so entzückend und aufregend war dieser Anblick, dass Marcelle schon nach wenigen Augenblicken zurück auf die Matratze fiel. Mit geschlossenen Augen lag sie da und zitterte heftig. Ohne einen Moment lang zu zögern, rollte sich Jean-Louis auf ihren Bauch und stieß sein Glied tief in sie hinein. Es war von dem, was er gesehen hatte, wieder steif geworden.

»O nein!«, rief Marcelle. »Nicht noch einmal. Ich kann nicht mehr!«

Aber ihre ekstatische Explosion hatte ihn so sehr erregt, dass er ihre Worte gar nicht wahrnahm. Sie ergriff ihn bei den Schultern, um ihn von sich fortzustoßen, doch Jean-Louis ließ sich nicht beirren und liebte sie mit einer Kühnheit und Heftigkeit, die nicht zu seinem zarten Alter passte. Die bereits genossenen Freuden verstärkten diesmal seine Ausdauer, und während er sich in einem festen Rhythmus in ihr hin und her bewegte, begann ihr eigener Körper auf ihn zu reagieren. Ihre Augen blieben geschlossen, doch ihre Arme und Beine schlangen sich um seinen Körper, um ihn noch fester an sich zu ziehen.

»Nein, das ist zu viel . . .«, stammelte sie verzweifelt, »ich kann nicht mehr . . . das ist unmöglich . . .«

Aber Jean-Louis ließ sich nicht täuschen. Ihre schlüpfrige Muschel umfing seine steife Männlichkeit, massierte und drückte sie.

»Es gefällt Ihnen«, stöhnte er und stieß noch heftiger zu.

Diesmal schrie sie laut, als er seinen Lebenssaft in ihre feuchte Kammer spritzte.

Jean-Louis glitt aus ihr heraus und legte sich neben sie. Er atmete heftig. Sein Körper war feucht vom Schweiß und vom Sonnenöl.

»Wir sind beide zur gleichen Zeit ertrunken«, murmelte er befriedigt.

»Wir sind ertrunken und treiben am Meeresboden«, flüsterte sie. Ihre Stimme war so schwach, dass er sie kaum hören konnte. »Ach, wenn die Männer doch diese Kraft der Jugend beibehalten könnten!«

Mit seinen sechzehn Jahren besaß Jean-Louis die beneidenswerte Spannkraft und den unbezähmbaren Forschungsdrang der Jugend, und sein Interesse an Marcelles nacktem Körper war noch längst nicht erloschen. Er hatte das Gefühl, innerhalb weniger Stunden um Jahre gereift zu sein, und er brannte immer noch darauf, den weichen Bauch zu berühren, auf dem ihm der Übergang von der Kindheit zum Erwachsenenalter so angenehm gelungen war. Er freute sich, dass Marcelle schlief – es gab ihm Gelegenheit, die Wärme ihrer Haut ungehemmt zu genießen. Als er ihren Rücken schließlich ganz und gar eingeölt hatte, war sein männliches Anhängsel wieder zu voller Größe angeschwollen. Seine Aufmerksamkeit richtete sich jetzt auf Marcelles Hinterbacken, und er spielte mit ihren köstlichen Rundungen, als wären sie die großen Schwestern ihrer Brüste. Obgleich er bisher auf diesem Gebiet keinerlei Erfahrungen gesammelt hatte und daher auch keine Vergleichsmöglichkeiten besaß, ahnte er instinktiv, dass Marcelles Hinterbacken für eine Frau in ihrem Alter äußerst wohlgeformt waren, weich, aber nicht zu schlaff.

Schließlich glitten die gutgeölten Finger des Jungen in das tiefe Tal zwischen diesen Backen und erforschten gründlich alles, was ihnen in die Quere kam, bis die Spitze seines Mittelfingers den feuchten Eingang berührte, in dem er noch vor kurzem so begeistert willkommen geheißen wurde. Es kann nicht mehr als eine Reflexhandlung gewesen sein, als Marcelle bei dieser Berührung langsam ihre Beine spreizte, denn sie schlummerte friedlich und spürte sicherlich nichts anderes als ein allgemein wohliges Gefühl.

Nach einer Weile wurden seine Bemühungen belohnt. Ihre Beine spreizten sich noch weiter, sodass er zwischen ihren Schenkeln knien und seine ganze Hand benutzen konnte, um ihre Geheimnisse zu erforschen.

Marcelle erwachte seufzend aus ihrem Schlummer und hob den Kopf.

»Oh!«, rief sie, als sie seine aufrechte Männlichkeit erblickte. »Was tust du da?«

»Es ist alles in Ordnung«, sagte er. »Ich werde Sie nicht weiter stören.«

Er hatte sich auf Marcelles Rücken gelegt, denn ihm war die Idee gekommen, dass, wenn er ihren Eingang mit den Fingern von hinten erreichen konnte, ihm dies vielleicht auch mit dem steifen Stab gelingen könnte, der zwischen seinen Beinen hing.

»Ah, du kleiner Teufel!«, rief Marcelle, als sie seinen heißen Pfeil an den Lippen spürte, die er vor kurzem noch mit den Fingern gestreichelt hatte. »Das wird dir nicht viel nützen.«

Doch Jean-Louis frohlockte bei der Erkenntnis, dass seine Idee ihn nicht in die Irre geführt hatte. So tief es ihm die unbequeme Position erlaubte, drang er in sie ein.

Wenn sie es gewollt hätte, hätte sie ihn leicht von sich herunterstoßen und dem Ganzen ein Ende bereiten können, denn sie war größer und stärker als er. Doch sie tat es nicht. Sie hatte ihre eigenen Gründe, pure Neugier vielleicht – jedenfalls lag sie still und spielte die Märtyrerin, während er heftig an ihre schlüpfrige Pforte pochte.

»O nein«, stöhnte Marcelle plötzlich, als sie ihn auf ihrem Rücken zucken spürte und der warme Tribut seiner Leidenschaft ihre verborgene Knospe überflutete.

»Nein, nein!«, stöhnte sie wieder, als das bekannte, doch völlig unerwartete Gefühl orgastischer Erlösung sie übermannte. »Das ist unmöglich!«

Doch es war möglich, und sie stemmte ihre Hinterbacken fest nach oben, um Jean-Louis noch tiefer in sich zu ziehen, während sie vor Freude schluchzte.

Jean-Louis schwieg. Er lag auf dem Rücken, einen Arm über dem Gesicht, um seine Augen vor der Mittagssonne zu schützen. Sein Penis hatte seine Kraft verloren und lag schlaff auf seinem Bauch. Marcelle betrachtete ihn mit Respekt – in diesem Zustand machte er einen völlig harmlosen Eindruck. Doch wie sie am eigenen Leib gespürt hatte, war er zu mehr erfolgreichen Auftritten fähig als der jedes erwachsenen Mannes, den sie kennen gelernt hatte.

»Bist du müde?«, frage sie.

»Nur ein wenig. Und Sie?«

»Ich bin völlig erschöpft – und du bist schuld daran«, erwiderte sie liebevoll. »Ich bin total erledigt, und es wird eine Woche dauern, ehe ich wieder daran denken kann, mit einem Mann ins Bett zu gehen. Ich nehme an, du weißt, dass du mir noch einen weiteren Orgasmus beschert hast, als ich es am allerwenigsten wollte?«

»Aber es hat Ihnen Spaß gemacht«, entgegnete er grinsend.

»Ja – und heute Abend auf der Gesellschaft, zu der ich eingeladen bin, werde ich nur gähnen.«

Sie streichelte seine Schulter. Seine Haut war sehr heiß von der Sonne.

»In ein paar Minuten wirst du einen Sonnenbrand haben«, sagte sie, kniete sich hin und rieb seine Brust und seinen Bauch mit Sonnenöl ein.

»Ich glaube, es wäre wirklich besser für dich, wenn

du jetzt gehen würdest«, fügte sie hinzu. »Du bist die Sonne nicht gewöhnt.«

»Aber ich will noch nicht gehen.«

Zu Marcelles großem Erstaunen hatte seine erschlaffte Männlichkeit wieder zu zucken begonnen. Und als sie seinen Bauch fertig eingeölt hatte und das Öl auf den Innenseiten seiner Schenkel verteilte, stand sein Glied bereits wieder steif in die Luft.

»Das ist unglaublich!«, murmelte sie.

Jean-Louis starrte mit gierigen Augen auf ihre nackten Brüste.

»Ich will noch einmal«, sagte er, eine Spur männlicher Anmaßung in der Stimme.

»Das sehe ich«, erwiderte Marcelle trocken.

»Sie brauchen gar nichts zu tun – liegen Sie einfach still, und lassen Sie mich alles machen.«

Sie goss noch ein wenig Öl in die Hand, umschloss fest seinen steifen Stab und massierte ihn heftig.

Jean-Louis stellte sich vor, es wäre Madeleine, die jetzt mit der Hand an seinem Penis auf und ab fuhr. Er stellte sich vor, wie sie mit weit geöffneter Bluse neben ihm hockte und ihn massierte ... Vielleicht war auch ihr Rock ein wenig hochgerutscht, sie hatte ihr Höschen heruntergezogen, und er konnte den kleinen Schlitz zwischen ihren Beinen sehen ...

»Oh, oh, oh!«, stöhnte er. Zwei perlweiße Tropfen lösten sich von seinem zitternden Glied und fielen auf Marcelles Hand – der Rest seiner jugendlichen Anstrengung.

In Marcelles Hand schrumpfte die Quelle seines jugendlichen Stolzes schnell zusammen. Sie war froh, dass sein Interesse an ihrem Körper schließlich doch zu einem natürlichen Abschluss gekommen war, doch um ganz sicherzugehen, legte sie sich auf den Bauch und presste eng die Beine zusammen. Angenehme

Müdigkeit befiel sie, und bald versank sie in einen tiefen Schlaf.

Eine Viertelstunde verstrich, ehe Jean-Louis sich langsam aufrichtete. Nachdenklich betrachtete er Marcelle Gaumont. Mit einem Handtuch wischte er sich das Öl vom Körper, ehe er seine Kleider anzog und – ohne ein Wort des Abschieds – das Zimmer verließ.

Almudena Grandes

Unter den Laternen der Castellana *

Als ich von der Schule nach Hause kam, lag Marcelo im Bett und Pablo saß am Fußende.

Er war siebenundzwanzig Jahre alt und hatte gerade seinen ersten Gedichtband herausgebracht, zuvor hatte er schon mit seiner kritischen Ausgabe des *Cântico Espiritual* spektakulären Erfolg gehabt. Aber damals hatte mich das noch nicht beeindruckt.

Er war groß und kräftig und hatte schon ein paar weiße Haare.

Ich kannte ihn, seit ich denken konnte, und liebte ihn auf eine vage und unschuldige Weise, ohne bestimmte Hoffnungen.

Ein Liedermacher, der gerade in Mode war, sollte in Madrid ein seit langem erwartetes Konzert geben, ein großes Ereignis für die gestrafte demokratische Opposition. Pablo sagte immer wieder, dass er da hingehen müsse. Und mein Bruder wiederholte ebenso hartnäckig, dass er sich unter keinen Umständen aus dem Bett bewegen könne; er hatte einen fürchterlichen Kater.

Also bot ich mich an, es war wie ein Reflex. Ich setzte meine sehnsüchtigste Miene auf, ballte die Fäuste, versuchte, Glanz in meine Augen zu bringen, und wiederholte wie ein Papagei, dass ich gern mitgehen würde, mitgehen würde, mitgehen würde, dass ich wirklich gern mitgehen würde.

Damit hatte ich noch nie Erfolg gehabt.

Diesmal aber musterte Pablo mich von oben bis unten und fragte meinen Bruder um seine Meinung. Marcelo überlegte einen Moment mit einem Gesicht, das zu meinem Erstaunen mehr Misstrauen als alles andere ausdrückte, erinnerte Pablo an mein Alter und sagte dann, er solle tun und lassen, was er wolle.

Pablo sah mich wieder an. Ich blieb ganz ruhig, weil

ich wusste, dass er mir doch einen Korb geben würde.

Er tat es nicht.

Er stand auf, fasste mich am Arm und fing an zu drängen. Wenn wir nicht augenblicklich aufbrechen würden, kämen wir zu spät, es gäbe keinerlei Garantien, dass das Konzert überhaupt länger als zehn Minuten dauern würde. Wenn wir den Anfang verpassten, kämen wir kaum noch zeitig genug, um die Polizeisirenen zu hören.

Ich wehrte mich. Ich hatte noch keine Zeit zum Umziehen gehabt. Ich trug noch die Schuluniform, nur der Pullover war neu und passte. Ich war inzwischen die größte von allen Schwestern. Den Rock hatte ich von Isabel geerbt, er war mir ziemlich kurz, endete eine Handbreit über dem Knie. Die Bluse stammte von Amelia, auch so ein Erbstück, bei dem die Knöpfe ständig drohten abzuspringen. Zu Beginn des Schuljahres hatte sich meine Mutter weniger denn je bereit gezeigt, Geld auszugeben, schließlich war es mein letztes Jahr. Die Strümpfe waren mehr oder weniger verschlissen, das Gummi ausgeleiert, und ich konnte nicht zwei Schritte gehen, ohne dass sie mir bis zum Knöchel herunterrutschten. Die Schuhe waren ein einziges Grauen, mit einer zwei Finger dicken Gummisohle. Und alles, außer dem grünen Dufflecoat, der ursprünglich einem meiner Brüder gehört hatte, war von einer scheußlichen braunen Farbe.

Wenn man als siebtes von neun Geschwistern geboren wird, vor allem, wenn die letzten beiden Zwillinge sind, trägt man nicht einmal die Schuluniform als erste.

Es war zwecklos. Er war nicht bereit, auch nur eine Minute zu warten, obwohl uns noch reichlich Zeit geblieben wäre.

»Du bist hübsch so.«

Als wir aus der Tür gingen, rief mich Marcelo zurück und sagte mir, es sei besser, wenn Pablo zuerst ginge. Ich sollte unterdessen Amelia irgendeine Geschichte erzählen, ich würde zum Lernen zu Chelo gehen oder so was Ähnliches.

Ich begriff nicht, was diese Bemerkung sollte, Pablo hingegen schien schon zu verstehen, er sah Marcelo einen Moment an und sagte dann etwas, was ich noch seltsamer fand.

»Ach komm, Marcelo, für wen hältst du mich denn!«

Mein Bruder grinste und sagte nichts mehr dazu.

Er ging zuerst. Als ich die Treppe herunterkam, wartete er in der Eingangshalle auf mich.

Der Dufflecoat reichte mir nur knapp über den Rock, und der kratzige Saum schabte mir beim Gehen an den Beinen. Es war kurz vor Weihnachten und kalt.

Ich schloss den obersten Knopf und zog mir die Kapuze über. In dem kleinen Spiegel, der in die Holzfassade einer alten Molkerei eingelassen war, begutachtete ich mich verstohlen und fand, dass die Kapuze nicht so vorteilhaft für mich war. Außerdem stellte ich fest, dass nicht der kleinste Zipfel meiner Uniform zu sehen war. Ich hätte auch gar nichts unter dem grünen Mantel anhaben können.

Pablo hatte einen Fünfzehnhunderter aus zweiter Hand, ziemlich klapprig, aber immerhin ein Auto. Ich war sehr aufgeregt, es war das erste Mal, dass ich mit ihm ausging, das erste Mal, dass ich nachts ausging, und das erste Mal, dass ich mit einem Typen ausging, der ein Auto besaß.

Der Weg war lang. Die Castellana war verstopft von Autos, die bis zum Rand mit Kindern und Lebensmitteln vollgeladen waren, ganze Familien auf dem Weg zum Wochenende in der Sierra. Er redete ununterbrochen, in gehässigem und spöttischem Ton, erzählte mir Witze, abstruse Geschichten, überzog reichlich. Es war genau die Art von Unterhaltung, mit der er früher meine Mutter zu entwaffnen pflegte, wenn Marcelo Hausarrest hatte und er uns besuchen kam.

Ich konnte mich nicht des Gefühls erwehren, dass er mich wie ein kleines Mädchen behandelte.

Ich ertappte ihn ein paar Mal dabei, wie er auf meine Beine starrte, aber ich war nicht in der Verfassung, mir darauf einen Reim zu machen.

Als wir parkten, ziemlich weit vom Konzertsaal entfernt, drehte er sich zu mir und erteilte mir eine Reihe von Instruktionen. Ich sollte mich auf keinen Fall von ihm trennen. Sollte die Polizei auftauchen, brauchte ich nicht nervös zu werden. Käme es zu einer Prügelei, sollte ich nicht schreien oder heulen. Wenn wir wegrennen müssten, sollte ich ihm die Hand geben, und wir würden uns klammheimlich aus dem Staub machen. Er hatte Marcelo versprochen, mich unversehrt wieder zu Hause abzuliefern.

Er trug absichtlich dick auf, er wollte mich mit all dem Gerede über das Risiko und Weglaufen nur aufputschen.

Er fragte mich, ob ich mich wie ein artiges und folgsames Mädchen benehmen könnte.

Ich bejahte das sehr ernsthaft. Ich glaubte ihm alles.

Er beugte sich zu mir rüber und küsste mich zweimal, erst ganz leicht mitten auf die linke Wange und dann aufs Jochbein, fast aufs Ohr.

Er hatte die Rettung des kleinen Mädchens aus der Gefahr ausgenutzt und eine Hand auf meinen Oberschenkel gelegt. Schon damals besaß er eine erstaunliche Begabung, die Frauen raffiniert aufs Kreuz zu legen.

Kaum waren wir am Eingang angekommen, begann auch schon das Ritual der Begrüßungen, der Küsse und Beglückwünschungen. In meinem grünen Dufflecoat und den bis zum Knöchel runtergerutschten Strümpfen kam ich mir zwischen all den Leuten lächerlich vor. Pablo schien vollkommen von seiner gesellschaftlichen Rolle in Anspruch genommen, sodass ich seinen Arm losließ und versuchte, ein bisschen hinter ihm zurückzubleiben. Aber der Schein trog, er hatte mich nicht aus den Augen gelassen. Er griff mich am Handgelenk und befahl mir, an seiner Seite zu bleiben. Ohne mich dabei anzusehen, fasste er nach meiner Hand, aber nicht, wie sich Verliebte an den Händen halten, mit verschränkten Fingern, sondern er drückte sie zwischen seinem Zeigefinger und Daumen, wie man die kleinen Kinder am Zebrastreifen anfasst.

Auch später gab er mir nie anders die Hand.

Ein älterer, verschmitzt aussehender Mann, ein geheiligter Schriftsteller, der sich durch seine überdrüssige Miene von der Menge abhob, so als beeindrucke dieses Ereignis ihn in Wirklichkeit nur wenig, war der einzige, der meine Anwesenheit wahrnahm. Lächelnd betrachtete er mich eine Weile. Als wir an ihm vorbeikamen, wurde sein Lächeln noch breiter. Er wandte sich uns zu und sagte ganz leise:

»Mensch, Pablo . . .«

Der brach in Gelächter aus.

»Du hast ihm gefallen. Weißt du, wer das ist?«

Natürlich wusste ich es.

Die Leute begannen, sich in einer Reihe aufzustellen, und wir reihten uns in die Schlange ein. Kurz darauf fing der Klamauk an. Die Typen vom Ordnungsdienst blockierten den Eingang und schrien, hier käme keiner ohne zu zahlen rein. Die Krawallmacher, eine Gruppe von fünfzehn oder zwanzig Jugendlichen, antworteten, sie dächten gar nicht daran, sich von der Stelle zu rühren. Also standen wir eine Zeit lang so da, bis jemand am Ende der Schlange zu schubsen anfing.

Der erste Stoß drängte mich aus der Reihe. Nun stand ich direkt hinter Pablo, klebte an ihm, meine Nase streifte seinen Nacken. Die hinter uns kreischten wieder, als wollten sie sich gegenseitig anfeuern, und mit einem neuen Anlauf schubsten sie weiter. Die sechs Knöpfe meines Dufflecoats, eine Art Knebel aus braunweiß marmoriertem Plastik, eine schlechte Imitation, die wohl wie Horn aussehen sollte, bohrten sich in seinen Rücken.

Ich fragte ihn, ob ich ihm wehgetan hätte. Er antwortete, ja, ein bisschen. Ich knöpfte den Dufflecoat auf. In der Menge war mir heiß geworden. Von hinten wurde weiter geschoben. Die Luft wurde allmählich dick, es roch nach Schweiß. Pablo packte mich an den Handgelenken und legte meine Arme um sich. Er musste meinen Körper an dem seinen spüren, meinen Atem in seinem Nacken. Mir ging es ausgezeichnet. Diese Situation stellte mir quasi einen Freibrief aus. Ich traute mich nicht, ihn zu küssen, aber dafür rieb ich mich an ihm. Ich tat es nur für mich, nur um für später etwas zu haben, an das ich mich erinnern könnte. Ich war mir sicher, dass er es gar nicht merkte. Ich rieb mich sehr langsam, drückte mich an ihn und löste mich wieder, presste meine Brüste an seinen Rücken und knabberte winzige Fusseln von seinem granatfarbenen Pullover, bis die raue Wolle zwischen meinen Zähnen knirschte.

Der Tumult löste sich genauso jäh auf, wie er begonnen hatte. Es wurde wieder kalt. Ich machte mich so schnell ich konnte von Pablo los. Er verhielt sich jetzt äußerst seltsam.

Erst starrte er ein paar Minuten auf die Uhr, dann löste er sich aus der Reihe und begann, zielstrebig in die entgegengesetzte Richtung zu marschieren.

»Gehen wir.«

Ich gehorchte, ohne richtig zu begreifen, was eigentlich passiert war.

»Rauchst du Joints?«

Sein Tonfall war anders, ich erkannte ihn kaum wieder. Ich schwieg. Mir fiel nichts ein.

»Antworte mir.«

Klar rauchte ich Joints, aber das sagte ich ihm nicht. Ich vertraute ihm nicht mehr. Ich schüttelte den Kopf, sehr ernsthaft.

Ohne stehen zu bleiben, nahm er einen Brocken aus seiner Tasche, erhitzte ihn und reichte mir eine Zigarette.

Ich wagte nicht, ihn zu fragen, was ich damit tun sollte. Ich leckte das Papier, löste es und krümelte den Tabak in meine Hand.

Er blieb kurz stehen, nahm die Tabakkrümel und drehte eine Rolle. Er zündete sie an, nahm zwei Züge und reichte sie mir.

Ich wusste nicht, was ich tun sollte, und schüttelte wieder den Kopf.

»Mein Gott, Lulú, du führst dich wie eine Idiotin auf!«

Er, Chelo und mein Vater waren die einzigen, die mich immer noch so nannten. Marcelo nannte mich normalerweise Ente, Entchen, weil ich ziemlich tölpelhaft war und es immer noch bin.

Ich nahm den Joint, zog ein paar Mal daran und gab ihn zurück.

Wir gingen weiter und rauchten dabei. Nach einer Weile traute ich mich zu fragen.

»Warum sind wir nicht reingegangen?«

Er grinste mich an.

»Im Ernst, findest du den Typen wirklich gut?«

»Nein...« Ich sagte nur die halbe Wahrheit. Tatsächlich wusste ich damals nicht einmal, dass er auf Katalanisch sang.

»Ich auch nicht. Warum sollten wir also hingehen?«

Wir kamen an seinem Auto vorbei, aber er marschierte weiter.

»Wohin gehen wir?«

Er gab mir keine Antwort. Wir bogen in eine winzige Straße ein. Direkt hinter der Ecke war ein rotes Vordach mit goldenen Schriftzügen. Pablo öffnete die Tür. Bevor ich eintrat, bemerkte ich noch die zwei vertrockneten Lorbeerzweige rechts und links vom Eingang und das gelbliche Licht der an der Wand festgeschraubten Petroleumlampe.

»Paß auf, Ente! Da sind Stufen.«

Trotzdem wäre ich um ein Haar gefallen. Pablo schob einen schweren Vorhang beiseite, und wir betraten die Bar.

Ich war vor Scham wie gelähmt. Die meisten Typen trugen Krawatten. Das Durchschnittsalter der Frauen lag mindestens bei knapp dreißig. Auf den kleinen Klapptischen mit dem Untersatz für das Kohlebecken lagen rote Tischdecken. An den Tischen saßen fast nur Paare. Das Licht war gedämpft, die Musik ebenfalls.

Meine Haare hatten sich aus dem Zopf gelöst und fielen mir ins Gesicht. Der bloße Gedanke an meine Uniform löste Höllenqualen in mir aus. Alle Blicke waren auf mich gerichtet.

Diesmal stimmte es wirklich. Alle starrten mich an.

Wir setzten uns an die Theke. Der Barhocker war hoch und die Sitzfläche ziemlich klein. Der Rock spannte über meinen Schenkeln und wirkte dadurch noch kürzer. Ich schlug die Beine übereinander, was es noch schlimmer machte, aber ich wagte nicht, mich noch einmal zu bewegen.

Pablo redete mit dem Kellner, der mich verstohlen musterte.

»Was willst du?«

Ich überlegte, ich wusste es wirklich nicht.

»Komm mir jetzt nicht damit, dass du auch Abstinenzlerin bist...«

Der Kellner lachte, ich fühlte mich elend. Mit fester Stimme bestellte ich einen Gin-Tonic.

Pablo stellte mich grinsend dem Kellner vor.

»Sie heißt Lulú...«

»Oh! Lulú passt gut zu ihr...«

»Eigentlich heiße ich Maria Luisa.« Weiß Gott, warum ich meinte, Erklärungen abgeben zu müssen.

»Lulú, sag dem Kellner guten Abend«, Pablo konnte vor Lachen kaum sprechen, ich begriff gar nichts mehr.

»Ich habe Hunger«, etwas Besseres fiel mir nicht ein. Ich hatte wirklich Hunger.

Sie stellten mir einen kleinen Teller mit Pommes frites hin, und ich machte mich darüber her.

»Gut erzogene junge Damen schlingen nicht so.«

Nun kehrte er wieder seine freundliche und scharmante Seite heraus, seine Stimme aber klang immer noch anders als sonst. Er behandelte mich mit einer verwirrenden Mischung aus Strenge und Höflichkeit, er, der nie streng zu mir gewesen war und noch viel weniger höflich.

»Aber ich hab doch so einen Hunger.«

»Und gut erzogene junge Damen lassen immer etwas auf dem Teller zurück.«

»Aber...«

Er trank Gin pur. Er leerte sein Glas mit einem Zug und bestellte noch eins. Mein Getränk war alle, und ich machte Anstalten, es Pablo gleichzutun.

»Du trinkst heute nichts mehr.«

Bevor ich Zeit hatte, den Mund aufzumachen und zu protestieren, wiederholte er es mit Nachdruck.

»Du trinkst nichts mehr.«

Als wir gingen, verabschiedete sich der Kellner mit übertriebener Höflichkeit von mir.

»Du bist ein bezauberndes Mädchen, Lulú.«

Pablo brach wieder in Lachen aus. Ich hatte die Nase voll von diesem rätselhaften Gelächter, hatte genug davon, dass man mich wie ein weißes Lämmchen mit rosa Schleife um den Hals behandelte und dass ich nichts kapierte. Es war nicht etwa so, dass ich nicht genügend Fantasie gehabt hätte, nur verwarf ich meine Gedanken sofort wieder, weil sie mir zu unwahrscheinlich vorkamen. Es war zu unwahrscheinlich, dass er seine Zeit mit mir verschwenden wollte. Ich verstand nicht, warum er tatsächlich seine Zeit mit mir verschwendete.

Draußen war es ziemlich kalt. Pablo legte mir einen Arm um die Schultern, eine Geste, die ich, niedergeschlagen von all meiner Verwirrung, nicht interpretieren wollte. Schweigend gingen wir zum Auto.

Als er gerade die Tür aufschloss, fragte ich wieder. Ein Abend voller Fragen.

»Bringst du mich nach Hause?«

»Willst du nach Hause?«

Eigentlich wollte ich das, ich wollte ins Bett gehen und schlafen.«

»Nein.«

»Gut.«

Im Auto sah er mich einen Moment an. Und dann steckte er, perfekt synchron, seine linke Hand zwischen meine Schenkel und die Zunge in meinen Mund, und ich öffnete meine Beine, öffnete meinen Mund und versuchte, so gut ich es verstand, ihm zu antworten. Aber ich wusste, dass es nicht besonders gut war.

»Du bist feucht ...«

Seine Stimme, die diese zugleich überraschenden und schmeichelnden Worte sagte, klang wie von weit her.

Seine Zunge war heiß und schmeckte nach Gin. Er leckte mir das Gesicht, das Kinn, die Kehle, den Hals, und dann beschloss ich, nicht weiter zu denken, zum ersten Mal nicht zu denken. Er würde für mich denken.

Ich versuchte, mich loszumachen, den Kopf nach hinten zu legen, aber er ließ mich nicht. Er bat mich, die Augen zu öffnen.

Er rutschte auf mich und zwang sein linkes Bein zwischen meine Beine, presste sich so auf mich, dass ich mich an seiner Baumwollhose reiben musste.

Mir wurde heiß, ich spürte, wie mein Geschlecht anschwoll, immer stärker anschwoll, es war, als ob es von allein, von seiner eigenen Schwellung zuckte und rot würde, immer röter, violett würde und die Haut feucht schimmerte, klebrig, dick; mein Geschlecht wurde dicker von etwas, das nicht Lust war, nichts mit simpler Lust zu tun hatte, der vertrauten häuslichen Lust. Das hier hatte nichts damit zu tun, es war eher ein entnervendes Gefühl, ein unerträgliches, neues, ja sogar unangenehmes Gefühl, aus dem es aber kein Zurück geben konnte.

Er knöpfte mir die Bluse auf, zog mir aber den Büstenhalter nicht aus. Er streifte ihn nur herunter, schob ihn unter meine Brüste, die er dann mit Händen streichelte, die mir riesig vorkamen.

Er biss mich in eine Brustwarze, nur in eine, nur einmal, hieb die Zähne hinein, bis es wehtat. Dann ließen seine Hände von mir ab. Gleichzeitig verstärkte er den Druck seines Schenkels.

Ich hörte das unverwechselbare Geräusch eines Reißverschlusses.

Er nahm meine rechte Hand, legte sie um seinen Schwanz und wichste sich damit zwei- oder dreimal.

In jener Nacht kam mir auch sein Schwanz gigantisch vor, herrlich, einzigartig, übermenschlich.

Ich machte allein weiter. Auf einmal fühlte ich mich sicher. Dies war eine der wenigen Sachen, die ich konnte: wichsen. Im letzten Sommer hatte ich das reichlich mit meinem Freund im Kino betrieben, einem lieben Jungen in meinem Alter, der mich absolut kalt gelassen hatte.

Ich versuchte, mich zu konzentrieren, es gut zu machen, aber er korrigierte mich sofort.

»Warum bewegst du deine Hand so schnell? Wenn du so weitermachst, komme ich gleich.«

Ich verstand seine Bemerkung nicht.

Ich dachte, man müsste die Hand sehr schnell bewegen. Ich dachte, dass er einen Orgasmus haben wollte und wir dann nach Hause fahren würden. Ich dachte, dass das normal wäre, aber aus einer merkwürdigen Eingebung heraus sagte ich nichts.

Er umklammerte mein Handgelenk, um meiner Hand einen neuen Rhythmus einzugeben, einen langsamen, sachten Rhythmus. Er führte sie nach unten, nun berührte ich seine Eier, und wieder nach oben, jetzt habe ich die Eichel zwischen meinen Fingern, alles ganz langsam. So ging das eine gute Weile. Ich sah meine Hand an, ich war fasziniert; er sah mich an und lächelte.

Die Geilheit und anfängliche Heftigkeit waren verschwunden. Nun schien alles sehr sanft, sehr behutsam. Mein Geschlecht war immer noch angeschwollen, öffnete und schloss sich.

»Ich hab dir immer vertraut.« Seine Stimme klang weich.

Jenes nasse und pulsierende Stück Fleisch hatte sich in den Mittelpunkt meines Körpers verwandelt. Er berührte mich nicht mehr, er machte gar nichts. Unmerklich, um mich nicht zu behindern, war er nach und nach in seine ursprüngliche Position zurückgerutscht. Er saß wieder auf dem Fahrersitz, sein Oberkörper war nach vorn gebeugt, die Arme hingen schlaff herunter.

Er brachte seinen Mund an mein Ohr.

»Hast . . .?« Er sprach den Satz nicht zu Ende. Er verstummte nachdenklich, so, als suche er nach Worten. »Hast du schon mal einem Typen einen geblasen?«

Meine Hand hielt augenblicklich an, ich hob den Kopf und sah ihm in die Augen.

»Nein.« Diesmal log ich nicht, und er merkte es.

Er sagte nichts, lächelte weiter, streckte seine Hand aus und drehte den Zündschlüssel um. Der Motor sprang an. Die Fensterscheiben waren beschlagen. Draußen musste es frieren, eine Dampfwolke kam aus der Motorhaube.

Er lehnte sich wieder in seinen Sitz zurück, blickte mich an, und ich spürte, wie eine Welt in mir zusammenbrach, die Welt über mir zusammenbrach.

»Ich ekel mich davor.«

»Verstehe.« Er setzte einen Fuß auf das Gaspedal und trat es zwei- oder dreimal durch.

546

Ich biss mir auf die Zunge. Ich beiße mir immer kurz auf die Zunge, bevor ich eine wichtige Entscheidung treffe.

Ich senkte den Kopf, schloss die Augen, machte den Mund auf und beschloss, dass ich es schließlich erst einmal ausprobieren könnte.

»Aber du spritzt nicht ab, ja?«

Das fand er niedlich, fast all meine Worte, fast all mein Handeln amüsierten ihn in jener Nacht.

»Nein, wenn du es nicht willst.«

Ich antwortete vollkommen ernst.

»Nein, will ich nicht.«

»Weiß ich doch, du Dummkopf, war doch nur ein Scherz.«

Sein Lächeln beruhigte mich nicht sonderlich, aber jetzt konnte ich nicht mehr zurück. Also senkte ich wieder den Kopf, schloss die Augen, öffnete den Mund und streckte meine Zunge heraus. Es war wohl besser, erst mal mit der Zungenspitze anzufangen, die Vorstellung, nur zu lecken, schien mir annehmbarer.

Pablo wölbte sich mir entgegen, streckte sich wie eine Katze und legte mir eine Hand auf den Kopf.

Ich umfasste den Schwanz mit der linken Hand und begann unten, drückte die Zunge an die Haut und hielt kurz still. Dann fing ich an, mit ihr nach oben zu fahren, ganz langsam. Der größte Teil meiner Zunge blieb in meinem Mund, sodass, je weiter ich nach oben kam, meine Nase sich immer heftiger an der Haut rieb, dann kam meine Zunge und zuletzt folgte ich mit der Unterlippe der Furche meiner eigenen Spucke. Als ich oben angekommen war, kehrte ich nach unten zurück, zu den Eiern, um wieder von vorn zu beginnen.

Pablo stöhnte. Die Haare kitzelten mich am Kinn.

Das zweite Mal traute ich mich an die Eichel.

Sie schmeckte süß. Alle Schwänze, die ich in meinem Leben probiert habe, schmeckten süß, was nicht unbedingt heißen soll, dass sie gut schmeckten. Sein Schwanz war hart und heiß, fühlte sich klebrig an. Zu meiner Überraschung fand ich ihn insgesamt weniger abstoßend, als ich anfangs befürchtet hatte. Ich fühlte mich zunehmend besser, sicherer, die Vorstellung, dass er mir vollkommen ausgeliefert war, dass ein Biss genügte, einmal kurz zubeißen, um seine Männlichkeit zu vernichten, hatte etwas Tröstliches.

Mit der Zungenspitze leckte ich über seinen Spalt, fuhr herab an etwas, das wie eine Art unsichtbarer Naht an dem dicken Fleischwulst schien, und vergrub mich direkt unter ihm, um mit den Eiern weiterzumachen. Ich tat das alles sehr langsam – in Situationen wie dieser war es noch nie notwendig, mir etwas zweimal zu sagen –, und allmählich glaubte ich, dass ich es gut machte.

Objektiv betrachtet verschaffte mir diese Tätigkeit keine Lust, höchstens die, ein mir neues Fleisch zu spüren, das meine Zunge sehr viel direkter fühlte als meine Hände es jemals ertastet hatten, und dennoch wurde ich immer erregter. In irgendeinem Winkel meines Kopfes, weit genug weg, um nicht zu stören, dicht genug, um sich bemerkbar zu machen, pochten meine Minderjährigkeit, sechs Jahre immerhin noch bis zum einundzwanzigsten Geburtstag (die Volljährigkeit lag damals noch bei einundzwanzig, mir war es egal, schließlich wählte sowieso keiner), das Drama im Stausee, als ich im Wasser ohnmächtig wurde und Pablo mir das Leben rettete, Erinnerungen an die Sommer meiner Kindheit, er und mein Bruder, wie sie an zwei Mädchen auf der Schaukel im Garten rumfummelten und ich sie heimlich beobachtete, und die Worte meiner Mutter, wie sie zu ihren Freundinnen sagte: Pablo gehört zur Familie, er ist wie ein Sohn für mich ...

Marcelo zu Hause dachte wohl, dass wir immer noch im Konzert waren. Ich versuchte, nicht zu vergessen, dass ich in einem Auto war, mitten auf der Straße, und den Schwanz eines Freundes der Familie leckte. Wellen heftiger Lust durchströmten mich. Ich sah mich selbst, entehrt, es war prickelnd. Mir fielen die üblichen Ermahnungen ein – mit dieser Sorte von Mädchen vergnügen sich die Jungen nur, heiraten tun sie sie nicht. Ich war mir auch der eigenartigen Situation bewusst, die jetzt zwischen uns entstanden war. Nach den Küssen und den absolut unverzichtbaren Handgriffen, um mich zu erobern, verhielt er sich vollkommen passiv. Aufrecht und bekleidet saß er auf seinem Sitz und ließ es sich machen. Ich dagegen lag gekrümmt auf dem Sitz, halb nackt und unbequem, und akzeptierte ohne große Fragen diesen Stand der Dinge.

Meine Mutter pflegte immer wieder zu sagen, mit ihm würde sie mich bis ans Ende der Welt gehen lassen. Ich fing gerade an, es zu sichten.

Als ich mich zu fragen begann, ob ich mich nun genug mit ihm vertraut gemacht hatte, um ihn ganz in den Mund zu nehmen, entschied wieder einmal er für mich. Seine Hand, die auf meinem Kopf lag, drückte mich brüsk nach unten. Das kam so überraschend, dass ich gleich ein gutes Stück schluckte. Instinktiv stemmte ich meinen Kopf dagegen, aber er lockerte seine Hand nicht, unerbittlich drückte er mich nach unten. Dieses Spiel wiederholten wir fünf- oder sechsmal.

Es war lustig dieses Spiel.

Mein Mund war ausgefüllt. Ich spürte die kleinen Verdickungen der Adern, die unmerklichen Erhebungen in der unebenen Haut, die sich straffte und zusammenzog, je nach den Stößen meiner Hand, sie schmeckte süß und nach Schweiß. Die Eichel stieß gegen meinen Gaumen, ich versuchte, ihn ganz zu schlucken, ihn ganz in meinen Mund zu nehmen und musste gegen ein paar Würganfälle ankämpfen.

Pablo löste das Gummiband, strich mit den Fingern durch mein Haar und schloss seine Hand ein Stück oberhalb des Nackens, indem er ein Büschel Haare dicht an den Wurzeln packte. Er zog und zerrte mich an ihnen zu sich heran und führte mich so erneut. Seine Fingerknöchel bohrten sich mir in den Kopf. Es tat mir weh, ich wehrte mich aber nicht. Es gefiel mir.

Jetzt bewegte er sich auch, mit sanften Stößen schlüpfte er in meinen Mund und wieder heraus.

»Ich habe doch immer gewusst, was für ein verdorbenes Mädchen du bist, Lulú.« Er sprach ruhig, kaute die Worte wie ein Betrunkener. »Ich habe in der letzten Zeit viel an dich gedacht, aber nie habe ich geglaubt, dass es so einfach sein würde...«

Mein Geschlecht reagierte sofort auf den Schlag, es würde in Stücke zerbersten, wenn es weiterhin in diesem Rhythmus anschwoll.

Ich hielt die Augen geschlossen und konzentrierte mich voll auf das, was ich machte. Er hatte mich so weit zu sich herangezogen, dass ich praktisch quer auf dem Sitz lag, die Beine angewinkelt. Die Fensterkurbel drückte gegen meinen Oberschenkel. Weil ich so intensiv damit beschäftigt war, den Takt meiner Hand und den meines Mundes in Einklang zu bringen, eine Herausforderung an meine angeborene Plumpheit, dauerte es eine Zeit, bis ich den einschneidenden Situationswechsel registrierte.

Wir fuhren.

Anfangs dachte ich, es sei nur Einbildung. In dieser Nacht war so viel passiert, und es passierte noch immer so viel. Aber auf einmal war der Wagen lichtdurchflutet. Ich machte die Augen auf, blinzelte nach oben und blickte in den Lichterschein sämtlicher Laternen der Castellana.

Zuerst Verblüffung. Wie konnte er schalten, ohne dass ich es mitbekam? Aber die Gangschaltung war nicht unter mir, ich brauchte eine Weile, um mich zu erinnern, dass sich bei diesem Wagen die Gangschaltung am Steuer befand.

Dann Horror. Panik.

Wie von einer unsichtbaren Feder getrieben schnellte ich hoch. Als ich schließlich wieder richtig auf dem rechten Sitz saß, merkte ich, dass ich halb nackt war. So gut es ging, bedeckte ich mich mit dem Pullover und meinen Händen; sicherlich machte ich eine lächerliche Figur.

Pablo trat abrupt die Bremse durch. Auf der mittleren Spur kamen wir zum Halten, mit schrillem Gehupe wich uns ein Bus nach rechts aus. Als er an uns vorbeifuhr, konnte ich sehen, wie der Fahrer sich an die Stirn tippte.

Ich konnte ihn verstehen.

»Was machst du denn?« Ich war ziemlich erschrocken. »Wir hätten zu Tode kommen können.«

»Das gleiche wie du.«

»Du kannst nicht einfach so anhalten, mitten auf der Straße

»Du auch nicht, und du hast es auch getan.«

In diesem Augenblick hatte er überhaupt nichts Erwachsenes mehr an sich. All seine Selbstsicherheit war wie weggeblasen, er wirkte jetzt eher wie ein verärgerter, bockiger Junge. Sein Plan war durchkreuzt worden, und es war geradezu rührend, ihn zu betrachten, wie er da, mit offenem Hosenschlitz und ernstem Gehabe, beleidigten Blickes einen Punkt in der Ferne fixierte. Zum ersten Mal in meinem Leben, zum ersten und letzten Mal in meinem Leben mit ihm, fühlte ich mich als Frau, als eine erwachsene Frau. Ein sehr angenehmes Gefühl, das ich aber nicht genießen konnte. Pablo war wütend.

Ich versuchte, wieder ruhig zu werden, damit ich die Situation richtig einschätzen konnte. Ich sah aus dem Fenster und vergewisserte mich, dass die Fahrer, die an meiner Seite vorbeifahren, nur Torsos waren, oberhalb der Achseln abgeschnittene Körper.

Ich zögerte.

»Ich bringe dich nach Hause. Entschuldige, ich bin besoffen.«

Plötzlich überkam mich ein ungeheures Bedürfnis zu weinen.

Die Illusion war zerplatzt. Seine Stimme war ernst und gefasst, die Stimme eines Erwachsenen, der nur der Form halber um Entschuldigung bittet – Pardon, ich bin besoffen –, eine Höflichkeitsfloskel für ein Mädchen, das leider die in es gesetzten Erwartungen nicht erfüllt hat. Er sah mich kurz an, lächelte, aber sein Lächeln war nur eine höfliche Geste, freundlich, bar jeglicher Mitschuld, das Lächeln eines herablassenden Erwachsenen, eines Freundes der Familie, des ganzen Lebens, ehrlich bekümmert darüber, den Bogen überspannt zu haben.

Schlagartig schrumpfte ich. Ich machte mich klein, noch kleiner, und heulte, ich konnte die Tränen nicht zurückhalten. Jetzt fuhren wir ziemlich schnell, bis zu mir war es nicht mehr weit, mein Zuhause war nicht weit. Ich war blockiert, ich konnte nicht denken, musste es aber tun, ich musste schnell überlegen, die Zeit lief mir davon, zerrann mir zwischen den Fingern, und es war doch so wichtig, so wichtig. Ich blickte ihn an. Irgendwann hatte er seinen Reißverschluss wieder hochgezogen, ohne dass ich es mitbekommen hatte.

Ich fiel über ihn her, ließ mich mit meinem ganzen Körper nach links fallen und begann, an seiner Hose herumzufummeln. Aber ich war zu nervös, ich heulte, und meine Hände waren sich ständig gegenseitig im Weg. Ich schaffte es, ihm den Gürtel aufzumachen, und knallte mir dabei eines der Enden gegen die Wange. Ich heulte weiter, heulte vor Wut, weil es mir nicht gelang, die Sache schneller voranzubringen. Ich nestelte den Knopf auf, zog den Reißverschluss runter und holte ihn raus. Er war klein, nicht vergleichbar mit der langen Pracht von vor nur wenigen Augenblicken. Ich nahm ihn in den Mund – jetzt passte er ganz rein – und fing an, alles zu tun, was ich wusste, und noch mehr, ich wollte mich bei ihm einschmeicheln, koste es, was es wolle, aber er wurde nicht größer, das verdammte Ding wuchs nicht, und so klein und weich gestaltete sich alles noch schwieriger.

Ich hatte ihn im Mund, nahm ihn immer wieder in den Mund und lutschte, und auf einmal dachte ich, dass es mir nun gefiel, dann verwarf ich den Gedanken, das war es nicht, in Wirklichkeit gefiel es mir nicht, es war nur, dass er wachsen musste, er musste auf Teufel komm raus wachsen. Ab und zu nahm ich ihn aus dem Mund und leckte ihn, wie ich es am Anfang getan hatte, fuhr mit der Zunge daran entlang, nässte ihn mit Speichel ein, von der Eichel bis zu den Eiern und wieder zurück zur Eichel. Und nahm ihn wieder ganz in den Mund, saugte energisch mit den Lippen daran, schluckte ihn, meine Zunge spielte mit ihm, nur meine Zunge, als leckte ich das Blut von einer nichtexistenten Wunde. Und dann von außen, ich packte ihn fest mit einer Hand, erforschte ihn mehr dort unten, und drang weiter ein in den Hosenspalt, bis ich den Mund voller Haare hatte, um gleich wieder von vorn zu beginnen

Als erstes merkte ich, dass wir nun sehr viel langsamer und unentwegt im Zickzack fuhren. Dann spürte ich wieder seine Hand auf meinem Kopf. Erst da wurde mir bewusst, dass er wieder hart und steif geworden war, dass ich ihn wieder steif gemacht hatte.

Julie Burchill

*Journaille**

Entschuldige die Verspätung, Bryan«, sagte Susan automatisch, als sie seelenruhig mit einer Dreiviertelstunde Verspätung in die Redaktionskonferenz platzte. »Aber Zéro brauchte dringend ein wenig seelische Aufmunterung.«

»Schon gut, Sue. Wir können ja froh sein, dass Sie von Ihrer ausgedehnten Taxifahrt mit Zéro Blondell mit heiler Haut zurückgekehrt sind.«

»Sie findet, dass wir sie nicht...« Sie unterbrach sich verwirrt, als sie auf einmal des schönsten Objekts der Begierde ansichtig wurde, dass sie je erblickt hatte. Es steckte in einem dunkelgrauen Anzug, seine Hautfarbe war hellbeige, und über dem blütenweißen Hemdkragen kräuselten sich die schwarzen Haare in einem altmodischen Haarschnitt, der an die Siebzigerjahre erinnerte. Das begehrenswerte Objekt ähnelte ein wenig dem jungen Michael Douglas aus früheren Fernsehserien; es war sicher noch nicht älter als dreiunddreißig. Beim Lächeln entblößte es leicht verfärbte, unregelmäßige Zähne, über die sie gerne mit der Zunge gefahren wäre, um ihre Geheimnisse zu entziffern.

»Sue, das ist David Weiss, der endlich in unseren Breiten eingetroffen ist.«

Bryans Tonfall war anzumerken, dass sie hätte wissen sollen, wer dieser David Weiss war. Irgendwie kam der Name ihr bekannt vor. War er vielleicht ein prominenter Wirtschaftsjournalist? Er streckte ihr die Hand entgegen und begrüßte sie mit tiefer Stimme, die einen unverkennbaren amerikanischen Akzent aufwies. Weiss, wie in *Miami Vice;* wie überaus sinnig. Als Amerikaner hatte er sicher etwas mit der Wirtschaftssparte zu tun. Die Leser des *Sunday Best* waren sehr an Geldanlagetips interessiert; wahrscheinlich hatte Bryan ihn in dieser Funktion eingestellt.

»Hallo.« Sie schüttelte seine Hand. »Schön, Sie von nun an bei uns zu haben.«

»Ja, ich finde es auch sehr nett hier.« Als er ihr tief in die Augen blickte, vollführte ihr Magen einen Salto, der ihm bei den Olympischen Spielen fraglos eine Goldmedaille eingebracht hätte.

Von der Besprechung bekam sie nur sehr wenig mit, da sie unentwegt damit beschäftigt war, ihn heimlich zu mustern, weniger sein Gesicht als seinen Körper. Als sie seinen Blick auf sich ruhen fühlte, hob sie wie ertappt die Augen von seinen Beinkleidern zu seinem Gesicht und sah, dass er sie mit ernster Miene unverwandt anstarrte. Das Wasser lief ihr im Munde zusammen, als hätte sie nach einer sechswöchigen Nulldiät zum ersten Mal ein saftiges Steak geschnuppert.

Als Bryan die Sitzung schließlich beendete, sprang sie hastig auf und schoss wie der Blitz aus dem Konferenzraum. Im Treppenhaus lehnte sie sich kurz an die Wand, bevor sie die Stufen zu den Toiletten hinunterlief. Wenn sie nicht sofort etwas dagegen unternahm, würde ihre Klitoris demnächst ein Loch in ihren Nor-ma-Kamali-Body brennen.

Sie hatte gerade die Türklinke heruntergedrückt, als eine Hand sich auf ihre Schulter legte.

»Entschuldigung – Susan?«

Sie blickte sich um; dicht hinter ihr stand David Weiss. »Wollten Sie etwas Bestimmtes?«

»Ja, dasselbe wie Sie.«

Sie ergriff ihn beim Schlips und zerrte ihn ohne Umstände in den Waschraum, der zum Glück leer war. »Schnell, schnell«, keuchte sie wie von Sinnen. Sie stolperten taumelnd in die nächstbeste Kabine und sperrten die Tür hinter sich ab.

Eng aneinander gedrängt küssten sie sich gierig. Dann schob sie sich die Hände zwischen die Beine, um ihren Body aufzuknöpfen, riss sich die Strumpfhose herunter und schlüpfte hastig aus den Schuhen.

»Kannst du mir einen Gefallen tun, Susan?«

»Jeden«, antwortete sie inbrünstig.

»Dann hol mir bitte den Schwanz raus. Der steht mir schon, seitdem du vorhin zur Tür reingekommen bist, und ich kann's nicht mehr aushaken.«

»Glaubst du vielleicht, mir geht's anders?« Während sie sich wild und ungeduldig weiterküssten, öffnete sie seinen Reißverschluss und zog ihn langsam heraus, mit ungläubigem Staunen ob seiner überraschenden Länge; fast wollte es ihr vorkommen wie der alte Zaubertrick mit einer endlosen Reihe aneinander gebundener bunter Tücher. Er fühlte sich an wie ein mit rosa Samt überzogener Schlagstock von gut fünfundzwanzig Zentimetern, der über seinen haarigen Schenkeln hochragte. Sie beugte sich hinab, um ihn zu küssen.

»Dafür haben wir nicht genug Platz. Und keine Zeit mehr.« Seine Stimme klang rau. »Los, beug dich über das Klo.«

Wie Susan später der höchst angewiderten Zéro anvertraute, war es genauso gewesen, wie der ideale Sex einem immer vorgegaukelt wurde, bevor die Erfahrung einen lehrte, weit weniger zu erwarten. Wie in diesen bescheuerten Bumsstorys, hatte sie ihr erläutert, in denen die Frauen so wild darauf sind, dass sie sich in rasende Bestien verwandeln, wenn sie keinen reinkriegen (Zéro hatte vor Ärger aufgestöhnt). Wo doch jeder weiß, was die Männer eigentlich für Flaschen sind (Zéros Miene hatte sich zusehends aufgeheitert) und dass die meisten Frauen es lustvoller finden, sich die Beine mit Wachs zu enthaaren, als sich sexuell zu betätigen. Aber diesmal hatten sich alle hochfliegenden Jugendträume erfüllt, so heiß und geil, wie man es sich immer ausgemalt hatte, bevor man dem romantischen Irrglauben an-heim fiel, dass es dazu stimmungsvoller Schummerbe-leuchtung und zärtlich gesäuselter Liebesworte be-durfte. Dieses Mal hatte es nur unbarmherzig grelle Neonbeleuchtung gegeben, und was die Liebesworte betraf, so beschränkten sie sich auf »du Fotze«, »du Möse« und »ich komme«. Und doch war es schlicht-weg ideal, meinte Susan: der Mann so schön, die Er-regung so heftig und der Akt so rein und überwälti-gend, dass es endlich die totale Erfüllung war, und da-mit spielte sie nicht nur auf seine Schwanzgröße an.

Schließlich lösten sie sich voneinander, lehnten sich schwer atmend an die Wände der engen Kabine und sahen sich lachend an. »Also, wer da noch behauptet, Sex zwischen Fremden sei eine flüchtige Angelegen-heit, der hat offenbar keine Ahnung davon«, sagte David Weiss kopfschüttelnd. »Etwas Unflüchtigeres ist mir noch nie untergekommen.«

»Mir auch nicht. Eigentlich gibt es ja nichts Flüch-tigeres als die Art von Sex, die sich in langfristigen Beziehungen abspielt, wenn es einem längst egal ist, ob noch was läuft oder nicht.«

»He, du bist ja nicht nur schön, sondern auch klug, wie John Wayne immer zu seinen Tatarenprinzessin-nen zu sagen pflegte.«

Sie lächelten sich mit scheuen Blicken gegenseitiger Bewunderung an, während sie sich wieder anzogen. Dann legte er sanft die Hände um ihr Gesicht und sah ihr heiter in die Augen. »Ist es nicht seltsam, dass wir uns auf Anhieb so gut verstehen? Eigentlich hatte ich ja erwartet, dass du kein einziges Wort mit mir reden würdest.«

»Wieso?«, lachte sie. »Ich wusste ja noch nicht mal, dass Bryan dich eingestellt hat. In dem Ressort kenne ich mich nicht aus.«

Er runzelte verwundert die Stirn. »Wie meinst du das?«

»Na, Wirtschafts- und Finanzpolitik. Bei so viel Zahlen wird mir immer ganz schwindlig.«

»Sag mal, Susan, für wen hältst du mich überhaupt?«

»Für einen Wirtschaftsfachmann, was denn sonst?«

»Aber nicht doch, Susan – ich bin David Weiss.«

»Das ist mir klar. Ich glaube, ich hab schon mal von dir gehört.«

»Nein, du verstehst mich falsch. Ich trage den Familiennamen meiner Mutter, weil ich mich mit meinem Vater überworfen habe. Er hat mich hierherzitiert, um die Sache ins reine zu bringen. Mein Vater ist Tobias Pope.«

Den Rest des Nachmittags verbrachte sie in ziemlich benebeltem Zustand, wie es einem passieren kann, wenn man schon mittags zu viel getrunken hat. Sie spürte sogar einen metallischen Geschmack auf der Zunge, der typisch für Angst- oder Katerzustände ist und, wie es nun den Anschein hatte, wohl auch für akute Verliebtheit. Mehrmals schickte sie Kathy los, um ihr Alka-Seltzer, Atemgold und Halsspray zu besorgen, aber nichts half dagegen. In Romanen waren solche Zustände nur von Appetit- und Schlaflosigkeit begleitet, was ja noch ganz annehmbar schien, weil es einem wenigstens ein dramatisches, schwindsüchtiges, *romantisches* Aussehen verlieh. Dass Verliebtheit jedoch auch Mundgeruch mit sich brachte, gerade wenn man ihn am wenigsten gebrauchen konnte, wurde von den Schriftstellern allerdings immer verschwiegen.

Er hatte den Büroraum neben dem ihren bezogen; sie fand ständig neue Vorwände, um an seiner Tür vorbeizugehen und durch das Glasfenster zu schielen.

Nach und nach bestellte er alle Mitarbeiter zu sich – Bryan, Oliver, Max, die Redakteure, die Reporter. Nur sie nicht.

Als sie gegen halb sechs zum x-ten Mal an seiner Tür vorbeikam, sprach er gerade mit Zéro. Ihre eisige Ablehnung war so deutlich zu erkennen, als käme sie in dichten Trockeneisschwaden, die in alten Science-Fiction-Filmen immer giftige Dämpfe signalisierten, unter der Tür hervorgequollen. Zéro saß kerzengerade, und ihr zur Seite geschobener Katzenschwanz stand grotesk vom Stuhl ab. Sie hörte David Weiss mit unbewegter Miene zu, ohne den üblichen Schmollmund zu ziehen, wie Susan an ihrem Profil sehen konnte. Was in aller Welt mochte er ihr wohl sagen, dass Zéro sogar das Schmollen vergaß?

Als Susan gerade hektisch und verstohlen mit ihrer Zahnseide zugange war, flog die Tür plötzlich auf, und Zéro stand mit vorwurfsvoller Miene auf der Schwelle. »Hallo, Baby«, sagte sie gedehnt.

»Komm rein, Zéro, und schließ die Tür hinter dir. Mach's dir ruhig einen Augenblick bei mir bequem, und erzähl mir noch ein paar nette Lügengeschichten.«

»Was soll das heißen?« Sie machte die Tür zu und lehnte sich mit verschränkten Armen dagegen.

»Wieso hast du behauptet, dass David Weiss ein Scheusal sei?«

»Weil ich genau wusste, dass du sofort auf ihn anspringen würdest, sobald du ihn zu sehen bekämst. Ich wollte nur ein bisschen Zeit gewinnen, um dich noch etwas länger für mich zu haben.«

»Sei doch nicht albern«, antwortete Susan lahm.

Zéro spuckte auf den Boden, und beide sahen beeindruckt auf das unverschämt glänzende Etwas hinunter, ohne sich recht darüber klar zu sein, was die

Geste bedeuten sollte. Dann riss Zéro die Tür auf und drehte sich auf dem Absatz um.

»Warte! Was ... was hat er dir denn gesagt? Falls es irgendein Missverständnis wegen deiner Stellung hier gegeben hat, gehe ich sofort rüber und erkläre ihm, wie wichtig ...«

»Tut mir Leid«, grinste Zéro spöttisch, »aber da kann ich dir nicht weiterhelfen. Wenn du's unbedingt wissen willst, er hat nichts als die üblichen Phrasen gedroschen. Dass er gut verstehen könne, wie unbefriedigend die Arbeit bei einer Boulevardzeitung für jemanden so überaus Talentierten wie mich oft sein müsse. Und dass ich jederzeit mit seiner Unterstützung rechnen könne. Darauf habe ich gesagt, vielen Dank, aber ich sei bisher noch immer bestens ohne Krückstock ausgekommen. Er hat mich nur wie der Ochs vorm Tor angesehen, mit diesen dämlichen braunen Glubschaugen. Und dann hat er mir 'ne Gehaltserhöhung versprochen – fünftausend mehr pro Jahr – und mir außerdem noch 'ne eigene Sekretärin angeboten, weil es doch sicher sehr zeitraubend für mich sein müsse, meine ganze Fanpost selbst zu beantworten. Ich kann sie nur brauchen, wenn sie ein Einser-Diplom in Cunnilingus hat, habe ich gesagt. Da war er still.« Zéro winkte verächtlich ab. »Also wirklich, Susan, diese windige Einschmeichlertour ist doch zum Kotzen – ich hab schon erwartet, dass er mich als nächstes fragen würde, ob ich vielleicht schmerzhafte Perioden hätte und eine Wärmflasche auf Kosten der Firma haben wollte.«

»Männer haben bei dir aber auch grundsätzlich schlechte Karten, stimmt's, Zéro? Wenn sie sich rücksichtslos aufführen, sind es Schweine, und wenn sie sich anständig benehmen, sind es Waschlappen. Wie können Männer es dir denn je recht machen?«

»Ganz einfach, indem sie mir aus dem Weg gehen. Und das gilt auch für solche herablassenden Amigroß- schnauzen, die mit Gehaltserhöhungen und Wohl- wollen um sich werfen, als wären es Nylonstrümpfe und Kaugummi. Am besten war's natürlich, wenn sie allesamt so schnell wie möglich aussterben würden. Aber ich würde mich auch schon mit einer teilweisen Ausrottung zufrieden geben, wenn ich selber den Knüppel dabei schwingen darf. Wusstest du schon, dass es allein in London fünfzigtausend überzählige Männer gibt? Wenn es Robben wären, dürften wir ihnen ohne weiteres das Fell über die Ohren ziehen. Und dabei sind Männer nicht halb so niedlich.«

»Hör auf, Zéro, ich bin jetzt nicht in der Stimmung für deine Scherze.«

»Du bist im Moment für gar nichts zu haben, was, Süße?«, knurrte Zéro grimmig und lehnte sich über den Schreibtisch. »Außer für eine ellenlange koschere Bockwurst, vorzugsweise dampfend heiß in den Arsch gerammt!«

»Das klingt ja vielversprechend«, sagte David Weiss von der Türschwelle aus. »Wo kann man sich dafür anstellen?«

Gemeinsam blickten sie Zéro nach, die mit auf- müpfig wippendem Schweif aus dem Büro fegte.

»Was für eine attraktive und zornige junge Dame«, meinte David Weiss schmunzelnd. »Und obendrein blitzgescheit – ich habe in den letzten Monaten regel- mäßig ihre Kolumne gelesen. Sie ist lesbisch, nicht wahr?«

»Und wie.«

»Das kann ich ihr nachfühlen. Wenn ich eine Frau wäre, wäre ich auch lesbisch.« Er lächelte sie an. »Was kann man denn nur an Männern finden?«

»Mehr, als du glaubst.«

»Möchtest du mit zu mir ins Hotel kommen?«
»Ich wüsste nicht, was ich lieber täte.«
»Gehen wir.«

Susan war schon immer davon überzeugt gewesen, dass jeder seine persönliche Wesensart besonders unverkennbar im Bett ausdrückt. Gary Pride, zum Beispiel, war als Liebhaber grob und ungeschickt gewesen, Charles hingegen rücksichtsvoll und energisch und Matthew feinfühlig und ausdauernd. Zéro war wahrscheinlich arrogant, lasziv und fordernd, während Tobias Pope sich als überheblich, sadistisch und kalt erweisen dürfte – was sie hoffentlich nie am eigenen Leib würde ausprobieren müssen.

David war ganz anders. In den letzten zwei Stunden hatten sie es fünfmal getrieben, und jedes Mal hatte er sie noch brutaler rangenommen, bis sie sich innen und außen völlig wund und aufgerieben fühlte. Aber nun hatte er sie fürsorglich in Decken eingehüllt und ihr eine heiße Schokolade mit *crème de cacao* bringen lassen; er öffnete gerade das Fenster, bevor er sich eine Zigarette ansteckte. »Macht es dir auch wirklich nichts aus?«, erkundigte er sich zum dritten Mal.

»Natürlich nicht!«

Er lächelte auf sie hinab und sprang dann mit einem übermütigen Satz aufs Bett, wie ein verspielter junger Hund. »Ein schreckliches Laster«, meinte er und sog genüsslich an seiner Camel. »Ich hab auch fest vor, es aufzugeben.«

»Hoffentlich ist es das *einzige* Laster, das du aufgeben willst.«

»Na, klar.« Er strich ihr zärtlich über die Haare, dann wies er mit einer weiten Armbewegung um sich. »Schau dir das mal alles an. Heute Morgen war ich nichts als ein unbeholfenes Greenhorn in dieser Stadt, das sich von Taxifahrern übers Ohr hauen ließ, das Angst hatte, sich zu verlaufen, und das sich Sorgen machte, ob es mit dem neuen Job klappen würde. Jetzt liege ich mit einer wunderschönen englischen Puppe im Bett, hab ein eigenes Büro und alles, was ich mir nur wünschen kann!«

Seine Begeisterung jagte ihr einen leisen Schrecken ein. Wenn er auch so glücklich war wie sie, dann gab es so viel zu verlieren! »Meinst du das ernst? Ich meine, dass du so mit allem zufrieden bist?«

Er sah sie so verdutzt an, als hätte sie ihm gerade eröffnet, dass sie eigentlich die Königin von Rumänien sei. »*Natürlich* meine ich das ernst. Bist du denn nicht auch glücklich? Du bist doch nicht etwa eine von diesen hochnäsigen Tanten, die es gewöhnlich finden, wenn man seine Gefühle zeigt, und dauernd ihre Spielchen mit einem treiben?«

»Nein, das finde ich grässlich.«

»Dieses manipulative Gehabe ist in New York unheimlich verbreitet, aber nur bei solchen Nervtötern, die immer das Gefühl haben, im Leben zu kurz gekommen zu sein. Die lassen einen extra stundenlang warten, nur um sich wichtig zu machen – ein typisches Versagerverhalten, finde ich.«

»Ja, schrecklich, eine richtige Marotte. Ich komme immer pünktlich.« Jedenfalls von nun an, fügte sie im stillen hinzu.

»Das hab ich schon gemerkt.« Er schloss die Augen und kuschelte sich dicht an sie. »Streichle mir die Eier, Baby, nur einen Augenblick.« Er wand sich lustvoll und schnurrte wie ein verwöhnter Schmusekater.

Sie musste unwillkürlich lachen. Bisher hatte sie Hoden immer nur als ausgesprochen hässlich empfunden, wie schrumpelige, behaarte Feigen; es war ein merkwürdiges Gefühl, mit einem Mann zusammen zu sein, dessen Körper ihr auf Anhieb so vertraut und angenehm war wie ihr eigener. »Komisch, wenn man bedenkt, dass wir aus ganz verschiedenen Welten kommen und uns kaum kennen – und trotzdem sind wir uns so ähnlich.«

»Vielleicht sind wir ja in Wahrheit siamesische Zwillinge, die gleich nach der Geburt von irgendeinem dieser eingebildeten Superchirurgen getrennt wurden. Na, dem haben wir's aber gezeigt!«

Sie fühlte sich allmählich schläfrig. »Kann ich ... soll ich heute Nacht hier bleiben?«

Er setzte sich auf und sah sie schockiert an. »Um Gottes willen, wie kannst du so was nur denken? Jetzt kommt doch die Szene, wo ich ein Taxi rufe und dich mit kühler Höflichkeit hinauskomplimentiere.« Er stupste sie leicht an. »*Selbstverständlich* bleibst du hier, Dummchen.«

»Kann ich mal kurz duschen?«

»Soll ich dir dabei helfen?«

»Nein, bleib lieber da. Ich bin in zehn Minuten zurück.«

»O. K.« Er schnappte sich die Fernbedienung, schaltete den Fernseher an und flippte mit teenagerhafter Begeisterung durch die Programme.

Sie ging ins Badezimmer und stellte die Dusche an; als sie unter den Strahl trat, war das Wasser eiskalt. Sie japste auf, als es ihre Brüste traf und schlagartig die Erinnerung an die wilden Spiele der vergangenen Stunden wachrief. Sie trat keuchend unter der Dusche vor; nur noch einmal – er würde sicher nichts dagegen haben. Sie kannte ihn ja jetzt schon gut genug. Er würde nichts lieber wollen.

Sie ging leise ins Zimmer zurück, gerade rechtzeitig, um ihn sagen zu hören: »Du fehlst mir.«

Aber sie war doch erst eine Minute fort gewesen...

»Aber sicher doch, Bunny. Morgen ruf ich dich wieder an. Ciao.« Der Hörer klickte auf der Gabel.

»Wer ist Bunny?«, fragte sie leise.

Er fuhr schuldbewusst herum. »Susan...«

»Wer ist Bunny?«

»Das ist meine ... eine Freundin in New York. Sie heißt Michèle – Michèle Levin.«

»Ich verstehe. Hast du ein Foto von ihr da?«

Er warf ihr einen besorgten Blick zu, bückte sich, um seine Brieftasche aus der Hose auf dem Boden zu angeln, und reichte ihr das Farbfoto eines Mädchens. Es hatte lange, glatte blonde Haare, die Amerikanerinnen jüdischer Abstammung anscheinend immer automatisch bekamen, sobald das Einkommen ihrer Väter die Millionengrenze erreichte, einen sportlich gebräunten Teint, ein sanftes, unsicheres Lächeln und einen leichten Silberblick.

In aller Ruhe riss Susan das Foto ein-, zwei-, dreimal durch und warf die Schnipsel in die Luft. Sie flatterten schnell und fast verstohlen zu Boden, wie um möglichst wenig Aufsehen zu erregen. »Konfetti für unsere Hochzeit«, sagte sie. »Verfluchte schielende *Kuh.*«

Er senkte betreten den Kopf.

»Darf ich dich was fragen?«

»Nur zu«, murmelte er niedergeschlagen.

»Fickst du dieses süße junge Ding auch hin und wieder mal auf öffentlichen Toiletten?«

»Natürlich nicht.« Er wirkte ehrlich schockiert. »Das ist eine ganz andere Art von Beziehung.«

»So? Was denn für eine?«, schnaubte sie. »Vielleicht platonisch?«

»Nein ... wir kannten uns schon als Kinder, weißt du, unsere Familien haben benachbarte Sommerresidenzen in Connecticut, da haben wir in den Ferien immer schon zusammen gespielt. Wir sind sozusagen ... inoffiziell verlobt.«

»Aha. Wie alt ist sie denn?«

»Sechsundzwanzig.«

Also gleichaltrig. »Sag mal, passiert es dir eigentlich öfter, dass du Wildfremde ansprichst, um sie dann im Stehen hinter der nächstbesten Klotür durchzuvögeln?«

»Du bist die Erste.«

»Oh, welche Ehre! Sie kriegt dein Freundschaftsarmband und ich einen Quickie aufm Klo. Auf *deinem* Personalklo, wohlgemerkt. Heimlich das Personal bumsen, wie ein beschissener viktorianischer Heuchler, das würde dir so passen, was?« Sie wandte sich ab und hob ihr Kleid vom Boden auf.

»Susan.« Er trat auf sie zu und fasste sie beschwichtigend am Arm. Sie schüttelte ihn ab. »Es tut mir wirklich leid. Ich wollte dir nichts vormachen. Aber wie du mich da im Konferenzraum angesehen hast ... ich dachte, du wolltest es genauso sehr wie ich.«

»Aha, dann bin ich also dran schuld?«

»Niemand ist dran schuld.«

»O nein, da bin ich aber ganz anderer Meinung. *Einer* muss dran schuld sein, du scheinheiliges Arschgesicht.« Er sah sie entsetzt an. »Da staunst du, was? Solche Ausdrücke hast du wohl von *ihr* noch nie gehört!«

Er lachte gutmütig. »Michèle spricht sechs Sprachen, und in jeder davon kann sie mit Kraftausdrücken aufwarten, wenn sie sauer ist.«

Ihr wurde kotzübel; sie kam sich vor wie eine Nutte im Hotel, der ein Kunde von seiner Frau erzählt. Es fehlte nur noch, dass er die Fotos von seinen 2,5 Sprösslingen hervorkramte.

»Sie kommt natürlich aus einer reichen Familie.«

»Ihr Vater hat eine Bank.« Er zuckte verlegen mit den Schultern, als hätte ihr Vater Syphilis.

»Na, dann ist ja alles klar.« Sie dagegen – Klein-Susan Street aus Hintertupfing. Wie hatte sie nur so dumm sein können!

»Susan . . .«

»Behält's für dich, David. Spar dir deine Lügen lieber für die andere auf, mir reicht's.« Sie schlüpfte hastig in ihren Kamali-Body und das Alaïa-Kleid, stieg in die Pumps und hob ihre Aktenmappe vom Boden auf. »Jetzt ist es wirklich an der Zeit, dass du ein Taxi rufst und mich förmlich hinauskomplimentierst.« Sie ging zur Tür. »Dein Geld kannst du stecken lassen, das solltest du besser dafür verwenden, dem kleinen Goldhäschen eine Augenkorrektur verpassen zu lassen.« Sie blickte im Hinausgehen über die Schulter zu ihm zurück. »Ich hab's nämlich nicht nötig, deine lumpigen Mäuse zu nehmen, dein Vater zahlt mir ein anständiges Gehalt, und was er an Trinkgeldern abdrückt, das kannst du dir nicht mal in den wüstesten Träumen vorstellen.« Sie schlug die Tür zu, trommelte dann mit der Faust dagegen und schrie so laut, dass die abendlichen Schwimmer im Hotelbecken es deutlich hören konnten: »UND BESSER FICKEN TUT ER AUCH!«

Susan hörte sich gerade die Übertragung einer Parlamentsdebatte an und fühlte dabei den hektisch klopfenden Puls an ihrem Handgelenk, als Oliver Fane den Kopf durch den Türspalt steckte. Sein breites Grinsen ließ darauf schließen, dass er eine schlechte Nachricht für sie hatte.

»Ah, Sue . . . ich war gerade bei unserem wackeren

Känguruhengst. Der scheint ja ganz schön im Quadrat zu springen, weil dein Freund Moorsom immer noch keine Ruhe gibt. Er will dich auf der Stelle in seinem Büro sehen.«

»Danke, Oliver.«

»Gern geschehen.«

»Sue! Setzen Sie sich.«

»Hallo, Bryan.«

Er nickte zum Radio hin. »Haben Sie das eben gehört?«

»Ja.«

»Nicht gerade die beste Werbung für uns, was?«

»Nein, eigentlich nicht, Bryan.«

»Sogar ausgesprochen schädlich, wenn man's genau nimmt.«

»Aber Sie wissen doch, was die da im Parlament kakeln ...«

Er hob gebieterisch die Hand. »Soweit ich mich erinnere, haben wir das schon mal durchgesprochen, Sue. Tatsache ist, dass es für Sie oder mich nicht sonderlich bedenklich wirkt, weil wir nicht besonders viel zu verlieren haben.« Du vielleicht nicht, dachte sie im stillen. »Aber für jemanden wie Pope, der in ganz anderen Größenordnungen denkt, klingt es wie der Startschuss für eine bedrohliche Offensive. Dieses ganze Gerede von südafrikanischem Gold und dem amerikanischen Würgegriff – das wirft kein gutes Licht auf uns, Sue. In diesem Land gibt es sowohl bei den Rechten als auch bei den Linken ausgeprägte ausländerfeindliche Tendenzen, das zieht sich durch alle Parteien. Vor allem, wenn es um so genannte Ausländer geht, die sich in den britischen Medienmarkt einkaufen. Nicht nur unsere Zeitung und die Verlagsgesellschaft sind davon betroffen – Tobias hat ja noch wesentlich mehr mit Ihrer kleinen Insel vor: Kabelfernsehen, Filmpläne, eben alles, was der Markt zu bieten hat.«

»Das ist mir klar, Bryan.«

»Ich habe gerade mit ihm telefoniert, Sue. Wissen Sie, was er gesagt hat? ›Bestell diesem hochnäsigen kleinen Ding von mir, dass sie ihrem sauberen Freund schleunigst die Daumenschrauben anlegen soll, sonst könnte ich bald die Lust verlieren, mich in diesem beschissenen Land noch weiter geschäftlich zu betätigen. Dann kann Sie sich ihren heiß ersehnten Chefredakteursposten gleich abschminken.‹ War das deutlich genug?«

»Vollkommen.«

»Er meint es ernst, Sue, es ist kein Bluff. Machen wir uns nichts vor: Für ihn ist die ganze Welt eine Auster auf dem Präsentierteller, und die gute alte Insel hier ist wohl kaum die Perle drin. Er könnte sich ebenso gut in Timbuktu, Nippon oder Lateinamerika betätigen« – Susan sagte sich grimmig, dass die Formulierung auch ganz gut auf einen professionellen Mordbuben passte –, »und er tut diesem Land doch nur einen Gefallen, wenn er hier investiert, nicht umgekehrt.«

»Fast wie ein Marshallplan für Millionäre, oder?«

Er seufzte. »Manchmal sind Sie schlauer, als es Ihnen gut tut, Sue.«

Spar dir die Redensarten, und komm endlich zur Sache, dachte Sue gereizt.

»Also, ich habe vorhin mit einem unserer Mitarbeiter gesprochen, der ungenannt bleiben soll…«

»Oliver. Ungenannt und unverfroren.«

»… ungenannt und unbescholten, Sue. Oliver ist einer unserer loyalsten Mitarbeiter.«

»Ich dachte, Sie wollten sagen, einer unserer größten Arschkriecher.«

»Das kommt doch aufs selbe raus, oder?« Er seufzte

noch einmal. »Jedenfalls hat Oliver mir erzählt, dass Sie und Moorsom in freundschaftlichem Verhältnis standen – er hat Sie nicht nur zum Essen getroffen, sondern Ihnen auch Orchideen geschickt. Man schickt nun mal nicht jeder x-beliebigen Bekannten Orchideen. Oliver behauptet, dass Sie ein richtiges Vertrauensverhältnis hatten, vielleicht sogar schlicht und einfach ein Verhältnis. Was hat es damit auf sich, Sue? Nun mal ehrlich.«

Sie blickte auf ihre Hände hinab, die schmal und bleich, mit ungepflegter Nagelhaut und geröteten Knöcheln in ihrem Schoß lagen. Aber woher die Zeit für eine Maniküre nehmen? »Na gut, das mit dem Vertrauensverhältnis stimmt. Er fühlte sich in Westminster genauso einsam wie ich hier. Wir verstanden uns auf Anhieb, weil wir aus dem gleichen Milieu stammen.« Sie sah Bryan halb verständnisheischend, halb herausfordernd an. Früher hatten die Leute bei der Erwähnung ihrer bescheidenen Herkunft immer gleich ganz abwehrend und schuldbewusst reagiert. ›Mit seinen Wurzeln parieren‹, nannte Zéro diese Taktik. Doch Bryan war aus härterem Holz geschnitzt.

»Kommen Sie mir bloß nicht damit«, seufzte er. »Ich bin auf einer Schaffarm am Arsch der Welt aufgewachsen. Wenn ich mal 'n Buch aufschlug, dachten sie gleich, ich war schwul, und zerrten mich zum Onkel Doktor.« Seine Miene wurde hart. »Also gut, ein Vertrauensverhältnis.«

»Ja.«

»O. K. Ich will Sie nicht ausfragen. Aber ich will Ihnen etwas sagen, und wenn Sie so was Ähnliches schon mal gehört haben, dann nicken Sie bitte. In Ordnung?«

»In Ordnung.«

»Oliver behauptet, dass über Moorsom ein paar einschlägige Gerüchte in Umlauf sind. Wahr oder falsch?«

»Wahr.«

»Nutten, wie? Männlich oder weiblich? Vielleicht minderjährig?«

»Ich kann nicht unter Druck denken, Bryan.«

»Dann sind Sie hier aber fehl am Platz, meine Beste.« Er griff nach dem Telefonhörer und wählte die Nummer seiner Sekretärin. »Yas, bitte zum Diktat.« Er bedeutete Susan mit einem Kopfnicken, dass die Unterredung beendet war. »Ein freier Tag wird Ihrem Gedächtnis vielleicht auf die Sprünge helfen, Sue. Und Sie außerdem daran erinnern, wie es ist, arbeitslos zu sein.«

In ihrem Büro schnappte sie sich ihren Regenmantel und ihre Aktenmappe und blieb dann hilflos mitten im Zimmer stehen. Was sollte sie denn nun machen? Joe anrufen? Ihm drohen? Rupert finden? Ihm Geld anbieten? Kündigen?

»Hallo«, sagte David Weiss auf der Türschwelle. Er kam herein und schloss die Tür hinter sich.

Sein plötzliches Erscheinen ließ sie diesmal gleichgültig; sie war zu sehr in ihre eigenen Sorgen verstrickt. Die Liebe war nur ein Luxus, ihre Karriere dagegen lebenswichtig. »Hallo.«

»Susan, ich möchte etwas klarstellen.«

Sie seufzte. »Gibt dir keine Mühe, David. Du würdest sowieso nicht die richtigen Worte finden, und ich habe jetzt keine Zeit, dir zuzuhören. Ich sollte dich eigentlich nicht extra darauf hinweisen müssen, du bist hier schließlich der Boss, aber es gilt als höchst unprofessionell, in den Bürostunden über persönliche Dinge zu reden. So was zeugt von einer reichlich amateurhaften Einstellung – und die kann sich nur ein verwöhnter Reiche-Leute-Sprößling leisten, der noch nie im Leben darauf angewiesen war, um seinen Job zu kämpfen.« Sie nahm ein paar Papiere von ihrem Schreibtisch und blätterte sie zerstreut durch. »Lass mich jetzt bitte in Ruhe, ich habe ein Problem zu lösen.«

Er setzte sich unbeeindruckt auf die Schreibtischkante und sah sie gelassen an. »Zwei Köpfe sind oft besser als einer.«

»Erzähl das mal irgend so einer armen zweiköpfigen Missgeburt.«

Sie mussten beide lachen. Dann ließ sie sich auf ihren Stuhl sinken. »Da es dich anscheinend interessiert und da du hier der Boss bist, kann ich's dir eigentlich auch sagen: Es handelt sich um eine Dichotomie zwischen Karriere und Gewissen.«

»Eine Dichotomie klingt genau wie die Art von Operation, die sich für Zéro eignen würde.«

»Sehr witzig. Aber hier geht es nur um einen ganz normalen, alltäglichen Fall von mutmaßlicher Erpressung. Vor einiger Zeit hat Mister X versucht, Mister Y zu erpressen, und ich habe ihn daran gehindert. Aber jetzt wird von mir verlangt, Mister Y mithilfe von Mister X zu erpressen, damit er aufhört, die mehr oder weniger ehrlichen Absichten deines lieben alten Väterchens öffentlich in Frage zu stellen. *Comprendez?*«

»Joe Moorsom?« Davids aufgerissene braune Augen verliehen ihm tatsächlich eine gewisse Ähnlichkeit mit einem verdutzten Rindvieh. »Den sollst du erpressen?«

»Na ja, vielleicht nicht direkt erpressen, aber auf jeden Fall mal etwas in die Enge treiben. Vielleicht liegt es daran, dass ich schon zu lange bei der Boulevardpresse bin, jedenfalls neige ich dazu, Druck als Erpressung und Sex als Liebe anzusehen.« David blickte verlegen zu Boden. »Es geht hier ja nicht bloß um einen x-beliebigen Hinterbänkler und einen zweiundzwanzigjährigen Strichjungen«, fuhr Susan fort. »Der Junge war damals erst vierzehn und ein ausgemachter Kindskopf obendrein. Und Moorsom – ich weiß nicht, ob du schon davon gehört hast – ist in erster Linie wegen seines Eintretens gegen den sexuellen Missbrauch von Kindern bekannt geworden. Er wird von einer sehr traditionell orientierten Gewerkschaft gesponsert und hat eine Frau und zwei Kinder, die bei Presse und Publikum ungeheuer beliebt sind. Er ist ein sehr guter Politiker und soll demnächst einen Posten im Schattenkabinett bekommen. Mit anderen Worten, er hat überaus viel zu verlieren. Darum bildet Bryan sich anscheinend ein, dass er schon beim ersten Wink mit dem Zaunpfahl klein beigeben wird. Und ich als seine Freundin soll ihm den gut gemeinten Tipp geben. Wie in den blöden Werbespots für Deodorants.«

»Und das findest du natürlich unmoralisch?«, fragte er ernsthaft.

Sie warf ihm einen irritierten Blick zu. »Red doch vernünftig, Mann! Ich kann mit diesen amerikanischen Übertreibungen nichts anfangen. Unmoralisch finde ich nur Krieg und Hunger, sonst nichts. Aber als Karriereschub ist es doch reichlich fragwürdig; erstens ist er ein guter Freund, und zweitens hat er 'ne Menge Einfluss.«

Er dachte offensichtlich angestrengt nach. »Hör mal, du hast ganz Recht, das Büro ist nicht der richtige Ort, um so was zu besprechen. Sollen wir uns nachher nicht irgendwo auf einen Drink treffen?«

»Ist Bunny denn nicht in der Stadt?«

»Nein, und mein Vater ebenso wenig, also sind wir beide frei, nicht wahr? Na, was ist?«

»O. K. Kennst du den Kreml-Club?«

»Ich bin da letzte Woche Mitglied geworden, aber ich war bisher noch nie dort.«

»Dann hast du ja noch was vor dir.«

Im Kreml-Club gab es nur Wodka – dreiundzwanzig verschiedene Sorten. Die Speisenkarte war in kyrillischer Schrift gedruckt, und die Kellnerinnen trugen Stiefel, graue Uniformen und Rote-Armee-Kappen. Die Hintergrundmusik bestand ausschließlich aus patriotischen Gesängen des Rote-Armee-Chors. Und nur wer mehr als fünfzigtausend im Jahr verdiente, war als Mitglied zugelassen.

»Das Lokal ist große Klasse«, meinte David, während er sich anerkennend umschaute. »So was gibt's in New York nicht – dieser typisch europäische Sinn für Respektlosigkeit. Da fahre ich voll drauf ab.«

Susan grinste spöttisch in ihren Stolichnaya. Wie kam es nur, dass alle Amerikaner – egal wie jung, schön, reich oder gescheit – sich immer so ausdrückten, als wären sie 1973 in einen Dornröschenschlaf gesunken, aus dem sie gerade erst erwacht waren? Sie fuhren immer noch auf Sachen ab, waren gut oder schlecht drauf oder voll am Ausflippen, während die Engländer sich damit begnügten, Dinge zu mögen, gut oder schlecht gelaunt oder eben sehr beschäftigt zu sein. Wozu diese künstliche Sprachverzerrung? Vielleicht war es ihre Art, auf Unabhängigkeit zu pochen; sie konnten es wohl immer noch nicht ganz verwinden, mal eine Kolonie gewesen zu sein – ähnlich wie die jungen Westinder, die zwar schon in London geboren waren, aber aus Gründen der Selbstbehauptung im aufgesetzten Pidgin-Dialekt einer Region schwätzten, die sie nur vom Hörensagen kannten.

Wenigstens bewirkte sein albernes Geschwafel, dass ihre Laune sich besserte. David Weiss war eben doch kein Supermann, mochte er auch noch so gut aussehen, im Geld schwimmen und unbestreitbare handfeste Reize besitzen. »Warst du etwa früher mal ein Hippie?«, fragte sie herausfordernd.

»Na hör mal, ich bin doch erst dreißig!«

»Das hat doch nichts zu sagen. Bei euch drüben haben die Sechzigerjahre noch bis weit in die siebziger gereicht.«

»Also, ich muss zugeben, dass ich 'ne ganze Weile in Frye-Boots rumgelaufen bin.«

»Wie meinen?« Sie blitzte ihn über den Tisch hinweg ärgerlich an. »Ich kann dir nicht ganz folgen.«

Er lachte, dann legte er plötzlich die Stirn in sorgenvolle Falten. »Susan, lass uns mal ein paar Takte ernsthaft reden.«

»Schon wieder so ein amerikanischer Ausdruck. Im Klartext soll das heißen – wir müssen unsere Situation analysieren.«

»Da ist doch nichts gegen einzuwenden.«

»Ich steh' nicht besonders auf öffentliche Selbstbespiegelung«, meinte sie schulterzuckend. »Swetlana, gieß mir noch einen Doppelten nach, wenn du gerade Zeit hast.«

Er wartete, bis die Kellnerin neue Drinks gebracht hatte, und lehnte sich dann über den Tisch. »Ich finde, dass ein bisschen Analysieren unserer Situation gar nicht schaden kann.«

»Da bin ich anderer Meinung.« Sie rührte mit dem Finger in ihrem Wodka. »Ich bin nämlich gegen jede Form von Analyse resistent. Aber wenn du darauf bestehst, bitte, hier hast du meinen Standpunkt: Ich finde dich fabelhaft – im Bett.«

»Darauf wollte ich eigentlich nicht hinaus. Ich meine das, was hinterher passiert ist.«

»Meinst du womöglich dein fernmündliches Gesäusel mit einer gewissen schielenden Kuh?«

»Hör doch auf mit dem Gestichel.«

»Ich muss schon sagen, nach dem, was ich auf dem Foto von ihr gesehen habe, scheint sie wenigstens keinen Damenbart zu haben. Aber die kriegen ja auch schon mit dreizehn kosmetische Behandlungen, so wie englische Mädchen in dem Alter Ponys geschenkt bekommen, nicht wahr?«

Er schüttelte betrübt den Kopf. »Susan, das ist doch unter deinem Niveau. Du benimmst dich ja richtig zickig.«

»Ach, wirklich? Komisch, wenn man sich als Frau erlaubt, Wut, Verletztheit oder Ehrgeiz zu zeigen, wird man immer gleich als Zicke abgestempelt. Dabei verhalten sich Ziegen gar nicht so. Männer schon. Aber bei denen findet man es ganz natürlich.«

Er hob abwehrend die Hände. »Also wenn du mir jetzt 'n feministischen Vortrag halten willst ...«

»Feministisch? Nur weil ich sauer bin, dass du mir was vorgemacht hast? Du musst doch wohl zugeben, dass die Aversion dagegen, sich für dumm verkaufen zu lassen, schon wesentlich länger besteht als der Feminismus. Und dass sie bei Männern genauso verbreitet ist.«

»Susan, Susan!« Er griff nach ihrer Hand. »Was soll denn das ganze Gerede über Männer und Frauen? Wir wollten doch über *uns* reden.«

»Wenn wir nicht im Auge behalten, was die Männer den Frauen schon seit jeher angetan haben, verlieren wir den Überblick über unsere eigene Geschichte. Und wer seine Vergangenheit vergisst, liefert sich sklavisch der Zukunft aus.« Sie kämpfte mit einem

Schluckauf, während sie ihre Hand wegzog, um Swetlana herbeizuwinken, die eigentlich Belinda Bellman hieß. Susan wusste selbst nicht so genau, was sie eigentlich damit sagen wollte, aber sie fand, dass es sich auf jeden Fall ganz eindrucksvoll anhörte. In ihrem betrunkenen Zustand hätten sich sogar die Börsennachrichten noch tiefsinnig angehört. »Du hast mich angelogen«, sagte sie vorwurfsvoll und wies mit schwankendem Zeigefinger auf ihn.

»Ich habe dich überhaupt nicht angelogen. Ich habe nie behauptet, ich hätte keine Freundin in New York. Und wie du dich vielleicht noch erinnerst, hast *du* mich neulich in den Waschraum gezerrt.«

»Und wie ich mich auch erinnere, hast du dich wie wild dagegen gewehrt. Fünfmal in zwei Stunden.«

Er seufzte niedergeschlagen. »Natürlich habe ich mich nicht gewehrt. Du bist schließlich ein sehr schönes Mädchen.«

»Ist das der einzige Grund gewesen, weshalb du mit mir geschlafen hast? Nur weil ich dir reizvoll vorkam und gerade da war? So, wie man Lust hat, auf einen Berg zu steigen?«

»Ich war halt neu in der Stadt und einsam.«

»Liebst du mich denn?«, fragte sie flehend.

»Susan, ich bete dich an.«

»Aber *liebst* du mich auch?«

»Ich *kenne* dich doch noch nicht mal, Susan. Ich habe dich erst gestern zum ersten Mal gesehen. Was soll ich da sagen?«

»Lüg mir doch was vor. Woher diese plötzlichen Bedenken?« Sie schaute auf ihr Glas hinunter. »Erzähl mir von deiner Freundin.«

»Warum verlangen die Frauen das immer?«

»Erklären *Sie* es mir, Dr. Freud.«

»Also gut.« Er nahm einen tiefen Schluck von seinem Erdbeerwodka. »Sie ist sechsundzwanzig. Wir kennen uns schon von Jugend auf. Sie hat einen Collegeabschluss in Englisch, spricht sechs Sprachen und ist Bildhauerin. Sie steht auf Sushi, Skifahren und Sade. Und sie ist ein sehr nettes Mädchen.«

»Ist sie auch gut im Bett?«

»Was?«

»Du hast mich schon verstanden.«

»Darauf möchte ich lieber nicht antworten.«

»Das heißt nein.«

»Keineswegs.«

»Was denn sonst? O. K., sie ist also schlecht im Bett. Das kann dir ja nur recht sein. Auf die Weise hast du eine Entschuldigung, soviel in der Gegend rumzuvögeln, wie du willst, und kannst dir dabei immer noch sagen: ›Mit all den anderen ist es bloß Sex. Das hat ja nichts mit unserer Beziehung zu tun.‹ Stimmt's?«

Er nickte.

»Männer sind leicht zu durchschauen. Lass dir sagen, David, dass Sex das Bedrohlichste ist, was es überhaupt gibt. Ganze Regierungen sind dadurch schon zu Fall gebracht worden. Und deinem kleinen Wölkenkuckucksheim kann es leicht ebenso gehen. Sex ist nicht bloß ein harmloses Vergnügen, David – höchstens in Form von Selbstbefriedigung. Aber sobald mehr als eine Person daran beteiligt ist, kann es immer gefährlich werden. Gerade diese dümmlichen Verharmlosungstendenzen, die besonders in Amerika so verbreitet sind, haben ja schließlich dazu geführt, dass Sex buchstäblich tödlich sein kann.«

»Das verstehe ich nicht.«

»Ach nein? Du hast wirklich keine Ahnung, worauf ich hinauswill? Ich habe eine sexuell übertragbare Krankheit!«

Er riss entsetzt die Augen auf. »Was?«

»Ja, Liebe. Ich liebe dich.« Sie war von ihrer eigenen Schamlosigkeit ebenso berauscht wie vom Wodka.

Er sah sie so betroffen an, als hätte er Herpès bei weitem vorgezogen. »Ich weiß nicht, ob ich das gutheißen kann.«

»Tut mir Leid. Nächstes Mal bitte ich dich vorher um Erlaubnis. Aber sag mal ehrlich: Liebst du deine Freundin?«

»Ja«, antwortete er leise.

»Ist ja gar nicht wahr. Wenn du das tätest, würdest du nämlich nicht noch mit anderen schlafen. Das liegt doch auf der Hand.«

»Soll das etwa heißen, dass ich der einzige bin, mit dem du ins Bett gehst?«

»Seit ich dich getroffen habe, ja.«

»Wirst du ab jetzt auch nicht mehr mit meinem Vater schlafen?«

Sie zögerte. »Das kommt drauf an.«

»Worauf?«

»Ach, auf Verschiedenes«, antwortete sie ausweichend. Warum, zum Teufel, hatte sie ihm diese blöde Lüge überhaupt aufgetischt? Natürlich nur, um ihm eins reinzuwürgen. Es wirkte ja nicht gerade sonderlich imagefördernd, sich als die Geliebte dieses weißhaarigen alten Scheusals auszugeben.

»Jetzt möchte ich zur Abwechslung mal *dich* was fragen.« Seine Miene wirkte verärgert. Offenbar hatte sie ihn mit der Entlarvung seiner halbherzigen Gefühle für Michèle Levin an einem wunden Punkt getroffen. »Du hast also mit mir gebumst und mit meinem Vater und mit dem Typ, der gestorben ist. Bumst du eigentlich grundsätzlich nur mit deinen Chefs? Oder zwischendurch auch mal mit dem Büroboten?«

Sie erwiderte seinen Blick, ohne mit der Wimper zu zucken. »Also, normalerweise ziehe ich Numero Uno vor. Aber bei dir mache ich eine Ausnahme. Es ist schon ziemlich lange her, dass ich's mit einem Botenjungen getrieben habe, doch soweit ich mich erinnere, sind es ganz brauchbare kleine Kerlchen. Und wenn man mal von dem einflussreichen Vater absieht, bist du ja eigentlich auch nicht viel mehr als ein Bürobote im Armani-Anzug.«

Er sprang hastig auf. »Jetzt reicht's mir aber. Du bist eine manipulierende ...«

»Ein typischer Ausdruck aus den Siebzigerjahren«, warf sie ungerührt ein.

»Eine manipulierende, berechnende, grausame Hexe. Ich wüsste noch ganz andere Bezeichnungen, aber du würdest sie sowieso nur als Komplimente auffassen.« Er winkte Swetlana herbei, die in der Nähe die Ohren spitzte, um nur nichts zu verpassen, was sich vielleicht an die Klatschpresse verkaufen ließe. »Es ist wirklich nicht zu fassen, dass du mir hier unverfroren Vorträge über die Liebe hältst, und zwar über meine Liebe zu einem anständigen, ehrlichen Mädchen, wo du den vorigen Chef schon auf dem Gewissen hast und meinem Vater bestimmt genauso bald den Rest geben wirst und obendrein wohl auch noch mit dem Kerl vögelst, mit dem du zusammenlebst, wenn du nicht einschlafen kannst und keine Lust hast, es dir selbst zu besorgen.«

Wie schön er in seinem selbstgerechten Zorn war! Von unbezähmbarer Erregung ergriffen, legte sie ihm die Hand auf den Arm. »Warte!« Er schüttelte sie ab. »Wie war's mit einer schnellen Nummer?«

Er sah sie mit wutblitzenden Augen an. »Wo denn?«

»Nach hinten raus gibt's eine kleine Sackgasse ...«

»O. K.«

Auf ihren hohen Stöckelschuhen lief sie ihm schwankend durch die Gasse voran, bis sie an einen

Schuppen kam, in dem der Müll der umliegenden Bars und Restaurants abgeladen wurde. »Hier.« Im schwachen Mondlicht konnte sie gerade noch sein schönes, wütendes Gesicht erkennen.

Er zeigte auf einen der Mülleimer. »Beug dich da drüber.«

Sie stieg hastig aus ihren Schuhen und Strumpfhosen und legte sie auf ihre Aktenmappe. Dann beugte sie sich über die Tonne und hielt sich daran fest. Er trat hinter sie, spreizte ihr die Schenkel und stieß sofort tief und absichtlich brutal in sie hinein, etwa ein dutzend Mal, bevor er ejakulierte und sich so schnell zurückzog, dass sie aufschrie.

Sie wandte sich um und lächelte ihn an. Er wischte sich gerade den Schwanz an ihrer Strumpfhose ab, die bei Fogal in der New Bond Street zweiundfünfzig Pfund gekostet hatte. Egal, sie konnte sie ja auf die Spesenrechnung setzen. Sie kicherte bei der Vorstellung, was Max für ein Gesicht machen würde, wenn er in ihrer wöchentlichen Aufstellung auf den Posten stieß: »Neue Fogal-Strumpfhose als Ersatz für die durch Sperma vom Boss ruinierte.«

»Und? Ist es mit ihr auch so?«

»Nein.« Er zog seinen Reißverschluss hoch und warf ihre Strumpfhose achtlos zu Boden. »Und genau deswegen liebe ich sie.« Er ging im Mondlicht davon, ohne sich noch einmal umzublicken.

Quellenhinweis

Daniel Defoe (1659–1731) MARS UND VENUS*
entnommen aus: Roxana
© der deutschsprachigen Fassung Zettner KG, Würz-
burg

Giacomo Casanova (1725–1798) EHRWÜRDIGE
MUTTER M. M.*
entnommen aus: Casanovas Memoiren – Geschichte
meines Lebens
© der deutschsprachigen Fassung 1960 by Irmgard
Zimmer, Vaduz

E. T. A. Hoffmann (1776–1822) LOUISE UND DER
OBERST*

Gustave Flaubert (1821–1880) MADAME BOVARYS
VERFÜHRUNG*
entnommen aus: Madame Bovary

Charles W. Fenton (* um 1820) DER ERSTE TRIBUT*
entnommen aus: Perlen der Lust
Original »The Romance of Lust«. Ins Deutsche übersetzt von Frank Hergün
© 1981 by Scherz Verlag, Bern und München

Leopold Ritter von Sacher-Masoch (1836–1895) ZARIN
DER LUST*
entnommen aus: Katharina II – Zarin der Lust
© 1993 by Inter Verlag, Zürich und AVA GmbH

Charles Devereux (erstmals 1889 erschienen) EINE
MEM SAHIB*
entnommen aus: Venus in Indien
© der deutschsprachigen Fassung 1993 by AVA
GmbH, München-Breitbrunn

Fritz Thurn (erstmals 1923 erschienen) DIE HETÄRE*
entnommen aus: Die Liebesschule der Aspasia
© 1993 by Inter Verlag, Zürich und AVA GmbH

Anaïs Nin (1903–1976) SAFRAN
entnommen aus: Die verborgenen Früchte
© by Scherz Verlag, Bern und München
Originaltitel: »Little Birds«
Aus dem Amerikanischen von Gisela Stege

Vladimir Nabokov (1899–1977) DER VERDERBLICHE
ZAUBER DER NYMPHCHEN*
entnommen aus: Lolita
Originaltitel: Lolita
Copyright 1955 by Vladimir Nabokov
Deutsch von Helen Hessel, Maria Carlsson, Kurt
Kusenberg, H. M. Ledig-Rowohlt und Gregor von
Rezzori, bearbeitet von Dieter E. Zimmer
© 1959 by Rowohlt Verlag GmbH, Hamburg

Claude des Olbes DAS DREIECK*
entnommen aus: Emilienne
Aus dem Französischen übertragen von Hans Fahr-
bach
Rechte mit freundlicher Genehmigung der Literary
Agence Hoffman, München.
© 1968 by Terrain Vague.

Alberto Moravia (1907–1990) ANALYSIERT!
entnommen aus: Ich und er
Originaltitel: Io e Lui
Aus dem Italienischen übertragen von Piero Ris-
mondo
Abdruck mit freundlicher Genehmigung der Eulama
S. R. L. Rom. Copyright © by Gruppo Editoriale
Fabbri-Bompiani, Sonzogno.

Pauline Reage SIR STEPHEN*
entnommen aus: Die Geschichte der O.
Originaltitel: Histoire d'O
© Jean Jacques Paúvert éditeur, Paris
Aus dem Französischen übertragen von Simon Saint
Honoré
Alle Rechte für die deutsche Sprache by
F. A. Herbig Verlagsbuchhandlung GmbH, München

Lanh Ba (1945–1966) EINLADUNG ZUR LIEBE*
entnommen aus: Hallelujababy
© 1968 by Lancer Books Inc.
Originaltitel: »Hallelujababy«
Deutsche Übersetzung von Herbert Feuerstein

Hubert Selby (* 1928) HARRY UND ALBERTA*
entnommen aus: Letzte Ausfahrt Brooklyn
Originaltitel: Last exit Brooklyn
Aus dem Amerikanischen von Kai Molvig
© 1968 by Rowohlt Verlag GmbH, Reinbek

Jacqueline Susann (1921–1974) DAS WOCHENENDE
IN WEST HAMPTON*
entnommen aus: Einmal ist nicht genug
© 1973 by Jacqueline Susann
Originaltitel: Once is not enough

Aus dem Amerikanischen von Evelyn Linke
© by Scherz Verlag, München und Bern

Vlas Tenin RUSSISCHE NÄCHTE*
entnommen aus: Moskauer Nächte
Originaltitel: Spi spokojno, dorogoj tovarisc
© 1971 by Vlas Tenin
Aus dem Russischen übersetzt von Giselher Kot-
schetow
© 1971 by Olympia Press Deutschland GmbH

Jackie Collins (* um 1940) EINE SCHARFE WAFFE
entnommen aus: Sex war ihre Waffe
Originaltitel: Lovehead
Deutsche Übersetzung von Anita Otto
© 1974 by Jackie Collins
© der deutschen Übersetzung 1980 by Wilhelm
Heyne Verlag, München

Irving Wallace (* um 1920) VERBRENNEN IN VER-
ZEHRENDEN FLAMMEN*
entnommen aus: Palais Rose
Originaltitel: The Plot
Aus dem Amerikanischen übersetzt von Werner von
Grünau
© 1968 Droemer Knaur Verlag, München

Harold Robbins (* 1916) FLITTERWOCHEN*
entnommen aus: Goodby Janette (Titel der zugrunde
liegenden Taschenbuch-Ausgabe: »Adieu Janette)
Originaltitel: Goodbye, Janette
© 1981 by Harold Robbins
Alle deutschen Rechte bei C. Bertelsmann Verlag
GmbH, München 1981

Anne-Marie Villefranche (* um 1900) MADAME
NIMMERSATT*
entnommen aus: Die Purpurrose
Originaltitel: Mistere d'Amour
Aus dem Französischen von Irmela Rosenzweig
© der deutschen Rechte by Scherz Verlag, München
und Bern

Almudena Grandes (* 1960) UNTER DEN LATERNEN
VON CASTELLANA*
entnommen aus: Lulu – Die Geschichte einer Frau
Titel der Originalausgabe: Las edades de Lulu
© 1989 by Tusquets Editores 4, S. A., Barcelona
Aus dem Spanischen von Christiane Rasche
© 1990 by Verlag am Galgenberg, 2000 Hamburg 1

Julie Burchill (* 1960) JOURNAILLE*
entnommen aus: Die Waffen der Susan Street
Originaltitel: Ambition
© 1989 by Julie Burchill
Aus dem Englischen von Sabine Lohmann
Alle Rechte an der deutschsprachigen Ausgabe bei
Wilhelm Goldmann Verlag GmbH, München 1990

* Titelformulierung vom Herausgeber

Erotische Romane

Lisette Allen
Band 14 516
NORMANNEN-LIEBE

Sophie Andresky
Band 13 845
DAS LÄCHELN DER PAULINE

Georgia Angelis
Band 14 445
DAS INTIME AUGE

Becky Bell
Band 14 257
TALENT DER NACHT

Peter Benson
Band 12 913
SPRINGFLUT

Roxanne Carr
Band 14 242
DIE RÄCHERIN

Lucinda Carrington
Band 14 155
DER REITLEHRER
BAND 14 461
EXOTIK

Erotische Romane

Sara Charles
Band 14 225
DAS INTERNAT

Sarah Copeland
Band 14 195
EHLANAS ERWACHEN

Portia da Costa
Band 14 173
CLAUDIA UND DER FREMDE

Bart Davis
Band 12 826
ALPTRAUM DER LÜSTE

Charles Devereaux
Band 13 365
DIE INDISCHE VENUS

Anne Félix
Band 14 402
DIE NACKTE VON OZYMANDIAS

Louisa Francis
Band 13 998
GOLDFIEBER

Erotische Romane

Jill Gascoin
Band 12 844
UNERSÄTTLICH
Band 14 363
HERMMUNGSLOS

Juliet Hastings
Band 13 919
APPASSIONATA
Band 14 275
DIE WEISSE ROSE
Band 14 335
CRASH KURS

Sakia Hope
Band 13 577
NO LADY
Band 13624
OUTLAW LOVER
Band 13 672
OUTLAW FANTASY

Sakia Hope / Georgia Angelis
Band 13 840
STROM DER GEHEIMNISSE

Vivienne LaFay
Band 14 307
DIE MALERIN